W0363474

DIE GEHEIME WEISHEIT

Für

Mit den besten Wünschen von:

Datum:

Michael Weiss

DIE GEHEIME WEISHEIT

DER WEG ZU WOHLSTAND UND GLÜCK

Zweite, überarbeitete Auflage 2011

Impressum:

Bibliografische Information der Deutschen Nationalbibliothek:
Die Deutsche Nationalbibliothek verzeichnet diese Publikation in der Deutschen Nationalbibliografie; detaillierte bibliografische Daten sind im Internet über http://dnd.d-nb.de abrufbar.

© Michael Weiss. Alle Rechte vorbehalten.
www.geheimeweisheit.de

2., überarbeitete Auflage 2011.
ISBN 978-3-00-034351-3

Umschlaggestaltung und Layout: Astrit Vatnika, infrathin - Atelier für Grafikdesign.
Druck und Bindearbeit: Druckerei Bairle GmbH

Meinem Bruder Raphael Weiss.

Ob du glaubst, dass du etwas kannst,
oder glaubst, dass du etwas nicht kannst;
in beiden Fällen hast du Recht.

(Henry Ford)

Inhalt

Geleitwort von Jürgen Höller

~*~

Als mir Michael Weiss auf einem meiner Seminare sein Manuskript in die Hand drückte mit der Bitte, es zu lesen und ihm meine Meinung mitzuteilen, dachte ich im ersten Moment: Oh je, schon wieder jemand mit einem Buch zum Thema finanzieller Erfolg.

Doch dann begann ich quer zu lesen - um schließlich das ganze Buch aufmerksam komplett zu lesen. Denn die Geschichte fand ich superspannend und die darin verpackten Strategien und Denkweisen zu den Themen Erfolg und Geld ganz hervorragend.

Ich habe in den letzten Jahren über eine Million Menschen in meinen Seminaren geschult und zu mehr persönlichem Erfolg verholfen. Aus dieser Tatsache heraus kann ich sehr gut beurteilen, ob ein neues Buch gut ist – und dieses Buch ist es in besonderem Maße!

Es liest sich einerseits leicht und verständlich, ist jedoch andererseits packend – und fast nebenbei erfährt der Leser mehr über die geistigen Gesetze des Lebens, die hinter jedem Erfolg, auch natürlich dem finanziellen, stecken.

Michael Weiss hat hier ein Buch geschrieben, von dem ich hoffe und mir wünsche, dass es möglichst viele Menschen lesen werden. Seit 1985 beschäftige ich mich selbst mit der Frage, was die Unterschiede zwischen erfolgreichen und erfolglosen Menschen sind, und wurde über die Jahre hinweg zu einem Experten auf diesem Gebiet.

Lesen Sie deshalb aufmerksam dieses Buch – es wird Ihnen helfen, ein besseres, erfolgreicheres und glücklicheres Leben zu führen, als Sie es hoffentlich schon heute tun.

Mit herzlichen Grüßen

Jürgen Höller

Vorwort und Danksagung

~ * ~

Liebe Leserin, lieber Leser,

Dieses Buch erzählt die Geschichte eines Jungen, der sich bereits vor 3.000 Jahren Fragen stellte, die sich die meisten Menschen, egal in welcher Zeit sie leben, einmal stellten. Er suchte nach Antworten, nach welchen viele Menschen einmal suchen. Einige haben diese Antworten für ihr Leben gefunden, andere haben das Suchen aufgegeben und wieder andere schenken diesen Fragen keine Beachtung in der Hoffnung, sie dadurch nie beantworten zu müssen.

An dieser Stelle möchte ich mich ganz besonders bei meinem ehemaligen Kollegen und guten Freund, Holger Friz, bedanken. Du warst damals der Einzige, der mich ermutigt hat und mir gezeigt hat, nach vorne zu schauen, als mein Selbstbewusstsein ziemlich weit unten war und mir viele Menschen einreden wollten, dass ich schlechter sei als andere und es zu nichts bringen würde. Danke, dass du mir durch deine eigene Art und Einstellung das Träumen wieder gezeigt hast und mich darauf hingewiesen hast, anders zu denken, und vor allem, nicht auf solche Menschen zu hören und ihnen keine Beachtung zu schenken. Du hast mir vor Augen geführt, wo der Weg enden würde, welchen wir damals gemeinsam gingen, und, unbewusst, in mir meine Wünsche und Träume aus der Kindheit, welche unter dem Müll meiner Umwelt tief vergraben waren, wieder geweckt. Wir konnten es beide noch nicht ahnen, aber das alles war der Anfang und hat entscheidend zu dem Leben beigetragen, welches ich heute leben darf.

Ebenfalls möchte ich meinem Freund Rainer Voigt danken, welcher mir die Grundlagen des Erfolgs vermittelt hat. Danke, dass du mir all die Informationen gabst, an mich geglaubt hast und mir immer mit einem guten Rat zur Seite gestanden hast.

Meinem Freund Maik Rieger danke ich besonders für die konstruktiv-kritischen Vorschläge und Anregungen in Bezug auf das vorliegende Buch. Ebenso danke ich dir für all die positiven Gespräche, die wir bereits geführt haben und bestimmt noch führen werden.

Meiner damaligen Freundin Sandra Sautter danke ich für all die Liebe, den Rückhalt und die Unterstützung, die sie mir in den letzten Jahren und vor allem zu Beginn meiner Selbstständigkeit gegeben hat. Durch dich durfte ich erfahren, wie wichtig es für einen erfolgreichen Mann ist, dass er eine starke Frau an seiner Seite hat.

Auch bei meiner Familie und all meinen Freunden (eine namentliche Aufzählung würde den Rahmen dieses Vorwortes sprengen), die mir immer mit Rat und Tat zur Seite standen, gilt mein herzlicher Dank.

Herzlicher Dank gilt meinen Lehrern und Mentoren, die sich und ihr Wissen in mich investiert haben und die zu meinem persönlichen Wachstum beigetragen haben.

Besonderer Dank gilt auch meinen Kung Fu-Schülern, Seminar- und Kursteilnehmern, welche den Sinn meines beruflichen Lebensbereiches überhaupt ausmachen. Euch allen danke ich herzlich für eure Freundschaft, eure Loyalität und eure Ermutigung!

Ebenfalls möchte ich mich bei Herrn Bodo Schäfer bedanken. Durch Ihre Bücher und das darin vermittelte Wissen sowie die Lebenserfahrungen durfte ich viele Lebensweisheiten lernen, persönlich wachsen und mich zu einem völlig anderen Menschen entwickeln.

Jürgen Höller danke ich für seine erstklassigen Seminare. Durch diese durfte ich das Wissen, welches ich bereits hatte, vertiefen und lernen, es in der Praxis umzusetzen. Ich durfte erkennen, welch großer Schatz solche Seminare sind und welch eine Bereicherung sie für den Einzelnen sein können. Ich sage bewusst sein können, da es an jedem Einzelnen liegt, was er daraus macht. Ich danke dir, dass du zurückgekommen bist und die Menschen an deinem wertvollen Wissen und deinen Erfahrungen teilhaben lässt.

Herzlicher Dank gilt auch Karl Pilsl, durch welchen ich die »naturkonforme Strategie« kennenlernen durfte. Danke für deine ermutigenden und inspirierenden Worte, durch welche ich schließlich die wichtigste Entscheidung in meinem Leben treffen durfte. Die Entscheidung für Gott und ein Leben im wahren Glauben, gelöst von alten Ritualen, toten Kirchentraditionen und sinnlosen Erwartungen anderer Menschen.

Zu guter Letzt möchte ich mich bei Astrit Vatnika bedanken, der dem vorliegenden Werk seinen wundervollen Glanz verlieh. Jedes deiner Bilder ist ein Kunstwerk und es ist eine Freude mit dir zusammen zu arbeiten und Ideen, Träume und Visionen sichtbar werden zu lassen!

Und nun, liebe Leserin und lieber Leser, wünsche ich Ihnen viel Freude beim Lesen der Geschichte von Tori, welcher bereits in der Antike nach Antworten auf Fragen suchte, die uns alle bewegen und von jedem selbst persönlich und individuell beantwortet werden möchten.

Herzlichst,

Ihr Michael Weiss

Erstes Kapitel

Der Traum von Reichtum und Glück

Keine Armee vermag einen Gedanken aufzuhalten,
dessen Zeit gekommen ist!

Müde und erschöpft ging Tori über das Feld, auf dem er den ganzen Tag gearbeitet hatte. Die anderen Männer, die meisten von ihnen Sklaven Herachs, dem das Feld gehörte, gingen weit vor ihm auf die ersten Häuser von Assur zu. Tori blieb stehen und blickte zu der riesigen Stadtmauer empor. Assur – neben Babylon eine der mächtigsten Städte der Welt, dachte er. Für einen Moment vergaß er seine schmerzenden Glieder und seine aufgeschürften Hände und betrachtete den Glanz, der über der mächtigen Stadt lag, während die Sonne langsam hinter den Häusern versank.

Zögernd ging er einige Schritte weiter auf die Häuser zu. Wie schön viele von ihnen waren, groß und mit prächtigen Gartenanlagen und kunstvollen Säulen und Steinen verziert! Aber dann fielen ihm auch die anderen Häuser wieder auf. Schäbig und heruntergekommen lagen sie da. Sie waren ebenso ein Teil Assurs wie die schönen und mächtigen Häuser.

Tori blieb noch einmal stehen und drehte sich um. Nicht weit weg von ihm floss ein kleiner Bach vorbei. Er schaute ihm nach, den Hügel hinauf, auf welchem die Quelle, der Ursprung dieses kleinen Bächleins, entsprang. Tori kannte den Ort gut. Er liebte ihn. Oftmals wenn er Sorgen hatte und allein sein wollte, war er dorthin gegangen. Hier störte ihn niemand.

Langsam ging er auf den Hügel zu. Während er so dahin schritt, stellte er fest, dass er seit langer Zeit nicht mehr dort gewesen war. Seit er in das junge Erwachsenenalter gekommen war, arbeitete er hart und fand kaum noch Zeit, an andere Dinge zu denken.

Wenig später war er auf dem kleinen Hügel angekommen. Er blieb neben der Quelle stehen und betrachtete sie ruhig. Wie still sie dalag. Genauso wie früher. Langsam kniete er sich nieder und tauchte seine aufgeschürften Hände in das kühle Wasser. Das tat gut. Dann nahm er beide Hände, schöpfte sie voll Wasser und tauchte sein verschwitztes und dreckiges

Gesicht hinein. Anschließend schöpfte er seine Hände wieder voll und begann, daraus zu trinken. Wie gut sich das kühle Wasser anfühlte, das da seine trockene Kehle hinunterrann! Nachdem er ausgiebig getrunken hatte, lehnte er sich an den mächtigen Baumstamm, der direkt neben der Quelle stand. Wie alt mochte dieser wohl sein? Tori wusste es nicht. Bestimmt schon mehr als hundert Jahre, dachte er. Während er so dasaß, dachte er an die Geschehnisse des heutigen Tages zurück. Es war ein harter Tag gewesen. Im Morgengrauen war er mit den anderen Arbeitern auf das Feld gegangen und hatte den ganzen Tag mit ihnen gearbeitet. Es waren alles arme Männer, die meisten Sklaven.

Ich arbeite wie ein Sklave, dachte Tori, obwohl ich ein freier Mann bin. Warum? In Gedanken gab er sich selbst die Antwort. Er war arm. Seine Familie war arm. Sein Vater war ein Sklave. Er konnte seine Schulden nicht mehr zurückbezahlen und so hatte der Goldverleiher ihn an einen reichen Händler verkauft. Mit ihm musste er von einer Stadt zur nächsten ziehen, bis er seine Schulden eines Tages abbezahlt haben würde. Wie lang würde dies wohl noch dauern? Er überlegte, ob sein Vater jemals wieder freikommen würde. Wie war es nur soweit gekommen? Tori überlegte zurück – er konnte sich noch genau daran erinnern.

Vor Jahren ging es ihnen noch gut. Sie waren nicht reich, doch konnten sie gut leben und sich ab und an auch einige schöne Dinge kaufen. Sein Vater war Schafhirte und hatte eine ganz beachtliche Schafherde, die er für ihre Verhältnisse als groß bezeichnete. Und dann auf einmal brach das Unglück über sie herein. Sein Vater wurde schwer krank und musste sehr lange im Bett liegen. Er wäre beinahe gestorben, so schlimm stand es um ihn. In dieser Zeit war niemand mehr da, der das nötige Geld verdiente. Tori selbst und seine drei jüngeren Geschwister waren damals noch zu klein. Und seine Mutter arbeitete schon von früh bis spät und musste nebenher noch den kranken Vater pflegen. Das war eine harte Zeit für sie. Vier kleine Kinder und ein kranker Mann. Dann mussten sie die Schafherde nach und nach verkaufen, um sich das Nötigste zum Leben kaufen zu können. Doch leider reichte es nicht aus. So borgten sie sich das fehlende Geld vom Goldverleiher. Als sein Vater dann endlich wieder gesund war, begann er, hart zu arbeiten, um die Schulden abzubezahlen. Doch so hart er auch arbeitete, es schien, als hätten sich alle Götter gegen sie verschworen. Monat um Monat verstrich und die Schulden wurden kaum geringer. Der Goldverleiher wurde nervöser und kam immer öfter zu Besuch. Eines Morgens dann kam er mit einem Händler vorbei und verkaufte Toris Vater an diesen. Für ihn musste er nun arbeiten, bis seine Schuld getilgt war. Vielen Männern in Assur erging es so. Die

meisten hatten Schulden, weil sie zu viel Zeit in den Schenken und in den Spielhäusern verbracht hatten. Wie ungerecht das doch war, dachte Tori. Sein Vater hatte seine Zeit nie in den Wirtsstuben zugebracht. Zumindest sehr selten, soweit er sich erinnern konnte. Er liebte seine Frau und seine Kinder über alles und würde alles dafür tun, um seine Familie glücklich zu machen. Er sah in Gedanken noch, wie sie vor ihrem Haus gestanden hatten, als sein Vater abgeführt wurde. Seine Mutter und die jüngeren Geschwister weinten. Nur er blieb stark. Er hatte die Lippen zusammengepresst und sich geschworen, dass er alles tun würde, damit sein Vater wieder freikommen würde.
Seitdem hatte er angefangen, für Herach mit dessen Sklaven auf dem Feld zu arbeiten. Er verdiente nicht viel. Die paar Kupfermünzen reichten gerade für das Nötigste. Etliche Jahre waren bereits vergangen und nichts hatte sich geändert.

Armut, Reichtum und der Entschluss

An den Baum gelehnt blickte Tori hinunter auf die Häuser von Assur. Die Sonne war nun fast hinter den Häusern verschwunden. Eigentlich hätte er längst zuhause sein sollen. Die Mutter machte sich bestimmt bereits Sorgen.
Sein Blick fiel wieder auf die großen, schönen Häuser. Sie lagen alle nebeneinander, eines schöner als das andere. Warum haben wir nicht solch ein Haus? Warum bin ich nicht als Sohn eines reichen Mannes auf die Welt gekommen? So wie Baro, der Sohn eines reichen Kaufmanns. Früher, als sie noch Kinder waren, hatten sie noch zusammen gespielt. Doch jetzt schaute Baro nur noch mit einem spöttischen Lächeln auf Tori herab und ging mit einem verächtlichen Blick an ihm vorüber. Jeder dieser Blicke tat Tori weh. Während er daran dachte, spürte er den Schmerz dieses Blickes ganz deutlich. Auch das Geschwätz der Nachbarn kam ihm wieder in den Sinn. Den meisten ging es nicht viel besser als ihnen, doch sie tuschelten heimlich, wie sie wohl die Götter verärgert hätten, dass diese ihnen solch ein Unglück widerfahren ließen. Während er an all dies dachte, rollte ihm eine Träne über sein immer noch schmutziges Gesicht.
Tori ballte seine rechte Faust. Schluss jetzt!, dachte er bei sich. Ich werde nicht aufgeben. Es musste doch eine Möglichkeit geben, um an Geld zu kommen, damit er seinen Vater freikaufen konnte!
Reich müsste man sein! So viel Geld haben, dass man es nie ausgeben kann! Was für schöne Dinge man sich dann kaufen könnte! Schöne Gewänder, Schmuck, gutes Essen

und köstlichen Wein. So viele Dinge fielen Tori auf einmal ein, die man mit viel Geld bekommen konnte. Ich muss reich werden!, dachte er bei sich und ballte seine Faust noch fester zusammen. Reich, und dann geht es unserer Familie wieder gut und wir sind alle glücklich. Plötzlich erfüllte ein neuer Gedanke sein Gemüt. Was ist Glück? Tori überlegte. Was ist wahres Glück? Wer ist glücklich?

Jeder, der reich ist, kam ihm in den Sinn. Das schien ihm sehr einleuchtend, jeder, der reich war, musste doch folglich auch glücklich sein. Konnte dieser sich doch alle Wünsche erfüllen und brauchte keine Sorge mehr zu haben.

Reich, ... Geld, ... Gold, ... Wieder war es das Geld. Woher sollte er es bekommen? Und vor allem, wie viel Geld benötigte man, um reich zu sein? Tori wusste es nicht, doch er verspürte einen Wunsch in sich, ein brennendes Verlangen, das immer größer wurde, je mehr er darüber nachdachte.

Ich will reich werden! Er stand auf, ballte noch einmal beide Fäuste zusammen und machte sich dann mit festem Schritt auf den Heimweg. Ein gutes Gefühl stieg in ihm auf und er malte sich aus, wie er mit einem schönen Gewand durch die Straßen Assurs schlendern und ihm jeder freundlich zulächeln würde. Wie sein Vater wieder zuhause wäre und seine Mutter wieder ihren glücklichen Gesichtsausdruck von früher hätte.

Er merkte, wie ein Feuer in ihm entfacht war, und er spürte eine Entschlossenheit, die er zuvor noch nie gespürt hatte. Nichts auf dieser Welt kann mich davon abbringen, dachte er und setzte erhobenen Hauptes und mit schnellen Schritten seinen Weg fort. Von weitem sah er das Licht in ihrem kleinen Häuschen. Bevor er eintrat, sah er durch das Fenster, wie sauber die kleine Stube innen war. Seine Mutter achtete sehr darauf.

»Tori, geht es dir gut? Wo bist du so lange gewesen? Wir haben uns bereits Sorgen gemacht.« Erleichtert schaute ihn seine Mutter an, als er eintrat.

»Ich bin wohl auf, Mutter. Ich war erschöpft von der harten Arbeit und wollte ein wenig allein sein«, entgegnete Tori.

»Du hast bestimmt Hunger, ich habe hier noch ein wenig Fleisch, Gemüse und ein Stück Brot.« Erst jetzt bemerkte Tori, wie hungrig er war. Rasch setzte er sich auf den Teppich und verschlang das Essen, welches ihm seine Mutter brachte.

»Was ist los, Tori, du bist so schweigsam.« Fragend blickte seine Mutter ihn an.

»Was?« Tori war ganz in Gedanken versunken. »Ich denke nach.«

»An was denkst du, mein Sohn?«

»Ach, nichts Bestimmtes«, entgegnete Tori abwesend, dessen Gedanken immer noch um das Geheimnis des Reichtums und Glücks kreisten. Ich werde mit niemandem darüber reden, dachte er bei sich.

»Ich werde mich jetzt schlafen legen, Mutter. Es war ein harter Tag.« Tori stand auf, ging die Treppe hinauf zu seinem Nachtlager und wickelte sich in seine Decke. Verwundert schaute ihm die Mutter nach. Sonst blieb er immer noch etwas bei ihr am Feuer sitzen und unterhielt sich mit ihr. Doch sie sagte nichts. Er wird müde sein, dachte sie bei sich.

Tori lag auf seinem Schlafplatz und starrte an die Decke. Durch das kleine Fenster schimmerten schwach der Mond und die Sterne. Seine Gedanken ließen ihn nicht los. Wie konnte er reich werden? Irgendwann hörte er, wie seine Mutter die Lichter löschte und sich leise schlafen legte. Kurze Zeit später vernahm er ihren ruhig gehenden Atem und wusste, dass sie nun eingeschlafen war. Auch seine Geschwister schliefen schon lange. Er stand auf. Er konnte einfach nicht schlafen. Langsam ging er nach unten und sah zum Fenster hinaus auf die Straße. Keine Menschenseele war dort zu sehen. Leise schlich er sich zur Türe hinaus und schlenderte die Straße entlang. Die Nacht war klar und die Sterne spendeten ein angenehmes Licht. Tori schaute auf die alten, schäbigen Häuser, die rechts und links des Weges lagen. In der Ferne sah er die schönen, großen Häuser der Reichen. Wie magisch angezogen ging er darauf zu.

Kurz darauf stand er vor der ersten Häuserreihe. Fasziniert betrachtete er die einzelnen Häuser. Noch nie war ihm ihre Schönheit so bewusst geworden. Er bewunderte die weißen Marmorsäulen und ihren palastartigen Anblick. Jedes dieser Häuser war eine Pracht und ein Kunstwerk für sich. Langsam ging er weiter und musterte jeden Stein und jede Besonderheit. Viele dieser Häuser waren von einer großen Mauer umgeben, welche keinen Blick ihrer wahren Schönheit erhaschen ließ. Eines Tages werde ich auch in solch einem Haus wohnen, sagte er zu sich.

Während er weiter die Straße entlangging, kam die Frage in ihm auf, woher die einzelnen Leute hier wohl ihr Geld hatten. Einige der reichen Leute hatte er schon gesehen und wusste, in welchem Haus sie wohnten. Von anderen Häusern vermochte er nicht zu sagen, wer ihre Bewohner waren. Viele dieser Reichen, so wusste er, hatten ihr Geld und ihr Vermögen geerbt. Und die anderen? War einer dieser Leute überhaupt jemals arm gewesen und dann reich geworden? Da fiel ihm auf einmal Argael ein. Er galt als einer der wohlhabendsten Männer von Assur. Einige erzählten sich sogar, dass sein Reichtum dem des Königs in nichts nachstand. Tori hatte ihn schon einmal aus weiter Ferne gesehen. Es war ein älterer Mann mit einem prächtigen, rot-weißen Gewand, welches mit goldenen

Stickereien verziert war. Er hatte bereits weißes Haar und man sah ihm sein hohes Alter an. Dennoch war sein Gang aufrecht und er schritt immer erhobenen Hauptes die Straße entlang. Tori erinnerte sich, dass niemand genau wusste, wie er zu seinem Reichtum gekommen war. Es hieß, dass er einst als Sohn eines armen Bauern in Assur geboren worden sei. Doch als er erwachsen wurde, ging er sehr leichtfertig mit seinem Geld, mit dem des Goldverleihers und mit dem seiner Freunde um. Er hatte sehr viele Schulden und sollte als Sklave verkauft werden. Aber so weit kam es nicht. Kurz davor gelang ihm eines Nachts die Flucht und niemand wusste, wo er sich aufhielt. Man suchte ganz Assur und die gesamte Umgebung nach ihm ab, aber er blieb unauffindbar.
Eines Tages kehrte er ganz unerwartet als reicher Kaufmann aus Mesopotamien zurück. Man erkannte ihn kaum wieder. Er bezahlte seine Schulden alle auf einmal ab und bat seine Freunde und den Goldverleiher um Vergebung. Seitdem wuchs sein Besitz von Jahr zu Jahr und jeder Mann in Assur achtete und respektierte ihn. Die Leute meinten, dass der Segen der Götter über ihn gekommen war, da sie ihm solch einen Reichtum zuteilwerden ließen. Selbst der König fragte schon seit Jahren nach seinem Rat und ließ ihn regelmäßig zu sich kommen. So hieß es zumindest.
Tori blieb nachdenklich stehen. Ob diese Geschichten, die die Leute über Argael erzählten, wohl stimmten? Er wüsste es zu gerne.
Langsam drehte er sich um, um sich auf den Heimweg zu machen. In welchem dieser prächtigen Häuser wohl Argael wohnt, fragte sich Tori. Bestimmt in einem der schönsten. Dieser Mann hatte schon etwas Seltsames an sich. Schon als er ihn zum ersten Mal gesehen hatte, hatte er ihn beeindruckt. Tori erinnerte sich daran, dass er sich trotz seines Alters noch rüstig und gewandt bewegte. Da fiel ihm ein, dass er ihn beobachtet und gesehen hatte, wie er einem kranken Mann, der am Straßenrand bettelte, einige Kupferstücke in seinen lumpigen Hut gelegt hatte. Es hatte ihn damals erstaunt, dass ein reicher Mann, der fast so reich war wie der König selbst, sich zu solch einem Menschen herabließ und ihm Geld schenkte.
So in Gedanken war Tori wieder zu Hause angekommen. Als er die Türe öffnete, überfiel ihn auf einmal eine große Müdigkeit und glücklich legte er sich wieder auf sein Nachtlager und war kurze Zeit später eingeschlafen.

Am nächsten Morgen stand Tori bereits bei Sonnenaufgang wieder auf einem Feld Herachs. An diesem Tag mussten sie das Getreidefeld abernten.

»Tori, wie geht es dir heute, mein Freund?« Sargo, ein Sklave Herachs, kam auf ihn zu. Er war ein freundlicher Mann mittleren Alters. Tori mochte ihn. Er war vor ungefähr zwei Jahren an Herach verkauft worden, weil er bei einem Goldverleiher Schulden hatte und sie nicht bezahlen konnte. Sargo hatte damals gerne gespielt. Er wettete und spielte um alles und mit jedem. Am Anfang hatte er Glück und die Götter waren ihm wohlgesonnen. Oftmals ging er mit sehr viel Geld nach Hause. Er kaufte sich und seiner Frau schöne Gewänder und war jeden Tag frohen Mutes. Doch plötzlich verließ ihn das Glück. Es war, als hätten sich alle Götter gegen ihn verschworen. Er verlor immer öfter und war bald in der misslichen Lage, seine Schulden nicht mehr zurückzahlen zu können. Als der Goldverleiher dies merkte, verkaufte er ihn als Sklave an Herach. Für ihn musste er nun, wie all die anderen Männer, arbeiten.
»Danke, es geht mir gut. Und dir? Meine Hände sind noch ganz aufgeschürft vom gestrigen Tag.« Tori hielt ihm seine beiden Hände hin.
»Leider ist das der Lohn harter Arbeit. Aber wir können uns noch glücklich schätzen – es geht uns dennoch gut. Schau hinüber zu der Stadtmauer.« Er deutete hinüber und Toris Blick folgte ihm. Tori kannte das Bild, das sich ihm bot, nur zu gut: Die Sklaven des Königs, Kriegsgefangene und andere Verbrecher schufteten Tag für Tag und schleppten Steine. Sie bauten die gewaltigen Mauern von Assur zum Schutz vor den Feinden.
»Im Vergleich zu ihnen geht es uns noch gut. Herach ist ein gerechter Herr, er behandelte bisher jeden wie er es verdiente.«
»Ja«, stimmte Tori zu. »Wir können auch auf mehreren Feldern arbeiten und haben somit ein wenig Abwechslung bei der Arbeit.« Während er das sagte, fing er an, sich zu bücken und die Getreidehalme abzuschneiden und in einen Sack zu stecken. Sargo tat es ihm gleich. Schweigsam arbeiteten sie nebeneinander und der Sack füllte sich langsam. Toris Gedanken schweiften ab. Die wunderschönen Häuser, welche er vorige Nacht gesehen hatte, gingen ihm durch den Kopf, sein Entschluss, reich zu werden, und was er dann alles tun könnte. So jagte ein Gedanke den anderen. Bis ihn Sargo jäh unterbrach: »Bedrückt dich etwas, mein Freund? Du bist heute so schweigsam.«
»Wie?« Tori schaute auf.
Sargo stand neben ihm und musterte ihn gespannt. »Sonst erzählst du mir von all den Dingen, die dich bewegen, und heute bist du schweigsam wie ein Lamm. Hast du Sorgen?«
»Nein. Ich verspüre nur seit gestern einen Wunsch und ich weiß nicht, wie ich ihn verwirklichen kann«, antwortete Tori zögernd.

»Nun, so teile ihn mir mit, vielleicht kann ich dir helfen.« Sargo bückte sich wieder und arbeitete weiter.
»Ich glaube nicht, dass du mir helfen kannst, mein Freund, aber ich möchte ihn dir dennoch mitteilen. Der Wunsch, der in mir erwachte, ist der Wunsch nach Reichtum. Ich wäre so gerne reich. Dann könnte ich meinen Vater freikaufen, uns würde es wieder gut gehen und ich könnte an all den schönen Dingen, welche unsere Stadt zu bieten hat, teilhaben.«
»Soso, reich möchtest du werden. Das wollte ich auch einmal.«
Tori deutete auf den Hügel und erzählte Sargo, dass er am gestrigen Abend nach der Arbeit dort hinaufgegangen war, und welche Gedanken ihn seitdem durch den Kopf gingen. Er erzählte ihm auch von der letzten schlaflosen Nacht, in der er durch das reiche Viertel Assurs gelaufen war. Mit Sargo konnte er reden, er würde ihn verstehen.
Sargo hörte schweigsam zu. Als Tori geendet hatte, meinte er nachdenklich: »Ja, Tori, diesen Wunsch verspürt ein jeder Mann einmal. Auch ich verspürte ihn eines Tages. Du kennst meine Geschichte und weißt, warum ich hier bin. Die Götter blickten freundlich auf mich hernieder und ich war mir gewiss, dass sie mir großen Reichtum zuteilwerden lassen würden. Doch dann verließ mich plötzlich das Glück und die Götter wendeten sich von mir ab. Bis heute weiß ich noch nicht, warum. Ich habe ihnen immer geopfert und war regelmäßig im Tempel. Es schien, als laste ein Fluch auf mir.«
»Ich kenne deine Geschichte, Sargo. Aber warum wendeten sich die Götter von dir ab? Warum wendeten sie sich von mir und meiner Familie ab? Auch wir haben Ischtar und Marduk, den mächtigsten Göttern dieser Welt, regelmäßig geopfert. Ich verstehe das alles nicht.«
»Mir ist es ebenso unbegreiflich. Wie oft habe ich mir die Frage gestellt, womit ich die Götter so erzürnt habe. Doch ich konnte keine Antwort finden.«
»Was denkst du, Sargo, warum sind manche Menschen reich und andere arm?«
»Weil die Götter ihnen beistehen. Andere haben das große Glück, dass sie in eine reiche Familie geboren werden«, sagte Sargo überzeugt.
»Kennst du denn jemanden, der arm geboren und dann reich wurde?«
»Jemand, der zuerst arm war und dann reich wurde?« Sargo überlegte. »Die meisten Reichen, die ich kenne, hatten bereits wohlhabende Eltern. Aber halt, da fällt mir jemand ein! Argael, von ihm heißt es, dass er ein armer Bauer war und geflohen sei. Doch eines Tages kehrte er wieder als reicher Kaufmann aus Mesopotamien zurück. Er soll nach dem König einer der reichsten Männer Assurs sein. Ja, es heißt sogar, dass er von Zeit zu Zeit im fernen Babylon lebt und selbst in der mächtigsten Stadt der Welt zu den reichsten

Männern zählt. Ja, einige sind sich sogar sicher, dass er selbst in Babylon, neben dem König, der reichste und mächtigste Mann sei.«

»Das habe ich auch schon gehört. Kennst du ihn?«

»Ich habe ihn mehrmals gesehen. Das letzte Mal ritt er auf einem prächtigen Rappenhengst, dessen Fell in der Sonne glänzte. Ein wundervolles Tier! In meinem ganzen Leben habe ich noch nie solch einen prächtigen Hengst gesehen«, schwärmte Sargo.

»Und weißt du, wie Argael zu so viel Reichtum in Mesopotamien gelangte?«, fragte Tori gespannt.

»Nein. Es werden bisher nur Vermutungen angestellt. Die Götter waren ihm wohlgesonnen und haben seine Geschäfte reich gesegnet.«

»Es muss doch einen Weg geben, wie man einen ebensolchen Reichtum erlangt.«

»Dir ist es also wirklich ernst«, schmunzelte Sargo.

»Seit gestern Abend ist der Wunsch so stark geworden, dass ich an nichts anderes denken kann. Ich bin bereit, alles zu tun, um diesen Wunsch zu verwirklichen.«

»Ich habe mir auch schon oft den Kopf darüber zerbrochen. Leider fiel mir nichts ein. Ich habe auch keine großen Möglichkeiten, da ich für Herach arbeiten muss, bis ich meine Schulden zurückbezahlt habe. Jede Woche bezahle ich den größten Teil meiner wenigen Kupfermünzen an meine Schuldner zurück und nur ein ganz geringer Teil bleibt mir noch zum Leben. Da, sieh her!« Sargo griff an seinen Gürtel und löste seinen Lederbeutel. Aus diesem holte er vier Kupfermünzen heraus. »Davon muss ich noch sechs Tage leben, bis ich wieder Lohn für meine Arbeit erhalte. Ich weiß nicht, wie ich das machen soll. Die vier Kupfermünzen reichen mir vielleicht drei, höchstens vier Tage.«

»So geht es mir leider auch. Ich würde dir gerne zwei Kupfermünzen borgen, aber auch in meinem Lederbeutel herrscht gähnende Leere. Die letzten Münzen habe ich meiner Mutter gegeben, damit sie für uns etwas zum Essen kaufen kann.«

»Ich weiß und ich würde die Münzen von dir nie annehmen. Du brauchst deine Münzen für deine Familie und deine jüngeren Geschwister. Es ist ein schrecklicher Kreislauf, aus dem es kein Entrinnen gibt.«

»Wie lange musst du noch für Herach arbeiten, bis du deine Schuld abbezahlt hast?«

»Noch drei Jahre, dann bin ich wieder frei«, sagte Sargo mit einem sehnsüchtigen Klang in der Stimme. »Ich zähle bald jeden Tag.«

»Das denke ich mir. Ich glaube, mir würde es nicht anders ergehen.« Nach einer kurzen Pause fuhr Tori fort. »Sargo, weißt du denn, in welchem der prächtigen Häuser Argael lebt?«

»Ja, es ist ein wundervolles Anwesen, welches ich schon oft bestaunt habe«, schwärmte Sargo.
»Zeigst du es mir«, bat Tori.
»Wenn du möchtest, führe ich dich nach der Arbeit dorthin. Es ist nicht weit von dem großen Marktplatz entfernt.«

~

So schlenderten Tori und Sargo kurz vor Sonnenuntergang über den Marktplatz, auf welchem die Händler damit beschäftigt waren, ihre Stände abzubauen. Tori schaute sich um. Wie viele schöne Sachen es hier gab! Gewänder, Schmuck, schöne Teppiche, Tonwaren, wohl duftendes Gebäck. Wohin Tori auch sah, überall waren wundervolle Dinge. Er stellte sich vor, wie er einen Beutel voller Silberstücke hatte, mit denen er von allem so viel kaufen konnte, wie sein Herz begehrte. Das muss ein schönes Gefühl sein, dachte er bei sich.Plötzlich wurden seine Gedanken von Sargo unterbrochen.
»Tori, sieh nur, dort hinten ist Argael«, sagte er und deutete mit dem Arm zur Seite. Tatsächlich, dort stand er, bei einem großen Stand, umgeben von Männern, die diesen abbauten und die Waren auf Kamele luden. Vermutlich seine Diener und Sklaven. »Komm, lass uns etwas näher hingehen!«, sagte Sargo und zog Tori leicht am Ärmel seines Gewandes. Sie näherten sich der Gruppe und blieben einige Schritte weit entfernt unter einer Palme stehen.
»Siehst du die schönen Teppiche, die seine Sklaven gerade auf die Kamele laden, und die Gewänder? Wo die wohl herkommen?«, fragte Tori.
»Vielleicht aus Persien. Die Perser sind bekannt für ihre schönen Teppiche.«
Argael redete freundlich mit einem der Männer. Dieser trug ein schönes Gewand. Tori vermutete, dass dies wohl der Aufseher über die Sklaven und Diener war. Die Männer hatten inzwischen die Kamele beladen und den Stand abgebaut. Nun setzten sie sich langsam in Marsch.
»Lass uns hier noch ein wenig unter dem Schatten der Palme auf der Mauer sitzen, Tori! Sie werden jetzt zu Argaels Anwesen gehen. Wir können ihnen später folgen.«
Sie setzten sich auf die Mauer und schauten der sich langsam immer weiter entfernenden kleinen Karawane nach.
»Das ist schon ein mächtiger Mann. Hast du gesehen, wie viele Diener er hat?«
»Hast du sein schönes Gewand gesehen? Ob ich wohl jemals eines tragen werde, das nur halb so schön ist?«, entgegnete Sargo sehnsüchtig.
»Bestimmt. Eines Tages werden die Götter wieder auf deiner Seite sein und dich für deine schwere Arbeit belohnen.«

»Das wäre zu schön, um wahr zu sein. Aber hast du gesehen, wie freundlich er mit seinen Dienern und Sklaven umgeht? Er ist bestimmt ein guter Herr.«
»Das habe ich mir auch gedacht«, sagte Tori.
»Glaubst du, ich könnte für ihn arbeiten?«, brach es plötzlich aus Tori hervor.
»Hm, ich weiß nicht. Er ist ein Kaufmann und ist daher oft in ferne Städte unterwegs, um schöne Waren einzukaufen und sie in Assur wieder zu verkaufen. Du würdest viel herumkommen.«
»Ich war noch in keiner anderen großen Stadt als in Assur. Ich würde gerne die große weite Welt kennenlernen.«
»Jeder verspürt diesen Wunsch einmal«, entgegnete Sargo lächelnd, während er aufstand.
»Komm, ich zeige dir, wo Argael wohnt.«
Sie schlenderten die Straße hinunter, auf der vor geraumer Zeit Argael mit seinen Dienern gegangen war. Nach einiger Zeit hörten die Häuser, welche dicht an der Straße gebaut waren, auf. Ein Fluss bildete die Grenze. Nun standen sie vor einer Brücke.
»Siehst du, Tori, dort hinten ist Argaels Anwesen.« Sargo deutete mit seinem Arm zum anderen Ufer hinüber. Dort war neben der Straße ein großes Anwesen inmitten eines weitläufigen Gartens zu sehen. Eine Seitenstraße führte zu dem prächtigen Haus hinüber. Tori kannte die Straße und hatte sich immer gefragt, wer dort wohl wohnte. Jetzt erst fiel ihm auf, wie groß das Anwesen war. Das Haus glich einem Palast! Majestätisch ragten die großen Säulen empor und die gepflegten hängenden Gärten, welche die einzelnen Stockwerke säumten, erzählten jedem Wanderer, der des Wegs kam, von dem wohlhabenden Hausherrn. Dieser Anblick überwältigte Tori und die Zeit verlor gänzlich ihre Bedeutung. Erst Sargos Worte rissen ihn aus seinen Gedanken.
»Tori, die Dämmerung bricht herein. Lass uns nach Hause gehen! Mein Rücken schmerzt und mein Magen sagt mir gerade, dass er ein ganzes Lamm verschlingen könnte, solch einen Hunger habe ich.«

Wenn du deinen Wunsch zu einem Ziel machst,
wird er sich erfüllen!

Zweites Kapitel

Argael, der reichste Mann von Assur

Es bringt dir vielfältigeren Gewinn,
einen Tag im Monat über dein Geld nachzudenken,
anstatt immerfort dreißig Tage dafür zu arbeiten!

Am nächsten Tag stand Tori wieder auf dem Feld und arbeitete. Die Sonne brannte wie jeden Tag auf ihn hernieder. Doch ihm machte es nichts aus. Er spürte sie nicht einmal, so in Gedanken versunken war er. Sie kreisten um Argael, sein schönes Haus und seine vielen Diener. Was hat er wohl getan, dass er zu solch einem Reichtum gelangte? Vielleicht gaben ihm die Götter eine glückliche Hand im Spiel? Je mehr Tori aber darüber nachdachte, desto weniger konnte er sich vorstellen, dass Argael durch das Glück im Spiele reich geworden war.

Er musste herausfinden, wie Argael das geschafft hatte. Aber wie? Wer wusste etwas darüber? Tori fiel niemand ein. All die Leute stellten nur Vermutungen an und viele Dinge, die sie erzählten, entsprachen bestimmt nicht der Wahrheit, wie das in solchen Fällen so üblich ist. Vielleicht konnte er es herausfinden, wenn er für Argael arbeitete. Einer seiner Diener konnte wissen, wie er zu Reichtum gelangt war. Tori stellte sich vor, wie er für Argael arbeiten würde. Wie würde diese Arbeit wohl aussehen? Ein Gedanke nach dem anderen jagte durch Toris Kopf und so merkte er gar nicht, wie die Zeit verging.

»Tori, mein Freund, es ist Mittagszeit! Du arbeitest heute, als ob du drei Silberstücke zu deinem Lohn dazu erhalten würdest.«

Tori richtete sich auf und fuhr sich mit seinem Arm über die nass geschwitzte Stirn.

»Ich war ganz in Gedanken versunken und merkte gar nicht, wie die Zeit verging.«

»Das habe ich gesehen. Ich beobachte schon den ganzen Morgen, dass du völlig abwesend bist. Hier, trink einen Schluck!« Sargo reichte ihm den Tonkrug mit kaltem Wasser. Hastig trank Tori davon.

»Du denkst immer noch an Argael, sein schönes Haus und den Reichtum - richtig?«
»Ja, so ist es. Es geht mir nicht mehr aus dem Kopf.«
»So etwas kenne ich. Auch ich mache mir Gedanken über unser Gespräch. Aber mir fällt keine Lösung ein.«
»Mir kam der Gedanke, für Argael zu arbeiten und so das Geheimnis des Reichtums zu erfahren.«
»Das könnte ein Weg sein, um das Geheimnis zu erfahren. Doch ob er dich überhaupt ansieht? Vielleicht wird er dich gleich wieder davonjagen, weil er sich mit unsereins gar nicht abgibt«, sagte Sargo misstrauisch. »Zudem, was würde ich ohne dich machen, wenn du wirklich für Argael arbeiten könntest? Mit wem würde ich während des Tages diese guten Gespräche führen? Ich kann es mir gar nicht vorstellen, eines Tages ohne dich auf dem Feld zu stehen«, sagte Sargo nachdenklich.
»Auch mir würden unsere Gespräche sehr fehlen, denn auch du bist mir ein treuer Freund geworden, Sargo.«
»Am liebsten würde ich dich begleiten, aber ich kann nicht eher fort, als dass ich meine Schuld abgezahlt habe.«
»Ja, leider bist du an Herach gebunden. Doch du wirst eines Tages wieder ein freier Mann sein. Ich zumindest glaube daran.«
»Ja, ich hoffe auch, dass ich eines Tages die Gunst der Götter wieder erringen kann. Komm, lass uns weiterarbeiten, mein Freund!« Mit diesen Worten bückte sich Sargo und fuhr fort, Getreidehalme zu schneiden. Schweigsam arbeiteten sie nebeneinander. Tori dachte daran, wie er für Argael arbeiten könnte. Sollte er wirklich zu ihm gehen und ihn fragen? Was würde dieser wohl sagen? Vielleicht würde der reiche Kaufmann ihn sofort davonjagen. Er musterte sein schmutziges Gewand und entdeckte dabei einen Riss. Nie zuvor hatte dieser ihn gestört, doch nun stach er richtig hervor. Was würde Argael in seinem prachtvollen Gewand von ihm denken? Nein, so kann ich nicht zu Argael. Er würde mich nicht einmal eines Blickes würdigen. Wenn ich zu ihm gehe, dann brauche ich ein sauberes Gewand. Aber woher sollte er solch eines bekommen? Er besaß nur dies eine.
Er malte sich aus, wie Argael ihn anschreien würde und ihm befehlen würde, zu verschwinden, bevor er sein Anliegen vorbringen konnte. Doch dann sah er wieder das schöne Haus Argaels vor sich, sein schönes Gewand und den großen Stand, den er gestern am Marktplatz abgebaut hatte. Die vielen schönen Teppiche, die vielen Gewänder,

eines prachtvoller als das andere. Ich muss es einfach versuchen, sagte plötzlich eine Stimme in ihm, klar und deutlich.
Auf einmal kam ihm ein Gedanke. Was ist denn das Schlimmste, das mir passieren könnte, wenn ich zu Argael gehen würde? Er überlegte. Argael könnte ihn anschreien oder ihn davonjagen. Er könnte seinen Aufseher rufen und ihn wegbringen lassen. Vielleicht würde er auch ausgepeitscht? Nein, das konnte er sich nicht vorstellen. Er beging ja schließlich kein Verbrechen. Hm, das Schlimmste, was mir passieren könnte, ist, dass Argael mich keines Blickes würdigt oder anschreit und fortschickt, dachte Tori. Also sollte er es auf jeden Fall versuchen. Dass ihm dieser Gedanke nicht früher gekommen war! Was wäre das Schlimmste, das mir passieren könnte?
Wenn ich so bei jedem Problem dächte, wären die meisten Probleme und Sorgen, die ich habe, viel kleiner, als sie anfangs zu sein scheinen, stellte Tori fest.
»Sargo, ich werde zu Argael gehen und mit ihm reden«, sagte Tori entschlossen.
Sargo richtete sich auf und schaute fragend zu ihm herüber.
»Mir kam eine große Erkenntnis! Was wäre das Schlimmste, das mir passieren könnte, wenn ich zu Argael gehe und ihn fragen würde, ob ich für ihn arbeiten könnte?«, fragte Tori begeistert.
Sargo überlegte. »Hm, was könnte dir passieren? Er könnte dich davonjagen. Oder zu seinem Aufseher sagen, dass er nicht mit dir reden möchte und dieser dich wegschicken soll.«
»Siehst du? Das ist doch gar nicht so schlimm. Aber wenn ich bei ihm arbeiten kann, so erfahre ich vielleicht das Geheimnis, wie man zu Wohlstand und Glück gelangt. Das steht doch in keinem Verhältnis zueinander. Findest du nicht auch?«
»Du hast Recht, mein Freund. Um das Geheimnis von Reichtum und Glück zu erfahren, würde ich mich sogar auspeitschen lassen«, ließ sich Sargo von Toris Begeisterung anstecken.
»Ich bin froh, dass die Götter mir diese Erkenntnis geschenkt haben. Wir sollten uns bei jedem Problem fragen, was das Schlimmste wäre, das uns passieren könnte. So wären viele Probleme und Sorgen nur noch halb so groß. Findest du nicht auch?«
»Ja, Tori, wir hätten wahrlich viel weniger Sorgen und würden uns weniger Gedanken über Probleme machen, wenn wir so dächten. Ich glaube, ich werde mich in Zukunft bei jedem Problem an deine Erkenntnis erinnern und es damit überprüfen. Nun finde ich auch, dass du zu Argael gehen solltest, auch auf die Gefahr hin, dass du, mein treuer Freund, nicht mehr mit mir zusammen arbeiten wirst.«

Große Unsicherheit

Einige Zeit später schlenderten sie nebeneinander wieder Richtung Marktplatz, in der Hoffnung, dort den reichen Kaufmann Argael zu anzutreffen. Als sie den Marktplatz erreichten, sahen sie schon den großen Verkaufsstand Argaels. Seine Diener und Sklaven begannen eben, die Ware zu verpacken und auf ihre Kamele zu laden. Bald würde der Stand wieder abgebaut sein. Argael stand daneben und verhandelte mit einem anderen Kaufmann. Offensichtlich wollte dieser den großen, schönen Teppich kaufen, der neben Argael lag. Nur über den Preis waren sie sich scheinbar noch nicht ganz einig.
»Schau, dort ist Argael.« Sargo deutete in dessen Richtung. »Los, Tori, geh zu ihm und frag ihn! Ich bin schon ganz gespannt.«
»Ich weiß nicht.«, Tori hatte auf einmal ein mulmiges Gefühl. Sollte er wirklich zu Argael gehen und ihn fragen, ob er bei ihm arbeiten könne? Er, Tori, mit seinem zerrissenen Kleide zu Argael, dem wohl reichsten Mann, der in Assur lebte? Eine große Unsicherheit überkam ihn.
»Wie, du zögerst und scheinst deine Entscheidung zu verwerfen?«, fragte Sargo verblüfft und zugleich herausfordernd.
»Nun, schau ihn dir doch an! Er ist der reichste Mann von Assur und ich bin einer der ärmsten, die hier auf dem Marktplatz stehen.«
»Was hast du zu verlieren mein junger Freund? Wie war deine Erkenntnis? Was wäre das Schlimmste, das dir passieren könnte? Hast du das schon vergessen?«
»Nein, aber ich verspüre gerade eine große Unsicherheit. Siehst du, er verhandelt immer noch mit dem Kaufmann. Lass uns gehen und morgen mit ihm sprechen. Auf einen Tag mehr oder weniger kommt es nicht an.«
»Wie kannst du solch einen Unsinn reden? Natürlich kommt es auf einen Tag an! Vielleicht ist er morgen schon nicht mehr hier und verlässt zu früher Stunde die Stadt, um in einer anderen großen Stadt Handel zu treiben. Dann würdest du es tagelang bereuen, dass du jetzt nicht mit ihm geredet hast. Wer weiß, wann er wiederkommt. Du weißt doch, dass er oft über mehrere Wochen verreist ist.«
»Ich glaube, du hast Recht, Sargo. Dennoch fühle ich mich sehr unsicher und würde am liebsten nach Hause gehen und an einem anderen Tage mit ihm sprechen.«
»Deine Gefühle sind mir wohl bekannt, mein Freund. Doch die Götter haben dir nicht umsonst diese Erkenntnis geschenkt. Überleg einmal, ist es nicht so, dass Dinge, die man

verschiebt, zu einem späteren Zeitpunkt auch nicht getan werden und wieder in Vergessenheit geraten? Du selbst hast dich schon oft bei mir beklagt, dass du so viele Sachen schon lange hattest erledigen wollen, aber einfach noch keine Zeit dafür gefunden hast. Sie werden so lange verschoben, bis du sie vergisst. Und eines Tages bereust du dein Versäumnis. Glaub mir, Tori, ich weiß, wovon ich rede. Wenn du einmal so alt bist wie ich, dann wirst du feststellen, dass es viele Dinge gibt, die du dir fest vorgenommen hast zu tun und nie getan hast. Und das sind Dinge, welche du bereuen wirst. Doch dann ist es zu spät.«

»Ja, ich erkenne, dass du wie so oft die Wahrheit sprichst. Ich glaube, es gibt keinen anderen Weg, als jetzt mit ihm zu reden, auch wenn ...«

»Da, sieh nur!« Sargo unterbrach ihn und deutete mit dem Arm zu Argael und dem Kaufmann. »Sie sind sich einig geworden.«

Tori sah, wie der Kaufmann seinen Lederbeutel öffnete und Argael einige Münzen in die Hand drückte. Argael nahm die Münzen dankend an und sagte etwas, das die zwei nicht verstanden. Offensichtlich war es ein gutes Geschäft, mit dem beide Kaufmänner zufrieden waren.

»Los, nun geh schon!«, drängte ihn Sargo. Tori atmete tief durch und lief zu Argael.

»Mein Herr ...«, Tori war nun bei Argael angekommen. Dieser drehte sich ruckartig um und musterte ihn von oben bis unten. Verlegen stand Tori vor ihm und zupfte an seinem Gewand.

»Was willst du, Junge?«, fragte er mit forschendem Blick.

»Mein Herr, ich würde gerne für Euch arbeiten. Könnt Ihr einen tüchtigen Burschen wie mich gebrauchen?« Fragend schaute Tori den Kaufmann an.

»Hm ...« Argaels Blick glitt an Tori hinauf und hinunter und blieb dann gedankenvoll auf ihm ruhen. Er sah ihm tief in die Augen, als könne er darin etwas lesen. Tori wurde es fast unheimlich zumute und schaute zu Boden.

»Kannst du mit Kamelen umgehen und sie führen?«, fragte er schließlich forschend.

»Ich habe früher oft meinem Onkel geholfen, der einige Kamele hatte. Bei ihm habe ich gelernt, auf Kamelen zu reiten und sie zu versorgen. Auch mehrere beladene Kamele lehrte er mich zu führen. Leider ist er vor einigen Jahren gestorben.«

Argael schien zu überlegen und musterte ihn weiterhin aufmerksam.

»Ich werde in drei Tagen nach Babylon reisen. Dort könnte ich einen tüchtigen Mann gebrauchen, der meine Kamele versorgt und meinen Dienern hilft, die Karawane zu führen. Traust du dir das zu?«

»Ja, mein Herr. Ich kann sehr hart arbeiten und werde alles tun, was Ihr verlangt«, beeilte sich Tori zu versichern.

»Du siehst kräftig aus. Du darfst mich auf meiner Reise begleiten.«
»O danke, mein Herr.« Ein freudiges Strahlen glitt über Toris Gesicht und er warf sich vor Argael auf den Boden. Dieser nickte ihm zu, woraufhin sich Tori wieder erhob und sich den Staub von seinem Kleide klopfte.
»Wir werden in drei Tagen im Morgengrauen aufbrechen. Ich werde dir pro Woche ein Silberstück und zehn Kupfermünzen bezahlen.«
»Danke, Herr.« Tori senkte zum Zeichen des Dankes den Kopf.
»Sei zum Morgengrauen in drei Tagen am großen Stadttor! Wir werden zeitig aufbrechen, denn es ist eine lange Reise.«
»Das werde ich, mein Herr, das werde ich«, versicherte Tori erfreut.
Argael wandte sich seinen Dienern und Sklaven zu, welche den Stand abgebaut und die Waren auf die Kamele und Maultiere geladen hatten. Tori drehte sich um und lief eilig und über das ganze Gesicht strahlend zu Sargo.
»Ich darf für ihn arbeiten! In drei Tagen geht er auf eine Reise nach Babylon und ich darf ihn begleiten, um seinen Dienern zu helfen, die Kamele zu versorgen und sie zu führen«, sprudelte es aus ihm heraus.
»Das ist großartig, mein Freund!« Sargo klopfte ihm anerkennend auf die Schulter.
»Und er bezahlt mir pro Woche ein Silberstück und zehn Kupfermünzen. Das ist viel mehr, als mir Herach für meine Arbeit auf dem Feld bezahlt.«
»Das ist ja wirklich ein sehr guter Lohn«, staunte Sargo.
»Ein Glück, dass ich auf dich gehört habe! Jetzt werde ich endlich etwas anderes sehen als die trostlosen Mauern Assurs. Ich werde in der reichsten und mächtigsten Stadt der Welt sein, in Babylon! Du glaubst nicht, wie ich mich freue.«
»O doch, mein Freund. Und ich muss ehrlich zugeben, ich beneide dich um dein großes Glück. Wie gerne wäre ich an deiner Stelle!
»Ja, ich danke den Göttern für dieses wundervolle Geschenk. Doch wenn ich daran denke, dass wir uns nun lange Zeit nicht sehen werden, wird mein Herz mit Schmerz erfüllt, Sargo. Wie schön wäre es, wenn du mit mir zusammen reisen könntest.«
»Ja, das wäre wundervoll. Doch ich bin so lange Herachs Sklave, bis ich meine Schulden abbezahlt habe. Außer wenn ich fliehen würde. Vielleicht ließen mir die Götter ebenfalls ein solches Glück zuteilwerden wie Argael. Dann würde ich ebenfalls als reicher Kaufmann zurückkehren«, überlegte Sargo.
»Das ist keine gute Idee, Sargo. Du weißt doch, was man mit entlaufenen Sklaven macht.

Falls man dich fände, würde man dich auspeitschen. Das wäre grausam. Viele der entlaufenen Sklaven, die wieder eingefangen werden, werden zu Tode gepeitscht. Ich könnte den Anblick nicht ertragen. Bitte setze dein Leben nicht so leichtfertig aufs Spiel!«
»Leider weiß ich nur zu gut, was entlaufene Sklaven erwartet. Wie oft habe ich mit dem Gedanken gespielt, zu fliehen! Wie oft habe ich meine Flucht geplant! Aber ich hatte nie den Mut, zu handeln.«
»Ich bin froh, dass du nicht geflohen bist. Komm, lass uns gehen! Morgen werden wir wieder einen harten Tag vor uns haben.«

Am nächsten Morgen war es noch dämmrig, als Tori vor die Türe trat. Ein sanfter, kühler Wind wehte. Die großen Straßen von Assur waren menschenleer. Die großen Stadttore waren ebenfalls noch geschlossen. Er blickte zu ihnen hinüber. Sie waren aus schwerem Holz, mehrere Fuß hoch. Er schaute am Stadttor entlang zu der mächtigen Mauer und sein Blick folgte ihr, bis sie hinter Häusern und Bäumen verschwand. Werde ich Assur vermissen, wenn ich in Babylon bin?, fragte er sich. Dann machte er sich auf den Weg zu Herach. Was würde dieser wohl sagen, wenn er ihm seine Reisepläne und das großartige Angebot Argaels mitteilte?
Bei Herachs Haus angekommen, blieb er in einiger Entfernung stehen, starrte auf die verschlossene Türe und wartete, dass sie sich öffnen und Herach heraustreten würde, damit er mit ihm reden konnte. Nach einiger Zeit wurde sein Warten belohnt. Herach trat heraus, um auf das Feld zu gehen und nach seinen Arbeitern zu sehen. Da erblickte er Tori. Tori lief sofort auf ihn zu. Herach schaute verwundert auf.
»Herr, ich muss mit Euch sprechen.« Nun stand er vor ihm und senkte seinen Kopf.
»Welche Sorge drückt dich, mein Junge?«
»Herr, ich kann in zwei Tagen nicht mehr für Euch arbeiten. Argael, der reiche Kaufmann, wird nach Babylon reisen und er hat mir erlaubt, ihn zu begleiten. Ich darf seine Kamele führen, sie versorgen und für ihn arbeiten.«
»Nach Babylon?« Herach musterte Tori von oben bis unten. »Nun, mein Junge, ich weiß nicht, was ich sagen soll.«
»Herr, ich verspüre seit längerer Zeit den Wunsch, die große weite Welt zu sehen. Das ist meine Gelegenheit, noch andere mächtige Städte außer Assur zu sehen.«
»Ich verstehe deinen Wunsch, Tori. Jeder Mann in deinem Alter verspürt ihn eines Tages.

Auch mir erging es ähnlich. Ich habe schon viele Städte bereist und Babylon ist mit Sicherheit die schönste und mächtigste Stadt, die es auf dieser Erde gibt.«

»Ich weiß, mein Herr. Darum verlangt es mich auch so danach, diese Stadt einmal mit eigenen Augen zu sehen. So musste ich dieses einmalige Angebot annehmen.«

»Jeder Mann in deinem Alter würde es freudig und ohne zu zögern annehmen«, stimmte Herach zu. Doch du bist auch ein sehr guter Arbeiter, Tori. Ich lasse dich ungern ziehen. Wer weiß, wann ich wieder einen solch jungen, kräftigen und zähen Burschen wie dich finde.«

»In Assur gibt es noch viele junge und kräftige Männer. Ihr werdet bestimmt wieder einen finden. Und wenn dieser feststellt, was für ein guter Herr Ihr seid, wird er bei niemand anderem mehr arbeiten wollen.«

Ein zufriedenes Lächeln huschte über Herachs Gesicht, ehe er fortfuhr: »Tori, du bist ein guter Junge. Ich wünsche dir von Herzen alles Gute und dass die Götter dir wohlgesonnen sein mögen. Wenn du jemals wieder Arbeit suchst oder Sorgen hast, so komm zu mir. Sofern es in meiner Macht steht, werde ich dir helfen.«

»Danke, mein Herr. Auch Euch mögen die Götter nur Gutes zuteilwerden lassen. Ich danke Euch, dass ich für Euch arbeiten durfte.« Tori verneigte sich, drehte sich um und lief in Richtung Feld.

Dort wurde er von Sargo bereits ungeduldig erwartet: »Mensch, Tori, wo bleibst du so lange? Ich dachte schon, dir sei etwas zugestoßen. Das Glück scheint heute auf deiner Seite zu sein, denn Herach ist noch nicht zu sehen. Ansonsten würde es dir nun schlecht ergehen, weil du zu spät gekommen bist. Die Sonne steht schon hoch.«

»Ich komme eben von Herach. Ich habe ihm mitgeteilt, dass ich mit Argael nach Babylon reißen werde und in zwei Tagen nicht mehr für ihn arbeiten kann«, berichtete Tori und erzählte Sargo von dem Verlauf des Gesprächs.

»Herach ist ein guter Herr. Ich wusste, dass er dich nicht gerne ziehen lässt. Du bist ein guter Arbeiter und es wird schwer für ihn werden, wieder einen Mann zu finden, der seine Arbeiten so zuverlässig verrichtet wie du.«

»Und wer weiß, vielleicht wird er bald zwei kräftige Männer benötigen.«

»Was meinst du damit, Sargo?«, fragte Tori verständnislos.

»Ich meine es so, wie ich es sage«, entgegnete Sargo mit einem verschmitzten Gesichtsausdruck. »Ich konnte die ganze Nacht nicht schlafen, genau wie du. So irrte ich durch Assur, weil mich meine Gedanken quälten. Es erwachte in mir ebenfalls der Wunsch, das Geheimnis des Reichtums zu erfahren. Aber außerdem erwachte in mir noch ein viel größerer

Wunsch, Tori. Der Wunsch nach Freiheit! Ich möchte endlich wieder frei sein und tun und lassen können, was mir beliebt. Freie Entscheidungen treffen und hingehen, wohin und wann es mir beliebt. Und darum fasste ich heute Nacht den Entschluss, zu fliehen.«

Sprachlos starrte Tori seinen Freund an. »Sargo, du darfst nicht fliehen! Weißt du, was dir widerfährt, wenn du gefangen wirst?«

»Das wird nicht geschehen, denn sie werden mich nicht fangen. Die Götter werden mir zu meinem Glück verhelfen. Ich spüre es!«

»Und wenn nicht? Man wird dich zu Tode peitschen!«

»Ich werde es schaffen, Tori. Und dann bin ich ein freier Mann. Ich werde ebenfalls nach Babylon reisen, wir werden uns dort begegnen und reiche Männer werden. Du wirst bis dahin das Geheimnis des Reichtums erfahren haben. Und wenn ich dann reich bin, werde ich nach Assur zurückkehren und meine Schulden zurückbezahlen.«

»Doch wenn sie dich fangen? So wirst du niemals in den Genuss von Reichtum und Glück kommen. Du solltest dein Schicksal nicht so leichtfertig herausfordern!«

»Es ist die einzige Lösung. Ich werde sonst niemals reich werden. Bis ich meine Schulden bei Herach abgearbeitet habe, werde ich ein alter Mann sein. Vielleicht sterbe ich auch schon zuvor?«

»Ich weiß nicht, Sargo. Die Gefahr ist einfach zu groß. Fast alle entlaufenen Sklaven wurden früher oder später gefangen.«

Sie stritten noch eine Zeitlang, aber Sargo war von seinem Entschluss, zu fliehen, nicht abzubringen. Tori wusste nicht, was er noch tun konnte. Seine ganze Freude auf die Reise mit Argael nach Babylon war durch Sargos Vorhaben plötzlich getrübt. Was sollte er tun? Sargo war doch sein Freund! Er konnte doch nicht zusehen, wie er sich in sein Verderben stürzte!

Am Abend machten sich beide schweigsam auf den Rückweg. Jeder hing seinen Gedanken nach. Auf dem Marktplatz herrschte wie jeden Abend ein großes Gedränge. Die Händler priesen ihre Ware an und feilschten untereinander.

»Komm, lass uns etwas trinken! Ich verspüre einen großen Durst«, brach Tori das Schweigen und deutete Richtung Brunnen.

»Das ist eine gute Idee«, stimmte ihm Sargo zu.

Sie liefen zum Brunnen, schöpften sich Wasser und tranken beide ausgiebig.

»Welch eine Wohltat nach solch einem Tag!«

»Wohl wahr«, pflichtete ihm Tori bei. »Nichts lieber als das! Sag, ist es dir immer noch ernst, zu fliehen?«

»Ja. Ich muss, Tori, verstehst du das denn nicht? Ich muss endlich wieder frei sein!«
»Aber du würdest auch so nicht frei sein.«
»Wie meinst du das, ich würde nicht frei sein?« Fragend schaute Sargo ihn an.
»Du wärst ewig auf der Flucht und würdest ständig in Angst leben, dass man dich findet oder dass dich jemand erkennt und dich verrät. Ist das Freiheit?«
Sargo überlegte. »Ich wäre zumindest insofern frei, als dass ich gehen könnte, wohin ich will und tun und lassen könnte, was ich will. Das ist sehr viel wert. Und ich könnte dann ebenfalls reich werden wie du, wenn du bis dahin das Geheimnis des Reichtums weißt und es mit mir teilst. Die Angst ist der Preis, den die Götter für die Freiheit verlangen«, sagte Sargo bestimmt.
»Aber bedenke, Angst ist ein sehr hoher Preis, Sargo. Sei dir dessen bewusst! Sie hat schon sehr viele starke Männer in den Wahnsinn getrieben. Und viele ...« Tori wurde jäh durch einen großen Tumult unterbrochen, der nur wenige Schritte von ihnen entfernt ausgebrochen war. Es gab ein großes Gedränge und alle riefen wild durcheinander. Sie liefen auf die Menschenmenge zu, die mittlerweile einen Kreis gebildet hatte, und drängten sich nach vorne durch, um zu sehen, was der Grund für den Aufruhr war.
In der Mitte lag ein Mann auf dem Boden. Seine Hände waren gefesselt. Ein Mann stand hinter ihm und schrie: »Seht alle her! Hier ist Onesira, der entlaufene Sklave Kethas', des mächtigen Waffenschmieds aus Assur. Ich habe ihn wiedererkannt. Schnell, lauft und sagt Kethas Bescheid!«
Doch diese Aufforderung war nicht nötig, denn Kethas war bereits benachrichtigt worden. Schon wenige Augenblicke später trat Kethas mit zwei Dienern in den Kreis. Er warf einen kurzen, verächtlichen Blick auf den am Boden Liegenden und bestätigte, dass es tatsächlich sein entlaufener Sklave war, den man hier gefunden hatte.
»Ja, er ist es wirklich.« Dann befahl er seinen beiden Dienern: »Peitscht ihn aus, so dass es jedem meiner Sklaven eine Warnung sein soll, nicht ebenfalls auf den dummen Gedanken zu kommen, zu fliehen!« Kaum hatte er geendet, zogen die Diener ihre Peitschen und schlugen auf den Mann ein. Dieser schrie um Gnade und Erbarmen, doch niemand wollte ihm helfen. Die Menschenmenge tobte und brüllte und feuerte die Diener weiter an. Kurze Zeit später lag der Sklave blutüberströmt und wimmernd auf der Erde. Sein ganzer Rücken war blutig und aufgerissen und der Sand um ihn herum war ebenfalls vom Blute rot gefärbt.
Tori konnte es nicht weiter mit ansehen. Er drehte sich um und drängte sich aus dem Kreis der Schaulustigen heraus. Sargo, folgte ihm langsam. Ohne ein Wort zu sagen, schauten

beide zu der Menschentraube hinüber, aus der die panischen und angsterfüllten Schreie des Sklaven zu ihnen herübertönten. Jeder Schrei und jeder Peitschenknall drang Tori durch alle Glieder. An Sargos Gesichtsausdruck konnte er erkennen, dass auch ihm die Schreie durch Mark und Bein gingen. Plötzlich drehte er sich zu Sargo, blickte ihm tief in die Augen und durchbrach das Schweigen: »Sargo, du darfst nicht fliehen! Ich könnte es nicht ertragen, dich eines Tages auf dem Marktplatz liegen zu sehen und erdulden zu müssen, dass du ausgepeitscht wirst. Versprich mir, dass du nicht fliehen wirst! Ich komme zu dir zurück und werde dir das Geheimnis des Reichtums mitteilen, sobald ich es herausgefunden habe.«
Sargo schwieg und schaute bedrückt zu Boden. »Wenn du mir versprichst, dass du mich nicht vergisst, Tori, so will ich bleiben und auf dich warten«, sagte er zögernd.
»Ich verspreche es dir«, versicherte Tori erleichtert und zugleich mit fester Stimme.
Die Schreie des entflohenen Sklaven wurden immer schwächer. Er würde nicht mehr lange am Leben sein. Die zwei entfernten sich von der noch immer grölenden Menschenmenge und machten sich auf den Heimweg.

Was wäre das Schlimmste, das mir
in Bezug auf dieses Problem passieren könnte?

Drittes Kapitel

Die Reise nach Babylon beginnt

Wer mit Weisen unterwegs ist,
der wird weise. Wer mit Toren verkehrt,
dem ergeht es übel!

Tori stand am Stadttor. Es war früh am Morgen, noch dämmrig und auch etwas kühl. Tori fröstelte. Heute war der große Tag. Heute würde er seine Reise mit Argael nach Babylon antreten. Da sah er jemanden auf sich zukommen. Er lief schnellen Schrittes. Es war der Wächter, welcher die großen, mächtigen Tore öffnete. Tori blickte nach draußen und betrachtete die Sonne, die bereits schwach am Horizont zu sehen war. Wie oft hatte er diesen Anblick schon gesehen! Nun würde er für lange Zeit zum letzten Mal durch die mächtigen Tore Assurs treten. Er drehte sich um und wollte seine Heimatstadt noch einmal genau betrachten. Da sah er in der Ferne eine Menschengruppe mit Kamelen herankommen. Das musste Argael sein. Sein Herz begann schneller zu schlagen. Kurze Zeit später bestand kein Zweifel mehr. Die Gruppe, welche sich auf Tori zubewegte, war Argael mit seinen Dienern. Tori konnte ihn bereits von weitem erkennen. Auf seinem prächtigen Rappenhengst ritt er an der Spitze der Karawane. Hinter ihm folgten drei Diener. Einer davon führte mehrere Kamele in einer Reihe hinter sich her. Die anderen beiden bildeten den Schluss. Als sie nur noch wenige Schritte vom Tor entfernt waren, ging Tori auf die kleine Karawane zu und verneigte sich.

»Seid gegrüßt, mein Herr. Hier bin ich und steh Euch treu zu Diensten.«

Argael nickte ihm zu. »Sag mir deinen Namen, Junge.«

»Ich bin Tori, mein Herr.«

»Gut, Tori. Mein treuer Diener Metora hat ein Pferd für dich. Steige auf und reite neben den Kamelen in der Mitte! Achte darauf, dass sie nicht störrisch werden und immer dem Leittier folgen!«, sagte Argael und deutete auf den Diener, welcher an der Spitze der

Karawane hinter Argael ritt und ein Pferd neben sich führte. Tori tat, wie ihm geheißen, und lenkte sein Pferd zu den Kamelen in der Mitte der Karawane. Dann setzte sich der Zug wieder in Bewegung.

Sein Blick glitt an seinem Gewand hinunter zu seinem Gürtel, an welchem sein Lederbeutel hing. Er fasste ihn an und spürte die acht Kupfermünzen, die er von Herach noch für seine geleistete Arbeit erhalten hatte. Den Rest hatte er seiner Mutter gegeben. Da ritt Argael auf einmal neben ihn und brach jäh das Schweigen.

»Tori, erzähle mir etwas von dir! Wer sind deine Eltern und was machen sie?«, forderte Argael ihn freundlich aber bestimmt auf. Tori war höchst verwundert, doch dann begann er zaghaft, zu erzählen. Er fing an, von seinem Vater zu erzählen, von dessen Krankheit, dem schweren Schicksal, das die Familie getroffen hatte, von seinen Geschwistern und von seiner Arbeit bei Herach. Argael hörte aufmerksam zu und unterbrach ihn nicht ein einziges Mal. Während Tori erzählte, gewann er Vertrauen zu dem mächtigen Kaufmann. Trotz seines großen Respekts vor ihm, erzählte er ihm offen aus seinem Leben.

Als die Sonne hoch über ihnen stand, gab Argael den Befehl zum Rasten und sie setzten sich in den Schatten mehrerer Palmen. Wie er aus der Unterhaltung heraushörte, waren die Namen der anderen zwei Diener Orsira und Herachim. Sie sprachen über Babylon und einige der Händler, mit denen sie geschäftliche Verbindungen hatten. Sie wollten noch einige der schönen Gewänder kaufen, welche diese feilboten. In Assur war die Nachfrage groß gewesen und sie hatten dort mit den letzten, die sie in Babylon erstanden hatten, ein gutes Geschäft gemacht. Zudem fragten sie sich, ob sich die persischen Teppiche, die sie dabei hatten, verkaufen ließen. Letztes Mal, als sie in Babylon waren, hatten sie zwar fast alle verkauft, aber zunächst nur schwerlich Käufer gefunden.

Tori hörte interessiert zu. Das war etwas völlig Neues für ihn. Noch nie zuvor hatte er sich über den Einkauf und den Verkauf von verschiedenen Waren Gedanken gemacht. Vor allem nicht in diesen Mengen. Je länger er zuhörte, desto stärker wuchs in ihm der Wunsch, mehr darüber zu erfahren. Vielleicht würde er selbst noch eines Tages ein Kaufmann werden! Tori war sich sicher, dass er bei Argael und seinen Dienern sehr viel erfahren und lernen konnte, und vielleicht ließen ihm die Götter tatsächlich noch das Geheimnis von Reichtum und Glück zuteil werden. Da gab Argael den Befehl zum Weiterreiten.

Nach einiger Zeit kam Argael von neuem neben Tori geritten und griff das Gespräch wieder auf. »Wann hast du deinen Vater das letzte Mal gesehen?«

»Ich weiß es nicht genau. Es muss bereits mehrere Monate her sein, mein Herr. Wir haben ihn auch nur kurz gesehen, weil seine Karawane nach nur zwei Tagen bereits weitergezogen ist. Sie wollten nach Susa und dann weiter nach Persien. Der Kaufmann, dem er gehört, reist sehr viel und bleibt in jeder Stadt nur so lang, bis er seine Ware eingekauft oder verkauft hat.«

»Weißt du denn, wie der Kaufmann heißt, Junge?«

»Sein Name ist Suoran. Der Goldverleiher von Babylon verkaufte meinen Vater an ihn, da er ihm das geliehene Geld nicht zurückbezahlen konnte.«

»Soso, Suoran. Ich kenne ihn. Ich habe schon einige gute Geschäfte mit ihm gemacht. Er ist ein harter Händler, der weiß, was er will. Aber er ist auch ein ehrlicher Händler. Wie viel schuldet dein Vater ihm?«

»Es sind zehn Goldstücke und zweiundvierzig Silberstücke. Wir sparen bereits so viel wie möglich, aber es ist, als hätten sich die Götter gegen uns verschworen. Ich habe erst vier Silbermünzen und sechs Kupfermünzen zusammen. Ich weiß nicht, ob es mir jemals gelingen wird, das Geld zusammenzubekommen, um meinen Vater freizukaufen.«

»Es wird dir bestimmt eines Tages gelingen – wenn du nur durchhältst. Warum wolltest du eigentlich für mich arbeiten? Du hättest doch auch für einen Kaufmann arbeiten können, der in Assur wohnt. So wärst du bei deiner Familie und du hättest deinen Vater vielleicht bald wieder gesehen«, forschte Argael. Tori war etwas verlegen, weil er mit solch einer direkten Frage nicht gerechnet hatte. Was sollte er nun antworten? Er konnte ihm doch unmöglich den wahren Grund verraten, warum er zu ihm gekommen war!

»Ich hörte, dass Ihr ein großer Kaufmann seid, der viel umherreist und da es ein großer Wunsch von mir ist, einmal die anderen großen Städte zu sehen, beschloss ich zu Euch zu kommen, Herr. Ich habe noch nie eine andere große Stadt gesehen außer Assur.«

Argael nickte verständnisvoll. »Der Wunsch eines jeden jungen Mannes. Auch ich war einst voller Tatendrang und wollte hinaus in die große weite Welt«, sagte Argael. Er hielt inne und Tori merkte, dass er sich zurückerinnerte und an all die Reisen dachte, die er in seinem langen Leben unternommen hatte. Wo mochte er wohl überall gewesen sein? Tori traute sich nicht zu fragen. Schweigend ritten sie nebeneinander her. Was mochte Argael wohl in diesem Moment denken? Tori hätte es zu gerne gewusst.

Als die Dämmerung hereinbrach, sagte Argael ihm, er solle nach einem geeigneten Rastplatz Ausschau halten. Tori sah sich um. Das Gebiet, durch das sie ritten, war flach mit nur kleinen Hügeln, bewachsen von Kakteen, Palmen und Sträuchern. Es war gut

überschaubar. Tori deutete voraus: »Seht, Herr, vor uns scheint ein kleines Bächlein zu sein, dort könnten wir rasten und die Tiere tränken.«
»Du hast sehr gute Augen, Tori. Ich habe es noch gar nicht bemerkt. Aber das ist eine gute Idee. Wir werden dort unser Nachtlager aufschlagen.«
Kurze Zeit später erreichten sie den Wasserlauf und Argael befahl, an dieser Stelle das Nachtlager zu errichten. Tori versorgte die Tiere und half den drei Dienern. Dann saßen sie um das Feuer und aßen das mitgebrachte Fleisch und die Früchte. Da ergriff Argael das Wort: »Ihr werdet abwechselnd Wache halten. Immer einer, so dass die anderen schlafen und sich erholen können. Tori, du bist noch unerfahren, du wirst den Anfang machen. Nach dir kommt Herachim, dann Metora und zum Schluss Orsira.«
»In wenigen Tagen wird in Babylon der große Markt beginnen. Es soll diesmal ein großes Pferderennen stattfinden, an dem jeder teilnehmen kann, der ein Pferd besitzt. Es soll das größte Rennen sein, das es jemals gegeben hat«, sagte Metora.
»Wer wird das Rennen wohl gewinnen? Dem Sieger winken hundert Goldstücke«, begeisterte sich auch Orsira.
»Wir werden bald sehen, wen dies Glück ereilen wird. Am Ende wird wieder das große Fest stattfinden. Es ist das größte Fest, das es in Babylon gibt. In der ganzen Stadt wird gefeiert und alle Menschen sind fröhlich und guter Dinge.«
»Wie lange werden wir in Babylon bleiben, Herr?«, fragte Herachim.
»Wir werden bis nach dem Fest in Babylon bleiben. Vielleicht kaufe ich auch noch einige Pferde. Es wird einen großen Pferdemarkt geben und die Babylonier sind bekannt für ihre gute Zucht. Ich könnte noch einen oder zwei gute Hengste gebrauchen und auch von einigen schöne Stuten wäre ich nicht abgeneigt.«
»In Assur sind gute Pferde gerade gefragt. Auresimo, der große Pferdehändler aus Assur, hat mich gebeten, nach guten Pferden Ausschau zu halten und ihm Bericht zu erstatten«, sagte Metora.
»Auresimo ist ein großer Händler. Er hat die besten Pferde in ganz Assur. Ich habe ihm schon viele gute Pferde verkauft und auch schon viele von ihm gekauft. Schaut hinüber, mein feuriger Rappenhengst ist von ihm. Es ist das prächtigste Tier, das ich habe und das ich je hatte. Ich habe es als junges Fohlen bekommen und gut zureiten lassen.«
Tori blickte hinüber zu dem schwarzen Hengst, dessen Fell selbst in der Dämmerung noch glänzte. Es war wirklich ein prächtiges Tier. Noch nie hatte er auch nur ein annähernd so wundervolles Pferd wie dieses gesehen.

Die Knechte des Geldes

Kurze Zeit später war es fast völlig dunkel. Orsira und Herachim wickelten sich in ihre Decken, um zu schlafen. Metora blieb am Feuer sitzen und unterhielt sich mit Argael weiter über den Markt, Babylon, das Pferderennen und die prächtigen Pferde, welche die Züchter dort hatten. Tori stand auf und begann, ein wenig durch das Lager zu schlendern. Die Stimmen von Argael und Metora drangen schwach zu ihm. Er ging hinüber zu den Pferden und Kamelen. Sein Blick fiel wieder auf den Rappen. Er trat näher und streichelte ihm über den Kopf. Wie würde er wohl bei dem Pferderennen abschneiden? Tori konnte sich gut vorstellen, dass er unter den Ersten sein würde. Was hatte Orsira gesagt? Hundert Goldstücke sollte der Sieger erhalten. Tori konnte sich gar nicht vorstellen, wie viel das wohl sein könnte. Er fasste an seinen Lederbeutel und tastete nach seinen letzten Kupfermünzen. Wie würde es sich anfühlen, wenn dieser Beutel voll wäre mit Kupferstücken? Oder voller Silberstücke? Oder gar voller Goldstücke? Mit hundert Stücken? Wie groß musste wohl der Lederbeutel sein, damit hundert Goldstücke hineinpassten? Dann wäre er reich, dachte er. Mit hundert Goldstücken konnte man sich bestimmt alles kaufen, was man wollte. Tori überlegte, ihm fiel nichts ein, was man sich davon nicht kaufen konnte. Oder doch? Ein Haus? Wie viel würde ein großes Haus kosten? Tori überlegte. Er wusste es nicht. Aber vermutlich würden die hundert Goldstücke nicht ausreichen, um sich ein richtig großes Haus zu kaufen, wie es Argael besaß. Doch wenn er sich das Haus, das er wollte, nicht kaufen konnte, so war er mit den hundert Goldstücken ja auch nicht reich. Wann war er dann reich? Was würde Argael ihm wohl antworten, wenn er ihm die Frage stellte, wann man reich sei? Tori schaute hinüber. Argael und Metora waren in eine angeregte Unterhaltung vertieft. Tori lief hinüber und setzte sich zu ihnen.

Wenig später stand Metora auf und sagte, dass er sich nun schlafen legen würde. Argael blieb am Feuer sitzen und musterte Tori. Tori sah in die leuchtenden Flammen des Feuers. Was war das Geheimnis von Reichtum und Glück? Jetzt war die Gelegenheit, schoss es ihm auf einmal durch den Kopf. Jetzt konnte er Argael fragen. Aber da machte sich wieder die Angst in ihm bemerkbar. Würde er ihm das Geheimnis überhaupt verraten? Warum sollte er das eigentlich tun? Was würde Argael ihm wohl antworten? Lieber nicht, dachte er. Ich werde noch einige Tage warten. Es wird sich bestimmt noch eine Gelegenheit ergeben.

Da kam ihm wieder die Erkenntnis in den Sinn, die er auf dem Feld gehabt hatte. Was wäre das Schlimmste, das mir passieren könnte? Er musste zurückdenken an den Tag, als er auf dem Feld stand und sich fragte, ob er zu Argael gehen und ihn fragen sollte, ob er für ihn arbeiten könne. Damals hatte er genau die gleiche Angst verspürt und nun saß er hier, ihm gegenüber am Feuer. Welch großes Glück, dass mir die Götter diese Erkenntnis geschenkt haben, dachte er und nahm allen Mut zusammen.

»Herr, ich habe Euch vorhin nicht ganz die Wahrheit gesagt.«

Argael blickte überrascht auf.

»Als Ihr mich fragtet, warum ich gerade zu Euch gekommen sei, um für Euch zu arbeiten, da antwortete ich, dass ich hörte, dass Ihr ein mächtiger Kaufmann seid und viele große Städte bereist. Das war nur ein Grund, warum ich zu Euch kam. Doch es gibt noch einen weiteren Grund. Vor einiger Zeit erwachte in mir der Wunsch, reich zu werden. Tag und Nacht quälte mich das Verlangen, nicht mehr zu den armen Menschen von Assur zu zählen, sondern auch einmal zu den Menschen zu gehören, die feine Gewänder und teuren Schmuck tragen, die nur die köstlichsten Speisen verzehren und die schönsten Häuser besitzen. Zu den Menschen, die niemals die Sorgen und die Härte des Lebens zu spüren bekommen. Tag für Tag quälte mich das Verlangen und ich konnte an nichts anderes mehr denken. Doch je mehr ich überlegte, was ich tun könnte, desto verzagter wurde ich. Viele Reiche, die ich kenne, haben ihren Besitz geerbt. Doch von Euch sagen die Leute, dass Ihr Euren Reichtum selbst erarbeitet habt. So kam mir der Gedanke, dass Ihr mir vielleicht sagen würdet, was ich tun kann, um reich zu werden?«

Aufmerksam hörte Argael Tori zu. Als dieser geendet hatte, huschte ein Lächeln über sein Gesicht. »Soso. Der Wunsch nach Reichtum und Glück ist in dir erwacht. Jeder verspürt diesen Wunsch eines Tages. Besser gesagt, die meisten verspüren nicht den Wunsch, reich zu werden, sondern in ihnen wächst das Verlangen nach den Gütern dieser Welt und nach dem angenehmen Leben ohne Sorgen und Nöte. Sie wollen all die schönen Dinge besitzen, die du vorhin aufgezählt hast. Sie wollen schöne Gewänder tragen, auf prächtigen Pferden reiten und in schönen Häusern wohnen.«

»Aber wenn man dies alles besitzt, dann ist man doch reich. Oder etwa nicht, Herr?«

»Meinst du, dass du, wenn du diese Güter besitzt, reich bist? Wann genau ist man denn deiner Meinung nach reich?«

»Diese Frage habe ich mir auch schon oft gestellt, aber die Götter wollten mir keine Antwort darauf schenken«, sagte Tori mit einem tiefen Bedauern in der Stimme.

»Ja, Tori, das ist eine gute Frage, die sich die meisten Menschen nicht stellen. Sie wollen reich sein, aber stellen sich nie die Frage, wie viel Geld sie bräuchten, um reich zu sein.«

»Ich weiß es nicht. Vorhin, als Orsira von dem Pferderennen sprach, kam mir der Gedanke, dass derjenige, der die hundert Goldstücke gewinnt, wohl ab diesem Tage reich sein wird. Ich habe in meinem ganzen Leben noch nie hundert Goldstücke gesehen.«
»Hundert Goldstücke«, wiederholte Argael schmunzelnd. »Und nun stell dir einmal, vor, du würdest diese hundert Goldstücke bei dem großen Pferderennen in Babylon gewinnen. Was würdest du tun?«
»Was ich tun würde, wenn ich hundert Goldstücke besäße?« Da brauchte Tori nicht lange zu überlegen: »Ich würde mir ein schönes Gewand kaufen. Auch meiner Mutter und meinen Geschwistern würde ich neue Gewänder kaufen und dann würde ich meinen Vater suchen und freikaufen. Ich würde ihnen das beste Essen mitbringen und dann würde ich ein Fest feiern und all meine Freunde und Bekannten einladen«, antwortete Tori ohne zu zögern.
»Und wie sollte es dann weitergehen?«
»Ich bräuchte mir nie mehr Sorgen zu machen, dass wir zu wenig zu essen haben oder dass es uns an irgendetwas mangelt. Wir könnten unbeschwert leben und würden endlich auch zu den reichen und angesehenen Menschen in Assur gehören.«
»Was machst du, wenn der prall gefüllte Lederbeutel mit den hundert Goldstücken eines Tages leer ist?«
Verdutzt schaute Tori auf.
»Hast du dir darüber einmal Gedanken gemacht?«
»Ehrlich gesagt, nein«, antwortete Tori zögernd.
»Siehst du, darüber machen sich die meisten Menschen keine Gedanken. Sie wollen alle viel Geld und schöne Dinge besitzen und die Früchte dieser Welt in vollen Zügen genießen, aber dass das viele Geld eines Tages aufgebraucht sein könnte, daran denken die wenigsten. Wenn du für deine hundert Goldstücke schöne Gewänder, Schmuck und gutes Essen kaufst, so wirst du eines Tages wieder arm sein.«
»Aber alle reichen Menschen kaufen sich doch schöne Gewänder und wohnen in großen Häusern! Vielleicht sind die hundert Goldstücke doch zu wenig? Brauche ich vielleicht zweihundert, fünfhundert oder gar tausend Goldstücke?«
»Was denkst du, wäre dann anders?«
»Ich könnte länger davon leben und es würde bis an mein Lebensende reichen.«
»Bist du dir sicher? Oder könnte es sein, dass du dir dann nur ein noch größeres Haus und noch teurere Gewänder kaufen würdest?«
Tori überlegte. Er wusste nicht so recht, worauf Argael hinauswollte. »Aber irgendwann

muss es doch genug sein, so dass man davon leben und sich alles kaufen kann, oder nicht?«, fragte Tori verwirrt.
»Überlege einmal zurück, als du noch jünger warst und noch nicht so viel Geld verdientest, wie du jetzt verdienst. Du konntest doch damals von dem wenigen Geld, das du hattest, leben, oder?«
»Ja, das konnte ich. Es war nicht viel, aber es hat gereicht.«
»Könntest du jetzt mit dem gleichen Geld auskommen wie damals, wenn du von einem Tag auf den anderen wieder so viel wie früher erhalten würdest?«
»Hm«, Tori überlegte. »Ich weiß es nicht. Wenn es unbedingt sein müsste, bestimmt. Aber es würde sehr schwer werden.«
»Richtig, es würde dir sehr schwer fallen, weil du es nicht mehr gewohnt bist, mit so wenig Geld auszukommen. Genauso würde es dir ergehen, wenn du die hundert Goldstücke besäßest. Du würdest dich an dein angenehmes Leben gewöhnen und wolltest auf die schönen Dinge nicht mehr verzichten. Deine Wünsche und das Geld, das du zum Leben benötigst, werden immer im gleichen Verhältnis mit deinem Einkommen wachsen. Du wirst immer mehr Geld benötigen, als du momentan verdienst.«
Tori wurde nachdenklich. »Was tun die reichen Menschen in Assur, Babylon oder den anderen großen Städten? Sie können sich all die schönen Dinge leisten, ohne ärmer zu werden. Zumindest hat es den Anschein, dass sie nicht ärmer werden.«
Argael schmunzelte. »Das ist der Unterschied zwischen den reichen Menschen in Assur und Babylon und den armen Menschen in diesen Städten. Du wirst in Babylon auch Menschen finden, die schöne Gewänder und teuren Schmuck tragen, aber nicht reich sind. Sogar sehr viele. Kennst du solche Menschen?«
»O ja. Es gibt viel mehr von ihnen als von den Reichen selbst.«
»Und was fällt dir an diesen Menschen auf?«
»Sie haben sehr viele schöne Dinge, aber wenn man ihnen zuhört, dann stellt man fest, dass sie dennoch kein Geld besitzen.«
»Sie sind Sklaven.«
Tori schaute verblüfft auf. »Sklaven?«, fragte er ungläubig. »Wieso Sklaven? Diese Männer, die ich meine, sind keine Sklaven, sondern freie Männer. Sie arbeiten aus eigenem Willen.«
»Nein, Tori. Sie sind nicht frei. Ich meine genau diese Männer. Sie sind Sklaven.«
Verwirrt sah Tori Argael an. Dieser lächelte ihm verständnisvoll zu.
»Schau, Tori, diese Männer sind frei und arbeiten aus eigenem Willen für sich oder einen

anderen Mann. Mit dem Lohn, den sie für ihre Arbeit erhalten, kaufen sie sich schöne Kleider, Schmuck, gehen in die Wirtshäuser, verspielen ihr Geld, verwetten es bei Pferderennen oder verprassen es auf andere Weise. Meistens reicht ihnen aber ihr Geld dann nicht bis zum Monatsende. Oder sie sehen ein schönes Gewand, das sie kaufen wollen, haben aber ihr Geld bereits verspielt. Was machen sie nun? Sie gehen zum Goldverleiher und borgen sich das Geld. Im nächsten Monat reicht ihnen aber ihr Geld wieder nicht bis zum Ende des Monats und so müssen sie den Goldverleiher wieder aufsuchen, um sich das nötige Geld zu leihen. Sie sind zwar frei in dem Sinne, wie du es meinst, aber sie sind dennoch die Sklaven ihres Herrn. Besser gesagt, sie sind Knechte des Geldes und da ihr Herr das Geld besitzt, welches sie begehren, sind sie somit zugleich seine Sklaven. Auch wenn sie im Grunde genommen freie Männer sind. Sie müssen nämlich für ihn arbeiten, da sie auf den Lohn, den er ihnen zahlt, angewiesen sind. Denn sonst kommt der Goldverleiher, fordert sein Geld und sie können nicht bezahlen und werden dann als Sklaven verkauft. Verstehst du nun, was ich mit Sklaven meine?«

»Ja, ich verstehe es«, sagte Tori nachdenklich.

»Kennst du solche Leute in Assur, die ich als Sklaven bezeichne und du als frei?«

»Ja, sehr viele sogar.«

»Dem Großteil der Menschen in Assur ergeht es so. Sie sind die Sklaven ihres Dienstherrn und des Goldverleihers. Und das Schlimmste ist, die meisten wissen es gar nicht. *Sie tauschen ihre Freiheit gegen all die schönen Dinge und laden sich selbst das schwere Joch der Sklaverei auf.*

»Aber welchen Weg gibt es, um all die schönen Dinge zu besitzen und nicht zum Sklaven zu werden, sondern ein freier Mann zu bleiben?«

»Das ist ganz einfach. Man muss sich die schönen Dinge verdienen. Die meisten Menschen in Assur sehen etwas, denke zum Beispiel an ein schönes Gewand, und wollen es sogleich besitzen. Da sie nicht so viel Geld haben, gehen sie zum Goldverleiher und leihen sich das nötige Geld. In diesem Moment erfüllen sie sich ihren Wunsch, bevor sie ihn sich verdient haben, und tauschen somit ihre Freiheit gegen das Gewand. Die reichen Menschen in Babylon handeln ganz anders. Sie warten so lange, bis sie das Geld für das Gewand verdient haben und kaufen es sich dann. Der Arme versucht, so zu sein wie der Reiche, indem er versucht, all die schönen Dinge zu bekommen, die der Reiche besitzt. Aber er ist nicht bereit, das zu tun, was der Reiche dafür tut, sondern er verkauft seine Freiheit und macht sich zum Sklaven. So wie der Frosch sich aufbläst, um dem Ochsen zu gleichen, ist es, wenn der Arme versucht, dem Reichen zu gleichen.«

»Wollen nicht alle Menschen den Weg des Reichtums gehen?«, fragte Tori verwundert.
»Nein, Tori. Die meisten Menschen in Assur wollen ›haben‹. Sie wollen reich sein. *Aber sie wollen nicht reich werden!* Sie wollen den Weg nicht gehen. Sie wollen die Ernte, ohne vorher zu säen, und das ist nicht möglich. Der Reiche macht einige Dinge, die der Arme nicht macht, und das bewirkt ein ganz anderes Ergebnis.«
»Und was sind das für Dinge?«, fragte Tori wissbegierig.
»Das werde ich dir morgen erzählen. Es ist schon spät und ich spüre, wie die Müdigkeit über mich kommt. Merke dir für heute nur so viel: *Der Arme ist der Sklave des Geldes und der Reiche macht das Geld zu seinem Sklaven!*«
»Aber wie macht der Reiche das Geld zu seinem Sklaven?« Fragend schaute Tori Argael an.
»Du bist wissbegierig. Das gefällt mir. Die meisten Männer in deinem Alter denken eher an das Geldausgeben und die Freuden, die man damit haben kann, anstatt daran, wie man das Geld bekommt und was der Unterschied zwischen Armut und Reichtum ist. Aber wie gesagt, es ist schon spät und mein Körper verlangt nach der wohlverdienten Ruhe. Ich werde dir morgen alle weiteren Fragen beantworten.«
Mit diesen Worten erhob sich Argael vom Feuer und ging hinüber zum Zelt, um sich schlafen zu legen. Tori verspürte noch keine Müdigkeit. Er hätte den Worten Argaels noch bis zum frühen Morgen lauschen können. Er war schon voller Erwartung, was er am morgigen Tag noch alles über das Geheimnis des Reichtums erfahren würde.

Der Arme ist der Sklave des Geldes,
der Reiche macht das Geld zu seinem Sklaven.

Viertes Kapitel

Wie das Geld zum Sklaven des Menschen wird

Die meisten Menschen, welche Kredite aufnehmen,
geben Geld aus, das sie nicht haben,
um Menschen zu beeindrucken, die sie nicht leiden können!

Diese Nacht hatte Tori kaum geschlafen. Die ganze Zeit hatte er am Feuer gesessen und über Argaels Worte nachgedacht. Erst früh am Morgen war er eingedöst und als er dann von Orsira geweckt wurde, spürte er die Müdigkeit in seinen Knochen. Rasch wurden die Kamele und Pferde beladen, das Feuer gelöscht und die Reise ging weiter gen Babylon, der mächtigsten Stadt der Welt, der Stadt, die für Wohlstand, Reichtum und Glück stand. Der Arme ist der Sklave des Geldes, der Reiche macht das Geld zu seinem Sklaven. Immer wieder ging Tori dieser Satz durch den Kopf. Die Worte Argaels hatten ihn zum Nachdenken gebracht und es erwachte in ihm der Wunsch, mehr darüber zu erfahren. Er verspürte, dass diese Worte Teil des Geheimnisses des Reichtums sein mussten. Wie der Arme zum Sklaven des Geldes wurde und warum so viele Menschen in Assur und Babylon dazugehörten, wusste er nun. Aber wie machte der Reiche das Geld zu seinem Sklaven und was tat er, dass er nicht arm wurde, obwohl er es ausgab?

Plötzlich zuckte er zusammen, Argael ritt auf einmal neben ihm.

»Nun, Tori, wo sind deine Gedanken?«

»Herr ..., ich habe Euch gar nicht bemerkt.«

»Ich habe es gesehen. Dich beschäftigt unser Gespräch vom gestrigen Abend?«

»Ja, so ist es«, gestand Tori.

»Wie war deine Frage, die ich dir heute beantworten wollte?«

»Wie macht der Reiche das Geld zu seinem Sklaven?«, sagte Tori ohne zu zögern.

»Richtig. Dazu ist es nun wichtig, dass wir uns erst einmal Gedanken darüber machen, wann man denn reich ist. Was denkst du, Tori, wann ist man ein reicher Mann?«

»Ich weiß es nicht, Herr. Diese Frage stelle ich mir bereits viele Tage, aber Eure Worte verwirrten mich nur noch mehr«, antwortete Tori ehrlich.
»Das dachte ich mir bereits«, antwortete Argael schmunzelnd. »Denk noch einmal scharf nach. Was bräuchtest du, um reich zu sein?«
»Hm, gestern dachte ich noch für eine kurze Zeit, dass ich mit hundert Goldstücken reich wäre. Nach Euren Worten, Herr, war ich mir nicht sicher, ob hundert genug wären. Vielleicht bräuchte ich auch fünfhundert oder gar tausend Goldstücke. Oder vielleicht noch mehr? Ich weiß es nicht, Herr.«
»So werde ich es dir nun sagen. In Wahrheit gibt es keine genaue Antwort auf diese Frage. Dies ist eine Frage, die sich jeder selbst beantworten muss. Niemand sonst kann das tun. Der eine, der nichts besitzt und noch nie etwas besessen hat, ist vielleicht der Meinung, dass er mit hundert Goldstücken reich ist. Der, der hundert Goldstücke besitzt, ist wieder ganz anderer Meinung. Er denkt vielleicht, mit fünfhundert oder gar tausend Goldstücken wäre er reich. Der Mann mit tausend Goldstücken glaubt wiederum, dass er zehn Mal tausend Goldstücke benötige, um endlich reich zu sein. Nun kommt noch hinzu, dass der Mensch von Natur aus gierig ist. Er gibt sich nicht mit dem zufrieden, was er hat, sondern strebt ständig nach mehr. So hat er sich mit hundert Goldstücken einst reich gefühlt, wenn er diese aber besitzt, strebt er nach fünfhundert oder gar tausend Goldstücken. *Ich bezeichne einen Mann als reich, wenn er von seinem Geld leben und ein glückliches Leben führen kann, ohne arbeiten zu müssen.«*
»Doch wie viel Geld benötigt man, um davon leben zu können. Denn eines Tages ist das Geld aufgebraucht und man muss wieder arbeiten. Somit ist man nicht mehr reich.«
»Genau das ist das Problem, welches die Armen haben. Und hier ist der Unterschied zwischen Arm und Reich. Das Geld des Reichen wird niemals weniger.«
Überrascht sah Tori Argael an. »Wie ist das möglich, Geld ausgeben, ohne dass es weniger wird? Muss man so viel Geld besitzen, dass man es nicht mehr zählen kann?«
»Nein, aber so viel, dass du von den Zinsen leben kannst«, antwortete Argael schmunzelnd.
»Von den Zinsen leben können? Was muss ich tun, um ebenfalls in den Genuss zu kommen, ein solches Leben zu führen?«
»Indem du einen Teil deines Geldes niemals ausgibst. Schau, Tori, das Geheimnis liegt darin, dass man sein Geld spart. Wenn ein Jahr verstrichen ist, so gibt es immer nur drei Möglichkeiten: Erstens: Du hast mehr ausgegeben, als du eingenommen hast. Zweitens: Du hast genauso viel ausgegeben, wie du eingenommen hast. Drittens: Du hast weniger

ausgegeben, als du eingenommen hast. Die armen Menschen in Babylon handeln nach den ersten zwei Prinzipien. Die reichen Menschen handeln nach dem dritten Prinzip. Sie sparen einen Teil ihres Geldes.«

»Was machen sie dann mit dem Geld, das sie nicht ausgeben?«

»Zunächst einmal bezahlen sie sich selbst.«

»Sie bezahlen sich selbst?« Fragend schaute Tori Argael an.

»Ja, *der Reiche bezahlt sich selbst zuerst.* Schau, die armen Menschen in Babylon bekommen Lohn für ihre Arbeit. Damit bezahlen sie alle möglichen Menschen: Händler, Kaufmänner, den Bäcker für das Brot, den Schneider für das neue Gewand und den Schmied für das Beschlagen der Hufen ihres Pferdes. Allen möglichen Menschen geben sie Geld für bestimmte Dinge oder Dienste. Am Ende eines Monats ist dann das ganze Geld ausgegeben und es ist nichts mehr da, um sich selbst zu bezahlen. Nun warten sie, bis sie wieder Geld für ihre Arbeit erhalten und das gleiche Spiel geht von vorne los. Sie bezahlen immer zuerst andere Menschen, bevor sie einmal an sich selbst denken. Doch ich denke, du solltest dir selbst mindestens genauso viel wert sein wie der Bäcker. Darum solltest du dich selbst zuerst bezahlen.«

»Wie viel sollte man sich denn bezahlen und was soll ich mit diesem Geld tun?«

»Von jedem Lohn, den du erhältst, spare mindestens den zehnten Teil. Du kannst natürlich auch mehr sparen, aber niemals weniger. Dieses Geld wirst du niemals mehr ausgeben und das wird dich reich machen.«

»Indem ich es nie mehr ausgebe?«, fragte Tori verwundert.

»Ja, Tori, indem du es sparst. *Sparen bedeutet, sich selbst bezahlen.* Das ist das Geld, das du zu deinem Sklaven machst. Es wird für dich arbeiten und dir Zins erbringen. Diese Zinsen sind somit die Sklaven deiner Sklaven. Je mehr Sklaven du hast, die für dich arbeiten, desto mehr Sklaven wirst du folglich bekommen. Eines Tages wirst du dann so viele Zinsen oder Sklaven erhalten, dass dir dieses Geld reicht, um davon gut leben zu können und nicht mehr arbeiten zu müssen.«

»Das hört sich wahrlich sehr gut an, Herr. Aber wie bekomme ich Zinsen, so dass aus meinem Geld Sklaven werden?«

»Zinsen bekommst du zum Beispiel, indem du einen Teil deines Geldes zum Goldverleiher bringst. Der bezahlt dir pro Jahr einen bestimmten Teil an Zinsen auf das Geld, das du ihm gegeben hast. Es gibt aber auch noch weitere Möglichkeiten, um Geld zu sparen und daraus Sklaven zu züchten. Ich gebe beispielsweise immer einen bestimmten Betrag einem

guten Freund von mir, der Kleidermacher ist. Er macht die schönsten Gewänder in ganz Babylon. Vier Mal im Jahr reist er nach Persien, um dort die schönsten Stoffe einzukaufen, aus denen er dann die prachtvollsten Gewänder fertigt. Damit er mehr von diesen wundervollen Stoffen kaufen kann, gebe ich ihm mein Geld. Damit kann er mehr Stoffe kaufen und mehr Gewänder schneidern, als er es sonst könnte. Dafür, dass ich ihm das Geld geliehen habe, bezahlt er mir ein Viertel von dem Gewinn eines jeden Gewandes zu meinem Geld, das ich ihm geliehen habe, dazu. So bekomme ich vier Mal im Jahr Zinsen, die mein Vermögen mehren. Dieses Geld investiere ich dann wieder und erhalte neue Zinsen dafür, die dann als Sklaven für mich arbeiten und mich reich machen. Verstehst du, was ich meine, Tori?«
»Ja, Herr, ich verstehe. Eure Worte leuchten mir ein.«
»Doch du musst genau achtgeben, wem du dein Geld anvertraust. Der Kleidermacher ist ein sehr guter Freund von mir. Ich kenne ihn schon viele Jahre. Er ist ein redlicher und ehrlicher Mann, der gewissenhaft arbeitet und sein Wort hält, egal, was er verspricht. Du weißt selbst, dass es in Assur viele Menschen gibt, die nur Versprechungen machen und ihr Wort schneller vergessen, als sie es ausgesprochen haben. Gib acht, dass du solchen Männern nie dein Geld anvertraust! Es wäre schade, wenn du dadurch das wieder verlieren würdest, wofür du so hart gearbeitet hast.«

Ausreden sind Lügen, die wir uns selbst erzählen

»Ich werde darauf achtgeben, Herr. Es belastet jedoch eine ganz andere Sorge mein Gemüt: Ich würde sehr gerne den zehnten Teil von meinem Einkommen sparen, sogar mehr, ein Viertel oder gar die Hälfte. Aber ich kann nicht. Das Geld reicht gerade einmal, um meine Mutter und meine Geschwister zu ernähren. Es bleibt mir nur ein ganz geringer Teil für mich. Wie soll ich von dem Wenigen, das ich habe, auch noch sparen?«
Ein Lächeln huschte über Argaels Gesicht. »Siehst du, Tori, das ist die Ausrede aller Armen. Sie versuchen, sich damit zu entschuldigen, dass sie nicht sparen könnten. Ihre Begründung ist wie die deine. Sie sagen, dass sie jetzt zu wenig Geld haben, um zu sparen. Eines Tages werden sie mehr verdienen und dann werden sie auch sparen können. Aber erinnerst du dich an das, worüber wir vorhin gesprochen haben? Unsere Wünsche wachsen gleichsam mit unserem Einkommen. Demnach werden sie nie genug verdienen, um sparen zu können. Ich verspreche dir, dass du nicht merken wirst, wenn du am Anfang des Monats den zehnten

Teil zurückbehältst. Du wirst genauso gut oder schlecht durch den Monat kommen, wie wenn du es nicht tust. Weißt du, wozu derlei Ausreden dienen?«

Tori sah verwundert zu Argael hinüber. »Nein. Ehrlich gesagt, weiß ich nicht, worauf Ihr hinauswollt, Herr.«

»Ich will es dir erklären. Durch eine Ausrede wird Verantwortung von sich weggeschoben. So wie die armen Menschen in Assur. Sie schieben die Verantwortung von sich weg. Sie sagen immer, sie können nicht sparen, da sie zu wenig verdienen. Wenn sie aber mehr verdienen, so sparen sie auch nicht, sondern sind immer noch der Meinung, mehr verdienen zu müssen, um sparen zu können. Mit dem niedrigen Verdienst, den sie für ihre Arbeit erhalten, als Ausrede, schieben sie die Schuld von sich weg auf die schlechte Bezahlung. *Ausreden sind immer dazu da, Schuld von sich auf jemanden oder etwas anderes zu schieben.* Man will somit vom eigenen Versagen ablenken und jemand anderem oder einem Umstand die Schuld zuweisen. Solche Menschen übernehmen keine Verantwortung. Wenn sie wollten, könnten sie ebenfalls den zehnten Teil ihres Lohnes sparen, aber sie wollen gar nicht. Sie machen sich nicht einmal Gedanken darüber, wie sie diesen zehnten Teil sparen oder mehr verdienen könnten. Stattdessen jammern sie über die Gegebenheiten des Schicksals und die Ungerechtigkeit der Götter. Doch ich sage dir: *Jeder ist für sich selbst verantwortlich.* Diese Menschen sollten sich nicht beklagen, dass sie solch eine schlechte Bezahlung erhalten, denn es ist nicht die Schuld ihres Herrn, der ihnen so wenig gibt, sondern es ist ihre eigene Schuld, dass sie für so wenig Geld arbeiten. Sie könnten sich auch eine Arbeit suchen, mit der sie mehr verdienen. Aber stattdessen jammern sie lieber und versinken in Selbstmitleid. Merke dir, Tori: *Ausreden sind Lügen, die wir uns selbst erzählen!*«

Verlegen schaute Tori zu Argael. Er wusste, dass dieser die Wahrheit sprach, und er erkannte, dass auch er nur allzu oft nach den Gewohnheiten des Armen lebte und die Schuld von sich weg schob und somit keine Verantwortung für sein Leben übernahm. Er fasste den Entschluss, dies von nun an zu ändern.

»Seit wir uns unterhalten, habe ich den Eindruck, dass viel in dir steckt und dass du noch Großes erreichen wirst«, ermutigte ihn Argael.

Als er diese Worte vernahm, durchströmte ihn das wundervolle Gefühl des Glücks. Noch nie hatte jemand so zu ihm gesprochen. Nur allzu oft musste er hören, was er nicht könne, dass er zu schlecht für dies und zu dumm für jenes sei. Doch dieser große Kaufmann traute ihm tatsächlich etwas zu! Er war davon überzeugt, dass er, Tori, reich und erfolgreich werden könne. Und dieser Mann war sogar der reichste Mann Assurs persönlich! Tori ballte seine Faust und schaute mit einem glücklichen und entschlossenen Blick in die Ferne.

»Ich werde ab jetzt jeden Monat so viel sparen, wie ich kann, und mein Geld klug investieren, damit ich eines Tages viele Zinsen erhalte und das Geld zu meinem Sklaven wird und gut für mich arbeitet.«

»Das ist sehr klug, Tori. Weißt du, die armen Menschen verfallen einem schlimmen Irrglauben. Sie denken, der Reiche spart und kümmert sich um sein Geld, seitdem er reich ist. Die Wahrheit jedoch ist, er fing an, sich um sein Geld zu kümmern und zu sparen, als er noch arm war. Und dadurch wurde er erst reich und durfte die Früchte des Reichtums und Wohlstands ernten. Er entwickelte als armer Mann die Gewohnheit des Sparens.«

»Ihr meint also, dass der Reiche angefangen hat, zu sparen, als er arm war?«, fragte Tori ungläubig. Er hatte immer gedacht, dass die Reichen erst ihr Geld klug investierten, wenn sie reich waren und genug Geld besaßen. Doch es klang einleuchtend. Wie sollten diese Menschen schließlich reich werden, wenn sie ihr ganzes Geld ausgaben?

»Nun ist es wichtig Tori, dass du dir einen Plan erstellst, nach dem du sparst.«

»Einen Plan? Wozu soll das gut sein?«

»Stell dir vor, du hast ein Jahr lang so viel Geld gespart, wie du konntest. Und nun tritt ein Unglück ein, wie die Krankheit deines Vaters. Was tust du nun? Du wärest gezwungen, deine Ersparnisse aufzugeben, um die Arztkosten für deinen Vater und den Lebensunterhalt für deine Familie zu bezahlen, richtig?«

»Ja, das wäre ich. Was könnte ich tun, dass ich meine Zinsen, also meine Sklaven, die für mich arbeiten, nicht aufbrauchen müsste?«

»Du müsstest dir Geld zur Seite legen, welches dich in diesem Falle schützt. Dies sollte so viel Geld sein, wie du für ein halbes Jahr zum Leben benötigst.«

»Das wären ungefähr dreißig Silberstücke, die ich bräuchte«, überlegte Tori.

»Gut. Und diese dreißig Silberstücke wirst du niemals ausgeben. Außer es handelt sich um einen echten Notfall, so wie die Krankheit deines Vaters zum Beispiel.«

»Was werde ich dann mit diesem Geld machen? Soll ich es nicht investieren, damit es mir Zinsen einbringt?«

»Nein, besser nicht. Dieses Geld sollte dein Schutz sein. Wenn du dieses Geld investieren würdest, so könnte es sein, dass derjenige, dem du es gibst, damit keine Gewinne erzielt und er es dir nicht zurückgeben kann, wenn ein Notfall eintritt. Somit wäre dein Schutz wirkungslos. Lege es in einen Lederbeutel und verwahre es gut! Dieses Geld muss sofort

verfügbar sein, wenn du es benötigen solltest, es muss sicher sein, damit es auch wirklich da ist, und es muss geheim sein, damit es dir niemand wegnimmt. Es ist dein persönlicher Schutz, der nur für dich und deine Familie bestimmt ist. Das Beste ist aber immer, wenn von diesem Geld niemand weiß. Du kannst dieses Geld auch nehmen, um damit zu spielen.«
»Damit spielen?«, fragte Tori verständnislos.
»Ja, es macht Spaß, mit Geld zu spielen, denn dadurch fühlst du dich reich«, sagte der alte Kaufmann mit einem verschmitzten Lächeln.
»Aber mit dreißig Silberstücken bin ich doch nicht reich!«
»Das bist du nicht. Aber vielleicht bist du es doch«, entgegnete Argael.
»Wie meint Ihr das, Herr, vielleicht bin ich es doch?«
»Schau, mit dreißig Silberstücken bist du nicht reich, da, wenn du sie ausgeben würdest, diese sehr schnell weg wären. Aber du bist auch nicht arm. Denn es sind immerhin dreißig Silberstücke, von denen du ein halbes Jahr leben könntest, ohne zu arbeiten. Und du könntest dir viele schöne Dinge davon kaufen, auch sofort. Aber du willst nicht! Das ist sehr wichtig! Und das ist meiner Meinung nach der wahre Sinn des Geldes. *Geld gibt dir die Freiheit, Entscheidungen zu treffen.* Es ist nämlich ein Unterschied, ob du zu dir sagst: Ich kann oder könnte mir das schöne Gewand kaufen, ich will es aber nicht, oder, ob du zu dir sagen musst: Ich kann mir das schöne Gewand leider nicht kaufen, weil ich zu wenig Geld habe. Verstehst du? Wenn du die Möglichkeit hast, dann liegt die Entscheidung, etwas zu tun oder zu unterlassen, bei dir und wird nicht durch den äußeren Umstand bestimmt, nämlich durch den, dass du gerade kein Geld hast.
»So bin ich bereits mit dreißig Goldstücken ein klein wenig reich«, sagte Tori nachdenklich.
»Ja, Tori, das bist du. Doch der wahre Reichtum liegt in einem Menschen selbst.«
»In einem Menschen selbst? Wie soll ich das verstehen?«
»*Alles, was der Mensch äußerlich hat an Besitz und Gütern, hat er aufgrund seiner inneren Einstellung.* Es gehört viel Entschlossenheit dazu, über den großen Marktplatz zu gehen, mit zehn Silberstücken im Lederbeutel, und keines davon auszugeben. Der Reiche hat diese Entschlossenheit und Stärke. Der Arme jedoch gibt sich seinen kurzfristigen Gelüsten hin und wenn er den Markplatz verlässt, so hat er zwei, fünf oder sieben Silberstücke weniger. Viele haben sogar gar nichts mehr.«
»Ah, ich verstehe. *Wenn der Arme also reich werden will, dann muss er diese Gewohnheiten ablegen und seine innere Einstellung ändern.*«
»Richtig, Tori, genau so ist es. Er muss zu einer ganz anderen Person werden. Und darum

gibt es so wenige reiche und so viele arme Menschen in Assur, weil die Armen nur den Besitz und die Güter der reichen Menschen wollen, aber nicht die Eigenschaften, Gewohnheiten und Denkweise dieser annehmen möchten.«

Einsparen oder sparen?

»Ich verstehe, Herr. Doch sagt mir, was hat es mit dem Spielen mit Geld auf sich?«

»Wenn du mit deinen dreißig Silberstücken ab und zu spielst, dann kommt in dir genau dieses Gefühl auf, nämlich, dass du doch ein klein wenig reich bist und die Freiheit hast, zu entscheiden, was du mit deinem Geld tun wirst. Es ist wichtig, dass du dich reich fühlst, nur so kannst du es werden.«

»Wenn ich mich reich fühle und mit meinem Geld öfters spiele, so kann es doch geschehen, dass ich denke, dieses schöne Gewand kann ich mir doch kaufen. Ich bin doch reich und habe so viel Geld. Oder dass ich etwas anderes sehe, eine schöne Kette zum Beispiel oder etwas Ähnliches. Ich wäre dann jedes Mal versucht, das Geld auszugeben. Somit wäre es doch besser, wenn ich gar nicht mit dem Geld spielen würde.«

»Nein, das hat nämlich nichts damit zu tun, dass du mit dem Geld spielst, sondern es hängt mit deiner Einstellung zusammen. Genau so, wie du es beschrieben hast, verhalten sich fast alle Menschen in Assur und Babylon: Sie erhalten mehr Lohn und freuen sich. Sie fühlen sich reich. Aber anstatt das Geld zu sparen, damit es sich vermehren kann, geben sie es aus und kaufen sich schöne Dinge davon. Und am andern Tag sind sie genauso arm wie zuvor. Ich möchte dir einen wichtigen Satz sagen, den du dir gut einprägen solltest: *Wer nicht gelernt hat, sein Geld zu behalten, ist des Reichtums nicht würdig!*«

»Wer nicht gelernt hat, sein Geld zu behalten, ist des Reichtums nicht würdig«, wiederholte Tori nachdenklich die Worte.

»Wenn du diese Worte in die Tat umsetzen kannst, dann bist du würdig, viel Geld zu besitzen, und kannst mit diesem auch umgehen. Und dann kannst du auch mit deinem Geld spielen, ohne dass du Angst vor dir selbst haben musst. Du bist nämlich in Bezug auf Geld dein größter Feind.«

»Ich bin mein größter Feind?«

»Nun, du musst dein Geld vor niemandem so sehr beschützen wie vor dir selbst, weil niemand so gierig ist und dein Geld so gerne ausgeben würde wie du«, entgegnete Argael schmunzelnd.

»Das ist wohl wahr! Was hat aber nun der Schutz mit einem Plan zu tun?«
»Zu diesem komme ich nun. Schreibe dir all deine Kosten auf, die du und deine Familie im Monat habt! Somit kannst du alle deine Ausgaben überblicken und siehst, wen du alles bezahlst. Zudem kannst du schauen, welche Kosten unnötig sind und du somit einsparen kannst.«
»Danach schaue ich bereits, Herr. Ich achte immer darauf, ob ein Händler ein besonders günstiges Angebot hat, oder handle so lange, bis ich einen günstigen Preis habe. Dadurch lässt sich viel Geld sparen«, sagte Tori stolz.
»Du sparst dadurch viel Geld?«, fragte Argael herausfordernd.
»Ja, denn ich gehe jeden Tag auf den Markt und achte auf besondere Angebote.«
»Und was machst du dann mit dem Geld, das du sozusagen ›gespart‹ hast?«
»Ich kaufe mir noch etwas anderes schönes dazu.«
»Dann hast du das Geld doch nicht gespart, oder?«
»Hm, doch, ich habe das Geld gespart«, sagte Tori überzeugt.
»Sparen bedeutet, sich selbst bezahlen. Sagen wir, du möchtest dir ein Gewand für zehn Kupfermünzen kaufen, feilschst mit dem Händler und bekommst das Gewand dann für nur acht Kupfermünzen. Von den zwei übrigen Kupfermünzen kaufst du dir eine saftige Hammelkeule. So hast du am Ende deine zehn Kupfermünzen ausgegeben und nichts gespart. Der einzige Unterschied ist, dass du nicht nur den Kleidermacher, sondern auch noch den Wirt bezahlt hast. Besser wäre es, du tust die zwei Kupfermünzen, die du an deinem Gewand weniger bezahlt hast, sofort zu den anderen, die für dich arbeiten und dir Zinsen einbringen. Dann hast du wirklich gespart und dich selbst bezahlt. Alles andere sind Worte, mit denen sich die armen Menschen selbst belügen.«
Auf einmal fiel es Tori wie Schuppen von den Augen. Wie oft hatte er mit einem Händler verhandelt und sich gefreut, dass er die Sandalen oder den guten Wein billiger bekommen hatte! Aber am Ende hatte er nichts gespart. Voller Freude hatte er sich noch etwas Gutes zu essen gekauft oder sein Geld auf eine andere Weise ausgegeben. Doch von nun an würde er sich mit diesem Geld immer selbst bezahlen und es sparen. »Ihr habt Recht und es leuchtet mir ein, dass ich das Geld nicht ausgeben darf. Allerdings müssen wir ja noch die Schulden für meinen Vater bezahlen. Somit ist das Geld, das die Zinsen hervorbringen soll, auch wieder weg.«
»Warum sollte dies der Fall sein?«
»Weil das Geld von den Schulden aufgefressen wird, bevor es so viel ist, dass es Zinsen einbringt, die wie Sklaven für mich arbeiten.«

»Um das zu verhindern, hast du deinen Plan. Schau, Tori, in deinem Plan hast du genau erfasst, wie viele Ausgaben du jeden Monat hast. Nun überlegst du, welche Ausgaben unnötig sind und du somit streichen kannst. Dann siehst du, wie viel Geld du sparen kannst. Mit der Hälfte dieses Geldes bezahlst du eure Schulden ab. Die andere Hälfte teilst du in zwei Teile. Den einen Teil sparst du so lange, bis du die dreißig Silberstücke zusammenhast, welche du für deinen Schutz benötigst, falls etwas Unvorhergesehenes eintrifft. Den andern Teil investierst du, um davon reichlich Zinsen zu erhalten, die für dich arbeiten und dich reich machen.«

»Das werde ich tun. Ich hoffe, dass der Goldverleiher damit einverstanden ist.«

»Bestimmt wird er das. Nun musst du danach streben, mehr Geld zu verdienen.«

»Wie soll ich das machen?«

»Du musst dir Geldquellen schaffen, die nie versiegen.«

»Wie kann ich mir Geldquellen schaffen?«, fragte Tori erstaunt.

»Indem du dir überlegst, an welcher Arbeit du immer wieder verdienen kannst. Ich habe mir damals ein Feld gekauft. Dann habe ich Leute eingestellt, die es bestellt und darauf gearbeitet haben. Anfangs musste ich noch hart mitarbeiten und oftmals wusste ich nicht, wie ich die Arbeiter bezahlen sollte. Doch dann haben wir die erste Ernte eingefahren. Sie fiel reichlicher aus, als ich erwartet hatte. Von dem Gewinn habe ich mir ein weiteres Feld dazugekauft. Nach und nach konnte ich immer mehr Arbeiter einstellen und musste somit immer weniger selbst arbeiten. Ich setzte einen Aufseher ein, der darauf zu achten hatte, dass alles ordnungsgemäß ablief. Somit konnte ich meine Zeit wieder anderen Aufgaben widmen. Der Aufseher machte seine Arbeit schon damals gut und tut dies bis heute. Ich brauche mich um fast nichts mehr zu kümmern. Er achtet darauf, dass wir immer eine gute Ernte einfahren und große Gewinne erzielen. So verdiene ich Geld und muss selbst nicht mehr viel dafür arbeiten.«

»Ich verstehe, Herr. Darüber muss ich mir einmal Gedanken machen, wie ich an solch eine Geldquelle gelange. Aber ich stelle es mir sehr schwierig vor.«

»Das ist es nicht, Tori. Es sieht am Anfang immer alles schwieriger aus, als es in Wirklichkeit ist. Wenn du deine Augen offen hältst, so wirst du bald viele Gelegenheiten erspähen, durch welche du dir eine Geldquelle schaffen kannst. Glaub mir, am Anfang weiß man oft nicht, wie man zu einem Ziel gelangen kann, aber am Ende, wenn man das Ziel erreicht hat und den Weg zurückschaut, stellt man fest, dass es doch einfacher gewesen ist, als man am Anfang geglaubt hat. Das liegt daran, dass man am Ende genau weiß, was man wie getan hat, um das Ziel zu erreichen.«

»Das werde ich tun. Von nun an halte ich meine Augen und Ohren offen, um jede Gelegenheit wahrzunehmen, die sich mir bietet.« Tori spürte, dass ein Feuer in ihm entfacht war. Er erkannte die Wahrheit, die in den Worten Argaels verborgen lag, und je mehr er davon hörte, desto größer wurde sein Wunsch, reich zu werden, und desto fester wurde seine Entschlossenheit. Das ist also das Geheimnis des Reichtums, dachte er. Im Grunde genommen ist es so einfach und jeder hat schon einmal davon gehört. Aber die wenigsten tun es. Warum eigentlich? Tori dachte an die vielen Menschen, die er kannte. Die meisten jammerten nur, wie schlecht es ihnen ging. Er musste sich eingestehen, dass auch er oft dazugehört hatte. Immer hatte er Ausreden für seine Situation und die Schuld bei anderen gesucht: bei den Umständen, den Göttern oder bei anderen Menschen. Wie hatte Argael gesagt? Durch Ausreden versucht man, von seinem eigenen Versagen abzulenken und die Schuld auf jemanden oder etwas anderes zu schieben. Ab jetzt werde ich die Verantwortung für mein Leben übernehmen und die Schuld an meiner Lage nie mehr bei jemand anderem suchen, dachte Tori. Glücklich und fest entschlossen, sich von nichts und niemand mehr abbringen zu lassen, schaute er in den strahlend blauen Himmel.

Spare mindestens den zehnten Teil
von deinem monatlichen Einkommen
und züchte damit Sklaven heran,
die für dich arbeiten.

Fünftes Kapitel

Finde den Beruf, zu dem du berufen bist

Mutig sein bedeutet nicht, keine Angst zu haben.
Mutig sein bedeutet, trotz der Angst voranzuschreiten!

Plötzlich schreckte Tori auf. Die Stimmen von Argael, Metora, Orsira und Herachim hatten ihn geweckt. Er stellte fest, dass er kurz eingenickt sein musste. Die kurze Nacht machte sich nun doch bemerkbar. Er sah hinüber zu den anderen. Sie redeten und lachten dabei. Er beschloss, zu ihnen hinüber zu gehen. Als er sich gesetzt hatte, reichte Herachim ihm ein großes Stück Brot und ein Stück Fleisch.

»Wir werden morgen, etwa um dieselbe Zeit das Gebiet von Babylon erreichen. Dort müssen wir besonders wachsam sein. Es sollen sich dort viele Räuber- und Diebesbanden herumtreiben«, sagte Argael.

»Wir werden achtgeben, Herr. Die Hand, die meine Lanze hält, ist jederzeit stoßbereit«, entgegnete Metora.

»Ich weiß. Gebt auch Tori ein Schwert und einen Speer, damit wir alle bewaffnet sind und uns sofort verteidigen können, wenn Feinde kommen sollten.«

Orsira ging zu dem Gepäck und holte Schwert und Lanze, welche er Tori gab.

»Kannst du damit umgehen, Tori?« Fragend blickte Argael ihn an.

»Ich lernte den Umgang mit dem Schwert in früher Jugend von meinem Onkel und auch der Speer ist mir eine vertraute Waffe. Allerdings musste ich mein Können bisher noch nicht unter Beweis stellen. Aber ich bin mir sicher, Herr, dass ich Euch nicht enttäuschen werde, wenn wir von Feinden bedroht werden. Ich habe keine Angst und werde dem Feind mutig entgegentreten und Euch nicht von der Seite weichen.«

»Ich wusste, dass in dir ein tapferer Mann steckt, und deshalb bin ich unbesorgt. Lasst uns nun noch einen Schluck Wasser trinken und dann weiterreiten!« Mit diesen Worten erhob sich Argael und ging hinüber zu der Quelle, um sich noch einmal an dem kühlen

Wasser zu erfrischen. Metora reichte Tori noch ein großes Stück Brot.
»Iß, Junge, damit du bei Kräften bleibst!«
»Hab Dank, Metora,« sagte Tori und nahm das Stück Brot entgegen. Orsira und Herachim waren bereits aufgestanden und bestiegen ihre Pferde.
»Wie lange stehst du schon im Dienste Argaels?«, fragte Tori Metora.
»Schon viele Jahre. Er hat mich damals freigekauft. Ich wurde als Sklave verkauft, auf dem großen Marktplatz in Babylon. Anfangs hatte es den Anschein, als wenn mich niemand kaufen wollte. Es schien mir bereits, als sei mein Schicksal besiegelt und ich müsste den Rest meines Lebens Steine schleppen und mit den Kriegsgefangenen und Sklaven des Königs die mächtigen Mauern von Babylon errichten. Doch die Götter waren mir gnädig. Sie ließen Argael kommen und ich konnte ihm versichern, dass ich ein kräftiger Mann war, der gerne für ihn arbeiten und alles tun würde, was er verlangte. Argael glaubte meinen Worten und kaufte mich frei. Ich arbeitete meine Schuld bei ihm ab und bin nun ein freier Mann. Aber ich arbeite weiterhin für ihn. Er ist mit meiner Arbeit zufrieden und ich bin froh, dass ich für ihn arbeiten darf. Ich könnte mir keinen besseren Herrn vorstellen.«
»Das stimmt. Auch ich habe noch keinen Herrn gesehen, der so gerecht und weise handelt. Ich hoffe, dass ich auch noch lange Zeit für ihn arbeiten kann.«
»Wenn du deine Arbeit gut verrichtest und er mit dir zufrieden ist, so wird keine Sorge dein Gemüt belasten. Du wirst arbeiten können und guten Lohn dafür erhalten.«
»Ich will immer gute Arbeit leisten, so dass der Herr mit mir zufrieden sein wird. Komm, lass uns zu den anderen gehen, damit wir unsere Reise fortsetzen können.« Damit erhoben sie sich und gingen zu den Pferden und Kamelen, die bereits fertig zur Weiterreise dastanden.
Nun saßen sie wieder hoch zu Ross und die Reise auf dem staubigen Pfad und unter der sengenden Sonne ging weiter. Toris Blick fiel auf das Schwert, das nun an seiner Seite hing. Der schön verzierte Griff funkelte in der Sonne. Ob ich es wohl gebrauchen muss?, schoss ihm durch den Kopf. Wenn ja, werde ich Argael nicht enttäuschen. Ich werde kämpfen – und wenn es mich mein Leben kostet. Fest entschlossen umfasste er den Griff seines Schwertes. Argael lenkte seinen Rappen zur Seite und ließ die Karawane an sich vorüberziehen, bis er am Ende angelangt war. Tori sah, dass er nun neben Orsira her ritt und, so wie es aussah, mit ihm etwas zu besprechen hatte. Tori blickte nach vorne. Es war eine karge, staubige Gegend, die vereinzelt mit Kakteen, Palmen und einigen Sträuchern bewachsen war. Weit und breit war kein Haus und keine Menschenseele zu sehen. Nur

ganz in der Ferne auf der linken Seite konnte er den Tigris erkennen, einen mächtigen Fluss, welcher in ihrer Richtung verlief.
Doch was war, wenn es wirklich zu einem Kampf kommen würde? Er stellte sich vor, wie sie tapfer ihr Hab und Gut gegen herumlungernde Wegelagerer verteidigten. Plötzlich machte sich ein beklemmendes Gefühl in ihm breit. Sein Hals wurde trocken und je mehr er sich das Bild des Kampfes vorstellte, desto mehr fühlte er, wie sich seine Kehle langsam zuschnürte. Hatte er doch Angst? Er hatte sich doch fest vorgenommen, keine Angst zu haben! Er wollte doch mit allem Mut Argael zur Seite stehen und seine ganze Kraft dafür einsetzen, dass sie die Gefahr besiegen konnten! Und nun? Sie wurden noch nicht einmal angegriffen und es überfiel ihn bereits das Gefühl der Angst. Tori schämte sich für die Gefühle, die in ihm aufstiegen.
Da kam Argael an ihm vorbeigeritten. Bevor er überlegen konnte, hatte er sich schon an ihn gewandt.
»Herr, darf ich Euch etwas fragen?«, bat Tori mit einem eigenartigen Klang in der Stimme.
Argael zügelte seinen prächtigen Hengst, lenkte ihn neben Tori und nickte ihm ermunternd zu.
»Herr, sagt mir, wie besiegt man die Angst?«
»Die Angst?«, fragte Argael ein wenig verwundert.
»Ja, die Angst. Als Ihr mir vorhin das Schwert überreichtet, war ich fest entschlossen, Euch mit meinem Leben und all meiner Kraft beizustehen und mit Euch, wenn nötig, bis in den Tod zu kämpfen. Doch dann stellte ich mir vor, wie dieser Kampf ablaufen könnte und je mehr ich mir das vorstellte, desto mehr überfiel mich das Gefühl der Angst«, gestand Tori ehrlich.
»Soso, das Gefühl der Angst. Hat dieses Gefühl denn an deinem Entschluss, im Ernstfall mit all deiner Kraft zu kämpfen, etwas geändert?«, fragte Argael forschend.
»Nein, Herr. Nichts. Mein Entschluss und mein Wille stehen fest und es könnte mich nichts davon abhalten, dies auch in die Tat umzusetzen«, sagte Tori schnell und entschlossen.
»Was denkst du denn, was Mut ist?«
»Mut? Nun, ich denke, dass Mut das Gegenteil von Angst ist.«
»Nein, das ist es nicht. *Mutig sein bedeutet nicht, keine Angst zu haben, sondern mutig sein bedeutet, trotz der Angst voranzuschreiten!*«
»So wohnt das Gefühl der Angst in allen Menschen?«, fragte Tori verwundert.
»Ja, dieses Gefühl gehört zu uns Menschen wie das Gefühl der Trauer und des Glücks. Nur die meisten Menschen versuchen, es zu verbergen und so zu tun, als gäbe es dieses Gefühl

nicht. Doch es ist da und es ist oftmals auch gut, da es uns auch zur Vorsicht mahnt und uns unüberlegtes Handeln ersparen möchte.«
»Aber ist es nicht schlecht, nicht zu handeln?«
»Ich habe nicht gesagt, dass du nicht handeln sollst, ich habe gesagt, der Sinn der Angst ist es, uns unüberlegte und voreilige Handlungen zu ersparen. Sie sollte uns nur nicht dazu bringen, stehen zu bleiben und nicht mehr zu handeln. Dann wäre es schlecht. Aber wenn wir mit der Angst langsamer gehen und wachsamer sind, so hat sie ihren Zweck erfüllt.«
»Das heißt jeder Mensch hat Angst?«
»Ja, jeder Mensch hat Angst. Auch die, die sie nicht zeigen. Allerdings hat sie bei jedem Menschen völlig andere Auswirkungen. Der ängstliche Mensch wird von der Angst beherrscht und bleibt stehen. Der mutige Mensch wird von der Angst zur Vorsicht ermahnt und geht langsam, aber mit festem Schritt weiter.«
»So bin ich kein schlechter Mensch, weil ich ab und zu Angst habe?«
»Aber nein! Solange die Angst dich nicht vom Handeln abhält und dich dazu bringt, stehen zu bleiben, ist sie nicht schlimm. Zudem bist du tief in deinem Herzen mutig.«
»Ich? Wie könnt Ihr das sagen?«, fragte Tori mit großer Verwunderung.
»Nun, als du mir von der Angst erzähltest, fragte ich dich, ob sie dich von dem Entschluss, im Ernstfall mit all deiner Kraft zu kämpfen, abgebracht hat. Doch du antwortetest mir mit felsenfester Überzeugung, dass dein Entschluss und dein Wille feststehen. Diese Worte haben mir gezeigt, dass du trotz der Angst mutig nach vorne schreiten wirst.«
Tori war beruhigt. Endlich verstand er das Gefühl der Angst, welches ihn schon so oft befallen und ihn vor allem verunsichert hatte, da er nicht wusste, wie er damit umgehen sollte. Oftmals hatte er sich sogar dafür geschämt, weil er immer geglaubt hatte, mutige und starke Männer hätten keine Angst. Darum hielt er sich selbst auch oft für schwach. Er musste lächeln. Wie einfach es doch war! Natürlich, warum sollten die einen Menschen das Gefühl der Angst in sich tragen und die anderen nicht? Jeder hatte das Gefühl der Angst in sich. Der Unterschied war nur, dass es Menschen gab, die mit ihr umgehen konnten, und Menschen, die das nicht konnten.

Jedem wurde die Möglichkeit gegeben, Großes zu erreichen!

Während sie weiter unterwegs waren, überlegte Tori, wie er vielfach Geld verdienen könnte. Doch je mehr er überlegte, desto ratloser wurde er. Es kam ihm die Idee, ebenfalls ein

Feld zu kaufen, wie Argael es einst tat, und dann auch nach Arbeitern zu suchen, die ihm halfen, das Feld zu bestellen. Oder er könnte sich einen prächtigen, jungen Hengst kaufen, wie der, auf welchem Argael ritt. Dann könnte er verschiedene Pferde züchten und die Fohlen für teures Geld verkaufen. Er stellte sich vor, wie er auf dem Marktplatz stand und drei prächtige Pferde neben sich stehen hatte. In Gedanken sah er zwei Händler, die zu ihm kamen und ihm ein Angebot nach dem anderen unterbreiteten, weil sie eines dieser kraftvollen Tiere unbedingt haben mussten. Er sah, wie er in einem wundervollen Gewand dastehen und mit ihnen um den Preis feilschen würde. Doch das Gefühl der Stärke, welches in ihm bei diesen Gedanken aufstieg, verließ ihn sogleich wieder. Wo sollte er das Geld hernehmen, um sich solch ein prächtiges Pferd wie das von Argael zu kaufen? Er fasste an seinen Lederbeutel, in dem sich immer noch die acht Kupfermünzen befanden. Damit würde er nicht weit kommen. Zudem benötigte er noch ebenso einmalige Stuten, damit es auch ganz besondere Fohlen wurden. Wie sollte er sich diese Tiere jemals leisten können? Auch die Idee mit dem Kauf eines Feldes brachte ihn nicht weiter. Ein Feld war ebenfalls sehr teuer und es würde Jahre dauern, bis er das Geld dafür zusammen hätte. Während er so vor sich hin grübelte, sprach Argael ihn an.

»Tori, was bedrückt dein Gemüt? Du siehst wieder einmal sehr nachdenklich aus und mir scheint, es lasten Sorgen auf dir, die heute Morgen noch nicht da waren.«

»Ja, Herr, mein Herz ist voller Sorge. Ich überlege die ganze Zeit, wie ich etwas schaffen kann, an dem ich vielfach verdiene, aber alles, was mir in den Sinn kommt, kann ich mir nicht leisten, weil es ein Vermögen kosten würde.«

»Ich kenne deine Sorge gut. Auch mir erging es eines Tages so. Doch das ist immer so. Du weißt ja, zuerst kommt die Saat und daraufhin folgt die Ernte. Man kann nicht ernten, ohne vorher zu säen. So ist das auch mit dem Geldverdienen. Kein Knecht wird einen Lohn erhalten, ohne dass er zuvor gearbeitet hat. Und kein Bäcker kann ein Brot verkaufen, ohne es vorher zu backen. Zuerst die Saat und dann die Ernte. Das ist das ewige Gesetz dieser Welt.«

»Ich möchte ja auch dafür arbeiten – wenn es sein muss Tag und Nacht. Doch ich benötige Geld, damit ich es investieren und vielfach daran verdienen kann. Aber dieses Geld, das ich dafür benötige, ist so viel, dass ich fürchte, ich werde mein Leben lang arbeiten und sparen, ohne dass ich es jemals besitzen werde. Mit acht Kupfermünzen komme ich nicht weit.«

»Acht Kupfermünzen?«, fragte Argael verwundert.

»Ich habe acht Kupfermünzen bei mir. Das ist mir von dem Lohn von meiner letzten

Arbeit noch geblieben.« Bei diesen Worten griff er an seinen Lederbeutel und zeigte ihn Argael. »Mit diesen acht Kupfermünzen kann ich niemals einen gewinnbringenden Kauf tätigen, welcher mir reichlich Zinsen einbringt. Wenn darin zehn Silberstücke wären, so hätte ich ein kleines Startkapital, mit welchem ich investieren könnte«, sagte Tori mit einer sehnsüchtigen Stimme.

»So bist du der Meinung, dass diese acht Kupferstücke, die du bei dir trägst, nicht viel wert sind?«, forschte Argael.

»Ja, es sind ja nur Kupfermünzen und keine Silberstücke oder gar Goldstücke.«

»Das ist ein großer Irrtum, Tori. Überlege einmal: Du besitzt acht Kupfermünzen. Nun hast du zwei Möglichkeiten. Zum einen kannst du dir einen guten Wein davon kaufen, neue Sandalen oder andere Dinge, welche du auf dem Markt für acht Kupfermünzen erstehen kannst. Was wäre dann?«

»Ich wäre in dem Besitz von neuen Sandalen oder köstlichem Wein.«

»Und dein Lederbeutel, der an deiner Seite hängt?«

»Der wäre leer.«

»Richtig. Die zweite Möglichkeit wäre, dass du das Geld sparst und in deinem Lederbeutel lässt. Du hättest dann keine neuen Sandalen und auch von dem guten Wein könntest du nicht kosten, aber du hättest deine Kupfermünzen noch. Und wenn du einige Tage wartest und sie in deinem Lederbeutel behältst, so kommen neue hinzu. Es sind nun nicht mehr acht sondern zehn oder fünfzehn oder gar zwanzig Kupfermünzen. Und wenn du diese dann wieder in deinem Lederbeutel behältst und neue hinzukommen, so hast du bald dreißig, vierzig oder gar fünfzig Kupfermünzen. Sind fünfzig Kupfermünzen wenig Geld?«

»Nein, es kann eine ganze Menge sein.«

»Verstehst du, was ich dir sagen will? Du hast immer zwei Möglichkeiten, du kannst den Weinhändler damit bezahlen oder du kannst dich selbst bezahlen und sie behalten. Wenn du wartest, werden sie sich vermehren und dein Lederbeutel wird sich wie von Zauberhand füllen. Eines Tages wird sich dann unter deinen Kupfermünzen ein Silberstück befinden und all das verdankst du den acht Kupfermünzen, die du behalten hast. Denke immer daran, jedes Silberstück besteht aus vielen einzelnen Kupfermünzen und jedes Goldstück besteht aus vielen einzelnen Silbermünzen.«

»Ihr habt Recht, Herr. Ich sehe nun die Kupfermünzen mit ganz anderen Augen.«

»*Wer die Kupfermünze nicht zu schätzen weiß, der ist es auch nicht wert, ein Goldstück zu erhalten.* Denn, kann er nicht mit Wenigem gut umgehen, wie soll er dann jemals mit Vielem gut umgehen können? Wir müssen erst beweisen, dass wir mit kleinen Dingen gut umgehen können, dann werden wir auch große Dinge erhalten.«

»Ich werde mir Eure Worte einprägen und meine Kupfermünzen nicht ausgeben. Aber wenn ich alles Geld spare, wovon soll ich dann leben? Darf ich mir nicht auch einmal einige schöne Dinge gönnen, die das Leben zu bieten hat?«

»Doch, das sollst du sogar! Denn du lebst nur im Augenblick. Jedoch sollst du nicht alles Geld für die Freuden des heutigen Tages verwenden, daher hast du deinen Plan. Teile deinen Lohn folgendermaßen auf: Spare mindestens den zehnten Teil. Noch besser ist, wenn du die Hälfte deines Einkommens sparen kannst. Dieses Geld wirst du niemals ausgeben, denn es wird dich reich machen und dir viele Sklaven in Form von Zinsen schenken. Einen weiteren zehnten Teil deines Lohnes nimmst du für dich. Das ist dein eigenes Vergnügungsgeld welches du in eine andere Tasche tust und von allem anderen Geld getrennt hältst. Damit gönnst du dir jeden Monat die schönen Dinge, welche dein Herz begehrt, und kannst somit das Leben genießen. Aber Vorsicht! Halte dich genau an deinen Plan und sei dir gegenüber ein strenger Aufseher. Gib niemals mehr aus als diesen zehnten Teil! Wenn dein Blick auf ein neues Gewand gefallen ist, welches zwölf Kupferstücke kostet, dein zehnter Teil aber nur neun Kupferstücke beträgt, so kaufe es nicht und behalte die neun Kupferstücke. Sei hart zu dir selbst und gönne es dir erst, nachdem du deinen nächsten Lohn erhalten hast und dein Vergnügungsgeld soviel beträgt, dass du dir diesen Wunsch erfüllen kannst. Wenn du so vorgehst, kannst du dich an all den schönen Dingen erfreuen und deine Freude wird noch größer sein. Gleichzeitig jedoch wirst du ein reicher Mann, der das Geld wirklich zu schätzen weiß.«

»So werde ich mein Geld zukünftig einteilen, Herr. Allerdings werde ich Jahre brauchen, um auch nur annähernd die Menge Geld zu besitzen, mit der ich mir eine Quelle schaffen kann, an der ich vielfach verdiene.«

»Sind dir denn schon Geschäftsideen, an welchen du vielfach verdienen könntest, in den Sinn gekommen?«

Tori erzählte von dem Gedanken daran, ebenfalls ein Feld zu kaufen und einige Arbeiter zu beschäftigen, und dem Gedanken, prächtige Pferde zu züchten und sie dann zu verkaufen. Argael hörte aufmerksam zu.

»Warum glaubst du, dass du das niemals erreichen kannst?«, fragte Argael.

».Weil der Preis für ein Feld so hoch ist, dass ich fürchte, den Rest meines Lebens nur für

das Kapital, welches ich für das Feld benötige, zu arbeiten.
»Ein Feld kostet sicherlich viel Geld«, stimmte Argael ihm zu. »Doch auch du hast die Gelegenheit, ein Feld zu besitzen, du musst nur nach dieser Gelegenheit suchen und vielleicht hart dafür arbeiten. Genau aus diesem Grund gibt es mehr arme Menschen als reiche. Die armen Menschen sind nicht bereit, den Preis dafür zu bezahlen.«
»Sie wollen den Preis nicht bezahlen? Welchen Preis?«
»Das kommt ganz drauf an. Schau, alles auf dieser Welt hat seinen Preis, egal in welcher Hinsicht. Der Preis für das Feld, an dem du vielfach verdienen willst, ist zum Beispiel der, dass du viel arbeiten und sparen musst. Du wirst oftmals auf schöne Dinge verzichten müssen. Eines Tages dann wirst du dir das Feld kaufen können. Nun wird der Preis sein, dass du am Anfang alleine und unter schwersten Bedingungen das Feld bestellen musst, da du dir keine Arbeiter leisten kannst. Nachdem du aber deine erste Ernte eingefahren hast, kannst du vielleicht einen Arbeiter einstellen, der dir hilft. Je nachdem wie gut du wirtschaftest, kannst du vielleicht auch bald darauf einen zweiten oder dritten Arbeiter einstellen und irgendwann wird der Tag kommen, an dem du einen Aufseher einsetzt, der nach deinen Arbeitern schaut. Dann kannst du deine Zeit anderen Geschäften widmen und du wirst vielfach daran verdienen.«
»Ich erkenne die Wahrheit in Euren Worten, Herr. Doch der Preis ist sehr hoch.«
»Das mag sein, dass der Preis hoch ist. Umso höher jedoch ist der Lohn, den du dafür erhältst. Die meisten armen Menschen sind nicht bereit, einen hohen Preis zu bezahlen, genau aus diesem Grund ist ihr Lohn auch gering und aus diesem Grund gibt es auch mehr arme als reiche Menschen. *Jeder kann alles erreichen, sofern er bereit ist, den Preis zu bezahlen.* Bei dem einen ist der Preis höher, bei dem anderen ist er niedriger. Aber jeder muss erst säen, bevor er ernten kann. Hast du einen Beruf erlernt?«
»Nein, Herr. Ich hatte nie die Möglichkeit dazu. Als kleiner Junge wollte ich gerne das Handwerk des Waffenschmieds erlernen, doch da das Geld immer sehr knapp war, musste ich schon sehr früh anfangen, auf dem Feld zu arbeiten.«
»Überlege dir gut, durch welche Arbeit du dein Geld verdienen willst, Tori!«
»Wie soll ich das verstehen, Herr?«, fragte Tori verwundert.
»Was fällt dir auf, wenn du die Menschen in Assur betrachtest?«
»Vielleicht, dass viele auf dem Felde eines reichen Herrn arbeiten?«
»Ja, aber ich meine nicht nur diese Menschen. Ich meine auch all die andern Menschen, die in Assur leben und arbeiten. Der eine arbeitet als Bäcker, der andere als Schmied,

der nächste als Sandalenmacher und wieder ein anderer als Kleidermacher. Was fällt dir an diesen Menschen auf?«

Tori überlegte, aber er wusste nicht, worauf Argael hinauswollte. »Ich weiß es nicht, Herr. Mir fällt nichts auf.«

»Nun, hast du den Eindruck, dass diese Menschen glücklich sind?«

Tori überlegte einen Moment. »Nein, eigentlich nicht«, sagte er schließlich.

»Siehst du, die meisten Menschen arbeiten nur um des Geldes willen und deshalb tun sie ihre Arbeit widerwillig und sind unglücklich dabei. Ist dir das schon einmal aufgefallen?«

»Ich habe es bemerkt, aber ich lernte nie einen Menschen kennen, bei dem es anders ist, und so hörte ich auf, mir darüber Gedanken zu machen.«

»Das ist das Problem der meisten Menschen. Sie finden sich damit ab, anstatt zu überlegen, was sie verändern könnten. Weißt du noch, was ich dir gesagt habe, über die Ausreden? Diese Menschen reden sich heraus und suchen die Schuld bei anderen und nicht bei sich selbst. Jeder kann etwas anderes arbeiten, wenn er möchte oder einen Beruf erlernen, der ihm Freude bereitet. Aber die wenigsten machen sich Gedanken darüber, wie sie das erreichen können. Sie jammern lieber und bemitleiden sich selbst, anstatt aufzustehen, einmal zu kämpfen und etwas zu ändern.«

Während Argael diese Worte sagte, dachte Tori an all die Arbeiter, die Tag für Tag mit ihm auf Herachs Feld gearbeitet hatten. Auf alle traf Argaels Beschreibung zu: Sie hatten sich mit ihrem Schicksal abgefunden und suchten die Ursache für ihr unglückliches Leben überall, nur nicht bei sich selbst. Sie machten alle keinen besonders glücklichen Eindruck und arbeiteten nur um des Geldes willen, das sie benötigten, aber nicht, weil ihnen die Arbeit Freude bereitete.

»Diese Menschen sind immer unglücklich und mit sich selbst unzufrieden. Durch den Kauf von schönen Dingen wie Schmuck und schönen Gewändern stürzen sie sich in eine Scheinwelt, in der sie sich für kurze Zeit wohl fühlen. Doch meistens gehört das Geld, mit dem sie sich diese Scheinwelt erkauft haben, dem Goldverleiher und somit wird der Tag des Erwachens umso schrecklicher. Sie fühlen, dass sie eine Lüge leben.«

»Ich kenne in ganz Assur nicht einen Menschen, bei dem es anders ist. Gibt es solche Menschen überhaupt?«

»Es gibt nicht sehr viele solcher Menschen in Assur«, stimmte Argael zu. »Aber es gibt sie. Ich selbst durfte einige davon kennen lernen. Einen von ihnen kennst du sicherlich auch.«

»Wer ist der Mann?«, fragte Tori gespannt.

»Es ist Tiras, der große Sänger, der die schönsten und wundervollsten Lieder in ganz Assur,

Babylon und in allen andern großen Städten singt.«
»O ja. Ich kenne ihn. Wer kennt ihn nicht? Es ist der Wunsch eines jeden in Assur, einmal seiner Stimme zu lauschen.«
»Hast du auch einmal mit ihm gesprochen und ihn kennen gelernt?«
»Nein. Einer wie ich ist froh, dass er seiner wundervollen Musik aus der Ferne lauschen darf. Ich hatte noch nie die Gelegenheit, nahe an ihn heranzutreten, geschweige denn ein Wort mit ihm zu wechseln.«
»Du wirst ihn bestimmt eines Tages kennen lernen. Er ist einer der Menschen, welche ihren Beruf mit Freude ausüben. Stimmst du mir da zu?«
»Ich kann das nicht beurteilen, da ich noch nie mit ihm gesprochen habe, aber wenn ich sehe, wie glücklich er aussieht, wenn er vor tausenden von Menschen singt und ganz Assur seiner Stimme lauscht, so denke ich, dass Ihr Recht habt und er wirklich einer dieser Menschen ist, die ihren Beruf mit Freuden ausüben.«
»Ich kenne ihn sehr gut und durfte schon viele interessante Gespräche mit ihm führen. Glaube mir, er gehört zu diesen Menschen. Wo ist der Unterschied zwischen ihm und all den anderen Menschen in Assur?«
»Er ist berühmt und glücklich?«
»Ja, doch das meinte ich nicht. Er tut, was er gut kann. Es ist seine Leidenschaft, zu singen, darum ist er ein guter Sänger und tut seine Arbeit mit Freude. Ich habe ihn einmal gefragt, ob er noch etwas anderes arbeitet. Er gab mir eine Antwort, die nur von einem glücklichen und zufriedenen Mann kommen kann. Er schaute mich erstaunt an und entgegnete: ›Ich arbeite nicht! Wenn du mit arbeiten das meinst, was Menschen tun, um dafür Geld zu erhalten, so arbeite ich nicht. Sehr bedauernswert, diese Menschen. Ich tue, was mir Freude bereitet und andere Menschen glücklich macht. Dadurch erfahre auch ich das Lebensglück und erhalte zusätzlich Geld dafür.‹ Du siehst, wenn du etwas nur um des Geldes willen tust, so wirst du nie viel damit verdienen und niemals wirklich glücklich sein.«

Nichts wird deine Persönlichkeit stärker prägen als dein Beruf

»Ihr meint also, ich soll mein Geld mit etwas verdienen, das ich gerne mache und das ich gut kann?«
»Ja, Tori, das meine ich. Nichts wird stärkeren Einfluss auf deine Persönlichkeit nehmen

als dein Beruf. Wenn du eine Arbeit verrichtest, die du nur um des Geldes willen tust, aber ohne Freude, so wirst du deine Arbeit nie wirklich gut erledigen können und mit den Jahren wirst du verbittert werden wie viele Menschen in Assur und Babylon.«

»Welchen Beruf soll ich denn ausüben? Ich kann nicht singen und auch sonst habe ich keine Talente, mit denen ich Geld verdienen könnte.«

»Woher willst du das wissen? Hast du dir jemals Gedanken darüber gemacht, was deine Stärken sind oder was du besser kannst als andere? Wo deine Talente und deine Fähigkeiten liegen, welche dir mit auf den Weg gegeben wurden?«

»Nein, ehrlich gesagt nicht«, musste Tori eingestehen.

»Siehst du, dann urteile nicht zu früh über dich selbst! Die wenigsten Menschen machen sich jemals in ihrem Leben wirklich über diese Dinge Gedanken. Sie arbeiten, um Geld zu verdienen, und sie wählen einen Beruf, ohne zu hinterfragen, ob sie darin auch ihre Stärken hervorbringen können. Die Tätigkeit des erlernten Berufs führt man von Sonnenaufgang bis Sonnenuntergang aus. Wenn wir den falschen Beruf gewählt haben, so bedeutet das, dass wir die meiste Zeit von Sonnenaufgang bis Sonnenuntergang unglücklich sein werden. Wie können wir dann ein glückliches Leben führen? Selbst wenn du viel Geld für die Arbeit erhältst, kannst du nur glücklich werden, wenn du den Beruf findest, zu dem du berufen bist!«

»Wie soll ich diesen finden?«

»Ich bin der Meinung, dass jeder Mensch einige Dinge ganz besonders gut kann. Und dass es Dinge gibt, die dieser Mensch mit Leidenschaft ausführt. So wie Tiras. Glaubst du, er wäre auch nur halb so glücklich, wenn er auf einem Feld arbeiten würde?«

»Nein, er wäre bestimmt nicht so glücklich, wie wenn er singt und ganz Assur oder ganz Babylon seiner Stimme lauscht.«

»Du hast richtig gesprochen. Selbst wenn er für die Arbeit auf dem Feld doppelt so viel Geld bekommen würde, wäre er auf längere Zeit gesehen nicht halb so glücklich.«

»Aber woher weiß ich denn nun, was der Beruf ist, zu dem ich berufen bin?«

»*Um im Leben die richtigen Antworten zu erhalten, müssen wir die richtigen Fragen stellen.* Frage dich einmal, was du gut kannst! Was kannst du besser als viele andere Menschen in Assur? Kannst du zum Beispiel gut mit Menschen umgehen, kannst du gut handeln, bist du sehr geschickt mit deinen Händen und verrichtest handwerkliche Arbeiten außergewöhnlich schnell und gut oder kannst du die schönsten Gedichte verfassen, die die Menschen je gehört haben? Und dann stell dir die Frage, was dir Spaß macht und was du gerne tust! Denke aber dabei nicht an Arbeit! Überlege einfach einmal, welche Dinge du gerne tust und welche dich glücklich machen! Wenn du diese Fragen beantwortet hast, so versuche beide Antworten miteinander zu verbinden und mache dir darüber Gedanken, wie man damit Geld verdienen könnte!«

»Herr, ich habe keinen Beruf erlernt und auch sonst keine besondere Ausbildung. Viele Berufe werde ich gar nicht so einfach ausüben können.«

»Auch hier hast du wieder zwei Möglichkeiten. Bei der ersten Möglichkeit tust du das, was du eben tust. Du schaust auf dich und stellst fest, dass du zum Beispiel nicht als Bäcker arbeiten kannst, weil du das Handwerk eines guten Bäckers nicht erlernt hast. Die zweite Möglichkeit ist, dass du deinen Blick auf das Ziel richtest und dich fragst: Wohin will ich? Du richtest deine Gedanken nun darauf, was du erlernen und tun musst, damit du den Beruf ausüben kannst, der dich glücklich macht und mit Leidenschaft erfüllt. Was denkst du, welcher Weg der bessere ist?«

»Der zweite. Ich muss meine Gedenken darauf richten, was ich erlernen muss, um den von mir gewünschten Beruf auch ausüben zu können.«

»Richtig, Tori. Du betrachtest somit zuerst das Ziel. Als Nächstes kannst du dir die dritte Frage stellen, zu welcher Person du werden musst, damit du diesen Beruf ausführen kannst und glücklich bist. Und das ist die wichtigste Frage. *Was für ein Mensch willst du sein?* Wie sollen dich andere Menschen sehen? Du wirst dann feststellen, dass du sehr viel an dir arbeiten und dich verändern musst, damit du eines Tages der Mensch bist, der du gerne sein möchtest. Und nun beginnst du zu reifen und innerlich zu wachsen. So entwickelst du dich weiter und kommst deinem Ziel Tag für Tag ein Stückchen näher.«

»Ja, das will ich, Herr. Ich möchte ein Mensch sein, der bei seiner Arbeit glücklich ist und der die Dinge, mit welchen er sein täglich Brot verdient, mit Leidenschaft tut.«

»Schaue immer auf dich und vergleiche dich mit dem großen Bild, das du von dir hast.«

»Aber was soll ich tun, wenn ich den Beruf, zu dem ich bestimmt bin, gefunden habe? Ich kann doch nicht einfach aufhören zu arbeiten! Ich muss doch Geld verdienen, damit meine Familie und ich leben können!«

»Das ist richtig. Dann solltest du nicht unüberlegt handeln. Womöglich musst du ihn erst erlernen. So wie den Beruf des Bäckers, über den wir geredet haben. Du kannst nicht einfach als Bäcker arbeiten, ohne zu wissen, wie das wohlschmeckende Brot gebacken wird. Auch den Beruf des Schmieds wirst du nicht ausüben können, ohne zuvor gelernt zu haben, wie man die Hufe eines Pferdes beschlägt. Nun musst du nach einem Meister schauen, der sein Handwerk versteht. Wenn du zum Beispiel Bäcker werden willst, so suche in ganz Assur oder in ganz Babylon nach dem besten und erfolgreichsten Bäcker! Frage die Menschen Assurs, wer das beste Brot und die süßesten Kuchen backt! Du wirst sehen, es wird nicht schwer sein, das herauszufinden. Der Mann, der Meister seines Faches ist und seine Arbeit versteht, ist oft sehr weit bekannt, sein Name ist in aller Munde und sein Ruf eilt ihm voraus. Nun gehe zu ihm und sage ihm, dass du von ihm lernen möchtest! Bitte ihn um Erlaubnis, ihm bei seiner Arbeit helfen zu dürfen! Wenn nötig, arbeite für ihn, ohne einen Lohn zu verlangen! Es ist wichtig, dass du von diesem Manne lernst und dir seine langjährige Erfahrung zunutze machst.«

»Herr, ich kann doch nicht arbeiten, ohne einen Lohn für meine Arbeit einzufordern!«

»Doch, wenn er dich nicht für sich arbeiten lassen will, dann biete ihm an, zumindest zu Beginn ohne Lohn für ihn zu arbeiten!«

»Wie soll ich ohne Geld leben? Ich benötige den Lohn, um meine Familie zu ernähren!«

»Wohl wahr, du hast Verantwortung gegenüber deiner Familie, der du auf jeden Fall nachkommen musst. Aber es ist für dich wichtig, dass du das nötige Wissen erhältst, um den Beruf, den du liebst, ausführen zu können. Darum musst du dir einen Meister deines Berufes suchen. Wenn du nun solch einen Meister gefunden hast und er dich nicht für sich arbeiten lassen möchte, so bitte ihn darum, nach dem Beenden deiner täglichen Arbeit ohne Bezahlung für ihn arbeiten zu dürfen! Wenn du deine Arbeit gut erledigst, so wird er sie bald zu schätzen wissen und seine Meinung vielleicht sogar ändern und dich doch gegen Lohn für sich arbeiten lassen. Es könnte aber auch sein, dass er dich dennoch längere Zeit ohne angemessenen Lohn für sich arbeiten lässt. In diesem Falle denke daran, was du dennoch für deine Arbeit erhältst: Du bekommst das Wissen eines Mannes, der Meister seines Faches und der Beste in ganz Assur ist. Sei dankbar dafür! Dieses Wissen, das du bekommst, wird dir später viel Geld einbringen. Zudem bin ich sicher, dass er eines Tages deine Arbeit gerecht entlohnen wird. Du befolgst auch das Gesetz der Natur: Erst säen, dann ernten. Erinnerst du dich? Du säst, indem du gibst und arbeitest, und eines Tages wirst du ernten.«

»Das leuchtet mir ein, Herr. Ich werde also am Anfang weiter arbeiten, zum Beispiel auf dem Feld, und danach für meinen neuen Beruf, um das Wissen zu erlangen, das ich brauche. Nun muss ich nur noch den Beruf finden, der mich glücklich macht und zu dem ich berufen bin. Allerdings bin ich noch völlig ratlos, welcher Beruf das sein könnte. Es kommen mir so viele Berufe in den Sinn, aber meine Augen erkennen nicht, welcher der richtige unter ihnen ist.«

»Das verwundert mich nicht, Tori«, sagte Argael mit einem Lächeln. »Auch mir erging es eines Tages so wie dir. Das sind Antworten auf Fragen, die dein ganzes Leben verändern werden. Solche Fragen kann man nicht sofort beantworten. Oftmals muss man darüber viele Tage oder gar Wochen nachsinnen und selbst wenn man meint, die Antwort gefunden zu haben, so kann es sein, dass man ein Jahr später feststellt, dass diese Antwort zwar in die richtige Richtung wies, aber in Wirklichkeit doch anders lautet. Die Antworten, die du auf diese Fragen finden wirst, werden die Richtung deines Lebens bestimmen. Es ist daher besser, lange nach ihnen zu suchen und die richtigen zu finden, anstatt schnell loszueilen und eine falsche Richtung einzuschlagen. Sonst stellst du eines Tages fest, dass du zwar schnell warst und immer fleißig gearbeitet hast, aber dass du an einem ganz anderen Ort ankamst, als du am Beginn deines Weges im Sinn gehabt hattest.«

»Ich muss also zuerst den Ort finden, den ich erreichen will, bevor ich mich auf den Weg machen kann?«

»Das meinte ich damit, Tori. Die wenigsten Menschen machen sich darüber Gedanken, wo sie hinwollen und eines Tages stellen sie fest, dass sie an einem Ort angekommen sind, den sie niemals erreichen wollten, und ein Leben leben, das sie nie führen wollten. Wir leben nur einmal, Tori, und jeder Tag ist ein kleiner Schritt einer großen Reise. Es ist darum umso wichtiger, dass wir uns Gedanken darüber machen, wohin unsere Reise führt. Und da unser Beruf einen großen Teil der Reise beansprucht, ist es wichtig, dort die richtige Wahl zu treffen. Du weißt ja, nichts wird mehr Einfluss auf deine Persönlichkeit nehmen als dein Beruf.«

»Was sollen Menschen machen, die bereits alt sind? Ich habe so viele Freunde und Bekannte, die noch nie etwas von Euren Weisheiten gehört haben. Ich würde ihnen gerne davon berichten, damit auch sie sich Gedanken über das Ziel ihrer Reise machen und ein glücklicheres Leben führen können. Viele von ihnen aber sind bereits alt und werden keinen neuen Beruf mehr erlernen können.«

»Warum sollen sie das nicht können? Das hat nichts mit dem Alter zu tun. Auch als alter Mann kann man den Ort seiner Reise neu bestimmen und einen anderen Pfad einschlagen, der an einen neuen Ort führt. Ältere Menschen müssen ja auch keinen neuen Beruf erlernen. Es wäre schon ein großer Schritt für sie, wenn sie sich Gedanken über das Ziel ihrer Reise machen würden. Sie könnten dann selbst bestimmen, was sie verändern müssen, um dieses zu erreichen. Diese Gedanken sollte sich jeder so schnell wie möglich machen. Jeder Tag, an dem wir uns diese Gedanken nicht machen, gehen wir einen Schritt weiter in die falsche

Richtung. Frage dich dabei auch nach deinen Stärken, was du gut kannst und worin du besser bist als andere. Denke auch an deine Kindheit zurück. Konntest du schneller laufen, warst du flinker oder kräftiger bei Spielen als andere Kinder? Solche Fragen tragen zur Antwort auf die Frage nach dem Beruf, zu welchem du berufen bist, und nach dem Ziel deiner Reise bei. Stell dir einmal vor, Tori, jeder Mensch in Assur oder in Babylon würde etwas arbeiten und bekäme dafür kein Geld. Ich versichere dir, die wenigsten würden den Beruf ausüben, den sie zurzeit ausführen. Aber weißt du auch, was dann wäre? Jeder würde das tun, was ihm Freude bereitet, wo seine Talente und seine Fähigkeiten liegen. Die Folge wäre, dass jeder Freude bei der Arbeit hätte, seine ganze Kraft und sein Können einbringen würde, und dass jeder glücklich wäre, weil er sich genau an der Stelle einbrächte, die für ihn bestimmt ist. Weißt du, was das für eine Bereicherung für Babylon oder Assur wäre?«
Tori nickte zur Bestätigung mit dem Kopf. Wie Recht Argael doch hat. Es sollten alle Menschen in Assur und Babylon seine Worte erfahren, dachte er. Es kamen ihm auf einmal so viele Menschen in den Sinn, Freunde, Bekannte, Verwandte, die alle diese Worte erfahren sollten, damit sie die Richtung ihrer Reise überdenken könnten. Wann würde er sie wohl alle wiedersehen?

Am Abend starrte Tori gedankenverloren in das Lagerfeuer. Wie schnell doch der Tag vergangen war! Er hatte es gar nicht richtig bemerkt, so sehr hatte ihn die Unterhaltung mit Argael gefesselt. Was für Stärken habe ich? Tori dachte angestrengt nach. Was kann ich besonders gut und worin bin ich besser als andere? Bilder aus seiner Kindheit stiegen in ihm auf, wie er mit anderen Kindern spielte. Erinnerungen wurden wach, wie er mit anderen Kindern gerungen hatte und oftmals der Stärkere gewesen war. Er erinnerte sich, dass er sich damals mit allen Kindern gut verstanden hatte und dass viele ihn als gleichwertig angesehen und respektiert hatten. Da fiel ihm Joran ein, ein kleiner, schüchterner Junge aus Assur. Er war früher von vielen Kindern ausgelacht und oft gehänselt worden. Joran war nicht schlechter als andere Kinder gewesen, hatte sich aber nicht durchsetzen können, er war zu schwach und oftmals auch zu ängstlich gewesen. Tori erinnerte sich, wie er ihm manchmal gegen die anderen Kinder beigestanden hatte. In Gedanken sah er noch die Augen Jorans, die ihn dankbar anblickten. Die anderen Kinder waren etwas verwundert, aber sie respektierten Tori und manche hatten auch ein wenig Angst vor ihm und so ließen sie Joran in Ruhe.

Während er an Joran dachte, fiel ihm auf, dass er öfters schwächeren Kindern geholfen hatte. Er hatte Mitleid mit ihnen verspürt, wenn sie verspottet wurden, weil er sich gut in ihre Lage versetzen konnte, da es ihm als kleines Kind oftmals genauso ergangen war. Aber er hatte sich angewöhnt, stark zu sein und nicht nachzugeben. So hatte sich nach und nach sein Selbstbewusstsein aufgebaut und die anderen Kinder hatten begonnen, ihn zu respektieren. Was ist wohl aus Joran geworden? Lebt er noch? Tori wusste es nicht. Eines Tages hatte er mit seiner Familie Assur verlassen und war seitdem nicht mehr gesehen worden. Niemand wusste, wohin sie gegangen waren.

»Hier, Tori, hast du noch ein Stück Brot«, sagte Herachim und reichte es ihm.

Tori schreckte aus seinen Gedanken hoch. »Danke, Herachim.«

»Hältst du wieder die erste Wache, Tori?« Fragend sah Herachim ihn an.

»Ja, das würde ich gerne.«

»Sei auf der Hut, Tori! Wir haben das Gebiet von Babylon zwar noch nicht erreicht, aber dennoch müssen wir wachsam sein, da es sein kann, dass sich auch hier bereits Verbrecher herumtreiben, die ehrliche Leute wie uns ausplündern wollen.«

»Ich werde wachsam sein und auf alles achtgeben, das sich bewegt. Wann werden wir denn Babylon erreichen?«

»Ich denke, in zwei Tagen werden wir die Nacht in Babylon verbringen. Dann sind es noch drei Tage, bis der große Markt beginnt. Es ist ein besonderer Markt, der nur alle paar Jahre stattfindet, da am letzten Tag das große Pferderennen ausgetragen werden wird. Das macht diesen Markt auch so besonders. Die größten Pferdehändler aus allen Ländern kommen hier zusammen und bieten die prächtigsten Tiere an.«

»Ich bin schon voller Erwartungen, wie Babylon sein wird, Herachim. Und der Markt. Ich habe bis jetzt noch keinen anderen Markt gesehen als den in Assur.«

»In Assur gibt es auch große Märkte, aber dieser in Babylon wird alles übertreffen, was du in Assur jemals gesehen hast. Es werden so viele Menschen da sein, dass du bereits viele Tage zuvor kein freies Zimmer mehr in den Gasthöfen finden wirst.«

»Wo werden wir nächtigen?«

»Der Herr hat einen alten Freund, der eines der schönsten Gasthäuser in ganz Babylon besitzt. Dort schlafen und speisen wir, wenn wir Babylon besuchen. Er ist ein guter Wirt und versorgt seine Gäste vortrefflich. Die Speisen und der Wein, mit denen er seine Gäste verköstigt, munden nirgendwo in ganz Babylon so gut wie bei ihm. Der Herr hat ihm unser Kommen bereits vor langer Zeit ankündigen lassen, so dass er uns

genügend Zimmer freihält. Dort werden wir wohnen und schlafen.«
»Ich habe bisher noch nicht sehr oft in einem Gasthof gespeist, geschweige denn dort geschlafen.«
»Dann wirst du nicht mehr nach Assur zurückkehren wollen, wenn du merkst, wie gut es dir dort geht«, sagte Herachim mit einem breiten Grinsen im Gesicht. »Ich frage mich die ganze Zeit schon, wie viel der Herr wohl für den prächtigen Hengst erhalten wird.«
»Was meinst du damit, Herachim? Will der Herr das wundervolle Tier etwa verkaufen?« Überrascht schaute Tori auf.
»Ja, das will er. Dadurch dass das Pferderennen ist, werden viele Züchter in Babylon sein. Somit ist es gut möglich, für das Tier einen hohen Preis zu erzielen. Der Herr verspricht sich viel davon.«
Tori schaute zu dem einzigartigen Tier, das einige Schritte weiter unter einer Palme stand, an die es angebunden war. »Aber wie kann der Herr diesen prächtigen Hengst verkaufen? In ganz Assur gibt es kein Tier, das auch nur annähernd so schön und kraftvoll ist wie dieses.«
»Wohl wahr, Tori. Genau aus diesem Grund lässt sich mit diesem Rappen auf solch einem Markt in Babylon ein Preis erzielen, den man sonst auf einem normalen Markt nicht bekommt, und dieses Geschäft will sich der Herr nicht entgehen lassen.«
Tori überlegte einen Moment. Er konnte immer noch nicht begreifen, was er gerade gehört hatte. Das wundervolle Pferd von Argael sollte in zwei Tagen verkauft werden? Das Pferd, um das ihn jeder Mann in ganz Assur beneidete?
»Kopf hoch, Tori. Der Herr hat noch viele prächtige Pferde. Er hat sogar zwei Fohlen von dem schwarzen Hengst. Das eine ist genauso schwarz wie dieser. Es wird bestimmt eines Tages genauso kräftig mit hocherhobenem Haupt durch Assur galoppieren und jeder wird es bestaunen und bewundern.«
»Es ist für mich unvorstellbar, dass es nur so kurze Zeit ist, bis er verkauft wird«, sagte Tori nachdenklich, den Blick immer noch gebannt auf den prächtigen Hengst gerichtet, der friedlich dastand und nichts von seinem Schicksal ahnte.
»Ich werde mich nun schlafen legen, Tori. Es ist spät und die Müdigkeit fällt über mich her wie ein Wolf über seine Beute. Wecke mich, wenn ich die Aufgabe des Wächters übernehmen soll!« Mit diesen Worten stand er auf und ging hinüber zu Argael und den anderen zwei Dienern, die sich bereits nach dem Essen in ihre Decken gewickelt hatten, um zu schlafen.
Tori sah ihm nach. Sein Blick streifte dabei wieder das prächtige Pferd. Wie würde er wohl abschneiden, wenn er an dem großen Pferderennen teilnehmen würde? Er wäre bestimmt

unter den Ersten, dachte Tori. Schade, dass er vorher verkauft wird und es niemals mehr jemand erfahren wird. Tori stand auf und entfernte sich ein wenig vom Feuer. Er hielt den Speer in der rechten Hand, sein Schwert hing an seiner Seite. Er blickte über das flache Land, das rings um ihn herum lag. Es war dunkel und er konnte nicht viel erkennen. Vereinzelte Sterne waren am Himmel zu sehen. Er schaute hinüber zu den anderen, die bereits fest zu schlafen schienen.

Dann setzte er sich wieder ans Feuer. So viele Gedanken schwirrten durch seinen Kopf. Was wird wohl in fünf Jahren sein? Werde ich als reicher Mann in Assur leben? Werde ich den Beruf, zu dem ich berufen bin, ausüben? Welcher Beruf wird das sein? Wie wird mich meine Familie in fünf Jahren sehen? Werden sie mich respektieren? Was wird mein Vater über mich denken? Kann ich ihn bis dahin überhaupt freikaufen? Eine Frage nach der anderen schoss Tori durch den Kopf. Er hätte so gerne die Antworten darauf gewusst! Dann dachte er daran, dass er durch die Weisheiten, die Argael ihm mitgeteilt hatte, seinem Traum bereits ein ganzes Stück näher gekommen war. Er wusste nun, wie man ein reicher Mann werden konnte und welche Weisheiten die reichen Männer beherzigten. Wenn man wusste, wie man etwas erreichte, so war man dem Ziel ein großes Stück näher gekommen, und das spürte er. Kann es etwas Wertvolleres geben als das Wissen? *Wenn ein Mensch das Wissen hat, das er braucht, um etwas zu erreichen, so hat er schon den halben Weg zu seinem Ziel hinter sich. Somit ist die Weisheit das kostbarste Gut, das ein Mensch erlangen kann.* Doch wie viele Menschen gab es, die ihren Wert nicht zu schätzen wussten? Tori wurde auf einmal von einem großen Gefühl der Dankbarkeit erfüllt, dass ihm all dies Wissen zuteilgeworden war.

Frage dich:
Was kann ich besonders gut und worin bin ich besser als andere?
Was macht mir Spaß und erfüllt mich mit Leidenschaft?
Zu welcher Person muss ich werden,
damit ich glücklich bin?
Wie sollen mich andere Menschen sehen?

Sechstes Kapitel

Der Ort, zu dem deine Reise führt

Noch nie ist ein Mensch erfolgreich, wohlhabend und glücklich geworden, wenn er eine Arbeit verrichtete, die ihm keine Freude bereitete und ihn nicht mit Leidenschaft erfüllte!

Ein kühler Luftzug streifte Toris Gesicht. Er setzte sich auf und sein Blick wanderte zu seinen Gefährten hinüber. Sie schliefen noch. Nur Orsira saß am Feuer und ging seiner Pflicht nach, dem letzten Teil der Nachtwache. Tori stand auf und spazierte ein wenig umher. Orsira nickte ihm freundlich zu und schaute wieder in die Glut.

Als Tori bei dem prächtigen Rappenhengst angekommen war, blieb er stehen und betrachtete ihn. Das kräftige Tier stand ruhig und gelassen da und schien vor sich hinzudösen. Als Tori näherkam, hob es ruckartig den Kopf und sah ihn an. Tori trat neben den Hengst und begann, ihm den Kopf zu streicheln. Welch ein Jammer, dass dieses wundervolle Tier verkauft wird, dachte er. Der Hengst blickte ihn treu an und schien die Streicheleinheiten zu genießen. Tori versank völlig in Gedanken und als er aufblickte, sah er, dass die anderen bereits zum Mahl um das lodernde Feuer saßen. Tori lief zu ihnen hinüber und setzte sich, um sich wenige Augenblicke später getrocknete Früchte und ein großes Stück Brot schmecken zu lassen. Die Mahlzeit verlief schweigsam und nachdem sie gespeist hatten, wurde rasch das Feuer gelöscht, die Pferde und Kamele bepackt und die Karawane setzte ihre Reise fort.

Wie kann ich den Ort finden, zu dem meine Reise führen soll? Tori überlegte angestrengt. Woher weiß ich, welche die richtige Arbeit für mich ist und die mir auch große Freude bereitet? Tori dachte zurück, als er noch den Wunsch hegte, das Handwerk des Waffenschmiedes zu erlernen. Als kleiner Junge begeisterten ihn große und schöne Schwerter. Oft hatte er Kero, dem alten Waffenschmied aus Assur, zugeschaut und lange neben ihm gesessen. Manchmal durfte er ihm bei Kleinigkeiten zur Hand gehen und Kero erklärte ihm voller Geduld, wie das schwere Eisen am besten erhitzt und geschmiedet werden musste. Tori sah in Gedanken,

wie er neben ihm am Feuer gesessen und gespannt zugesehen hatte. Warum habe ich dieses Handwerk nie erlernt?, überlegte Tori.
Da kam ihm auf einmal Erinadab in den Sinn. Er war Waffenhändler und kam regelmäßig zu Kero, um die fertig geschmiedeten Waffen abzuholen und sie zu verkaufen. Immer wenn Tori ihn in Assur sah, rannte er zu ihm und bestaunte die Waffen, die er mit sich führte. Erinadab hatte ihm geduldig alle neuen Waffen gezeigt, die er bei sich trug, und war stets freundlich zu ihm gewesen. Tori kamen all die vergangenen Bilder in den Sinn. Wie glücklich er damals als Junge gewesen war! Ihm fiel auch ein, dass ihn Erinadab einmal mitgenommen hatte, als Markttag in Assur war. Er durfte neben ihm hinter seinem Stand stehen und seinen Geschäften zuschauen. Gespannt hatte er damals beobachtet, wie Erinadab mit einigen Männern um den Preis feilschte, und wenn sie sich dann einig geworden waren und das Geschäft getätigt hatten, so zeigte ihm Erinadab immer stolz die Kupfer- und manchmal sogar Silbermünzen und lachte ihn an vor Glück. Tori hatte sich immer mit ihm gefreut, als ob ihm selbst das Geld gehörte, das Erinadab für sein Schwert oder seine Lanze erhalten hatte. Einmal hatte er einen mächtigen Bronzeschild verkauft und einen sehr guten Preis erzielt, weit mehr, als er sich jemals erhofft hatte. Er freute sich den ganzen Tag und Tori kam es vor, als wäre Erinadab der glücklichste Mensch der Welt. Dieser drückte ihm voll Freude sechs Kupfermünzen in die Hand und schickte ihn los, damit er für sie etwas ganz besonders köstliches zum Essen kaufte. Zwei Kupfermünzen blieben übrig, diese schenkte ihm Erinadab sogar. Noch nie zuvor hatte er damals so viel Geld besessen. Er war glücklich und wollte zu dieser Zeit insgeheim so werden wie Erinadab. Er war immer freundlich, fröhlich und hilfsbereit und schien glücklich zu sein. Wenn er einige Tage nichts verkauft hatte, obwohl er unermüdlich auf dem Marktplatz gestanden war, klagte er zwar ab und an über das Schicksal, dass ihm die Götter nicht wohlgesonnen wären und dass er kein Geld hätte. Aber es konnte sein, dass es kurze Zeit später wieder schien, als sei er doch der glücklichste Mann Assurs, weil er wieder einen guten Handel abgeschlossen hatte. Wenn Tori bei ihm war, so träumte er manchmal, dass er eines Tages, wenn er groß war, neben ihm stehen und ihm helfen würde, seine schönen Waffen anzupreisen und sie zu verkaufen. Das war ein Bild, das er als kleiner Junge oftmals vor seinem geistigen Auge gesehen hatte. Wie wäre es wohl geworden, wenn das alles so gekommen wäre? Würde er dann hier mit Argael reiten? Vermutlich nicht. Was wäre dann? Wäre er dann glücklich? Hätte er den Beruf gefunden, zu dem er berufen war? Tori wusste es nicht. Aber wie das oftmals im Leben ist, so kam auch diesmal alles anders als gedacht.

Kero, der alte Waffenschmied aus Assur, war eines Tages sehr krank geworden. Anfangs konnte er noch ein wenig seine tägliche Arbeit verrichten, aber bald musste er auch das aufgeben. Er konnte nur noch im Bett liegen, weil er durch die Krankheit so geschwächt war. Tori hatte ihn weiterhin regelmäßig besucht und war lange Zeit bei ihm an seinem Bett gesessen. Er erinnerte sich genau, wie Kero ihn immer freundlich angelächelt hatte, wenn er das Zimmer betrat und wie er sich über Toris Anblick gefreut hatte. Dann hatte er ihm Erlebnisse und Geschichten aus seiner Jugend und seinem Leben erzählt. Gespannt hatte Tori seinen Worten und Erzählungen gelauscht. Eines Morgens dann war Kero friedlich eingeschlafen. Tori war zutiefst betroffen über den Verlust seines alten Freundes. Tagelang konnte er nichts essen und wollte sich an nichts mehr richtig erfreuen. Doch die Zeit heilt alle Wunden und allmählich konnte er den Verlust verkraften und fand nach und nach wieder zu seiner Lebensfreude zurück. Damals fing er auch an, für Herach auf dem Feld zu arbeiten, um das nötige Geld zu verdienen. So brach die Verbindung zu Erinadab immer mehr ab. Sie sahen sich noch ab und zu, aber es war nicht mehr wie zuvor. Tori spürte, dass es niemals mehr so sein würde. Wie lange hatten sie sich schon nicht mehr gesehen? Tori wusste es nicht. Wie ging es Erinadab wohl und was tat er gerade? Lebte er noch? Zu gern hätte Tori die Antwort gewusst!

Da tauchte in ihm wieder die Frage auf, die ihn vor allem quälte: Was ist der Beruf, zu dem ich berufen bin? Er grübelte und überlegte, aber je länger er nachdachte, desto mehr Fragen taten sich auf und er wurde nur noch verwirrter. Es kam ihm wieder der Gedanke, Pferde zu züchten. Wollte er das wirklich tun? War das eine Arbeit, die ihm Freude bereiten würde? Ja, der Gedanke daran war sehr verlockend und er konnte es sich vorstellen. Doch was war mit dem Wunsch, den er als Kind hatte, einmal das Handwerk des Waffenschmiedes zu erlernen? War das vielleicht auch ein Beruf, der ihm Freude bereiten würde? War er überhaupt dazu befähigt, solche schönen Waffen zu schmieden wie Kero? Vielleicht wäre er auch ein guter Kaufmann. So wie Argael, der ferne Städte bereiste und Waren kaufte und verkaufte. Das würde ihm bestimmt Freude bereiten. Von jeher hatte er den Wunsch gehegt, viel zu reisen und ferne Städte zu besuchen. Er hörte gerne den Geschichten und Erzählungen der Händler und Sklaven zu, die von weit her kamen und von fremden Städten erzählten. Es faszinierte ihn, wenn die Kaufleute von den Abenteuern berichteten, die sie auf ihren Reisen erlebten und von den Gefahren, die sie auf ihren Wegen überwanden. Er vergaß bei solchen Erzählungen oft völlig die Zeit und ließ sich ganz in ihren Bann ziehen. Doch was war nun der richtige

Beruf, den er ausüben sollte und an dem er auch Freude hätte? Er beschloss, Argael um Rat zu fragen. Er gab seinem Pferd leicht die Sporen und lenkte es neben Argael.

Es ist schlecht, nur um des Geldes willen zu arbeiten

»Herr, verzeiht, wenn ich Euch belästige, doch mich quält eine Frage, auf die ich keine Antwort finden kann.«

Argael sah ihn an und forderte ihn mit einem Nicken auf, ihm diese mitzuteilen.

»Ich sinne darüber, welcher Beruf wohl der Richtige für mich wäre, der Beruf, zu dem ich berufen bin, der mir Freude bereitet und der mich glücklich macht, aber es will mir keine Antwort auf meine Fragen einfallen.«

»Ich verstehe, Tori.« Argael schaute ihn an und überlegte einen Augenblick. »Was ist mit dem Wunsch, Pferde zu züchten, von dem du mir erzählt hast? Ist das eine Arbeit, die dir Freude bereitet? Kannst du gut mit Pferden umgehen? Bist du darin besser als andere?«

»Ich weiß es nicht, Herr«, antwortete Tori ehrlich. Dann begann er zu erzählen, was ihm am Morgen in den Sinn gekommen war. Er erzählte Argael von seiner Kindheit, als er immer bei Kero, dem Waffenschmied, gewesen war und dessen Handwerk hatte erlernen wollen. Auch von Erinadab erzählte er, wie er mit ihm auf dem Marktplatz gestanden und ihm gebannt zugeschaut hatte, wenn er um den Preis für ein kostbares Schwert feilschte. Und von seinem Wunsch, einmal weit zu reisen und ferne Städte zu besuchen.

Argael hörte aufmerksam zu und unterbrach ihn nicht ein einziges Mal. Als er geendet hatte, blickte er ihn an und fragte: »Könntest du dir vorstellen, als Waffenschmied zu arbeiten und damit Tag für Tag deinen Lebensunterhalt zu verdienen?«

»Ich weiß es nicht, Herr. Damals hätte ich das sehr gerne getan, aber seit dem Tod Keros ist der Wunsch nach und nach eingeschlafen und ich habe nicht mehr darüber nachgedacht. Wenn ich jetzt daran denke, so kann ich es mir nicht mehr vorstellen.«

»Gut. Wie steht es um den Beruf des Pferdezüchters? Ist das eine Arbeit, die dich mit Begeisterung erfüllt, wenn du an sie denkst? Hast du die Liebe in dir zu einem Pferd, die so groß ist wie die zu deinem besten Freund?«

»Nein, das habe ich nicht. Ich verspürte nie die Liebe zu einem Pferd so groß wie die zu meinem besten Freund. Ich wollte die Zucht der Pferde nur betreiben, um damit viel Geld zu verdienen.«

»Dann ist dies keine Arbeit für dich. Eine Arbeit nur auszuführen, weil sie Geld bringt, wird dich niemals glücklich machen! Geld ist sehr wichtig und es ist ein schönes Gefühl, wenn man für seine Arbeit reichlich entlohnt wird. Aber auf längere Zeit gesehen, wirst du nicht glücklich sein. Die Arbeit, die du wählst, musst du gerne tun und sie muss dir Freude bereiten. Du müsstest diese Arbeit auch gerne verrichten, wenn du keinen Lohn dafür erhalten würdest. So sehr musst du sie lieben. Wenn du das tust, was du gut kannst und was dir Freude bereitet, dann wirst du auch eines Tages viel Geld damit verdienen. Das Glück wird dir dann auf deinem Wege folgen. Frage dich als Erstes: *Was kann ich gut?* Und als Zweites: *Was bereitet mir große Freude?*«

»Freude haben mir die Tage bereitet, wenn ich mit Erinadab auf dem Marktplatz in Assur stand und ihm zuschaute, wie er seine Ware anpries. Ich weiß noch, wie ich die Zeit vergaß und wie das Bild in mir entstand, eines Tages neben ihm zu stehen.«

»Und wie ist das heute? Ist es für dich immer noch eine Freude, wenn du auf dem Marktplatz bist und den Händlern zuschaust? Erwacht dann in dir immer noch der Wunsch, einmal mit ihnen zu tauschen und an ihrer Stelle ihre Ware zu verkaufen?«

»Ja, Herr. Ich gehe gerne noch über den Marktplatz und genieße auch den Anblick der vielen schönen Dinge. Manchmal versetze ich mich auch in die Lage eines Händlers und überlege mir, was ich den Leuten über die Ware erzählen würde, die er gerade anpreist.«

»Das ist doch schon einmal ein großer Schritt, Tori. Du hast nun etwas gefunden, das dir Freude bereiten könnte. Ob es diese Arbeit auch wirklich tut, weißt du noch nicht, da du noch nie als Händler oder Kaufmann gearbeitet hast. Allerdings kannst du dies sehr schnell herausfinden, indem du es ausprobierst. Du wirst sehr schnell merken, ob du Talent dafür hast, mit Menschen um den Preis einer Ware zu feilschen und ein gutes Geschäft zu machen, oder ob es dir mit der Zeit lästig ist und du lieber etwas anderes tun willst. Es ist auch nicht wichtig, dass du dich jetzt sofort festlegst, was du arbeiten willst. Wichtig für dich ist im Moment, dass du die Richtung findest, in die deine Reise gehen soll. Den genauen Ort, zu dem deine Reise führen soll, wirst du bestimmen, wenn du dich auf den Weg gemacht hast. Es kann auch sein, dass du, während du den Weg gehst, das Ziel deiner Reise änderst, weil dir andere Dinge wichtiger geworden sind. Erinnere dich zurück an deine Kindheit! Hattest du damals nicht andere Wünsche als im Jünglingsalter? Und als Jüngling, hattest du da nicht auch andere Wünsche und Träume als nun, als Erwachsener? Es ist ganz natürlich, dass wir uns von Zeit zu Zeit umschauen und den Ort der Reise neu bestimmen. Leben bedeutet Wandel und Wachstum. Furchtbar wäre, wenn du kein Ziel hättest und eines Tages an einem Ort ankämest, den du nie erreichen wolltest. Verstehst du das, Tori?«

»Ja, ich glaube, ihr meint damit diese Menschen in Assur, die Tag für Tag aufstehen, ihrer Arbeit nachgehen und dahinleben, ohne eine Lebensaufgabe zu haben.«
»Genau, Tori, die meine ich. Besser hätte ich es dir nicht sagen können. Diese Menschen sehen sich immer als Opfer. Sie warten Tag für Tag auf bessere Zeiten oder darauf, dass sich die Umstände ändern. Aber das wird nie geschehen. *Unsere Umstände wollen von uns geändert werden oder sie werden unser Leben bestimmen.* Niemand anderes kann sie ändern außer wir selbst.«
»Das habe ich in den letzten Tagen gelernt und die Wahrheit dieser Worte wird mir am allerdeutlichsten, wenn ich meine Vergangenheit in Assur und die Menschen, welche mir täglich begegneten, betrachte. Doch sagt mir Herr, wie kann ich eine andere Person werden?«
»Du kannst an dir arbeiten und dich verändern, zum Beispiel dein Verhalten. Du warst vor fünf Jahren jemand anderes als heute und in fünf Jahren wirst du dich wieder ein Stück verändert haben. Welche Werte möchtest du leben? Welchen Charakter möchtest du haben? Wie möchtest du dich deinen Freunden und Mitmenschen gegenüber verhalten? Es liegt nun an dir, dass du dich beobachtest und zu dem Menschen wirst, der du auch sein willst. Darum musst du den Ort, an den deine Reise führen soll, festlegen. Die meisten Menschen sind ihr Leben lang nie zufrieden und glücklich, weil sie nicht wissen, was sie überhaupt wollen. Sie fragen sich nie, wohin ihre Reise führt, und darum können sie nie dort ankommen, wo sie sich einmal wünschten, anzukommen. Das Leben kann sehr schnell vorbei sein. Eines Tages wachst du auf und ein graues Haar fällt von deinem Haupte. Schau mich an, Tori! Ich bin bereits ein alter Mann, aber ich bin glücklich und möchte keinen Tag jünger sein, weil ich keinen Schritt meines Lebens bereue und weiß, wohin mich meine Reise führt. Viele Menschen haben Angst vor dem Altwerden. Wenn sie ehrlich zu sich selbst sind, so müssen sie sich eingestehen, dass sie nur davor Angst haben, weil sie merken, wie die Zeit vor ihnen flieht und sie so viele Dinge noch nicht getan haben. Sie haben ihr Lebensziel noch nicht gefunden. Du wirst feststellen, dass jeder Mensch den Wunsch hat, etwas zu schaffen, das seinem Leben einen Sinn schenkt. Ein Mensch, der ein erfülltes Leben führt und seine Zeit richtig genutzt hat, wird niemals Angst vor dem Alter haben. Darum finde den Ort, zu dem deine Reise führen soll!«
Nach einer kurzen Pause fuhr er fort: »Stell dir einmal vor, du weißt, dass du nicht mehr lange zu leben hättest! Auf was möchtest du zurückblicken, das du in deinem Leben geschaffen hast? Was sollen andere Menschen nach deinem Tod über dich sagen?«
»Das ist eine schwere Frage, Herr. Über den Tod habe ich mir noch nie Gedanken gemacht.

Ich vertraute auf die Götter und dass sie mir ein langes Leben schenken.«

»Darauf vertrauten schon viele und wurden enttäuscht. Sei dir bewusst, dass dein Leben schneller zu Ende sein kann, als du jetzt annimmst. In jeder Schlacht, die die Feinde Assurs gegen uns führten, sind unzählige Menschen gestorben. Es ist schnell passiert, dass sich der Pfeil eines Feindes in deine Brust verirrt. Darum mache dir auch darüber Gedanken, was ist, wenn deine Zeit abgelaufen ist.«

»Ich werde mir die Frage noch öfter stellen müssen, denn ich sehe, dass ich sie jetzt nicht beantworten kann«, seufzte Tori.

»Es wird vielleicht einige Tag, Wochen oder gar Monate dauern, bis du diese Fragen beantwortet hast. Doch wenn du nicht aufgibst und beharrlich danach suchst, dann wirst du die Antworten finden und dann wirst du ein unbeschreibliches Lebensglück erfahren, welches die meisten Menschen nie kennen gelernt haben und auch nie kennen werden.«

»Ich erkenne die Wahrheit in Euren Worten, darum werde ich mir täglich diese Fragen stellen und nach den Antworten suchen. Eines Tages werde ich sie erkennen.«

»Davon bin ich überzeugt. Es ist ein langer Weg, vielleicht sollte ich sagen, ein nie endender Weg, denn wir Menschen sind so fehlerhaft, dass wir immer an uns arbeiten können und immer wieder Dinge finden, die noch nicht vollkommen sind. Sieh mich an, auch ich bin ein Mensch mit vielen Fehlern. Doch bereits seit Jahrzehnten stelle ich mir diese Fragen und durfte mich so Schritt für Schritt verändern und bin nun ein völlig anderer Mensch, als ich es früher war.«

»Auch ich möchte einmal solche Worte sprechen können«, erwiderte Tori tief bewegt.

»Ich bin mir sicher, dass auch du eines Tages aus tiefstem Herzen so sprechen kannst. Gib der jungen Blume Zeit zu wachsen! Hege und pflege sie und gib gut auf sie acht! Sie wächst nicht schneller, wenn du sie von oben ziehst. Da fällt mir noch eine sehr wichtige Frage ein, welche du dir auf der Suche nach dem richtigen Beruf täglich stellen kannst. Diese Frage ist alles entscheidend. Wenn der Beruf, welchen du gefunden hast, die Antwort darauf ist, so ist es mit Sicherheit der Beruf, zu welchem du berufen bist.«

»Wie lautet die Frage?«, wollte Tori eifrig wissen.

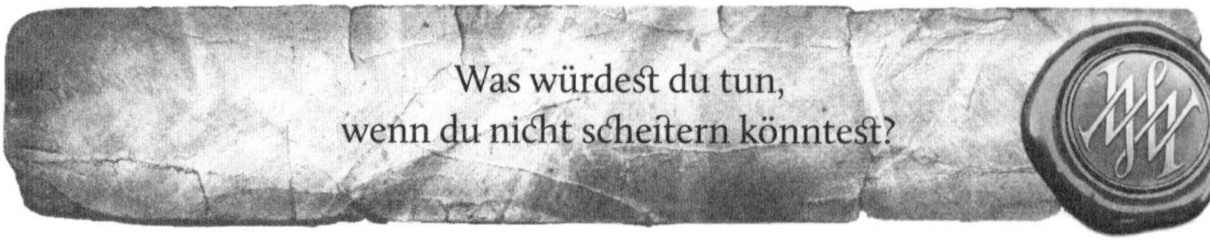

Siebtes Kapitel

Wünschen oder Zielen?

Alle Toren und Narren
leben in Hoffen und Harren!

»Und nun, Tori, lass uns einmal über das Wünschen sprechen! Wünsche sind verschwommene Sehnsüchte. In Assur und in Babylon gibt es tausende von Menschen, welche sich täglich etwas wünschen. Die einen haben große Wünsche, die anderen kleine. Der eine wünscht sich dies, der andere jenes. Kennst du solche Menschen?«

»Aber ja, Herr, wer kennt sie nicht? Wenn ich in Assur durch die Straßen ginge und die Menschen dort befragen würde, so könnte mir mit Sicherheit jeder innerhalb weniger Augenblicke zehn Wünsche nennen.«

»Gehen die Wünsche dieser Menschen in Erfüllung?«, forschte Argael.

»Hm, das ist eine gute Frage. Ich glaube, die meisten Wünsche gehen nicht in Erfüllung. Ich denke an die Menschen, welche sich Reichtum, Glück oder schöne Dinge wünschen.«

»Du hast Recht gesprochen, die meisten Wünsche dieser Menschen werden niemals in Erfüllung gehen. Das liegt daran, dass der Wünscher faul ist. Er wünscht sich nämlich, dass dieser Wunsch einfach so in sein Leben tritt, ohne dass er etwas dafür tun muss. Du erinnerst dich, dass wir erst säen müssen, um zu ernten. Erst müssen wir den Preis dafür bezahlen. Doch diese Menschen wollen ernten, ohne gesät zu haben. Das widerspricht dem ewig währenden Gesetz des Lebens.«

»Das ist einleuchtend. Die Ernte folgt der Saat.«

»Darum gehen die meisten Wünsche nicht in Erfüllung. Außer es geschieht auf Kosten anderer Menschen, doch so etwas geht niemals gut. Wenn sein Wunsch nicht in Erfüllung gegangen ist, sagt der Wünscher gerne: ›Es war nicht der Wunsch der Götter; vielleicht ein andermal; ich hatte eben kein Glück.‹ *Wünscher haben einfache Entschuldigungen und Ausreden.* Kennst du auch die Hoffer?«

»Die Hoffer? Was meint Ihr damit, Herr?«, fragte Tori neugierig.
»Das sind Menschen, die immer nur hoffen«, sagte Argael mit einem Schmunzeln.
»Ich glaube, davon leben in Assur auch mehr als genug«, erwiderte Tori nachdenklich.
»Sie hoffen auf alles und jeden, doch wie der Wünscher sind auch sie faul und nicht bereit, vor der Ernte zu säen. Auf wen oder was hoffen sie? Auf das Schicksal oder die Götter? Als ob die Götter Wesen seien, die nur darauf warten, uns zu belohnen, während wir untätig sind! Welch eine Dummheit!«
Tori wurde nachdenklich. Noch nie hatte er die Dinge so gesehen. Doch je länger er den Worten Argaels lauschte, desto klarer erkannte er, dass dieser die Wahrheit sprach. War es denn nicht so? Waren die Wünscher in Assur nicht wirklich faule Menschen? Die anschließend auch noch jammerten, dass ihr Wunsch nicht in Erfüllung gegangen war, und sich dann als Opfer hinstellten? Welch eine Torheit!
»Der Hoffer ist in Wahrheit ein Fürchter! Er sagt zum Beispiel: ›Hoffentlich werde ich nicht krank‹. Und was wird er? Krank. ›Hoffentlich reicht mir das Geld bis zum Ende des Monats‹. Und wer steht am Ende des Monats mit einem leeren Lederbeutel da? Der Hoffer. *In Wirklichkeit ist Hoffnung nichts anderes als Selbstbetrug!*«
»Sagt Herr, was soll ein Mensch stattdessen tun?«
»Ich schlage vor, dass die Wünscher, Hoffer und Fürchter sich ändern und zu Ziele-Setzern werden.«
»Was ist ein Ziele-Setzer?«, fragte Tori verwundert.
»Ein Ziele-Setzer ist ein Mensch, der, statt seine Zeit mit Wünschen, Hoffen und Fürchten zu verschwenden, sich lieber ein genaues Ziel setzt und eine Entscheidung trifft. Er entscheidet sich für sein Ziel.«
»Aber kann es nicht auch sein, dass er sein Ziel nicht erreicht?«
»Ja, das ist durchaus möglich. Doch die Wahrscheinlichkeit, dass er sein Ziel erreicht, wenn er sich das Ziel setzt, ist hundert Mal größer, als wenn er nur wünscht oder hofft.«
»Was ist anders, wenn man sich ein Ziel setzt? Ist es nicht genauso ungewiss, dass es einmal eintritt? Ich verstehe das nicht«, sagte Tori ehrlich.
»Schau her, wir haben festgestellt, dass der Wünscher und der Hoffer faul sind. Sie wollen ernten, ohne zu säen. Ganz anders jedoch der Ziele-Setzer. Er setzt sich ein Ziel und ist sich darüber bewusst, dass er selbst dahin gehen muss und dass er nicht getragen wird. Er ist sich bewusst, dass er säen muss, um zu ernten. Er ist sich bewusst, dass sein Ziel einen gewissen Preis von ihm fordert, und er ist bereit, diesen Preis selbst zu bezahlen. Der

Ziele-Setzer ist sich bewusst, dass es nur an ihm alleine und sonst an niemandem liegt, ob er sein Ziel erreicht oder ob er es nicht erreicht. Er übernimmt selbst die Verantwortung. Das bedeutet auch, er macht sich selbst dafür verantwortlich, wenn er das Ziel erreicht und ebenso wenn er es nicht erreicht. Er sucht nicht die Schuld bei irgendjemand anderem.«

»Ah, ich verstehe. Und der Wünscher und der Hoffer sind nicht bereit, die Verantwortung zu übernehmen?«

»Genau, sie halten sich ein Hintertürchen offen. Wenn der Wunsch nicht in Erfüllung geht, so sagen sie: ›Die Götter waren mir nicht wohlgesonnen‹ oder ›das Schicksal hat es nicht gut mit mir gemeint‹. Genau genommen schieben der Wünscher und der Hoffer die Verantwortung von vorneherein von sich weg. Sonst würden sie, statt zu wünschen und zu hoffen, lieber zielen. Der Ziele-Setzer macht sich dadurch dass er sich ein Ziel setzt, für alle anderen Menschen messbar. Er wird an seinem Fortschritt gemessen und davor haben die Menschen Angst und bleiben lieber bei den Wünschern und Hoffern. ›Lieber nichts tun, dann kann ich auch nichts falsch machen‹, lautet deren Leitspruch.«

»Nun verstehe ich, was der Unterschied zwischen dem Wünscher, dem Hoffer und dem Ziele-Setzer ist. Doch erklärt mir, Herr, was ist ein Ziel?«

»Ein Ziel muss man genau beschreiben können. Ein Ziel ist immer messbar und sehr genau. Ein Ziel grenzt genau ein, was es ist, aber auch, was es nicht ist.«

»Was bedeutet, ein Ziel ist messbar?«

»Messbar bedeutet, dass bei einem Ziel der genaue Ort und die genaue Zeit festgelegt werden. Das heißt es wird genau bestimmt, in wie viel Monaten oder Jahren das Ziel erreicht sein sollte. Somit kann jeder Mensch genau feststellen, ob ein Ziel erreicht wurde oder nicht. Man kann also Erfolg oder Versagen sofort erkennen.«

»Eigentlich ist es doch schade, dass sich so viele Menschen dem Wünschen und Hoffen hingeben, statt dass sie sich einmal ein Ziel setzen und darauf zugehen«, sagte Tori nachdenklich.

»Wohl wahr, Tori. Du hast mir von der Weisheit berichtet, welche dir auf dem Feld zuteil wurde. Was wäre das Schlimmste, das mir passieren könnte? Wenn sich diese Menschen diese Frage stellten, so könnten sie feststellen, dass, selbst wenn sie ein Ziel nicht erreichen sollten, es nicht so schlimm kommen würde, wie sie es sich am Anfang ausmalen.«

»Sie würden mit Sicherheit ihr Leben und ihre Freiheit behalten, ihre Familie und ihre wahren Freunde würden weiterhin zu ihnen stehen und auch viele andere Menschen würden sie dafür bestimmt nicht verurteilen.«

»Wohl wahr, Tori. *Zudem wird dich jedes Ziel in irgendeiner Weise weiterbringen, selbst wenn du es nicht erreichst.* So hast du doch auf dem Weg dorthin so viel gelernt und so viele Erfahrungen gemacht, dass es dein Leben sehr bereichert und deine Persönlichkeit unbeschreiblich wachsen lässt.«

Ent-Scheiden

»Wie viele Ziele kann ich setzen? Kann ich so viele Ziele setzen, wie ich möchte?«
»Weit gefehlt, Tori, das geht nicht. Du musst deinen Blick auf eines dieser Dinge richten, und zwar auf das, welches dir am wichtigsten ist. Das ist dann dein Ziel. Alles andere kommt an zweiter Stelle, und zwar erst dann, wenn du das Wichtigste, also dein Ziel, erreicht hast. Siehst du den Berg in der Ferne?« Argael deutete nach vorne, wo in der Ferne ein mächtiger Berg zu sehen war. »Schau nur, wie groß er ist! Die Sonne steht hoch über ihm und ihr Licht lässt ihn richtig majestätisch erscheinen. Ist es nicht ein schöner Anblick?«
»Ihr habt Recht, Herr, es ist ein wundervoller Anblick. Aber was wollt Ihr damit sagen?«, fragte Tori verwundert.
Argael drehte sich um und deutete nach hinten: »Siehst du in der Ferne den Fluss?«
»Ja, Herr. Auch ihn sehe ich.«
»Schau nur, wie er glänzt von den Strahlen, welche auf das Wasser fallen. Ist er nicht ein wundervoller Anblick?«
»Auch diesmal habt Ihr Recht. Er ist ein ebenso wunderbarer Anblick. Doch ich verstehe nicht, worauf Ihr hinaus wollt.«
»Wir sind also einer Meinung, dass der Berg wie auch der Fluss einen wundervollen Anblick bieten. Richtig?«
Tori nickte.
»Gut, nun versuche, beides auf einmal anzuschauen!«
»Das ist unmöglich, Herr. Ich habe hinten im Kopf keine Augen, somit kann ich meinen Blick immer nur auf ein Bild richten, den Berg oder den Fluss.«
»Du hast richtig gesprochen. Dein Blick kann immer nur ein Bild erfassen. Selbst wenn der Fluss nun vor uns liegen würde, so könntest du nur den Anblick des Flusses oder den des Berges genießen. Genau so ist das auch mit einem Ziel. Du darfst deinen Blick nur auf eines richten. Und zwar auf das wichtigste. Denn sonst stehen sich die Ziele gegenseitig im Weg. Stell dir vor, du betrachtest den Fluss und beschließt, in seine Richtung zu gehen.

Während deiner Reise schaust du dich aber um und dein Blick fällt auf den Berg. Nun drehst du um und läufst in seine Richtung. Einige Tage später schaust du wieder auf den Fluss und änderst deine Richtung. So wirst du nie irgendwo ankommen. Genauso ist es mit deinen Wünschen. Die Menschen haben so viele Wünsche. Heute dies und morgen das. Und gerade weil es so viele sind, haben sie gar nicht die Zeit und die Möglichkeit, ihr Augenmerk auf den einzelnen Wunsch zu richten und ihn sich zu erfüllen.«

»So kann ich mir also nicht einen Sack voll Goldstücke, ein schönes großes Haus und ein prächtiges Pferd auf einmal zum Ziel setzen?«

»Richtig. Du würdest heute sparen, damit du deinen Beutel voller Goldstücke bekommst und eines Tages reich wärst. Doch einige Wochen später, wenn du ein kleines Vermögen angehäuft hättest, gäbest du das Geld wieder aus und kauftest dir das Haus oder das prächtige Pferd. So müsstest du wieder von vorne anfangen zu sparen. Deine Ziele stünden einander im Wege. Überlege dir stattdessen, welcher Wunsch der größte und welches Ziel dir wichtiger ist! Wenn du zuerst nach deiner finanziellen Freiheit strebst und den Wunsch nach dem großen Haus und dem Pferd noch etwas nach hinten schiebst, so wirst du dir, wenn du reich und wohlhabend bist, diese Wünsche erfüllen. Und das schöne ist, dass das Haus noch größer und schöner und das Pferd ein noch prächtigeres Tier sein wird, als du es dir vorher erträumt hattest. Dies entspricht dir dann auch mehr«, sagte Argael mit einem wissenden und fröhlichen Gesicht.

»Ich verstehe, Herr. Mein größter Wunsch ist es, reich zu sein und eines Tages von den Zinsen meines Geldes leben zu können.«

»Nun, so musst du dein Geld sparen, vermehren und die Gesetze des Reichtums befolgen. Doch du musst eine Entscheidung treffen; und das ist ein schönes Wort. *Entscheiden bedeutet ›scheiden‹, sich von etwas trennen.* Es bedeutet, den alten Weg, welchen man gegangen ist, zu verlassen und einen neuen Weg zu beschreiten. Es bedeutet, ganz klar seine Richtung zu ändern, dem neuen Ziel entgegen.«

»Das ist interessant, so habe ich dieses Wort noch nie betrachtet«, sagte Tori erstaunt.

»Es ist wirklich ein schönes Wort. Und bedenke auch, wenn man sich für etwas entscheidet, entscheidet man sich gleichzeitig auch gegen etwas. Man legt fest, was man haben oder erreichen möchte und gleichzeitig legt man auch fest, was man nicht haben und nicht erreichen möchte.«

»Soll ich denn meinen Mitmenschen meine Entscheidung mitteilen?«

»Eigentlich sollten es alle erfahren. Doch hüte dich, mit zu vielen Menschen darüber zu reden!

Vor allem zu Beginn deiner Reise. Behandle dein Ziel wie eine kleine Pflanze! Mache einen Zaun darum und erzähle niemandem, wo dein Pflänzchen wächst! Hüte es wie einen Schatz! Denn wenn du anderen Menschen von deiner Pflanze, dem großen Traum, erzählst, so werden sie versuchen, dein Pflänzchen zu vernichten, und dich daran hindern, dass du deinen Traum erreichst. Sie werden den Zaun einreißen und versuchen, deine Pflanze und somit deinen Traum zu zerstören. Darum hüte dich davor und rede mit so wenig Menschen wie möglich darüber! Denn wenn du mit niemandem darüber redest und stattdessen deine Pflanze jeden Tag pflegst und dich um sie kümmerst, so wird sie wachsen und dein Traum wird jeden Tag ein Stück näher rücken. Und eines Tages dann ist er so nahe und deine Pflanze so groß, dass sie nicht mehr zu übersehen ist. Und nun kann ein Sturm kommen und die Menschen können versuchen, daran zu reißen, aber es wird ihnen nicht gelingen, die Pflanze herauszuziehen oder sie gar zu zerstören. Und nun kannst du davon erzählen und davon reden, denn deine Pflanze ist ein großer, mächtiger Baum geworden, der allen Unwettern trotzt und standhält. Und nun werden dieselben Menschen kommen, die dir damals sagten: ›Das schaffst du sowieso nicht, dazu bist du zu schwach, du bist zu klein‹, oder: ›Dafür bist du zu jung‹. Und sie werden dir auf die Schultern klopfen, dich anlächeln und dir sagen: ›Mein Freund, ich wusste doch schon immer, dass du es einmal nach ganz weit oben bringen wirst. Du warst schon immer einer der Besten und einer der Stärksten‹. Die Menschen werden zu dir kommen und dich fragen, wie du das gemacht hast.«
»Ich werde gewiss niemandem davon erzählen, Herr. Außer Sargo. Er sucht auch nach dem Geheimnis des Reichtums. Er wird mir meine Pflanze nicht zerstören.«
»Wenn du dir dessen sicher bist, so erzähle ihm davon. Hüte dich nur davor, zu vielen Menschen davon zu erzählen! Und dann setze deine Pflanze auf den höchsten Berg, so dass du sie gerade noch sehen kannst, und gehe unbeirrt darauf zu!«
»Warum gerade auf den höchsten Berg? Was meint Ihr damit?«
»Je größer dein Traum und je höher dein Ziel ist, desto schwerer ist es für dich, es zu erreichen. Darum musst du dich anstrengen und kannst nicht halbherzig dein Ziel verfolgen. Du musst all deine Kraft einsetzen, um diesen Berg zu erklimmen. Wäre deine Pflanze auf einem kleinen Hügel, so könntest du sie, bevor du den ersten Schritt gemacht hast, schon gut sehen. Du kämst nun in Versuchung zu sagen: ›Ich kann doch auch noch morgen oder in einigen Tagen mit meiner Reise beginnen, ich bin doch gleich da‹. Wenn deine Pflanze aber auf dem höchsten Berg steht, so kannst du es dir nicht erlauben, auch nur einen Tag deiner Reise zu vergeuden und nach Ausreden zu suchen. Außerdem ist der Lohn, den du

erhältst, wenn du auf dem höchsten Berg ankommst, das Hundertfache von dem Lohn, den du auf einem niedrigen Hügel erhieltest.«

»Ist es nicht so, dass ich den Ort meiner Träume und somit meine Pflanze leicht aus den Augen verliere, wenn ich sie auf den höchsten Berg setze?«

»Nein, denn der höchste Berg ist nicht zu übersehen. Du wirst seinen Schatten immer erkennen, egal wo du stehst. Deine Pflanze wirst du vielleicht nur ganz schwach und oftmals überhaupt nicht sehen, doch den Schatten des Berges wirst du immer erblicken und je näher du dem Berg kommst, desto deutlicher siehst du deine Pflanze. Darum ist es wichtig, dass du ein großes Ziel hast.«

»Ich weiß bereits, was mein Ziel ist. Ich möchte von den Zinsen und Sklaven, welche mein Geld erwirtschaften, leben können«, sagte Tori stolz.

»Das ist ein gutes Ziel«, lobte Argael. »Und nun mache die Hintertüre zu und lege dein Ziel genau fest! Sage mir, wie viel Geld wirst du benötigen, damit du dein Ziel erreichst?«

»Hm, ich denke, ich möchte dreihundert Goldstücke besitzen.«

»Dreihundert Goldstücke?« Argael hielt kurz inne, dann fuhr er fort: »Gut. Ich sage dir, du wirst zehn Mal tausend Goldstücke besitzen und dann bist du auf deinem höchsten Berg angelangt.«

»Zehntausend Goldstücke?« Ungläubig schaute Tori zu Argael hinüber. Er konnte sich fast nicht vorstellen, dass er einmal hundert Goldstücke besitzen sollte! Dreihundert waren bereits ein absolutes Wunder für ihn, tausend Goldstücke waren unerreichbar und nun verlangte Argael, dass er zehntausend Goldstücke besitzen sollte! Wie sollte er das jemals schaffen?

»Du hast richtig gehört. Zehntausend Goldstücke«, entgegnete Argael gelassen.

»Wie soll ich das jemals erreichen? Tausend Goldstücke sind unvorstellbar. Und Ihr verlangt das Zehnfache von mir?«

»Ja. Denn dreihundert Goldstücke sind der kleine Berg, den du noch gut sehen kannst. Aber zehntausend sind der höchste Berg, der ganz weit entfernt ist und dessen Spitze du nur ganz schwach erkennen kannst. Um diese zu erreichen, musst du all deine Kräfte einsetzen und dich unverzüglich auf den Weg machen. Nichts und niemand darf sich dir in den Weg stellen und du darfst dich von niemandem davon abbringen lassen, den Gipfel des Berges zu erreichen. Dann wirst du dort ankommen und dein Lohn wird größer sein, als du ihn dir in deinen kühnsten Träumen erhofft hast. Um zehntausend Goldstücke zu erreichen, musst du in deiner Persönlichkeit, deinem Wissen und deinem Charakter einen großen Wachstumsschritt machen. Dadurch wirst du ein wahrhaft reicher Mann.«

»Aber wie soll ich das schaffen? Ich sehe den Gipfel des Berges bereits nicht mehr. Das Ziel, das Ihr von mir verlangt, ist zu hoch.«

»*Es gibt kein Ziel, das zu hoch ist. Alles, was du siehst, war eines Tages noch nicht da. Irgendwann wurde alles zum ersten Mal gedacht, dann ausgesprochen und dann umgesetzt.* Und was ein Mensch einmal geschafft hat, das lässt sich auch ein zweites, drittes und viertes Mal wiederholen. Zudem macht es nichts, wenn du dir ein Ziel setzt und es vielleicht doch nicht erreichst, denn du bist trotzdem in deiner Persönlichkeit gewachsen und reifer geworden. Merke dir: Es ist besser auf den Mond zu zielen und den Adler zu treffen, als auf den Adler zu zielen und den Spatz zu treffen oder auf den Spatz zu zielen und den Speer in den Dreck zu werfen!«

»Ich spüre, dass das Worte der Wahrheit sind«, sagte Tori nachdenklich.

»Wie gesagt, es gibt kein Ziel, das zu hoch ist, meistens ist nur die Zeit, in der du das Ziel erreichen willst, zu kurz. Gehe deshalb nur unbeirrt darauf zu und gib dir genügend Zeit, damit deine Pflanze auch wachsen kann. Mit jedem Schritt wirst du die Spitze deutlicher erkennen und eines Tages wirst du vor deiner Pflanze stehen und mehrere Lederbeutel mit Goldstücken in den Händen halten.«

»Was meint Ihr damit, dass ein Ziel niemals zu hoch ist, sondern die Zeit zu kurz?«

»Alles braucht seine Zeit. Du kannst die Reise von Assur nach Babylon nicht an einem Tag zurücklegen. Siehst du, wie viele Tage wir bereits unterwegs sind? Aber wir werden bald am Ziel sein, weil wir immer einen Schritt nach dem anderen tun. *Auch die längste Reise beginnt mit dem ersten Schritt.*«

Worauf bist du bereit zu verzichten?

»Was soll ich nun tun, damit ich die Spitze meines Berges erreiche?«

»Das Wichtigste ist, dass du ganz fest daran glaubst, dass du ihn eines Tages erreichen wirst. *Der Glaube ist die Kraft, welche Berge versetzt und dich antreibt!* Lass keinen zweifelnden Gedanken in dein Herz! Dein nächster Schritt ist, dich in der Tätigkeit eines Kaufmanns zu üben und darauf zu achten, dass deine Stärken und Talente zum Einsatz kommen. Du wirst schnell erkennen, ob du ein guter Händler bist und deine Ware gut verkaufen kannst. Ist dies der Fall, so kannst du deine Stärke und deine Fähigkeiten weiter ausbauen, indem du von den Händlern lernst, die erfolgreicher sind als du. Achte auf alles, was sie anders und besser machen, und wenn du merkst, dass es zu ihrem Erfolg beiträgt, so schaue, was du dir zu eigen machen kannst, und achte darauf, ob es nicht auch dich zum Erfolg führt.«

»Kann ich als Kaufmann denn so viel verdienen, dass ich eines Tages zehntausend Goldstücke besitze?«, fragte Tori immer noch ungläubig.

»Beachte, was ich dich gelehrt habe. Wenn du dein Geld sparst, es klug investierst und dir neue Verdienstmöglichkeiten suchst, an denen du vielfach verdienst, so wird der Tag kommen, an welchem du zehntausend Goldstücke besitzen wirst.«

Durch Toris Kopf schossen tausend Gedanken. Wie sollte er es nur schaffen, eines Tages so viel Geld zu besitzen? Wie viele Beutel voller Goldstücke mochten das wohl sein?

»Und nun kommen wir zum letzten wichtigen Punkt, Tori. Worauf bist du bereit zu verzichten?«, fragte Argael und schaute Tori ein wenig herausfordernd an.

»Was meint Ihr damit? Auf was soll ich verzichten?«

»Wir haben davon gesprochen, dass, wenn wir uns ein Ziel setzen, uns also für etwas entscheiden, wir uns gleichzeitig auch gegen etwas entscheiden. Wenn du dich sozusagen für den Reichtum und Wohlstand entscheidest, so frage dich: Was ist der Preis, den du dafür zahlen musst?«

»Hm, das ist wahrlich eine gute Frage, welche ich mir bis jetzt noch gar nicht gestellt habe«, sagte Tori nachdenklich.

»Du solltest sie aber möglichst bald beantworten und dich entscheiden, ob du bereit bist, den Preis zu bezahlen. Viele Gelehrte lehren, dass du alles erreichen kannst, was du dir wünschst. Doch genau betrachtet, entspricht dies nicht der Wahrheit. *Wer viele Wünsche und viele Ziele hat, dessen Kraft verteilt sich auf viele Wünsche und viele Ziele. Für das einzelne Ziel bleibt am Ende keine Kraft mehr übrig.* Daher sage ich dir, Tori, ist es viel sinnvoller, dich zu entscheiden, worauf zu verzichten du bereit bist.«

»Ich denke, der Preis ist, dass ich mir Zeit nehme und über mein Geld nachsinne. Es ist wichtig, dass ich mir meine regelmäßigen Kosten genau bewusst mache. Dann ist es wichtig, den Beruf zu finden, zu welchem ich berufen bin, und Geldquellen zu schaffen, welche niemals versiegen. Ebenso wichtig ist, dass ich von allen Einnahmen mindestens den zehnten Teil spare und ihn klug investiere, damit er mir reichlich Zinsen bringt, welche ich wieder investieren kann.«

»Sehr gut, Tori, du hast wahrlich viel gelernt und begriffen. Fällt dir noch etwas ein? Vielleicht etwas, das die Ausgaben angeht?«, fragte Argael mit einem Schmunzeln.

»Oh, natürlich. Ich werde, zumindest die nächsten Jahre, auf unnötige Ausgaben und teuren

Luxus verzichten. Unnötiges Geldausgeben werde ich unter allen Umständen vermeiden.« Argael blickte zu Tori hinüber und ein zufriedenes Lächeln huschte über sein Gesicht. Tori hatte die Gesetze des Reichtums verstanden und war bereit, den Preis dafür zu bezahlen. Tori ballte seine Faust zusammen. »Hiermit entscheide ich mich eindeutig für mein Ziel. Es gibt kein Zurück mehr. Ich weiß, welchen Preis mein Ziel verlangt, und ich bin bereit, ihn zu bezahlen. Ich werde es schaffen, Herr. Von nun an werde ich mich auf den Weg machen und den Gipfel des höchsten Berges erreichen«, sagte Tori mit entschlossener Stimme.

»Sehr gut, Tori. Ich glaube, dass du es schaffen wirst. Wenn du nur genauso fest daran glaubst und dich nicht von deinem Ziel abbringen lässt, so wirst du in wenigen Jahren auf dem Gipfel angekommen sein. Allerdings wird dein Weg nicht einfach sein. Der Weg an die Spitze ist steinig und voller Hindernisse und Gefahren. Aber wenn du kämpfst und nicht aufgibst, so kannst du nur gewinnen. *Jeder, der sich auf den Weg gemacht und nicht aufgegeben hat, hat sein Ziel erreicht.* Du erinnerst dich daran, dass du manchmal fallen wirst, doch wenn du einmal mehr wieder aufstehst, so ist dir dein Sieg gewiss.«

»Das werde ich, Herr. Ich werde unbeirrt auf den Gipfel zugehen.« Tori spürte, wie ihn auf einmal ein mächtiges Gefühl erfasste. Es war ein Gefühl der Stärke und der Entschlossenheit. Er war sich bewusst, dass er nun eine Entscheidung getroffen hatte, die sein Leben verändern würde und ihm eine Richtung gab. Er hatte sich für sein Ziel, Wohlstand und Glück, entschieden und gegen das Wünscher- und Hofferleben, welches nur zu viele Menschen in Assur führten. Er hatte sich gegen das Leben in unverdientem Luxus entschieden, welches der Goldverleiher diesen Menschen finanzierte. Gleichzeitig hatte er sich gegen die Angst entschieden, die diese Menschen hatten, wenn der Goldverleiher wieder an ihre Türe klopfte und seinen rechtmäßigen Teil zurückverlangte.

Auf einmal war sich Tori gar nicht mehr so sicher. War dieses angenehme Leben ohne ein Ziel wirklich angenehmer? War es wirklich angenehmer, zu wünschen, zu hoffen und dann in Angst auf den Goldverleiher zu warten, weil man den kurzfristigen Gelüsten nach dem neuen Gewand, der schönen Kette oder dem herrlich duftenden Öl nachgegeben hatte? Kostete dies nicht sehr viel Lebensfreude? Mit Bangen auf den nächsten Monat zu warten und zu hoffen, dass man genug verdient, um dem Goldverleiher seinen Teil zurückzugeben? War es nicht ein viel höherer Preis, den der Erfolg- und Ziellose zu zahlen hatte?

Tori rief sich noch einmal vor Augen, worauf er alles verzichten musste oder, besser gesagt, wollte, denn er wollte ja darauf verzichten. Und je mehr Dinge ihm einfielen, auf welche er verzichten musste, desto glücklicher wurde er. Ja, es klang wahrlich verrückt, doch diese

Dinge hatten plötzlich einen ganz kleinen Wert im Vergleich zu seinem Traum, welchen er eben zu seinem Ziel gemacht hatte. Auf einmal wurde er von einem großen Glücksgefühl erfüllt. Er merkte, dass er diese Dinge überhaupt nicht brauchte und dass ihm sein Ziel viel mehr wert war. Ein Gefühl tiefer innerer Freude durchströmte ihn. Nun hatte er erkannt, dass der Verzicht in Wirklichkeit Freiheit war. Freiheit deswegen, weil er nicht mehr von all den schönen Dingen und seinen kurzfristigen Gelüsten, alles sofort zu besitzen, besessen war und wie die Armen in Angst leben musste. Er würde selbst entscheiden können, ob er sich etwas kaufen wollte oder nicht. Die Entscheidung würde ganz bei ihm liegen.

Es ist besser auf den Mond zu zielen und den Adler zu treffen,
als auf den Adler zu zielen und den Spatz zu treffen
oder auf den Spatz zu zielen
und den Speer in den Dreck zu werfen!

Achtes Kapitel

Feuer im Herzen – durch eine Vision

Alles, was du heute siehst,
war zuerst eine Idee!

»Es ist wichtig, Tori, dass du dir Gedanken über deinen Beruf oder deine Berufung machst. Doch das Wichtigste ist, dass du eine, besser gesagt, *deine Vision* entwickelst. *Sie ist das Feuer, das dich antreibt, und das Feuer der Begeisterung, welches dich täglich durchströmen und dich erfolgreich machen wird.*«

»Was ist eine Vision, Herr?«, fragte Tori verständnislos.

»*Eine Vision ist mehr als ein Traum oder ein Ziel. Eine Vision ist ein lebendiges, brennendes Bild von einer Ist-Situation der Zukunft, welche heute noch nicht Wirklichkeit ist.* Dieses Bild kann allein von dir gesehen werden. Andere Menschen können dieses Bild nicht sehen, vor allem nicht so, wie du es siehst. Und darum können andere Menschen dieses Bild auch nicht beurteilen. Dieses Bild brennt in deinem Herzen und für seine Verwirklichung würdest du dein Leben opfern. Man könnte es auch als Lebensaufgabe bezeichnen, der du alles andere in deinem Leben ohne weiteres unterordnest.«

»Ah, ich verstehe. Ich sehe bereits in der Gegenwart, wie etwas in der Zukunft sein kann, und tue alles dafür, dass dies auch eintritt.«

»Genau. Eine Vision ist somit auch eine Aufgabe, die du dir stellst, an deren Verwirklichung du tief in deinem Innern glaubst und die du ausdauernd verfolgst und erfüllst. Sie lebt tief in deinem Innersten. Wenn du an dieses Bild denkst, erfüllt es dich mit Begeisterung und du wirst von einer Kraft durchströmt, die dich zu unglaublichen Leistungen befähigen wird.«

»Ich verstehe. Und weil dieses Bild in mir ist, kann auch nur ich es richtig wahrnehmen.«

»Richtig. Viele Menschen würden das nicht fühlen, was du fühlst, wenn du an das Bild denkst. Darum können sie eine Vision auch nicht beurteilen, geschweige denn kannst du auf ihre Ratschläge hören. Sie würden dich nur in die falsche Richtung schicken. Allerdings gibt es auch die andere Seite. Visionen können andere Menschen begeistern, ihnen Kraft und eine neue Lebensaufgabe geben. Visionen können Menschen ermutigen und ihnen eine unbeschreibliche Lebensfreude schenken.«

»Wie soll ich das verstehen, Herr? Ist das nicht ein Widerspruch zu dem, was Ihr mir davor gesagt habt?«, fragte Tori mit großer Verwunderung.

»Es hört sich so an, als sei es ein Widerspruch. Doch wie so oft hat auch hier das Goldstück zwei Seiten. Es gibt so viele verschiedene Menschen. Wenn du den einen von deiner Vision erzählst, so schauen sie dich verständnislos an. Sie spüren die Begeisterung, welche von dir ausgeht, doch sie können diese nicht nachempfinden. Für sie ist deine Vision nicht erstrebenswert und sie können nicht verstehen, dass du dafür deine Zeit und deine Kraft einsetzen willst. Wenn du jedoch anderen Menschen von deiner Vision erzählst, so lassen sie sich von dir anstecken. Sie erleben deine Begeisterung mit dir und sie glauben an deine Vision und daran, dass sie Wirklichkeit werden kann. Viele von diesen Menschen wollen dann sogar zu ihrer Verwirklichung beitragen und bieten dir ihre Hilfe an. Sie suchen nach Wegen, diese Vision so schnell wie möglich in die Tat umzusetzen. Deine Vision wird dann auch zu ihrer Vision.«

»Nun verstehe ich, was Ihr meint. Meine Vision kann also auch andere Menschen anstecken und zu ihrer Vision werden.«

»Richtig. Die größten Bauwerke sind so entstanden. Alles Großartige und Wunderbare auf dieser Welt entstand so. Zuerst war es die Idee eines Menschen, seine Vision.«

»Und je mehr Menschen er von seiner Vision erzählte, desto mehr ließen sich von ihm begeistern und leisteten ihren Teil zu der Verwirklichung«, fügte Tori hinzu.

»So ist es. Zuerst war der Gedanke, dann folgte das Kunstwerk. Es gab nicht plötzlich ein Haus, einen Palast oder einen Tempel. Nein, zuerst hatte ein Mann eine Idee. Er sah vor seinem geistigen Auge dieses Haus, den Palast oder den Tempel. Und dieses Bild weckte in ihm den Wunsch, es zu verwirklichen. Je mehr er an dieses Bild dachte, desto größer wurde sein Wunsch. Und so wurde seine Idee zur Vision. Sehnsüchtig dachte er an dieses wundervolle Gebäude. Er konnte es nicht erwarten, mit dem Bau zu beginnen. Und so erzählte er allen Menschen von seiner Idee, von seinem Traum, von seiner Vision. Einige lachten ihn aus, andere verspotteten ihn und wieder andere ließen sich von seiner Begeisterung anstecken und machten sich auf den Weg, mit ihm diese Vision zu verwirklichen. Seine Vision wurde zu ihrer Vision. Und so arbeiteten sie Tag und Nacht und setzten all ihre Kräfte ein, um diese Vision Wirklichkeit werden zu lassen. Und nach vielen Tagen,

Wochen, Monaten oder manchmal Jahren, war das wundervolle und prächtige Bauwerk errichtet und jeder konnte es sehen. Jeder musste es sehen, ob er wollte oder nicht, weil es solch eine Größe hatte, dass man es gar nicht übersehen konnte. Und dann kamen alle herbei und bestaunten es und die Menschen, welche am Anfang gelacht und gespottet hatten, kamen kleinlaut an, klopften ihm auf die Schulter und sagten: ›Ich habe es doch gleich gewusst, dass Ihr das erreicht!‹ Und dann schlichen sie beschämt von dannen.«

Tori musste grinsen. Er konnte sich diese Menschen nur zu gut vorstellen. Davon gab es ja überall mehr als genug, welche einem sagen wollten, dass und warum etwas nicht machbar sei. Menschen, die Träume zerstörten. »Das Wichtigste ist doch, dass er Menschen gefunden hat, welche mit ihm an die Vision glaubten und mit ihm nach vorne gingen. Dadurch konnte er seine Vision schließlich umsetzen.«

»Stimmt. Doch das ist nicht immer so. Oftmals ist der Visionär ganz auf sich allein gestellt und niemand möchte ihm helfen oder glaubt an seine Vision. Ja, oftmals wird er von den anderen Menschen sogar als verrückt bezeichnet, weil er von Dingen redet, welche andere Menschen mit den Augen nicht sehen und mit dem Verstand nicht erfassen können. Darum bezeichnen sie den Visionär oft als Träumer oder Spinner. Somit hat es ein Visionär häufig doppelt schwer. Er muss nicht nur gegen seine eigenen Zweifel kämpfen, welche ihn ab und zu überfallen, nein, er muss auch noch dem Gerede und Geschwätz anderer Menschen trotzen.«

»Sind dadurch nicht schon viele Visionen zerstört worden?«

»Mit Sicherheit! Ich möchte nicht wissen, wie viele wundervolle Visionen durch das Gerede und den schlechten Einfluss von Mitmenschen bereits zerstört wurden. Wie viele wundervolle Menschen, die mit großen Talenten und Fähigkeiten gesegnet wurden, sind bereits arm und traurig gestorben, weil man nicht an ihre Vision geglaubt, sie nicht unterstützt und sie nicht ermutigt hat? Man bezeichnete sie als Träumer, machte sich über sie lustig und sie glaubten das dumme Geschwätz und verwarfen ihre Vision. Welch ein Jammer!«

»Wenn ich darüber nachsinne, dann ist das wirklich schrecklich. Es sind sicherlich bereits unzählige Menschen gestorben, die eine großartige Vision hatten und diese aufgrund von schlechtem Gerede wieder verworfen haben«, sagte Tori nachdenklich.

»Ja, Tori, leider ist das so. Doch es gibt immer auch Menschen, welche dem dummen Gerede anderer keine Beachtung schenken, sich nicht entmutigen lassen und tapfer nach vorne schreiten, um ihre Vision zu verwirklichen. Diese Menschen sind die wahren Visionäre. Sie halten an ihrer Sache, an ihrem Traum fest, auch wenn sie die Einzigen sind, die an die Verwirklichung dieses Traumes glauben. *Dem Visionär ist das Feuer in seinem Herzen wichtiger als die Meinung anderer Menschen!*«

Leben bedeutet Wachstum und Vermehrung

»Dachten die Menschen, die die Visionäre verspotten und verlachen immer so?«

»Nein, das haben sie nicht. Als sie auf die Welt kamen, trugen sie, wie alle anderen Lebewesen auch, das Gesetz der Götter und der Natur in sich. *Dieses Gesetz lautet: Wachstum und Vermehrung.* In diesem Gesetz gibt es keinen Mangel. Das Gesetz unserer Natur ist es, zu wachsen, zu reifen und Früchte zu bringen. Jede Pflanze, jedes Tier, jeder Mensch trägt dieses Gesetz in seinem Herzen. Wachstum, Vermehrung, Früchte bringen und Nutzen stiften. Nichts kommt auf diese Erde mit dem Gedanken des Mangels und der Armut. Jedes kleine Kind, das auf die Welt kommt, trägt dieses Gesetz in sich. Jeder Junge möchte groß, stark und wohlhabend werden. Er möchte etwas bewegen, die Welt verändern und Nutzen stiften. Jedes kleine Mädchen trägt in sich den Wunsch, eine Prinzessin zu sein, eine gute Mutter zu werden und ihren Teil zum Nutzen anderer Menschen beizutragen. Frage einmal ein kleines Kind, was es werden möchte, wenn es groß ist! Kein Kind wird dir antworten, es möchte eines Tages ein Diener oder ein Sklave sein. In jedem Kind steckt der Wunsch, groß zu werden und zu wachsen. Das ist seine Bestimmung. Doch statt sie zu ermutigen und ihnen den Weg zu zeigen, wie sie diesen Wunsch in die Tat umsetzen können, lehrt man sie die Gesetze des Mangels und der Armut. Und dadurch – nun, Tori, hör gut zu – werden sie unglücklich und ihr Augenmerk richtet sich nur noch auf sie selbst. Sie haben keinen Blick mehr für andere Menschen. Wenn es jemandem schlecht geht und er unglücklich ist, so hat er keine Kraft, um anderen Menschen zu helfen und ihnen Nutzen zu bringen. Er braucht alle Kraft für seine eigenen Probleme. *Nur ein kraftvoller Mensch, der mit sich im Einklang ist, hat die Kraft, auf andere Menschen zu achten, ihnen zu helfen, Nutzen zu bringen und sie zu ermutigen.*«

»Ich verstehe, Herr. Es gibt keinen Mangel auf dieser Welt, von allem gibt es reichlich und genug für alle Menschen und Mangel und Armut waren niemals vorgesehen. Das Gesetz der Natur gibt jedem Menschen das Verlangen und die Gedanken des Reichtums und Wohlstands mit auf den Weg.«

»Es ist wichtig, dass du in Gedanken immer an deinem Ziel arbeitest. Wenn du dir in Gedanken nicht vorstellen kannst, dass du etwas besitzen oder erreichen kannst, so wirst du es nie bekommen. Du musst erst daran glauben, bevor du es auch tatsächlich schaffst. Etwas, an dem du immer zweifelst, wirst du niemals erreichen. Stell dir einen Säugling vor, der gerade lernt, zu laufen! Er denkt nicht daran, dass er das vielleicht nicht könnte. Er sieht, dass andere Menschen laufen und darum versucht er es auch. Und obwohl er anfangs oft hinfällt, so sieht er die Erfolge und dass er doch schon einige Schritte gelaufen ist. So versucht er es weiter, Schritt für Schritt, bis es ihm eines Tages gelingt, selbstständig aufrecht zu gehen. Er hat den großen Vorteil, dass er nicht weiß, was Misserfolg ist, und darum kann er gar keinen Gedanken an das Versagen verschwenden. Es kann passieren, dass du auf deinem Weg hinfällst wie der kleine Junge und fast keine Kraft mehr verspürst, weiterzugehen. Doch wichtig ist nicht, wie oft du hinfällst, sondern wie oft du wieder aufstehst. Jeder fällt einmal hin, doch derjenige, der nicht liegen bleibt, sondern einmal mehr aufsteht, als er hinfällt, der wird zu seinem Ziel kommen.«

»Ich soll mir also ein Ziel setzen und mich von nichts und niemandem davon abbringen lassen?«

»Genau. Doch Beschwerlichkeiten gehören zur Reise. Oftmals werden es Menschen oder gar Freunde sein, die dir dein Glück missgönnen und dich von deiner Reise abbringen wollen.«

»Ich verstehe, Herr. Aber was soll ich tun, ich kann doch nicht alle meine Freunde aufgeben und meine Familie verlassen?!«

»Du sollst deine Familie auch nicht verlassen, denn du hast ihnen gegenüber eine Verantwortung, da du sie ernähren musst. Aber deine Freunde kannst du dir aussuchen. Und solche, die dir dein Glück missgönnen und dich davon abhalten wollen, das Ziel deiner Reise zu erreichen, sind keine wahren Freunde. Suche dir Freunde, die dich auf deiner Reise unterstützen! Das sind dann wahre Freunde, denen du auch vertrauen kannst und deren Freundschaft eine Bereicherung für dein Leben darstellt.«

»Aber wenn ich ihnen all Eure weisen Worte erzähle, Herr, dann werden sie doch einsehen, dass es besser ist, sich nach dem Ziel der Reise umzuschauen und sich auf den Weg zu machen, anstatt am Wegesrand zu sitzen und zu jammern.«

»Dies waren einst auch meine Gedanken, Tori. Ich wollte jedem, den ich kannte, erzählen, welche Erkenntnis mir zuteil wurde und dass auch er sich nach dem Ort, zu dem seine Reise führt, umsehen und den Weg einschlagen kann, der ihn an den Ort seiner Träume führt.«

»Habt Ihr allen Menschen davon erzählt?«, fragte Tori gespannt.

»Ja, Tori, das habe ich. Besser gesagt, ich versuchte, es allen zu erzählen und ihnen dadurch zu helfen.«

»Was heißt, Ihr versuchtet es? Sind nicht alle Menschen, die davon hörten, wissbegierig zu Euch geeilt, um Euren Worten zu lauschen?«, fragte Tori verwundert.
»Nein. Schlimmer noch. Ich bin zu allen Menschen gegangen, die ich liebte und die mir etwas bedeuteten, und erzählte ihnen davon. Sie hörten mir zu, doch dachten sie, ich wollte sie belehren und ihnen mitteilen, dass ich besser sei als sie. Dabei wollte ich ihnen die Weisheiten und Erfahrungen mitteilen, die das Leben mir schenkte! Ich merkte bald, dass es sinnlos ist, meine Kraft und meine Zeit damit zu vergeuden.«
»Aber gibt es denn niemanden, der Euren Worten Glauben schenkte und der Euch dankbar für Eure Worte war und gerne Eurer Stimme gelauscht hat?«
»Doch, aber das waren ganz Wenige. Diese kamen zu mir, so wie du, und wollten die Weisheiten kennen lernen. Von denen, zu denen ich ging, um ihnen von meiner wunderbaren Erkenntnis zu erzählen, kam nur eine Handvoll später zu mir, als sie sahen, dass ich ein erfolgreiches und glückliches Leben führte. Die anderen lebten weiter wie bisher. *Diejenigen, welche suchen, werden die Perle zu schätzen wissen, wenn sie sie gefunden haben. Diejenigen, welche sie nicht suchen, werden sie verachten, auch wenn man sie ihnen in die Hände legt.* Und dann kam mir die Einsicht, dass ich niemals mehr Perlen vor die Säue werfen werde. Versuche nicht, den Schweinen das Singen beizubringen, du wirst nur deine Zeit verschwenden und die Schweine verärgern. Also ließ ich jeden so leben, wie er es wollte. Dadurch lernte ich auch, dass ich niemanden ändern kann, außer mich selbst. Demjenigen aber, der meinen Rat zu schätzen weiß und zu mir kommt und mich darum bittet, dem werde ich die Weisheiten auch mitteilen.«
»Eure Worte sind hart. Ich kann mir gar nicht vorstellen, dass Eure Worte von so vielen Menschen nicht gehört werden wollen«, sagte Tori nachdenklich.
»Leider ist es so, Tori. Du wirst feststellen, dass es dir genauso ergehen wird, wie es mir einst erging. Sei aber deshalb nicht bekümmert und schreite tapfer und entschlossen auf deinem Weg! Du wirst Menschen treffen, die ebenfalls ihren Weg entschlossen entlangschreiten und nicht nur jammernd am Wegesrand sitzen. Sie werden dir eine angenehme Gesellschaft sein und eure Gespräche werden euch gegenseitig bereichern.«
»Aber wie kann ich solche Menschen finden?«
»Du brauchst nicht nach ihnen zu suchen. Wenn du dich auf den Weg gemacht hast und dein Ziel kennst, so wirst du ganz von selbst solchen Menschen begegnen und diese anziehen.«
»Ich dachte, ich muss Eure Worte aller Welt mitteilen, damit jeder diese Weisheiten erfährt. Es enttäuscht mich zu hören, dass viele Menschen die Weisheiten gar nicht hören wollen

und kein Verlangen verspüren, an den Ort ihrer Träume zu gelangen.«
»Das ist nicht ganz richtig, Tori. Sie haben schon das Verlangen danach, an den Ort ihrer Träume zu gelangen. Sie wünschen es sich sogar von ganzem Herzen. Aber das ist zu wenig!«
»Vielleicht wissen viele Menschen auch nicht, was das Leben alles zu bieten hat.«
»Viele fragen auch gar nicht danach. Sie sind so sehr damit beschäftigt, zu klagen und zu jammern, dass sie gar nicht sehen, was das Leben eigentlich zu bieten hat – für den, der bereit ist, es zu empfangen. Es regnet immer in Strömen vom Himmel, aber wenn du nur einen kleinen Tonkrug hinaushältst, so kannst du auch nur einen kleinen Tonkrug voll Wasser empfangen. Wenn du stattdessen ein großes Fass hinausstellst, so wirst du ein Fass voller Wasser empfangen. Es ist genug für alle da, du wirst aber nur so viel empfangen, wie du erwartest. Du kannst nicht einen kleinen Tonkrug hinausstellen und erwarten, dass du ein Fass voll mit Wasser erhältst. Leider glauben nur viele Menschen gar nicht daran, dass auch ihnen ein ganzes Fass voll Wasser vergönnt ist. Sie denken, weil sie arm geboren sind und keine reichen Freunde oder Verwandte haben, sei es ihnen auch nicht vergönnt reich zu sein.«
»In meiner eigenen Familie gibt es einen Bruder meines Vaters, der verachtet geradezu jeden reichen Mann Assurs, ja, er verflucht sie geradezu. Er selbst ist arm und hatte niemals die Möglichkeit, reich zu werden, und darum missgönnt er den anderen ihren Reichtum und wünscht ihnen die schlimmsten Krankheiten.«
»Bist du auch der Meinung, dass er nie die Möglichkeit hatte, reich zu werden?«
»Ich bin mir nicht sicher, Herr. Solange ich lebe, weiß ich, dass er immer sehr hart arbeiten musste und wenig Lohn für seine Arbeit erhielt. Mein Vater erzählte mir einst, dass er bereits früher als kleiner Junge immer hart arbeiten musste. Oftmals hat er nichts dafür bekommen. Wenn ich das betrachte, so denke ich, dass er damit Recht haben könnte, wenn er sagt, dass er niemals die Möglichkeit hatte.«
»Nein, er hat Unrecht, wenn er das behauptet. Das ist schlicht und einfach eine Lüge! Ich kenne viele Menschen, die ähnliche Dinge behaupten. Die Wahrheit ist, dass jeder Mensch reich werden kann, sogar der Bruder deines Vaters. Es gibt einige Menschen, die krank oder körperlich oder geistig beeinträchtigt auf diese Welt kommen. Wenn diese Menschen sagen, dass es ihnen schlechter geht als anderen und dass es fast unmöglich ist, reich zu werden, so kann ich das verstehen. Aber niemals werde ich einem gesunden, starken Manne zustimmen, der jammert und klagt und nicht bereit ist, an seinen schlechten Gegebenheiten etwas zu ändern. Der Bruder deines Vaters hatte so wie du die Möglichkeit,

reich zu werden. Er hat sich nur nie darum bemüht und stattdessen gejammert und mit den Göttern gehadert. Zudem kann er niemals reich werden, wenn er die reichen Menschen verachtet. Dadurch, dass er die Reichen verachtet, verachtet er auch deren Besitz und somit auch das Geld. Wir können niemals viel von dem besitzen, das wir verachten.«
»Das ist eine völlig neue Sichtweise, Herr. Doch es stimmt, auch er hätte die Möglichkeit gehabt, mehr zu verdienen, sein Geld zu sparen und klug zu investieren. Aber was ist mit einem Sklaven? Er hat nicht die Möglichkeit, viel zu verdienen, er muss ohne Bezahlung für seinen Herrn arbeiten.«
»Auch ein Sklave hat die Möglichkeit, Tori. Die meisten Sklaven in Assur oder Babylon sind selbst daran schuld, dass sie Sklaven sind. Sie haben Schulden gemacht und ihr Geld in den Spielhallen verspielt und verwettet. Sie haben sich von geliehenem Geld schöne Kleider gekauft und teuren Schmuck. Und eines Tages wollte der Geldverleiher sein Geld zurück und sie konnten ihn nicht bezahlen. Darum müssen sie nun ihre Schuld abarbeiten. Du siehst nun, auch diese Menschen ernten, was sie gesät haben. Doch auch sie haben die Möglichkeit, wohlhabend zu werden. Es wird nur etwas länger dauern, als wenn sie frei wären. Wenn sie den Teil ihres Lohns, der ihrem Herrn zusteht, zurückbezahlen und von dem Rest einen Teil sparen, so werden auch sie eines Tages einen Beutel mit Geld haben, den sie investieren können und dessen Zinsen dann wie Sklaven für sie arbeiten.«
»Warum können viele Menschen nicht glauben, dass sie eines Tages reich werden und viel verdienen können?«
»Die meisten Menschen haben ein zu geringes Selbstbewusstsein und glauben nicht, dass sie es wert sind, viel zu verdienen und reich zu sein.«
»Sind denn alle reichen Menschen glücklich?«
»Viele, die ich kenne, sind es. Ich kenne aber auch reiche Menschen, die nicht glücklich sind. Warum fragst du?«
»Ich erinnere mich daran, dass, wenn ich als kleiner Junge mit meinem Onkel durch die Straßen Assurs ging, er oftmals reichen Männern, die unseren Weg kreuzten, mit dem Finger hinterher deutete. Er flüsterte mir dann zu, dass dies wieder einer der Reichen sei, der all die armen Menschen in Assur ausbeute, und dass er ihn am liebsten erschlagen würde. Er sagte mir auch, dass alle reichen Menschen gierig seien und nur deswegen so reich, weil sie andere Menschen ausbeuten.«
»Dein Onkel scheint ein verbitterter Mann zu sein, der alle Schuld nur bei anderen sucht, aber niemals sich selbst den Spiegel vorhält. Finde selbst heraus, ob der Bruder deines

Vaters Recht hat! Es mag gewiss einige reiche Menschen geben, die gierig sind und andere Menschen ausbeuten. Das sind dann auch genau die Menschen, die reich sind und dennoch unglücklich. *Geld, das du auf unehrliche Weise oder zu Schaden anderer bekommst, wird dich niemals glücklich machen.* Doch die wohlhabenden Menschen, mit denen ich mich umgebe, sind das nicht. Frage dich einmal, ob dir Tiras, der berühmteste Sänger in Babylon, über den wir uns erst unterhielten, wie ein unglücklicher Mann vorkommt!«
»Nein, mein Herr. Wahrhaftig, er kann niemals unglücklich sein! Vermutlich ist er einer der glücklichsten Männer in Assur.«
»Du hast Recht gesprochen. Man sieht ihm sein Glück bereits von weitem an und hört es in dem Klang seiner Stimme. Er hat immer ein Strahlen in den Augen und ein Lächeln auf den Lippen. Niemand macht solch einen glücklichen Eindruck wie Tiras, wenn er vor den Menschen Assurs oder Babylons seine Lieder singt und hunderte seiner Stimme lauschen. Er hat immer für jeden ein freundliches Wort, selbst für die Armen und Kranken. Kannst du dir nun vorstellen, das dieser Mann reich ist, weil er andere Menschen ausbeutet?«
»Nein, das glaube ich nicht. Es ist eher so, dass die Menschen ihm in Scharen hinterhereilen und ihn bitten, ihr Geld zu nehmen, damit sie seiner wunderbaren Stimme und seiner Musik lauschen können«, entgegnete Tori mit einem Lächeln.
»Das hast du richtig erkannt. Die Menschen Assurs und Babylons wollen seiner Stimme lauschen und bitten ihn darum, dass er ihr Geld nimmt und für sie singt. Sie wären unglücklich, wenn er es nicht nehmen würde und sie seine Stimme nicht hören könnten. Viele reiche Männer in Assur und in Babylon, die ich kenne und zu meinen Freunden zähle, bringen den Menschen, so wie Tiras, einen großen Nutzen und darum sind die Menschen dankbar und geben ihnen gerne den Lohn, welchen sie sich durch ihre Arbeit redlich verdient haben. Und nun überlege einmal, in welchen Häusern Assurs Streit, Neid, Zank und die Gier herrschen! In den Häusern, in denen die Menschen arm sind und kaum etwas zu essen haben, oder in den Häusern, in welchen es die köstlichsten Speisen und den besten Wein im Überfluss gibt!«
Tori erinnerte sich zurück, wie oft er sich schon mit seinen Geschwistern um das letzte Stück Brot oder das größte Stück Fleisch gestritten hatte. Wie oft saß seine Mutter verzweifelt daneben und wusste nicht, wem sie es geben sollte und woher sie ein weiteres Stück Brot beschaffen könnte. Ja, im Grunde genommen wusste er sehr genau, in welchen Häusern um des Geldes willen gestritten wurde. »In den Häusern, in denen die armen Menschen wohnen, Herr«, antwortete Tori schließlich.

»Das ist leider die Wahrheit, Tori. Geld ist eigentlich nichts. Es ist nur Geld.«
»Wie meint Ihr das, es ist nichts?«
»Geld ist nur Geld. Es bekommt erst eine Bedeutung, wenn wir ihm eine geben. Der eine sieht Geld als etwas Schlechtes an, da es die Gier des Menschen erwecken kann. Der andere sieht Geld als etwas Gutes an, weil er sieht, dass er damit armen Menschen helfen kann, dass er damit seine Familie ernähren kann und dass es zu seinem Lebensglück beiträgt. Du entscheidest selbst, wie du Geld siehst. Aber glaube mir, Geld wird in dem Moment zu wichtig, wenn du keines hast. Denn in diesem Moment raubt es dir alle Lebensfreude. Du weißt nicht mehr, wie du das Brot bezahlen sollst, das deine Kinder satt machen soll, und du weißt nicht mehr, wovon du deiner Frau ein neues Kleid kaufen kannst. Du wirst unglücklich und denkst Tag und Nacht an Geld, weil du keines hast. Ein Mann, der sich Sorgen um sein Geld macht, weil er keines hat, ist ein kraftloser Mann. Er fühlt sich schlecht und ist mit sich selbst nicht im Reinen und das merken auch all seine Freunde und seine Familie. Er kann sich um nichts anderes kümmern, weil ihm seine Sorgen um das Geld alle Kräfte rauben. Daher ist es schlecht, kein Geld zu besitzen.«
»Ich kenne viele Männer in Assur, die arm sind und denen es so geht, wie Ihr sie gerade beschrieben habt. Der Bruder meines Vaters ist nur einer davon.«
»Merke dir, Tori, Geld verdirbt niemals den Charakter, vielmehr offenbart es den wahren Charakter eines Menschen. Geld zeigt, wie es in dem Herzen eines Menschen aussieht. Wohnt in ihm der Neid, die Habgier und der Geiz, so wird es deutlich zum Vorschein kommen, wenn dieser Mensch Geld besitzt. Hat ein Mann ein reines und gutmütiges Herz, so wird dies durch Geld erst richtig sichtbar. Er wird sein Geld gut verwalten und einen Teil davon zum Nutzen anderer Menschen einsetzen und damit Gutes tun. Daher ist Geld etwas Gutes und jeder, der etwas anderes behauptet, sollte tief in sein Innerstes schauen und überprüfen, welche Werte und Gefühle in seinem Herzen wirklich wohnen.«
»Aber warum verhalten sich die meisten Menschen so? Warum versuchen sie nicht, ihren Traum zu verwirklichen?«
»Weil die meisten Menschen Sklaven anderer Menschen sind. Sie glauben das, was andere Menschen sagen und denken. Stell dir einmal einen kleinen Jungen vor. Was hat der für Träume?«
»Nun ja, er träumt davon, vielleicht eines Tages ein großer Kämpfer oder ein berühmter Sänger zu werden.«
»Genau, ein kleiner Junge besitzt noch Träume. Er möchte, wenn er groß ist, ein kräftiger

junger Mann sein, der viel Geld besitzt und der geachtet und respektiert wird. Er möchte einen angesehenen Beruf ausüben, so wie der des Heerführers des Königs oder der eines berühmten Sängers. Aber nach und nach wird er zum Sklaven anderer Menschen gemacht, *indem er den Worten Glauben schenkt, die diese ihm einreden.*«

»Welche Worte meint Ihr?«

»Nimm den kleinen Jungen, der eines Tages der Heerführer des Königs werden möchte. Was wird diesem Jungen geantwortet, wenn er seinen Wunsch äußert? Man sagt ihm, dass es nicht möglich ist. Und je mehr Menschen ihm das sagen, desto mehr schenkt er ihren Worten Glauben. Eines Tages ist auch er der Meinung, dass er niemals der Heerführer des Königs werden kann, weil er zu klein, zu schwach und zu ungebildet ist. Indem er nun die Worte dieser Menschen glaubt, wird er zu deren Sklaven. Erinnere dich, hast nicht auch du einst solche Worte vernommen?«

»O ja, Herr. Ich erinnere mich gut. Ich hatte als kleiner Junge einst den Wunsch, der Leibwächter eines mächtigen Kaufmanns oder gar der des Königs zu werden. Meinem Onkel erzählte ich eines Tages davon, weil ich wissen wollte, was ich tun musste, um ein guter Leibwächter zu werden. Er sagte mir dann, dass ich niemals Leibwächter werden könnte, weil ich nicht stark genug wäre und weil es viele andere in Assur gäbe, die besser im Kampfe ausgebildet würden, als ich es jemals werden könnte. Zudem wäre ich der Sohn eines Bauern, darum sollte ich mich um die Schafe kümmern und schauen, dass meine Familie genug zu essen hätte.«

»Wie oft hat er dir solche Dinge gesagt?«

»Sehr oft, Herr. Auch meine Mutter sagte mir oft, dass ich leider nur der Sohn aus einer armen Familie sei und darum dies und das nicht bekommen und erreichen könnte. Sie sagte auch oft, dass ich mich mit wenig zufriedengeben sollte und dass weniger oft mehr wäre.«

»Siehst du, Tori, genau das meinte ich. Du wurdest somit wie fast alle Menschen zum Sklaven anderer, weil du angefangen hast, ihren Worten Glauben zu schenken. Es waren wie so oft Menschen aus deiner eigenen Familie. Diese Menschen sagen meistens, dass sie nur dein Bestes wollen. Doch mit diesen Worten rauben sie dir leider dein Bestes: Deine Träume, Visionen und Ziele – deine glückliche Zukunft. Nach und nach hast du dich damit abgefunden, dass du der Sohn eines armen Bauern bist, und fängst schweigend an, wie alle auf dem Feld zu arbeiten und das zu tun, was alle tun. Kommt dir das bekannt vor?«

»Nicht nur mir erging es so. Ich kannte viele Kinder in Assur, die ebenfalls Träume hatten und denen auch gesagt wurde, dass sie diese niemals erreichen werden.«

»Was ist dann geschehen?«
»Sie hörten auf, von ihrem Traum zu sprechen, und begannen wie alle anderen auf dem Feld, als Stallburschen oder als Ziegelbrenner zu arbeiten.«

Wessen Wirklichkeit ist das? Die deine oder die deines Nachbarn?

»Sie begruben ihre Träume und begannen, sie zu vergessen. Und das nur, weil sie den Worten der Menschen Glauben schenkten, die nur ihr Bestes wollten. Sie gehorchten, wenn ihnen gesagt wurde: ›Mach doch einmal die Augen auf! Die Wirklichkeit ist vollkommen anders. Es sind schwere Zeiten in Assur oder Babylon. Es ist nicht so einfach, Geld zu verdienen. Die Nahrungsmittel sind knapp und die Vorräte gehen zur Neige. Sei froh, dass du die Möglichkeit hast, auf dem Feld zu arbeiten!‹ Aber das stimmt nicht. Diese Menschen lügen dich an. Es ist nicht die Wirklichkeit! Es ist ihre Wirklichkeit! Aber das muss nicht die deine sein. Du kannst dennoch der Überzeugung sein, dass Babylon die reichste Stadt der Welt ist, dass nirgendwo so viele reiche und glückliche Menschen in einer Stadt versammelt leben. Dass es so viel Wissen, wie es heute in Babylon gibt, noch nie gab. Dass es auch so viele Berufe und Möglichkeiten gibt, Geld zu verdienen. Und dass es da wohl das Törichtste überhaupt wäre, wenn du nicht versuchtest, deine Träume zu verwirklichen.«
»Das Goldstück hat wieder einmal zwei Seiten und es kommt darauf an, welche Seite wir betrachten. Aber nur allzu schnell lassen wir uns von der Überzeugung anderer anstecken und sehen die Dinge so wie sie. Jetzt, da Ihr so zu mir sprecht, wird mir bewusst, wie oft ich etwas nicht getan habe, weil andere Menschen mir einredeten, dass ich zu schwach, zu klein oder zu langsam sei.«
»Stell dir einmal vor, dein Onkel hätte zu dir gesagt: ›Du bist ein kräftiger Junge. Ich könnte mir vorstellen, dass du eines Tages ein tüchtiger Leibwächter wirst. Lass uns nach einem Mann suchen, der gewillt ist, dir das Wissen des Kampfes und der Führung von Waffen zu vermitteln!‹ Denkst du nicht auch, dass du deine Zeit mit Freuden dem Üben im Umgang mit den Waffen gewidmet hättest?«
»Gewiss hätte ich das, Herr. Es wäre einiges anders gekommen, wenn mein Onkel und meine Mutter solche Worte zu mir gesprochen hätten.«
»Und so wie dir ergeht es den meisten Menschen.«
»Aber genau darum müssen doch alle Menschen erfahren, dass es doch möglich ist, ihren Traum wahr zu machen!«

»Ja, das müssen sie. Aber nicht durch Worte. Wir haben genug Propheten und Gelehrte, welche den ganzen Tag reden und gute Ratschläge erteilen, jedoch selbst nicht in der Lage sind, diese umzusetzen. Nein, wir brauchen wahre Visionäre, Führer, die vorangehen und das, worüber sie reden, auch vorleben.«

»Ihr meint, die Gelehrten und Propheten haben Unrecht?«, fragte Tori verwundert.

»Nein, Tori, sie haben kein Unrecht. Ihre Worte sind oft sehr weise und von tiefer Wahrheit erfüllt. Doch sie leben nicht das, was sie predigen. Sie beschränken ihr Leben darauf, zu reden und andere Menschen voranzutreiben. Doch schau dir die Sklaventreiber und ihre Sklaven an. Machen die einen glücklichen Eindruck?«

»Nein, natürlich nicht«, sagte Tori überzeugt.

»Siehst du, und genauso geht es auch den anderen Menschen. Sie wollen geführt und nicht getrieben werden. Und führen geschieht immer durch vor-führen, niemals nur durch reden. Was du redest, musst du auch vorleben, ansonsten schenkt dir niemand Glauben.« Nach einer kurzen Pause fuhr Argael fort. »Und nun, Tori, zu guter Letzt, wer hat den Segen, den Nutzen, von deiner Vision?«

»Wie soll ich das verstehen, Herr?«

»Eine ganz entscheidende Frage ist: Wem nützt deine Vision? Trägt sie zum Nutzen anderer Menschen bei oder dient sie allein deinem Nutzen?«

»Warum ist diese Frage so wichtig?«

»Nun, wenn deine Vision nur dir einen Nutzen bringt, so wirst du bald der Einzige sein, der daran arbeitet, ohne Aussicht auf langfristigen Erfolg. Wenn deine Vision aber zum Nutzen und zum Segen deiner Mitmenschen ist, so wirst du bald Menschen um dich haben, die diese Vision mit dir teilen.«

»Ich verstehe, meine Vision soll zum Nutzen anderer Menschen sein?«

»Richtig. Denn dann wirst auch du durch deine Vision ein unbeschreibliches Lebensglück erfahren. Geht es anderen Menschen durch dich besser oder schlechter?«

Tori sann über die Worte nach. Ja, es war einleuchtend. Nur so konnte eine Vision wirklich erfolgreich werden und auch die Begeisterung anderer Menschen wecken. Er fragte sich: Warum sollten andere Menschen von meiner Vision begeistert sein, wenn sie keinen Nutzen davon haben, sondern nur ich derjenige bin, der daraus Nutzen zieht? Eine solche Vision konnte in ihnen keine Kraft und keine Begeisterung hervorrufen. Und wie lautete das Gesetz unserer Schöpfung und unserer Natur? War es nicht das Gesetz von Wachstum und Vermehrung? War es nicht das Gesetz von Saat und Ernte?

Ja, wie konnte das funktionieren, dass andere Menschen säten, in seine Vision investierten und dafür ihre Kraft einsetzten, aber nur er derjenige war, der erntete? Wenn nur er derjenige war, der den Nutzen von der Vision trug, so war auch er der Einzige, der diese Vision verwirklichen musste. Darum hatte Argael mit seiner Frage völlig Recht: Wer hatte den entscheidenden Nutzen und den Segen von der Vision?

Wer empfängt den Segen deiner Vision?
Ist sie für andere Menschen eine Bereicherung?

Neuntes Kapitel

Babylons grosser Markt

Fähigkeiten, die du an anderen bewunderst,
sind Vorboten deiner eigenen Fähigkeiten!

Der Tag neigte sich bereits seinem Ende zu, als Tori in der Ferne die mächtige Stadt Babylon erblickte. Die Stadttore waren noch weit geöffnet und luden die Menschen ein, die wundervollste Stadt, deren Pracht und Wohlstand in allen Landen bekannt war, zu betreten. Staunend schaute er auf die Stadt, deren Namen jeder nur mit einer gewissen Ehrfurcht aussprach, welche im Glanz der untergehenden Sonne dalag. Der Anblick ließ ihn all die Strapazen der Reise, die schmerzenden Glieder und die trockene Kehle vergessen.

Da kam Herachim neben ihn geritten. Er sah Toris erstauntes Gesicht und musste lächeln.

»Verschlägt es dir die Sprache, beim Anblick dieser mächtigen Stadt?«

»Wahrlich, es ist ein wunderbarer Anblick! In meinen kühnsten Träumen habe ich mir diese Stadt nicht so herrlich und mächtig vorgestellt«, antwortete dieser überwältigt.

»Auch mir erging es so, als ich das erste Mal durch die mächtigen Tore geritten bin. Schau, von welch überragenden Stadtmauern Babylon umgeben wird!«, sagte Herachim und deutete auf die überaus hohen Mauern, welche weit in den Himmel ragten. Dann fuhr er fort: »Sie haben eine Höhe von fünfzig Schritt und eine Breite, dass sechs Pferde nebeneinander reiten können«.

Da kam Argael herangeritten. Er hörte die Worte Herachims. »Du hast recht gesprochen. Weist du, von wem diese Mauern erbaut wurden, Tori? Diese Mauer wurde nur von Sklaven erbaut.«

»Von Sklaven?!«

»Ja. Doch die Sklaven, die dort arbeiten mussten, waren nicht nur Kriegsgefangene. Nur jeder Dritte von ihnen war ein Kriegsgefangener, alle anderen Babylonier, welche durch

Schulden ihre Freiheit verloren hatten. Ihr schlechter Umgang mit Geld und ihre Verschwendung hatten sie ihre Freiheit gekostet und neun von zehn Sklaven kosteten diese auch noch das Leben.«

»Ist das wirklich wahr?«, fragte Tori erstaunt.

»Ja, das ist es. Viele der Sklaven überlebten hier nicht länger als drei Jahre. Dann brachen sie tot zusammen oder waren so schwach, dass sie nicht mehr arbeiten konnten. In diesem Falle wurden sie von der Mauer heruntergestoßen und zerschellten auf dem sandigen Boden. Nachts wurden dann ihre Leichen weggetragen.«

»Aber sieht denn nicht jeder Mensch in Babylon, was das schwere Los dieser Sklaven ist, und lernt daraus?«, fragte Tori ungläubig.

»Der kluge Mann lernt daraus. Doch leider gibt es immer noch viel zu viele Menschen, denen ihr kurzfristiges Vergnügen wichtiger ist, als sich den richtigen Umgang mit Geld anzueignen, welcher zu Wohlstand und Glück führt. Diese müssen ihre falsche Entscheidung später teuer bezahlen.«

Tori betrachtete nachdenklich die große Stadtmauer. Wie töricht die Menschen doch waren, wenn sie dieses Bild täglich vor Augen hatten und dennoch ihren Gelüsten nachgaben und sich zur Verschwendung verleiten ließen!

Kurze Zeit später ritt die kleine Karawane durch die mächtigen Stadttore. Viele Händler brachten bereits ihre Waren in die Stadt. Es herrschte ein wildes Durcheinander, das in den nächsten Tagen noch zunehmen sollte.

»Schau, dort vorne ist der große Marktplatz«, sagte Herachim und deutete mit der Hand nach vorne, wo man am Ende der Straße einen großen Platz sehen konnte. Er war weit größer als der Marktplatz in Assur.

»Wo befindet sich das Gasthaus, in welchem wir nächtigen werden?«

»Das befindet sich auf der anderen Seite des Marktplatzes.«

Nach kurzer Zeit, die Tori jedoch wie eine Ewigkeit vorkam, hatten sie die Hälfte des Marktplatzes überquert.

»Schau, Tori, siehst du in der Ferne das große Haus mit dem flachen Dach und den goldenen Verzierungen? Das ist das Gasthaus, in welchem wir wohnen werden.«

Tori schaute auf das prächtige Haus, dessen goldener Schmuck in der Sonne glitzerte. Es war ein wunderschönes Gasthaus. Er konnte sich nicht erinnern, dass es in Assur auch nur annähernd eines gab, das diesem gleichkam. Als sie das Gasthaus erreichten, kam ein Diener heraus geeilt, der sie freundlich begrüßte. Er schien Argael bereits zu kennen, denn als er ihn sah, überzog ein freudiges Strahlen sein Gesicht. Argael sagte etwas zu ihm, das Tori nicht verstehen konnte, daraufhin verneigte sich der Diener und verschwand eilends wieder im Gasthaus. Argael stieg von seinem prächtigen Rappenhengst und bedeutete mit einem kurzen Wink, dass auch sie absteigen sollten. Da wurde auf einmal die Türe aufgerissen und ein älterer Mann stürmte heraus.

»Argael, mein Freund! Sei herzlich willkommen!«, rief er laut, während er die Arme ausbreitete und auf Argael zueilte.

»Jesran, sei gegrüßt! Wie freut sich mein Herz, dich zu sehen!«, rief dieser ebenso freudig aus und die zwei alten Freunde schlossen sich in die Arme.

»Wie geht es dir, mein Freund? Hattet ihr eine gute Reise?«

»Ja, unsere Reise ist sehr gut verlaufen.«

»So kommt herein, ihr seid sicher müde und erschöpft. Ich werde sofort veranlassen, dass man sich um eure Tiere und euer Gepäck kümmert.« Daraufhin blickte der Wirt zu dem Diener, der neben der Türe stand und auf weitere Anweisungen wartete. Er verstand sofort, eilte ins Haus und kehrte sogleich mit zwei weiteren Dienern zurück, welche den Reisenden die Pferde und Kamele abnahmen und sie in den Stall führten, um sie zu tränken und zu versorgen.

»Schaut, das ist mein alter Freund Jesran, bei ihm werden wir die nächsten Tage wohnen und dürfen seine großzügige Gastfreundschaft genießen«, sagte Argael.

Tori, Herachim, Orsira und Metora verneigten sich höflich vor ihm. Jesran nickte ihnen mit einem freundlichen Lächeln zu. »Tretet ein und seid herzlich willkommen! Wir werden gut für euch sorgen und euch jeden Wunsch erfüllen.«

»Vielen Dank, Jesran. Ich wusste, dass wir bei dir in den besten Händen sind.«

»Aber natürlich, mein Freund! Es wäre eine Beleidigung für mich gewesen, wenn du hier in Babylon ein anderes Gasthaus aufgesucht hättest als das meine. Ihr seid doch bestimmt hungrig? Ich werde sogleich ein köstliches Mahl für euch bereiten lassen, damit ihr euch stärken könnt und wieder zu Kräften kommt. Nun ruht euch aber ein wenig aus! Ich werde euch eure Zimmer zeigen und euch rufen lassen, sobald das Mahl bereitet ist.« Daraufhin winkte er einem Diener, der sogleich herzueilte. Er deutete Tori, Herachim, Orsira und Metora diesem zu folgen. Er selbst geleitete Argael zu seinem Zimmer, welches gewiss das größte und schönste des Gasthauses war.

Im Zimmer angekommen ließ Tori sich auf das Nachtlager fallen. Wie weich es doch war! Noch nie in seinem Leben hatte er so fürstlich geschlafen. Er streckte die schmerzenden

Arme und Beine weit von sich und schloss die Augen. Das war ein schönes Gefühl! In Gedanken ließ er die letzten Tage nochmals an sich vorüberziehen. Was hatte Argael gesagt? Er sollte sich vorstellen, wie sein Ziel, seine Vision, aussehen könnte? Vor seinem geistigen Auge erschien auf einmal ein großes Haus in aller Pracht, wie es hier in Babylon unzählige davon gab.

Da kamen auf einmal wieder die Zweifel. Wie sollte er das nur jemals erreichen? Er, Tori, der Sohn eines Sklaven? Durfte er solch ein Haus überhaupt eines Tages besitzen? Wie viel würde solch ein Haus wohl kosten? Bei dem Gedanken an Geld fasste er an seinen Lederbeutel. Er spürte die acht Kupfermünzen. Langsam öffnete er den Beutel, griff hinein und zog die Münzen heraus. Seine Augen waren geschlossen, während er sie in der Hand hielt und sie aneinanderklimperten. Wie würde sich das wohl anfühlen, wenn das Silbermünzen wären? Drei, fünf oder zehn? Oder gar Goldstücke? Noch nie hatte er ein Goldstück in der Hand gehalten. Da kamen ihm wieder die Worte Argaels in den Sinn: »Ich sage dir, du wirst zehnmal tausend Goldstücke besitzen und dann bist du auf deinem höchsten Berg angelangt.« Zehntausend? Wie sollte er das nur schaffen? War das überhaupt möglich? Konnte er das? Für ihn waren tausend Silberstücke bereits ein Wunder. Doch was wäre, wenn es ihm wirklich gelänge? Er, Tori, zehntausend Goldstücke besitzen? Dann hätte er es geschafft, dann wäre er einer der reichsten Männer Assurs, jeder würde ihn respektieren und er könnte sich alles kaufen. Er würde zu den glücklichsten Menschen gehören und niemand würde sich jemals mehr über ihn lustig machen, über ihn schlecht reden oder ihn auslachen.

Was immer gut, edel, rechtschaffen und lauter ist, darauf sei bedacht

In diesem Moment klopfte es an die Türe und Metora forderte ihn auf, ihm zu folgen, da das abendliche Mahl angerichtet war.

Tori traute seinen Augen kaum. Noch nie hatte er einen solch reichlich gedeckten Tisch gesehen. So viele verschiedene Speisen und Getränke, wer sollte das nur alles essen? Bei dem Anblick merkte er erst, wie groß sein Hunger war. Argael sah seinen überwältigten Gesichtsausdruck und musste lächeln. Mit einem leichten Nicken deutete er an, dass er sich setzen solle.

Das Essen schmeckte vortrefflich. Tori war bereits satt, doch er konnte nicht aufhören. So viele gute Sachen, die er noch nicht gekostet hatte!

»Das Essen ist vortrefflich, Jesran. Es ist lange her, dass ich solch ein köstliches Mahl zu mir nahm«, meinte Argael.

»Das freut mich. Dir soll es an nichts mangeln, solange du in Babylon bist. Wenn du einen Wunsch hast, so teile ihn mir mit, damit ich ihn dir erfüllen kann.«

Argael und Jesran hatten sich viel zu erzählen. Sie unterhielten sich über die Geschäfte der vergangenen Monate, über neue Geschäftsmöglichkeiten und über die alten, gemeinsamen Zeiten und Erlebnisse. Tori lauschte gespannt ihren Worten. Er war fasziniert, über welche Dinge diese beiden alten Männer sprachen. Vor allem war interessant, wie sie darüber sprachen. Sie redeten von ihren Geschäften, als ob sie die nächsten hundert Jahre noch leben würden und gerade erwachsen geworden wären. Sie waren voller Tatendrang, wie man es sonst nur bei kleinen Kindern beobachten konnte.

Argael und seine Diener saßen in einem eigenen, großen Saal, wo sie ungestört waren. Toris Blick fiel durch die Türe, den Gang entlang, in den anderen Saal gegenüber, in welchem die übrigen Gäste saßen, speisten und tranken. Das wilde Stimmengewirr und laute Lachen drang zu ihnen hinüber. Tori kannte die Art von Gesprächen und Unterhaltungen, die dort geführt wurden, nur zu gut. Es war wie in Assur. Die Leute tranken und waren ausgelassen. Und wenn sie das nicht waren, so unterhielten sie sich meist über irgendwelche Menschen, die gerade nicht anwesend waren. Sie erzählten sich die neusten Gerüchte und Ereignisse über sie oder machten sich über sie lustig. Oder aber sie jammerten über ihr Leben und über die Ungerechtigkeit, dass es ihnen so schlecht erging. Jedenfalls machten sie keinen besonders glücklichen oder zufriedenen Eindruck.

Ganz anders waren da Argael und Jesran. Tori fiel auf, dass während ihrer ganzen Unterhaltung nicht ein einziges Mal ein Wort der Klage über ihre Lippen kam. Sie redeten auch nicht über andere Menschen und machten diese schlecht. Sie redeten über Menschen, die sie in den letzten Monaten, während sie sich nicht gesehen hatten, kennen gelernt hatten, und darüber, was sie an diesen bewunderten. Sie erzählten sich gegenseitig von den Stärken und den guten Eigenschaften dieser Leute und überlegten gemeinsam, was sie davon übernehmen und in ihrem Leben umsetzen konnten. Ein großer Unterschied, den Tori bemerkte, war, dass Argael und Jesran, wenn sie von Fehlern berichteten, die sie begangen hatten, niemals die Schuld bei jemand anderem, bei den Göttern oder bei den Umständen ihres Lebens suchten. Aussagen wie die Götter waren mir nicht wohlgesonnen, ich hatte nie die Möglichkeit ..., wenn ich reich wäre, dann würde ich ..., das Leben ist nun einmal so, hart und ungerecht, der hatte einfach Glück, das war Zufall oder das ist Schicksal hatte er von diesen beiden Männern noch nie vernommen.

Sie erzählten von den Stärken anderer, suchten nach Lösungen und überlegten, wie sie anderen Menschen helfen und was sie in Zukunft besser machen konnten. Auch suchten sie immer den Fehler bei sich und nicht bei anderen. Vielleicht waren genau diese Eigenschaften und Angewohnheiten einer der Schlüssel zu Erfolg und Zufriedenheit? Tori fragte sich, wie er sich wohl einst verhalten würde, wenn er eines Tages so alt war? Würde er wie Argael und Jesran immer noch voller Tatendrang sein? Oder würde er jammernd und klagend mit anderen im Wirtshaus sitzen und sich selbst und sein Leben bedauern? Bei der Frage, wer wohl glücklicher war, brauchte er nicht lange zu überlegen. Es waren eindeutig Argael und Jesran.

Tori beschloss, dass er auch einmal so werden wollte. Er wollte glücklich und zufrieden sein und nicht jeden Tag murrend und klagend verbringen. Er nahm sich vor, in Zukunft das Verhalten der beiden Männer und das Verhalten anderer glücklicher und erfolgreicher Menschen zu beobachten und Dinge, die diese taten, zu übernehmen und es ihnen gleichzutun.

Kurz darauf stand Jesran auf und sagte, dass er sich zur Ruhe legen werde, da die Müdigkeit ihn übermanne. Sollten sie noch Wünsche haben, so würden seine Diener ihnen diese erfüllen. Er wünschte eine gute Nacht und verließ die kleine Runde. Argael nahm einen großen Schluck von dem köstlichen Wein, griff in die Tasche und zog einen prall gefüllten Lederbeutel hervor. Er griff hinein und zog ein Silberstück und zehn Kupfermünzen hervor, die er Tori reichte.

»Hier ist dein Lohn, Tori. Du hast gute Arbeit geleistet.«

»Danke, Herr«, entgegnete Tori und nahm freudig die Geldstücke entgegen.

Auch die anderen erhielten ihren Lohn und ein Lob für ihre gute Arbeit. Argael war mit allen höchst zufrieden. »Nun lasst uns auch zur Ruhe gehen! Die Nacht ist kurz und der morgige Tag lang«, sagte Argael, leerte mit einem großen Schluck seinen Becher und stand auf.

Am anderen Morgen wurde Tori durch laute Stimmen geweckt. Schlagartig war er wach, stand auf und schaute auf den Marktplatz. Die Sonne war gerade am Aufgehen und die ersten Händler waren bereits zu sehen. Da klopfte es an der Türe und Orsira kam herein.

»Komm, Tori! Wir wollen nach unten gehen und einen geeigneten Platz für unsere Stände suchen. In kurzer Zeit wird der Marktplatz überfüllt sein.«

Sie gingen nach unten und sahen Argael, der ihnen gerade vom Marktplatz her entgegenkam. »Nehmt die Pferde und Kamele mit den Waren und folgt mir!« Argael lief voraus und führte sie in die Mitte des Marktplatzes. Dort stand eine große Statue. Ein mächtiger Krieger mit Lanze und Schild. »Hier werden wir unsere Waren feil bieten, das ist ein guter Platz.« Tori und Orsira fingen an, die Stände aufzubauen. Kaum dass sie fertig waren, kamen auch bereits die ersten Händler, welche sich interessiert ihre Waren ansehen wollten. Nach und nach füllte sich der Marktplatz. Doch es waren noch lange nicht alle da. In den nächsten zwei Tagen würden noch viele weitere kommen.. Tori betrachtete das rege Treiben, welches stetig zunahm.

Um die Mittagszeit kam Argael mit Herachim und Metora vorbei, um sie abzulösen. »Kommt, lasst uns ein wenig über den Marktplatz gehen und die Waren der anderen Händler begutachten! Vielleicht finden wir einige Dinge, die wir gebrauchen können«, forderte Argael Tori und Orsira auf, ihm zu folgen.

Sie gingen zu den einzelnen Ständen und begutachteten die Waren der Händler.

»Schau, Tori, hier kannst du dich als Kaufmann üben.«

»Das waren auch meine Gedanken. Ich wollte Euch bitten, dass Ihr mich die Dinge die ich einkaufe, an unseren Ständen mit auslegen lasst. Ist mir dies gestattet, Herr?«

»Ja, wenn du einige Dinge gekauft hast, so darfst du diese an unseren Ständen auslegen. Aber achte gut darauf, für was du dein Geld ausgibst! Schaut, hier sind schöne Gewänder. Ich denke, wir können diese in Assur gut weiterverkaufen.« Argael deutete auf fünf schöne, reich bestickte Gewänder, die an einem Stand lagen. Er fragte nach dem Preis und begann, mit dem Händler zu verhandeln. Nach einiger Zeit einigten sie sich, Orsira nahm die fünf Gewänder und sie gingen wieder zu ihrem Stand zurück.

Gegen Nachmittag beschloss Tori, noch einmal über den Markt zu schlendern und nach geeigneter Ware Ausschau zu halten, die er dann wieder verkaufen konnte. Er schaute sich die einzelnen Stände an, konnte aber nichts finden, in was er sein Geld investieren könnte, um es danach wieder mit Gewinn zu verkaufen. Er überlegte und dachte an alle möglichen Dinge, aber es wollte ihm nichts einfallen. Vor allem hatte er ja auch nicht besonders viel Geld, das er investieren konnte. Das Silberstück, welches er von Argael erhalten hatte, wollte er vorerst nicht investieren. Es war für den äußersten Notfall und sollte der Anfang seines Schutzes sein. Und dann hatte er noch achtzehn Kupfermünzen. Das war zwar schon eine kleine Summe, aber wirklich große Dinge konnte er sich davon nicht kaufen.

Als er schon daran dachte umzukehren, fiel sein Blick auf einen Stand, an dem einige Pferdedecken hingen. Sie waren mit schönen Stickereien verziert. Auf dem ganzen Markt habe ich bis jetzt noch keinen Stand mit Pferdecken gesehen, dachte Tori. Es werden zwar bestimmt noch welche kommen, aber bald fängt ja auch der große Pferdemarkt an. Da

gibt es bestimmt viele Menschen, die auch nach Pferdedecken suchen. Kurz entschlossen wendete er sich an den Verkäufer. »Was kostet eine Pferdedecke, mein Herr?«
»Eine Pferdedecke kostet zwei Kupfermünzen«, erwiderte dieser.
Tori zählte die Decken. Es waren fünfzehn Stück. »Ich nehme alle, wenn Ihr mir einen guten Preis macht.«
»Gib mir fünfundzwanzig Kupfermünzen, Junge, und du kannst alle haben.«
»Das ist mir zu viel, Herr. Ich nehme alle für zehn Kupfermünzen.«
»Für zehn? Das ist viel zu wenig!«, winkte der Händler entschieden ab. »Zwanzig und du kannst sie haben.«
Eine heiße Verhandlung entbrannte zwischen den beiden. Nach langem Hin und Her gab der Händler schließlich nach. »Gut, Junge, gib mir fünfzehn Kupfermünzen und nimm sie mit! Du bist hart im Verhandeln, das gefällt mir. Du wirst bestimmt einmal ein guter Kaufmann«, sagte er mit einem Lächeln.
»Danke, Herr«, entgegnete Tori freudig, nahm fünfzehn Kupfermünzen aus seinem Lederbeutel und reichte sie ihm. Dann nahm er die Decken und ging zu seinem Stand zurück. Er beschloss, jede Decke für drei Kupfermünzen weiterzuverkaufen.
Argael schaute ihn überrascht an. »Wo hast du denn diese Pferdecken her, Tori?«
»Von einem Stand nicht weit von hier. Er ist der einzige, den ich bisher hier gesehen habe, der Pferdedecken verkauft. Wenn erst der Markt voller Pferdehändler ist, so wird es zwar viele Stände mit Pferdecken geben. Aber bis dahin werde ich einer der wenigen sein, der welche hat.«
»Wie viel hast du denn für die Decken bezahlt?«
»Eigentlich wollte er zwei Kupfermünzen für jede Decke haben. Ich habe ihn auf eine Kupfermünze je Decke heruntergehandelt.«
Argael nahm eine der Decken in die Hand und musterte sie genau. »Das ist sehr gute Arbeit. Und der Preis, den du dafür bezahlt hast, ist mehr als gut. Für wie viel willst du sie denn weiterverkaufen?«
»Ich dachte an drei Kupfermünzen je Decke, Herr.«
»Verlange vier Kupfermünzen dafür.«
»Vier? Ist das nicht zu teuer?«
»Es ist ein hoher Preis, aber die Decken sind sehr gut verarbeitet. Außerdem wollen die meisten hier handeln. Das heißt, die meisten werden versuchen, weniger zu bezahlen und dich auf drei Kupfermünzen herunterzuhandeln, so wie du es getan hast. Wenn du bei drei Kupfermünzen anfängst, so werden sie versuchen, dich auf zwei herunterzuhandeln.

Also fange bei vier an und gib sie für drei her. Verstehst du?«
»Ja, Herr. Das leuchtet mir ein.«
»Solltest du, wenn der Pferdemarkt anfängt, noch nicht alle verkauft haben, so kannst du immer noch mit dem Preis nach unten gehen.«

Jeder Gedanke ist ein Samenkorn

»Ich bezweifle, dass ich bis dahin alle Decken verkauft haben werde. Wenn der große Markt beginnt, werden so viele Pferdehändler in der Stadt sein und es wird so viele Pferdedecken geben, dass ich vermutlich nicht einmal mehr eine Kupfermünze dafür bekomme.«
»So darfst du nicht denken, denn sonst wird es auch eintreffen.«
»Wie meint Ihr das? Was wird eintreffen?«, fragte Tori verwundert.
»Wenn du denkst, dass so viele Pferdehändler in die Stadt kommen und du deshalb nicht mal mehr eine Kupfermünze für jede Decke erhalten wirst, so wird das auch eintreffen. *Säe keine schlechten Gedanken, sondern glaube an deinen Erfolg!*«
»Ich verstehe nicht, Herr, was Ihr mir damit sagen wollt.«
»Schau her! Was wirst du ernten, wenn du Weizen säst?«
»Natürlich Weizen.«
»Und wenn du Unkraut säst? Kannst du dann dennoch Weizen ernten?«
»Unkraut? Nein, wenn ich Unkraut säe, dann werde ich Unkraut ernten.«
»Siehst du, das ist das unumstößliche Gesetz von Saat und Ernte. Was der Mensch sät, das wird er ernten.«
»Aber das hat doch nichts mit meinen Gedanken zu tun. Das bezieht sich doch auf meine Taten.«
»Weit gefehlt, Tori. Betrachte einmal deine Gedanken als Samenkörner. Wenn du schlechte Gedanken hast, so kannst du keine gute Ernte dafür erhalten. Wenn du denkst und glaubst, dass du bald für die Decken nicht mal mehr eine Kupfermünze erhalten wirst, so wird das auch eintreffen, indem du zum Beispiel nur Menschen begegnest, die dir nicht mehr als eine Kupfermünze für deine Decke geben wollen. Darum darfst du nicht so denken, sondern musst immer auch das Gute erwarten und daran glauben, denn sonst kannst du es auch nicht empfangen. Deine Gedanken sind Samenkörner, aus denen große Taten entspringen können, aber dazu musst du erst die richtigen Gedanken denken, sie sozusagen aussäen.«
»Jetzt verstehe ich, was Ihr mir sagen wollt.«
»Achte immer auf deine Gedanken! Es geschieht so schnell, dass sich schlechte Gedanken

einschleichen. Wenn du diese dann zulässt, so säst du unbewusst bereits dein Unkraut. Und später wunderst du dich, warum du keinen Weizen erntest. Es gibt so viele Menschen, die Tag für Tag nur schlechte Gedanken über sich, über andere Menschen und über ihr Leben denken. Sie säen täglich Unkraut, ohne dass sie es merken. Und später beklagen sie sich darüber, dass sie Unkraut ernten, während andere den Weizen ernten, und sehen die Welt als ungerecht an.«

»Ihr habt Recht, Herr, es gibt leider viele Menschen, die so denken.«

»Diese Menschen werden aber auch nie etwas anderes ernten. Es kann niemals sein, dass jemand Unkraut sät und dennoch Weizen erntet. Das sind die ewigen Gesetze dieser Welt und diese treffen immer zu. Es ist genauso mit dem Geld. Derjenige, der von jedem Verdienst den zehnten Teil spart, wird eines Tages viel Geld besitzen oder gar reich sein. Derjenige, der jeden Monat mehr ausgibt, als er einnimmt, wird eines Tages arm und hoch verschuldet sein. Das ist das Gesetz von Saat und Ernte, Tori. Es ist ein gerechtes Gesetz, da jeder nur das erhält, was ihm tatsächlich zusteht. Wenn dir das bewusst geworden ist, so hast du heute sehr viel gelernt. Den meisten Menschen ist nicht bewusst, welch große Macht ihre Gedanken haben, egal ob gut oder schlecht. *Der Ackerboden hat keine Macht, egal wie groß er ist, aber das Samenkorn hat eine große Macht, egal wie klein es ist.* Und damit auch jeder Gedanke. Darum erkenne die Macht deiner Gedanken und nutze sie zum Guten und hilf anderen Menschen damit, anstatt dir und anderen zu schaden!«

Bevor Tori etwas erwidern konnte, wurden sie von einem Händler unterbrochen, der mehrere Tonkrüge kaufen wollte. Tori nahm seine Pferdedecken und drapierte sie so, dass sie auch jeder gut sehen konnte.

Im Laufe des Nachmittags verkaufte er noch vier Stück davon. Eine für vier Kupfermünzen und die anderen drei für drei Kupfermünzen. So hatte er am Ende des Tages dreizehn Kupfermünzen eingenommen, also fast die Summe, welche er in die Decken investiert hatte.

Am darauf folgenden Tag füllte sich der Marktplatz sehr früh. Das Gedränge wurde immer dichter. Tori stand mit den anderen hinter Argaels Stand und sie hatten alle Hände voll zu tun. Auch Argael hatte einige gute Geschäfte gemacht. Er hatte bereits sehr viele assyrische Gewänder verkauft. Auch die Sandalen, welche sie aus Assur mitgebracht hatten, erregten großes Interesse.

Am Mittag hatte Tori bereits nur noch zwei Decken. Er war stolz. Doch was sollte er nun machen, überlegte er fieberhaft. Er brauchte wieder Ware. Pferdedecken würden sich bald nicht mehr gut verkaufen lassen, immer mehr Pferdehändler kamen in der Stadt an. Darunter selbstverständlich auch Händler, die eine große Anzahl an Pferdedecken bei sich trugen und diese verkaufen wollten. Er überlegte und überlegte, doch es wollte ihm nichts einfallen. Welche Möglichkeit des Verkaufes gibt es noch? Alles, was ihm in den Sinn kam, gab es bereits schon an so vielen anderen Ständen.

»Nun, Tori, hast du deine Decken bereits verkauft?« Die Stimme Argaels durchbrach seine Gedanken.

»Noch nicht alle, Herr. Ich habe noch zwei Stück. Die anderen habe ich verkauft.«

»Sehr gut. Und, konntest du einen guten Preis erzielen?«

»Ja. Ich konnte drei Kupfermünzen pro Decke erzielen und vier Decken konnte ich sogar für vier Kupfermünzen verkaufen.«

»Das ist ja ausgezeichnet! Mach weiter so! Du wirst bestimmt noch einige Münzen einnehmen, wenn du dich weiterhin bemühst und gut investierst. Glaube mir, dein Lederbeutel wird sich schneller füllen, als du es erwartest«, sagte Argael und klopfte ihm anerkennend auf die Schulter. Wie gut das tat! Tori konnte sich nicht erinnern, dass er jemals nach einer Arbeit so zum Weitermachen ermutigt worden war. Er fühlte sich wie der glücklichste Mensch der Welt.

Bis zum Nachmittag verkaufte Tori seine letzten zwei Decken. Nun musste er sich wirklich Gedanken machen, was er als Nächstes verkaufen konnte. Angestrengt überlegte er, dachte über dies und über jenes nach, aber nichts sagte ihm wirklich zu. Er spürte, wie er langsam müde wurde. Die Beine schmerzten vom langen Stehen und der Schweiß rann ihm über sein Gesicht. Unbarmherzig brannte die Sonne hernieder. Es würde noch einige Zeit dauern, bis sie untergehen würde. Tori schaute zu Herachim, Orsira und Metora hinüber. Auch ihre Gesichter glänzten vom Schweiß. Sie hetzten hin und her, um sich um die vielen Kunden zu kümmern. Tori betrachtete die anderen Menschen, welche sich wild durcheinanderdrängten. Die einen in die eine Richtung, die anderen in die andere. Wo kamen sie nur alle her? Wo wollten sie hin? Die Gesichter der meisten wirkten angespannt und verschwitzt. Tori spürte einen großen Durst. Wie gerne würde er nun seine Kehle mit einem Schluck kaltem Wasser erquicken! Er fragte sich, wie viele der Menschen hier ebenfalls Durst hatten. Den meisten sah man an, dass sie gerne eine Pause machen und sich mit einem Schluck kühlem Wasser erfrischen würden. Da schoss ihm ein Gedanke durch den Kopf. Jetzt

wusste er, womit er sein Geld verdienen konnte! Er sah sich um. Richtig, es gab keinen Stand in der Mitte des Marktes, an welchem Wasser zum Trinken angeboten wurde. Eilends fragte er Herachim, ob er für kurze Zeit zum Gasthof gehen dürfe. Dieser nickte ihm schnell zu, mahnte ihn aber, sich zu beeilen.
Mühsam drängte sich Tori durch die Menge. Die Zeit schien stehen geblieben zu sein und es kam ihm wie eine Ewigkeit vor, bis er das Gasthaus völlig außer Atem endlich erreichte. Vergessen waren Erschöpfung und Müdigkeit. Er hielt an, um zu verschnaufen. Sein Herz klopfte wild. Da fiel sein Blick auf die Bäckerei, die genau neben dem Gasthof war. Davor stand eine Menschentraube, die darauf wartete, bedient zu werden. Plötzlich kam ihm eine noch bessere Idee. Er ging zu dem Bäcker und betrachtete seine verschiedenen Brote und Gebäcke. Als die Leute, die davor standen, endlich bedient waren, trat er vor den Bäcker.
»Herr, wie viele von den kleinen Kuchen gebt Ihr mir für ein Kupferstück?
»Ich gebe dir dafür drei Stück, Junge«, entgegnete dieser.
»Gebt mir vier und ich nehme Euch so viele ab, dass Ihr mit dem Backen nicht nachkommt«, sagte Tori überzeugt.
»So? Was willst du denn mit all dem Kuchen machen?«, fragte dieser verwundert.
»Mein Herr hat in der Mitte des Marktplatzes einen Stand und ich habe gesehen, dass die Menschen dort großen Durst haben. So wollte ich ihnen Wasser verkaufen. Nun habe ich Eure köstlichen Backwaren gesehen und mir kam der Gedanke, Eure Kuchen mitzuverkaufen.«
»Das ist eine gute Idee, Junge. Ich werde auf deinen Vorschlag eingehen. Du bekommst von mir vier kleine Kuchen für ein Kupferstück.«
»Ich nehme Euch gleich zwanzig Kuchen ab. Wartet, ich bin gleich wieder da.« Mit diesen Worten rannte Tori in das Gasthaus, um Jesran zu sprechen. Dieser schaute verwundert drein, als Tori verschwitzt und außer Atem vor ihm stand.
»Herr, dürfte ich Euch um etwas bitten?«, fragte Tori schüchtern.
»Sprich, um was willst du mich bitten?«
»Mir kam der Gedanke, auf dem Markt Wasser und Kuchen zu verkaufen, da es dort sehr heiß ist und es viele Menschen gibt, die großen Durst und auch Hunger verspüren. Erlaubt Ihr mir, von Eurem Brunnen Wasser zu holen und leiht Ihr mir einige Becher aus Eurem Gasthaus, woraus die Leute trinken können? Ich werde Euch auch an meinem Gewinn teilhaben lassen und Euch ein Viertel davon abgeben.«

»Soso, du willst Wasser verkaufen. Das ist eine sehr gute Idee. Du kannst aus unserem Brunnen so viel Wasser holen, wie du tragen kannst. Ich werde dir Tonkrüge bringen lassen, die du mit Wasser füllen kannst. In der Scheune steht ein Esel mit einem kleinen Wagen. Nimm diesen und bring die Tonkrüge damit auf den Markt!«
»O Danke, Herr. Ihr seid so gütig! Ich werde Euch jeden Abend ein Viertel des Gewinns geben«, antwortete Tori freudig.
»Behalte dein Geld, denn ich habe selbst mehr als genug davon. Ich möchte dir helfen, da ich einst in deinem Alter denselben Drang verspürte wie du. Komm heute nach dem Mahl zu mir, so werde ich dir sagen, was ich von dir dafür verlange.«
»Danke, Herr, Ihr seid so gütig! Gerne werde ich Euch nach dem Mahl aufsuchen.«
Jesran winkte seinem Diener und befahl ihm, drei große Tonkrüge zu bringen. Wenig später führte Tori den Esel mit dem Wagen, auf welchem die Kuchen und das Wasser standen, über den Marktplatz.
»Tori, was machst du da?« Verwundert schaute Herachim ihn an, als er näherkam.
»Ich verkaufe Wasser und Kuchen.« Tori kam näher und wischte sich über die Stirn. Dann erzählte er ihm von seiner Idee und wie Jesran ihm geholfen hatte. Herachim schmunzelte. »Nun gut, so gib mir gleich einen Becher Wasser und einen Kuchen! Meine Kehle ist wie ausgetrocknet und mein Magen kann einen guten Happen immer gebrauchen.«
Tori schöpfte ihm einen Becher Wasser und reichte ihm ein Stück Kuchen.
»Wie viel bekommst du denn dafür?«
»Ich schenke ihn dir.«
»Nein, sag mir, was du dafür verlangst, und ich will es dir geben.«
»Nun gut, ich verlange ein Kupferstück für einen Kuchen und einen großen Becher Wasser.«
Sofort griff Herachim in seine Tasche und reichte ihm ein Kupferstück. Als Metora und Orsira sahen, welch köstlichen Kuchen Tori hatte, kamen auch sie herbeigeeilt und ließen sich ein Stück munden. Die Leute, die um den Stand versammelt waren, wurden ebenfalls auf ihn aufmerksam. Es dauerte nicht lange und er hatte seine Kuchen verkauft. Sofort eilte er los, um weitere zu holen. Bis zum Abend musste Tori noch dreimal laufen, um frische Kuchen zu holen und das Wasser aufzufüllen.
Als es dann schon fast dunkel war, saßen sie endlich in Jesrans Gasthaus und konnten sich das köstliche Mahl munden lassen. Nach dem Essen gingen Argael, Herachim, Metora und Orsira auf ihre Zimmer. Es war ein harter Tag gewesen und sie wollten

sich ausruhen, damit sie am nächsten Morgen, wenn der Markt begann, wieder bei Kräften waren. Tori wusste nicht, was er tun sollte. Er dachte daran, dass er zu Jesran kommen sollte. Was dieser wohl von ihm verlangte? Er schlenderte durch das Gasthaus, um nach ihm Ausschau zu halten, doch er konnte Jesran nicht finden. Da beschloss er, ein wenig durch Babylon zu spazieren und sich die mächtigste Stadt der Welt anzuschauen. Die Stadt, welche den Wohlstand und Reichtum dieser Welt symbolisierte. Die Stadt, welche den Kontrast zwischen Pracht und Verwahrlosung darstellte. Die Stadt, in welcher jeder Mensch entscheiden musste, ob er an diesem Wohlstand teilhaben wollte oder das Los der Armut tragen musste. Und die Menschen, welche keine Entscheidung trafen und dachten, sie müssten diese nicht treffen, hatten sich bereits für die Armut entschieden.
Es war noch angenehm warm. Der Mond schien hell und die Straßen waren menschenleer. Nichts ließ erahnen, welch ein reges Treiben an diesem Tag hier geherrscht hatte und in den kommenden Tagen noch herrschen würde. Etwas abseits vom Markt entdeckte Tori einen mächtigen Baum. Ermüdet ließ er sich daran nieder, schloss die Augen und genoss, wie ihm der Abendwind sanft ins Gesicht wehte. Er dachte über den vergangenen Tag nach und freute sich über seinen guten Einfall mit dem Verkauf des Wassers und des Kuchens. Er fasste an seinen Lederbeutel, der sich nun schon mächtig gefüllt hatte. Dann nahm er ihn ab und leerte ihn vor sich aus. So viele Kupfermünzen! Noch nie hatte er so viel Geld in seiner Hand gehabt. Nun nahm er so viele Münzen in beide Hände, wie er konnte. Das war ein tolles Gefühl! Er beschloss, sein kleines Vermögen zu zählen.
Als er fertig war, konnte er es kaum fassen, doch es stimmte, er hatte sich nicht verzählt. Es waren ein Silberstück und hundertneun Kupfermünzen. Nie hätte er sich vorstellen können, an einem Tag so viel Geld zu verdienen. Dann nahm er die Münzen und packte sie wieder in seinen Lederbeutel. Wenn jetzt nur Sargo hier wäre und das miterleben könnte, dachte er. Wie gerne würde ich ihm alles erzählen und ihm zeigen, wie viel Geld ich heute verdient habe! Welche Weisheiten mir Argael bereits mitgeteilt hat und wie viele neue Fragen sich daraufhin wieder ergeben haben. Wie ging es Sargo wohl gerade? Wie ging es seiner Familie? Seiner Mutter und seinen jüngeren Geschwistern? Hatten sie genug Nahrung und Kleidung? Wie erging es wohl gerade seinem Vater? Wo befand er sich? War er wohlauf? Wie lange würde er wohl das schwere Los der Sklaverei noch ertragen müssen? Fragen über Fragen. Nicht mehr lange. Bald komme

ich zurück. Dann werde ich euch alles erzählen und euch auch an den Geheimnissen des Erfolgs, des Glücks und Wohlstands teilhaben lassen. Ich werde euch alle Worte und Lehren, welche ich von Argael erfahren durfte, mitteilen, dachte er und stand auf, um zurück zum Gasthaus zu gehen.

Was der Mensch sät,
das wird er ernten!

Zehntes Kapitel

Die Weisheit des Glücks

Wenn du eine helfende Hand suchst,
so findest du sie immer am Ende deiner eigenen Arme!

Wenig später erreichte er das Gasthaus, welches im Schein des Mondes friedlich dalag. Als er eintrat, kam ihm ein älterer Herr entgegen. Er hatte weißes Haar und trug ein stattliches Gewand. Sein Gang war aufrecht und ein freundliches Strahlen lag auf seinem Gesicht. Tori erkannte ihn sofort: Es war Jesran.
»Tori, schön dich zu sehen. Ich dachte, du hättest dich nach dem Mahl gleich zur Ruhe gelegt, weil ich dich nicht mehr gesehen habe.«
»Ich suchte Euch, Herr, und konnte Euch nicht finden. Da beschloss ich, ein wenig den schönen Abend zu genießen und Euch danach noch einmal aufzusuchen.«
»Ich hatte noch einige Dinge zu erledigen, so dass ich nicht gleich nach dem Mahl zu dir kommen konnte. Hast du ein wenig Zeit, so dass wir uns unterhalten können?«
»Ja sicher habe ich dies, Herr.«
»Gut, so folge mir!« Jesran führte Tori in den großen Saal, in welchem sie gestern und heute ihr abendliches Mahl zu sich genommen hatten. Sie setzten sich und Jesran rief einen Diener, der ihnen wenige Augenblicke später zwei Becher und einen Krug mit süßem, köstlichem Wein brachte. Jesran unterbrach die Stille.
»Konntest du noch einige Kuchen verkaufen?«
»Ja, es ist sehr gut gelaufen. Weit besser, als ich mir erhoffte«, sagte Tori stolz.
»Das freut mich für dich. Weißt du, in deinem Alter verspürte auch ich den Drang nach Reichtum, Glück und Wohlstand. Darum gefällt mir das Feuer und die Begeisterung, welche ich in dir brennen sehe. Leider musste ich auch viele Fehler machen und viele Umwege gehen, bis ich an mein Ziel gelangte.« Er nahm seinen Becher und trank einen kräftigen Schluck von dem guten Wein, bevor er fortfuhr: »Aber aus diesen Fehlern habe ich gelernt

und viele Erkenntnisse gewinnen dürfen. Einige davon würde ich dir gerne weitergeben.«
Tori war gespannt, welche Erkenntnisse Jesran ihm wohl weitergeben wollte und was er wohl von ihm für das Wasser und die geliehenen Becher verlangte.
»Wie lange arbeitest du bereits für meinen Freund Argael?«
»Noch nicht sehr lange. Als er die Reise nach Babylon angetreten hat, durfte ich in seine Dienste treten.«
»Bereust du deine Entscheidung?«
»Niemals! Argael ist der beste Herr, den man sich vorstellen kann.«
Ein Lächeln glitt über Jesrans Gesicht, als er antwortete: »Ich habe keine andere Antwort von dir erwartet. Jeder seiner Arbeiter spricht die gleichen Worte. Auch ich bin froh, dass sich vor Jahren unsere Wege kreuzten und wir gute Freunde werden durften. Berichte mir, was durftest du von Argael bereits erfahren?«
»Er erzählte mir von den reichen Menschen und wie sie zu ihrem Reichtum gelangten. Dass sie immer den zehnten Teil ihres Geldes sparten und dass die meisten Menschen die Diener ihres Geldes wären und für ihre Schulden arbeiten müssten, anstatt das Geld zu ihrem Sklaven zu machen und dieses für sich arbeiten lassen.«
Jesran nickte zustimmend. »Das sind sehr wahre Worte. Du kannst dich glücklich schätzen, dass du ihnen lauschen durftest. Wenn du diese Gesetzte befolgst und sie in deinem Leben anwendest, so kannst du dadurch weit mehr Geld und Wohlstand anhäufen, als du dir je erträumt hast. Du lernst dadurch, wie man Geld macht und wie viel Geld entsteht. Erzähle mir mehr davon!«
Tori war unsicher , doch allmählich fasste er Vertrauen zu dem alten Mann, der ihn respektierte und mit ihm redete, als ob er einer seiner engen Freunde sei. So erzählte er ihm seine Geschichte vom Anfang an bis zu dem glücklichen Moment, da Argael ihn in seine Dienste genommen hatte. Auch berichtete er davon, wie Argael sich während der Reise mit ihm unterhalten, ihm geduldig seine Fragen beantwortet und ihn in die geheime Weisheit des Erfolgs und Wohlstands eingeweiht hatte.
Jesran hörte ihm aufmerksam zu und unterbrach ihn nicht ein einziges Mal. Als Tori geendet hatte, sagte er: »Es freut mich für dich, dass du den weisen Worten meines Freundes lauschen durftest. Diese Worte sind mehr wert als ein ganzer Sack voll Gold. Denn sie weisen den Weg zu Wohlstand und Glück. Und wenn du diesen Weg einmal gegangen bist, so kannst du ihn auch ein zweites oder drittes Mal gehen. Du wirst immer am Ziel ankommen und die Früchte ernten. Darum ist das Wissen mehr wert als das Gold.«

»Ich erkenne die Wahrheit in Euren Worten. Auch wenn ich sie noch nicht ganz begreifen kann.«
»Das ist ganz natürlich. Für dich ist ein Sack voller Gold im Moment noch sehr weit entfernt und du kannst dir nur schwer vorstellen, ein Goldstück zu besitzen – geschweige denn einen ganzen Sack davon. Darum ist es so schwer zu begreifen. Aber wenn du erst einmal das erste Goldstück in deinen Händen hältst und dann das zehnte und dann das hundertste, dann ist es nichts Besonderes mehr, denn du weißt, wie du dazu gelangt bist. Ich glaube, dass du eines Tages ein sehr wohlhabender und erfolgreicher Mann sein wirst. In dir brennt ein Feuer, das dich nach vorne treibt, und wenn du nur immer auf dein Ziel schaust und dich von nichts und niemand abbringen lässt, dann wirst du dort auch ankommen.«
Als Tori diese Worte hörte, stieg wieder dieses unbeschreibliche Glücksgefühl in ihm auf. Dieser reiche Gastwirt, der das prächtigste Gasthaus in Babylon führte, glaubte, dass er, Tori, der Sohn eines Sklaven, einst ein wohlhabender Mann werden konnte? Er wusste gar nicht, was er sagen sollte, so überwältigt war er.
Jesran trank mit einem großen Schluck seinen Becher leer und schenkte beiden nach. Dann sah er Tori nachdenklich an. »Hat dir mein Freund Argael auch etwas über das Glück mitgeteilt?«
»Über das Glück?« Fragend schaute Tori ihn an.
»Ja, denkst du, dass dich das viele Geld glücklich machen wird?«
»Aber natürlich wird es das!«, antwortete Tori voller Überzeugung.
»Wie kommst du zu dieser Meinung?«, forschte Jesran.
»Wenn ich reich bin, so kann ich mir alles kaufen, was mein Herz begehrt. Dann bin ich jeden Tag glücklich. Ich kann das Geld mit vollen Händen ausgeben.«
»Soso.« Jesran betrachtete Tori nachdenklich. »Kannst du dir auch Freunde, Liebe, Respekt und Ehre kaufen?«
Tori überlegte. Darüber hatte er sich noch nie Gedanken gemacht. Konnte man sich Freunde kaufen? Und wie war es mit Respekt?
Ohne die Antwort abzuwarten fuhr Jesran fort: »Wahre Freunde kannst du dir nicht erkaufen. Genauso wenig kannst du dir Liebe, Respekt, Achtung oder Ehre erkaufen. In gewissem Sinne kannst du dir das erkaufen, aber es ist nur von kurzer Dauer und im Grunde genommen nur oberflächlich und eine Lüge. Wenn du viel Geld hast, so wirst du auch viele Freunde haben, mehr, als du jemals hattest. Und mit deinem Geld kannst du dir auch Freunde kaufen, indem du ihnen alles bezahlst, was ihr Herz begehrt. Doch diese

Freunde lieben nicht dich, sie lieben dein Geld. Und sobald dein Geld weg ist, so sind sie auch weg. Genauso ist es mit Respekt, Achtung oder Ehre. Viele reiche Menschen werden nur aufgrund ihres Geldes respektiert und geachtet. Weil sie Geld und Macht haben und andere bestrafen können, wenn diese sich falsch verhalten. Davor haben die meisten Menschen Angst. Doch tief in ihrem Inneren verachten sie diese. Sobald man ihnen ihr Geld und damit ihre Macht nimmt, schwindet auch der gespielte Respekt der anderen Menschen. *Darum ist es wichtig, dass dich Menschen wegen deiner Persönlichkeit respektieren und achten und nicht aufgrund deines Wohlstands und deines Geldes.* Argael ist solch ein Mann. Nimm ihm all sein Geld und seinen Besitz – ich verspreche dir, die Menschen, die ihm begegnen, werden dennoch großen Respekt vor ihm haben, aufgrund seines Wissens und seines Verhaltens. *Persönlichkeit und Charakter machen einen weisen Mann aus.*«

»Argael ist wahrhaftig solch ein Mann, wie Ihr ihn beschrieben habt. Aber werden ihn dann nicht die reichen Menschen verachten, wenn er kein Geld mehr hat?«

»Vielleicht der eine oder andere. Doch die meisten werden ihn dennoch respektieren, weil er solch ein Wissen hat und solch eine Persönlichkeit ist. Und aufgrund dieses Wissens würde er auch niemals lange arm bleiben, denn er kennt die Gesetze des Reichtums, des Wohlstandes und des Glückes. Nein, er kennt sie nicht nur, viel mehr, er lebt sie. Somit könnte er sich in kurzer Zeit wieder ein Vermögen aufbauen. Verstehst du?«

»Ich denke, dass ich Eure Worte verstanden habe. Ihr wollt mich darauf hinweisen, dass ich beginnen soll, die Prinzipien des Wohlstandes und des Glückes zu leben.«

Gib den zehnten Teil

»Ja, das möchte ich. Und ich möchte dir zeigen, dass das Geld nicht allein für das Glück in deinem Leben verantwortlich ist. Kannst du dich erinnern, dass du einmal etwas gekauft hast, das du unbedingt besitzen wolltest, und als du es dann hattest, es dich doch nicht so glücklich gemacht hat, wie du es eigentlich dachtest?«

»Ja, das kann ich.«

»Siehst du, das Geld allein macht dich nicht glücklich. Es kann dich sogar unglücklich machen. Du musst lernen, richtig damit umzugehen, damit es dich glücklich macht.«

»Was meint Ihr damit, dass ich richtig damit umgehen muss? Was muss ich tun?«

»Nun, wer reich ist, hat auch eine große Verantwortung, der er nachkommen muss.«

»Was für eine Verantwortung?« Fragend schaute Tori auf.

»Schau, Tori, mit Verantwortung meine ich, dass der, der viel hat, auch sehr verantwortungsvoll mit seinem Geld umgehen sollte. Dazu gehört auch, anderen Menschen zu helfen. Es gibt so viele arme Menschen in jeder Stadt. Viele von ihnen haben nicht einmal etwas zu essen. Hilf diesen Menschen und lass sie an deinem Reichtum teilhaben! Es wird dich glücklich machen und du wirst dadurch bestimmt nicht weniger Geld haben.

»Aber Herr, wenn ich das Geld, das ich verdiene, gleich wieder an die Armen in unserer Stadt verteile, dann werde ich ja nie reich! Allein in Assur gibt es so viele arme Menschen, dass niemand sie zählen kann. Wenn ich Euren Rat befolge, dann gehöre ich ja selbst zu den armen Menschen, weil ich mein Geld verschenke, bevor es sich vermehren konnte.«

»So meinte ich das nicht. Du sollst nicht dein ganzes Geld an die Armen verteilen, sondern nur einen Teil. So, wie du den zehnten Teil sparst, so kannst du den zehnten Teil unter den Armen verteilen. Dadurch wirst du sicherlich nicht ärmer.«

»Wie meint Ihr das, dass ich nicht weniger Geld haben werde als zuvor?«

»Das ist etwas, was ich dir selbst nicht erklären kann. Aber es ist so. Das, was du gibst, kommt in irgendeiner Form, von irgendjemand wieder zurück. Und du wirst dadurch nicht arm. Ich habe mir damals, als ich diese Erkenntnis hatte, zum Ziel gesetzt, dass ich den zehnten Teil spare, um Geld zu haben, das für mich arbeitet und mich wohlhabend macht. Diesen Teil habe ich nach und nach, je mehr ich verdiente, erhöht, bis ich die Hälfte meines Einkommens sparen konnte. Als zweites setzte ich mir zum Ziel, den zehnten Teil zu nehmen, um anderen Menschen zu helfen.«

»Aber wenn ich immer von meinem Geld den zehnten Teil weggebe, so habe ich doch weniger Geld. Das merke ich doch!«

»Ja, das wirst du merken. Doch du wirst mit oder ohne diesen zehnten Teil die Tage bis zu deinem nächsten Lohn genauso gut oder genauso schlecht überstehen.«

»Wenn ich immer wieder mein Geld weggebe, so habe ich doch weniger! Dann brauche ich auch länger, bis ich reich bin. Also ist es doch besser, dass ich warte, bis ich viel Geld habe, und dann gebe ich einen Teil davon her.«

»Und wann ist der Tag, an welchem du reich bist?«, fragte Jesran herausfordernd.

»Hm, ich weiß es nicht, Herr«, musste Tori gestehen

»Siehst du, das ist genau dasselbe wie mit dem Sparen, das dir Argael mitgeteilt hat. Erinnerst du dich? Du hast mir vorhin davon erzählt. Der Hauptgrund, warum die meisten Menschen arm sind, ist, dass sie nicht sparen und immer alles ausgeben, was sie einnehmen. Oftmals sogar noch viel mehr. Wenn man sie dann fragt, warum sie nicht sparen, so antworten sie, dass sie momentan kein Geld haben, um es zu sparen, und dass sie eines Tages sparen werden, wenn sie mehr verdienen. Doch leider wird dieser Tag nie kommen, denn wenn sie mehr verdienen, dann steigen wie durch Zauberhand ihre Ausgaben. Darum ist es mit dem Geben wie mit dem Sparen. *Der beste Tag, um anzufangen, ist heute!* Spare den zehnten Teil und spende den zehnten Teil an Arme und Bedürftige! Wenn du von zehn Silberstücken nicht eines spenden oder sparen kannst, so wirst du auch von tausend Silberstücken keine hundert sparen oder spenden.«

»Wahrlich, ich erkenne Gemeinsamkeiten zwischen dem Sparen und dem Geben. Aber muss es gleich der zehnte Teil sein? Kann ich nicht auch weniger geben?«

»Natürlich kannst du weniger geben. Das liegt an dir, es ist ja auch dein Geld. Nur, der zehnte Teil ist ein gutes Maß. So kannst du das, was du gibst, immer dem anpassen, was du verdienst. Wenn du mehr verdienst, so kannst du auch mehr sparen und mehr geben, und wenn du weniger verdienst, gibst du weniger. Viele denken, dass sei zu viel und das könnten sie sich nicht leisten. Doch es ist genau wie beim Sparen. Du wirst genauso gut oder genauso schlecht die Zeit bis zu deinem nächsten Lohn überstehen. Denn wenn du das Geld nicht sparst oder spendest, so bekommt es ein anderer. Irgendjemand wird damit bezahlt. Was ist einfacher, von zehntausend Silberstücken tausend zu geben oder von hundert Silberstücken zehn zu geben?«

»Eure Worte leuchten mir ein, Herr. Es ist wahrlich einfacher, von hundert Silberstücken zehn zu geben, als von zehntausend Silberstücken tausend zu geben«, musste Tori zugeben.

»So höre nicht auf die Menschen, die sich selbst dafür entschuldigen, dass sie nichts geben, indem sie sagen, sie geben, wenn sie viel haben. Auch dann werden sie nichts geben. Beginne zu geben, wenn du wenig hast, und eigne dir bald die Gewohnheit an, von jedem Verdienst den zehnten Teil zu geben! Gib dies frohen Herzens und du wirst reichen Segen dafür erhalten.«

»Hm, ich denke, ich werde mir diese Gewohnheit aneignen, Herr. Doch sagt, Ihr erwähntet vorhin das Glück und fragtet mich, ob ich denn als reicher Mann glücklich wäre. Was hat das Geben mit dem Glück zu tun?«

»Nun, die meisten Menschen behaupten doch immer, dass Geld nicht glücklich mache, und oft sogar, dass reiche Menschen aufgrund ihres Reichtums sehr unglücklich seien. Das hast du doch bestimmt auch schon oft gehört?«

Tori nickte zustimmend. Nur zu oft hatte er solche Sätze gehört, meist von unglücklichen, armen und verschuldeten Menschen.

Jesran fuhr fort: »Achte immer genau darauf, was andere Menschen dir sagen, und hinterfrage alles! Leider wird nur zu leicht die Weisheit, Geld alleine macht nicht glücklich, von solchen Menschen als Entschuldigung missbraucht, die kein Geld haben. Sie rechtfertigen damit ihre Faulheit und benutzen diese Weisheit als Ausrede für ihre Armut, denn sie wollen für ihr Glück und ihren Erfolg nicht kämpfen. Doch meistens übersehen sie, dass kein Geld zu haben auch nicht glücklich macht. Du wirst allerdings feststellen, dass an vielen solchen Worten ein Körnchen Wahrheit ist, aufgrund dessen solche Meinungen überhaupt entstanden sind. So auch hier. Es stimmt, es gibt reiche Menschen, sogar sehr reiche Menschen, die todunglücklich sind. Denn wenn wir das Glück betrachten, so hat es zunächst einmal nichts mit dem Geld zu tun. Glück ist ein Gefühl, das wir nur im Augenblick erleben können. Das Geld kann allerdings dazu beitragen, dass wir uns für eine gewisse Zeit glücklich fühlen. Es kann aber auch dazu beitragen, dass sich viele Menschen unglücklich fühlen.«

»Wie denn das?«, fragte Tori erstaunt.

»Nun, ganz einfach, wenn du keines hast«, antwortete Jesran mit einem schelmischen Gesichtsausdruck. »Wenn du kein Geld hast und hoch verschuldet bist, so werden dir bei dem Gedanken an Geld immer deine Schulden in den Sinn kommen. Dadurch wirst du unglücklich, weil du gerne Geld hättest. Und das alles nur wegen der Schulden. Du fühlst dich wortwörtlich schuldig.«

»Also ist es doch gut, wenn ich Geld habe, denn dann habe ich keine Schulden und bin somit glücklich«, warf Tori ein.

»So einfach ist es nicht. Ich wollte dir damit etwas anderes zeigen. Schau her!« Jesran griff in seine Tasche und zog ein Silberstück hervor. Es funkelte im Schein der Kerze. »Was ist das?«

»Es ist ein Silberstück.«

»Oder ein Stück Metall«, erwiderte Jesran. Tori schaute ihn fragend an. Was wollte Jesran ihm damit sagen? Doch bevor er weiter darüber nachdenken konnte, fuhr Jesran auch schon fort: »Es ist eigentlich nur ein Stück Metall. Doch wir geben ihm eine Bedeutung. Was denkst du, wer dieses Silberstück wohl schon alles besessen hat? Wenn es reden könnte, welche Geschichte würde es dir erzählen? An jedem Geldstück hängen die Gefühle der Menschen, die es einst besaßen.«

»Gefühle?«, fragte Tori überrascht.

»Ja. Der eine freute sich, als er dieses Silberstück erhielt. Vielleicht hat er hart dafür gearbeitet. Ein anderer war traurig, weil er es wieder hergeben musste. Einem dritten wurde es vielleicht heimlich weggenommen. So hat jeder Mensch, der dieses Silberstück einst besessen hat, seine Gefühle daran gehängt und könnte seine eigene Geschichte darüber erzählen.«

»Wahrlich, wie viele hundert oder tausend Menschen haben dieses Silberstück wohl schon in der Hand gehalten oder in ihrem Lederbeutel getragen?«

»Siehst du, das meine ich mit Gefühlen. Der eine freute sich, der andere war traurig und in wieder einem anderen erweckte dieses Stück Metall den Neid, die Gier oder gar den Hass. Und auch das Glück ist eben solch ein Gefühl. Darum ist das Problem nicht das Geld, sondern die Gefühle in uns oder besser gesagt wir, denn wir sind verantwortlich für unsere Gefühle. So gesehen ist Geld wie ein Fenster zu unserem Herzen. Das Geld bringt genau diese Gefühle, welche im Herzen eines Menschen sind, zum Vorschein. Bei dem einen sind es die Gier und der Neid und bei dem anderen sind es die Liebe und die Dankbarkeit. Und ich denke, viele Menschen haben Angst davor, dass man ihr wahres Gesicht sieht.«

Welch interessante Ansichten Jesran ihm da mitteilte! Ja, vielleicht war das der Grund, warum viele Menschen schlecht über Reichtum und reiche Menschen redeten? Sie lenkten damit ab und schoben die Schuld auf das Geld, doch das Problem lag nicht an dem Stück Metall, sondern an den Werten, welche diese Menschen in ihrem Herzen trugen.

Dankbarkeit

Jesran fuhr fort: »Wenn ich dir nun einen ganzen Sack voll mit hunderten solcher Silberstücke schenken würde, so wärst du im Moment glücklich. Vielleicht auch mehrere Tage oder Wochen. Aber eines Tages wird das Glück wieder verflogen sein und dann bist du wieder unglücklich. Entweder, weil du alle deine Silberstücke ausgegeben hast, weil es auf einmal zu wenige sind, weil du unerwartet krank wirst, weil dich ein anderer Schicksalsschlag ereilt oder du Menschen siehst, die mehr haben als du, und in dir der Neid erwacht.«

»Aber was muss ich dann tun, damit ich reich und glücklich werde?«

»Du musst verantwortungsbewusst mit deinem Geld umgehen und darfst dich nicht davon besitzen lassen, denn sonst macht es dich unglücklich. Tief im Inneren eines jeden Menschen steckt die Gier. Wenn sie den Menschen beherrscht, so wird er niemals mit seinem Geld glücklich. Egal wie viel er hat, es wird nie genug sein.«

»Aber was kann man dann tun, um die Gier zu bekämpfen?«

»Es ist ganz einfach. *Die Antwort lautet: geben. Du kannst niemals von etwas besessen sein oder werden, wenn du bereit bist, es wieder loszulassen, anderen Menschen davon zu geben, und sie an deinem Reichtum teilhaben lässt.«*

»Und das entscheidet darüber, ob ich glücklich bin oder nicht?«, fragte Tori ungläubig.

»Es wird wesentlich zu deinem Glück beitragen und manchmal kann es sogar entscheidend darüber sein, ob du glücklich bist oder nicht. Ich habe viele Männer kennen gelernt, die sehr reich waren und große Macht hatten. Aber in ihrem Herzen waren sie unglücklich und unzufrieden, weil sie auf alle, die mehr hatten als sie, neidisch waren. Mit der Zeit wurden sie verbittert und konnten sich, trotz ihrer Macht und ihres Reichtums, nicht mehr an ihrem Leben freuen. Darum ist es sehr wichtig, dass du dankbar bist für das, was du hast. Sei niemals neidisch, weil ein anderer mehr hat als du! Glaube mir, es wird dir immer wieder ein Mensch begegnen, der reicher ist und mehr Geld besitzt als du. Sei aber niemals neidisch auf ihn, sondern gönne ihm seinen Reichtum und freue dich mit ihm! Wenn du dich mit anderen Menschen freuen kannst, wird dich das glücklich machen.«

Jesran lächelte ihn an und nahm einen großen Schluck aus seinem Becher. Welch weise Worte dieser alte Mann ihm doch sagte! Dabei hatte er so ein Strahlen in den Augen und solch ein helles und fröhliches Gesicht, wie er es selten bei Männern in seinem Alter betrachten konnte. Die meisten hatten einen grimmigen, festen Blick, man sah ihnen an, dass sie bereits viele Jahre harter Arbeit und Entbehrungen hinter sich hatten. Doch bei Jesran konnte man sehen, dass er das lebte, was er sagte, und dass dies wirklich der Weg zu wahrem Glück war.

»Der Mensch kann sich nicht lange alleine an Dingen erfreuen. Er ist wie ein Herdentier. Er braucht die Nähe zu anderen Menschen und darum muss er auch sein Glück mit ihnen teilen. Dadurch erlebt er es noch viel stärker und kann sich noch mehr über die Dinge in seinem Leben freuen. Du wirst auch feststellen, dass es dich glücklich machen wird, wenn du anderen Menschen hilfst und Dinge mit ihnen teilst. Darum sei immer dankbar für das, was du hast, und freue dich daran. So wirst du ein glücklicher Mensch und alle Menschen, die dir begegnen, werden dir bereits von weitem ansehen, dass du ein fröhlicher und glücklicher Mann bist. Denn so etwas ist nicht zu übersehen. In Assur, in Babylon und in allen anderen Städten gibt es so viele unglückliche, unzufriedene und verbitterte Menschen, da leuchtet jeder glückliche und zufriedene Mensch wie eine Fackel in der Dunkelheit. Fange an, von deinem Reichtum zu geben, auch wenn du noch keinen hast. Du bist reicher als die meisten anderen Menschen in unserer Stadt, die nichts haben oder gar verschuldet sind. Wenn du etwas gibst, so wirst du dich reich fühlen. Geben ist somit auch ein Zeichen für Überfluss und Überfluss bedeutet Reichtum.

Darum sei dankbar für alles, was du besitzt, und für all den Reichtum, den du noch erhalten wirst. Du wirst ihn eines Tages bekommen, weil du dir ein Ziel gesetzt hast, und darum kannst du dich bereits heute auf den Tag freuen und dafür dankbar sein. Und denke daran, *Dankbarkeit zeigt sich im Geben.*«

»Danke für Eure weisen Worte, Herr. Ich werde sie in meinem Herzen bewahren und danach leben. Von nun an werde ich auch auf die Armen und Schwachen achten und schauen, wo ich ihnen helfen kann.«

»Das freut mich, Tori. Du wirst dadurch wahres Glück erleben und tiefste innere Zufriedenheit. Da bin ich mir ganz sicher.«

»Herr, nun sagt mir, was kann ich Euch geben für das Wasser, das Ihr mir gegeben habt, und für die Becher, die Krüge und den Wagen. Wie viel von meinem Gewinn kann ich Euch dafür geben?«

»Ich möchte dein Geld nicht, Tori. Ich habe bereits alles, was ein Mann sich je zu besitzen wünscht. Das Einzige, was ich von dir dafür möchte, ist ein Versprechen.«

»Ein Versprechen?«, fragte Tori erstaunt.

»Ja, ein Versprechen. Schau, welch großes Glück du hast, dass du einen Mann wie Argael kennen lernen durftest. Durch ihn hast du die Geheimnisse des Reichtums und Glücks erfahren. Wenn du dieses Wissen umsetzt, so kannst du einer der glücklichsten und reichsten Männer Babylons werden. Nun versprich mir, dass du eines Tages einem anderen Menschen helfen wirst, sein Leben zu verbessern. Gib ihm diese Geheimnisse weiter und sei für ihn da! Es sollte kein Freund oder jemand aus der Familie sein, mit dem du bereits verbunden bist. Verlange auch keine Gegenleistung für das, was du gibst, sondern hilf ihm einfach, ohne an einen eigenen Nutzen zu denken! Aus Dankbarkeit geben. Verstehst du, wie ich das meine?«

»Ja, Herr, gerne möchte ich Euch dieses Versprechen geben. Von nun an werde ich meine Augen offenhalten und schauen, wem ich helfen kann.«

»Eines Tages erwachte in mir die Frage, wie man die Armut und das Elend auf dieser Welt bekämpfen könnte. Aber es wollte mir nichts einfallen und ich wurde immer mutloser. Da kam mir auf einmal der Gedanke, dass jeder doch nur einem Menschen helfen sollte, und der sollte dann einem weiteren Menschen helfen. Ohne eine Gegenleistung dafür zu bekommen, nur aus Dankbarkeit. So könnte man dem Elend und der Armut doch entgegenwirken. Vielleicht ist es so unseren Nachfahren vergönnt, mit unserem Wissen ein Leben zu führen, bei dem es nur glückliche und zufriedene Menschen gibt.«

»Das ist eine wundervolle Idee, Herr. Ich werde auf jeden Fall meinen Teil dazu beitragen und mein Versprechen einlösen.«
»Das freut mich. Weißt du, ich denke, dass das der Sinn unseres Lebens ist.«
»Der Sinn unseres Lebens?«
»Ja. Hast du dich niemals nach dem Sinn des Lebens gefragt?«
»O doch, Herr. Aber ich konnte keine Antwort finden und so habe ich eines Tages aufgehört, danach zu fragen.«
»So geht es leider vielen Menschen. Wenn sie auf eine Frage keine Antwort wissen, so hören sie auf, zu fragen, anstatt weiter nach der Antwort zu suchen.«
»Und was ist der Sinn des Lebens?«, fragte Tori und schaute Jesran gespannt an.
»Nun, ich bin der Meinung, dass der Sinn des Lebens zum einen darin besteht, unsere Bestimmung zu finden und unsere Fähigkeiten und Talente richtig zu entwickeln und sie zum Wohle und Nutzen anderer Menschen einzusetzen. Und zum anderen darin, Menschen in unserer Umgebung zu helfen und einen guten Einfluss auf sie auszuüben, so dass sich ihr Leben durch uns bereichert.«
»Was meint Ihr mit Bestimmung? Und welche Fähigkeiten?«
»Ich denke, dass jeder Mensch von uns eine Bestimmung hat, warum er auf dieser Welt ist, einen Grund. Niemand ist einfach durch Zufall entstanden, sondern jeder hat bestimmte Fähigkeiten und Talente, mit welchen er anderen Menschen helfen kann und mit denen er sein Leben glücklich und erfolgreich gestalten kann. Die Aufgabe eines jeden Menschen ist es, diese Fähigkeiten zu finden und zu entwickeln.«
»Was für Fähigkeiten sind das?«
»Das ist ganz unterschiedlich und für jeden Menschen stehen andere Fähigkeiten im Vordergrund. Der eine ist zum Beispiel sehr redegewandt, der andere ist ein guter Handwerker und wieder ein anderer ist ein guter Dichter. Egal was es ist, jeder sollte seine Stärken entwickeln und sie zum Nutzen anderer Menschen einsetzen. Nur so kannst du wirklich glücklich werden und ein erfülltes Leben leben. *Sieh deine Talente als ein Geschenk an, das dir gegeben wurde, um es gewinnbringend einzusetzen.* Deine Talente sind in diesem Fall das gleiche wie dein Geld. Du kannst dein Geld verschwenden oder du kannst es sparen und investieren. Ebenso kannst du es mit deinen Talenten tun. Du kannst sie einfach nicht beachten oder du kannst an dir arbeiten, sie weiterentwickeln und dann gewinnbringend einsetzen.«

»Ich habe mir schon viele Gedanken über meine Stärken und Talente gemacht. Ich konnte jedoch noch kein wirkliches Talent bei mir entdecken«, sagte Tori frustriert.
»Du konntest noch kein Talent an dir entdecken?«, sagte Jesran erstaunt.
»Nun, ich konnte bereits einige Stärken bei dir beobachten. Was mir bei unserem Gespräch auffällt, ist dein Wissensdurst und dass du möglichst viel lernen möchtest. Gleichzeitig macht sich eine weitere Stärke bemerkbar, dass du nämlich zuhören und Ratschläge annehmen kannst. Viele Menschen reden gerne, haben aber nie gelernt, anderen Menschen zuzuhören. Und ebenso viele nehmen keine Ratschläge von anderen an. Sie sind uneinsichtig. Leider gibt es davon viel zu viele. Sie können sich ihre Schuld nicht eingestehen und müssen immer Recht behalten. Darum gesteht sich der weise Mann Fehler ein und lernt aus den Fehlern anderer.«
»Das ist mir noch gar nicht bewusst geworden«, entgegnete Tori nachdenklich.
»Die eigenen Talente und Stärken zu erkennen, ist meist nicht einfach. Sie sind schon immer da und darum nimmt man sie als selbstverständlich hin.«
»Wie kann ich nun aber meine Stärken gewinnbringend einsetzen?«
»Nun, lerne und helfe mit deinem Wissen anderen Menschen! Du hast in den letzten Tagen bereits so viel gelernt und du wirst noch viel mehr lernen. Außerdem hast du noch weitere Stärken. Du hast Ideen und suchst nach Lösungen. Du gibst dich nicht mit den momentanen Gegebenheiten zufrieden. Die meisten Menschen fühlen sich zu schwach und versuchen erst gar nicht, an ihrem Leben oder ihrer Umwelt etwas zu ändern. Nimm nur deine Idee mit dem Verkauf der Kuchen und des Wassers auf dem Markt. Das war eine ausgezeichnete Idee, die dir in den nächsten Tagen noch viel Geld einbringen wird.«
»Es hört sich so einfach an, Herr. Doch ich sehe immer noch so viele Fehler und sehe mich noch so weit entfernt von meinem Ziel. Oftmals zweifle ich daran, dass ich mein Ziel überhaupt erreiche.«
»Tori, es ist so einfach! Du musst das, was du weißt, nur tun. Natürlich hast du noch viele Fehler an dir, an denen du arbeiten musst. Selbst solche alten Männer wie Argael und ich haben noch Fehler, an denen wir arbeiten müssen«, antwortete Jesran mit einem Schmunzeln. »Und, dass sich hin und wieder die Stimme des Zweifels in dir erhebt und dich von deinem Weg abbringen will, ist auch normal. Wichtig ist, dass du dich davon nicht unterkriegen lässt und nach vorne auf dein Ziel blickst. Dann kommst du dort auch an. Du hast bereits ein so großes Wissen erworben, mit dem du alles erreichen kannst, wovon dein Herz je geträumt hat. Nun musst du dein Wissen nur noch anwenden. Denn

dann wird dein Wissen zu einer großen Macht, der niemand widerstehen kann.«
»Ihr habt Recht, Herr. Ich muss meinen Blick mehr nach vorne auf mein Ziel richten. Könnt Ihr mir noch einmal Eure Worte über den Sinn des Lebens mitteilen?«
»*Dein Leben hat so viel Sinn, wie du ihm bereit bist zu geben. Du entscheidest selbst über den Sinn deines Lebens. Du kannst deine Talente dazu einsetzen, dich weiterzuentwickeln und anderen Menschen zu helfen oder du kannst sie unbeachtet verkümmern lassen. Es liegt an dir, welchen und vor allem wie viel Sinn du deinem Leben gibst.* Wenn du deine Talente erkennst, Tori, und mit Leidenschaft daran arbeitest, dann werden deine Träume eines Tages weit übertroffen.«
»Ist das auch der Grund, dass so viele Menschen unglücklich und unzufrieden sind, dass sie keinen Sinn in ihrem Leben haben?«
»Ganz bestimmt ist das einer der Hauptgründe dafür. Das hast du richtig erkannt. Menschen, die ihrem Leben keinen Sinn gegeben haben, haben kein genaues Ziel, ja, wenn man es genau nimmt, dann fehlt ihnen sogar der Grund, warum sie überhaupt leben sollten. Ohne Lebenssinn ist an jedem Tag die gleiche Leere in dir. Sie lässt sich mit kleinen Freuden, die das Leben bietet, verdrängen, jedoch nur für kurze Zeit. Dann kehrt die Leere zurück und ein Gefühl der Einsamkeit und der Unzufriedenheit steigt in dir auf. Ich kenne das nur zu gut. Auch ich gehörte jahrelang zu diesen unglücklichen, suchenden Menschen, die bereits alle Hoffnung aufgegeben haben.«
Jesran schenkte sich nochmals nach und nahm einen kräftigen Schluck. Er blickte an Tori vorbei in die Ferne, als ob er noch einmal in diese Zeit eintauchte und sich zurückerinnerte. Was mochte dieser alte Mann alles erlebt haben? Wie viel Leid und Entbehrung hatte er kennen gelernt? Tori schaute ihn gespannt an, wagte jedoch nicht, sein Schweigen zu unterbrechen.

Fehler sind gut

Nach einiger Zeit wendete sich Jesran ihm wieder zu. Er sah seinen erwartungsvollen Blick und ein Lächeln huschte über sein Gesicht. »Ja, Tori, leider wissen noch viel zu wenig Menschen von diesen Dingen. Ich hoffe, dass es eines Tages so sein wird, dass alle Menschen davon erfahren und das Leben dieser Menschen einen Sinn erhält, der sie jeden Tag glücklich sein lässt.«
»Kann man das denn? Jeden Tag glücklich sein?«
»Nun, jeden Tag wohl nicht. Es werden immer Momente, unerwartete Dinge oder Schicksalsschläge im Leben kommen, die uns zweifeln lassen und uns unglücklich stimmen. Das Wichtige ist nur, dass das kein Dauerzustand wird und dass wir die meiste

Zeit freudig und dankbar durchs Leben gehen können.«
»Was kann man tun, damit es so wird?«
»Du musst erkennen, dass du die Wahl hast, ob du glücklich oder unglücklich, freundlich oder unfreundlich bist. Es ist deine innere Einstellung, die du jeden Tag auf's Neue wählen kannst. Es liegt nur an dir.«
»Das ist ein ungewohnter Gedanke, doch es liegt wirklich immer an mir und nicht an den Umständen, welche wir gerne als Entschuldigung vorschieben«, sagte Tori nachdenklich. »Ich glaube, bisher war es immer so, dass die äußeren Umstände ausschlaggebend waren, wie ich mich gefühlt und verhalten habe.«
»Das ist bei den meisten Menschen so. Doch diese Erkenntnis gibt dir die Macht über dein Leben. Somit wird es nicht von anderen bestimmt, sondern du triffst eine eigene Entscheidung. Denn jedes Mal, wenn du dich über einen anderen Menschen aufregst oder wegen eines anderen Menschen unglücklich bist, gibst du gleichzeitig die Macht über dein Leben ab. In diesem Moment hat dieser Mensch die Macht über dich, denn er bestimmt mit seinem Tun, wie du dich fühlst und wie du dich verhältst. Er hat die Macht über dein Lebensglück.«
»Wie oft habe ich schon die Macht über mein Leben abgegeben? Aber von nun an werde ich achtgeben, dass ich immer selbst entscheide, wie ich mich fühle.«
»Merke dir, Tori, in dem Moment der Entscheidung bestimmen wir unser Leben. Leider haben die meisten Menschen Angst, Entscheidungen zu treffen, denn es könnte auch eine falsche Entscheidung sein, und dann hätten sie versagt. Doch wenn du eine Entscheidung triffst, so kann sie dein Leben zum Guten verändern und bereichern. Wenn du hingegen keine Entscheidung triffst, wird sich auch nichts ändern.«
»Aber falsche Entscheidungen sind doch schlecht für mein Leben!«
»Nicht unbedingt. Vielleicht haben sie für kurze Zeit eine schlechte Auswirkung auf dein Leben und du hast einen Nachteil. Aber auf lange Sicht gesehen, werden sie dir eines Tages zum Vorteil gereichen.«
»Das verstehe ich nicht. Wie werden schlechte Entscheidungen zum Vorteil?«
»Indem du daraus lernst. Leider ist vielen Menschen nicht bewusst, dass wir aus unseren Fehlern lernen. Nach jeder falschen Entscheidung gewinnst du eine neue Erkenntnis, die du in Zukunft verwenden kannst, um es besser zu machen.«
»Das hört sich ja so an, als seien Fehler etwas Gutes!«
»Das sind sie in gewisser Weise auch. *Fehler sind gut, wenn wir aus ihnen lernen. Wenn wir den gleichen Fehler noch einmal machen, dann ist das Dummheit.*«

»Ich wäre einmal gespannt, was Herach sagen würde, wenn Ihr ihm das erzählen würdet«, sagte Tori und dabei huschte ihm ein Lächeln übers Gesicht. »Das ist ein Gutsherr aus Assur. Er hat mehrere Felder und ich habe für ihn gearbeitet, bevor ich mit Argael auf die Reise ging. Er beschäftigt viele Männer.«
»Und was sollte er gegen meine Worte hervorbringen?«
»Das weiß ich nicht. Ich entsinne mich, wie er seinen Arbeitern immer einprägte, ja keine Fehler zu machen. Einmal hatte er einen Arbeiter, der viele Fehler machte. Auch als er ihn darauf hinwies, machte dieser weiterhin Fehler. Herach war im Grunde genommen ein guter Herr und behandelte auch seine Arbeiter und Sklaven gut. In all den Jahren konnte ich nie etwas gegen ihn vorbringen. Aber an diesem Tag, als der besagte Arbeiter wieder einen Fehler machte, geriet er außer sich vor Wut und ließ ihn vor allen Arbeitern auspeitschen. Dann sagte er, dass er keine Fehler dulde und es jedem genauso ergehen würde, der bei der Arbeit nicht achtgab.«
»Leider gibt es zu viele solcher Fälle. Auch ich habe schon viele gesehen und ich kenne auch viele Herren, die ebenso handeln und keine Fehler dulden. Doch wir sind Menschen und machen alle Fehler. Niemand wurde ohne Fehler geboren. Darum müssen wir aus ihnen lernen. Es wäre viel besser, wenn solche Herren ihren Sklaven und Arbeitern helfen und ihnen ihre Fehler aufzeigen würden. Sie sollten ihnen die Möglichkeit geben, daraus zu lernen und sich weiterzuentwickeln. Denn wenn du das tust, so werden die Menschen an ihren Fehlern wachsen, und dann war der begangene Fehler gut, weil der Diener daraus eine Lehre fürs Leben gewonnen hat.«
»Sicherlich ist das so. Von nun an werde ich meine Fehler in einem ganz anderen Licht sehen und immer überlegen, was ich daraus lernen kann.«
»Das ist sehr klug von dir, Tori. *Habe den Mut, Fehler zu begehen, dadurch wirst du wachsen und dich entwickeln.* Und nun überlege dir noch, wie es um die Fehler anderer steht«, sagte Jesran mit einem Schmunzeln.
»Um die Fehler anderer? Was wollt Ihr mir damit sagen?«
»Nun, bei den eigenen Fehlern neigt man leicht dazu, sie zu übersehen oder einfach nicht zu beachten. Doch auf die Fehler der anderen achtet man dafür umso genauer. Meistens wird dann über den anderen schlecht gesprochen und seine Fehler in jeder Einzelheit durchleuchtet. Gib auch den anderen Menschen die Möglichkeit, aus ihren Fehlern zu lernen, und verurteile sie deswegen nicht!«
»In jeder Stadt und an jeder Ecke kann man hören, wie Menschen über andere Menschen schlecht reden und sich über deren Fehler das Maul zerreißen.«

»Leider sind das solche Menschen, die damit nur von ihren eigenen Verfehlungen und ihrem eigenen Versagen ablenken wollen. Jeder Mensch hat Fehler und damit müssen wir uns abfinden. Darum muss jedem die Möglichkeit gegeben werden, aus seinen Fehlern zu lernen. Auch ich muss dann dem anderen die Möglichkeit geben, aus seinen Irrtümern zu lernen, und darf sie nicht durch den Dreck ziehen.«
»Ich denke, es ist schwierig, den anderen mit seinen Schwächen so anzuerkennen und sie ihm nicht vorzuhalten«, sagte Tori nachdenklich.
»Ja, Tori, das bedarf sehr viel Übung. Und darum versagen so viele Menschen an dieser Stelle und reden über andere schlecht. Ohne zu sehen, dass sie selbst genauso große Fehler haben oder oftmals noch viel größere. Achte einmal darauf und du wirst sehen, dass viele Fehler, die du am anderen siehst, deine eigenen größten Laster sind, die du bis jetzt noch nicht bekämpfen konntest. Es sind die größten Fehler eines Menschen, die dieser am anderen sofort erkennt. Es ist ihr eigenes Versagen, welches sie an dem anderen erkennen und an diesem schlecht aussehen lassen.«
Tori dachte über das Gehörte nach. Es stimmte. Wie oft sah er Verfehlungen an anderen Menschen, die er selbst an sich noch nicht ausgemerzt hatte und die sein eigenes Versagen waren. Wie oft schaute er auf die Fehler anderer und redete über deren Missetaten, während er über seine eigenen Übertretungen hinwegsah und ihnen keine Beachtung schenkte? Jetzt wurde ihm das erst richtig bewusst und er empfand ein Gefühl tiefer Reue über sein Verhalten. Er nahm sich vor, seine Aufmerksamkeit in Zukunft auf seine eigenen Fehltritte und nicht auf die anderer Menschen zu richten.
Jesran unterbrach seine Gedanken. »Es ist sehr spät, Tori. Hier, trink noch einen Schluck von dem köstlichen Wein und dann lass uns unser Nachtlager aufsuchen! Die Nacht ist sicher bald vorbei und die Sonne wird schneller am Himmel stehen, als wir es erwarten.«

Beginne, dein Leben zu entfalten, und lebe deine Träume.
Entwickle deine Talente und Fähigkeiten weiter und setze sie dazu ein,
den Menschen in deiner Umgebung zu helfen
und einen guten Einfluss auf sie auszuüben,
so dass sich ihr Leben durch dich bereichert.

Elftes Kapitel

Das Geheimnis des Gebens

Du kannst niemals von etwas besessen sein,
wenn du anderen Menschen frohen Herzens davon geben kannst!

Tags darauf stand Tori zu früher Stunde mit Herachim wieder auf dem Markplatz und sie gingen ihrer Arbeit nach. Da tauchte Argael mit Metora auf. Sie kamen gerade vom Pferdemarkt, wo sie Orsira zurückgelassen hatten. Argael hatte dort die Pferde hinbringen lassen, welche er zu verkaufen beabsichtigte. Kiro, der prächtige Rappenhengst, befand sich auch unter ihnen.

»Wie laufen die Geschäfte?« Fragend schaute Argael Herachim an.

»Es könnte nicht besser sein, Herr.«

»Metora wird bei euch bleiben und euch helfen. Ich werde dann zurück zum Pferdemarkt gehen, wo auch Orsira bereits ist. Ich denke, dass wir für unsere Pferde sehr gute Preise erzielen können.«

»Wir werden hier unsere Ware zu einem guten Preis verkaufen, Ihr könnt Euch auf uns verlassen, Herr«, antwortete Herachim überzeugt.

»Achtet auch auf die Gauner und Diebe, die sich hier herumtreiben und sich an unserer Ware bereichern wollen. Seid hart und lasst sie nicht entwischen!«

»Wir werden achtgeben und alles zu Eurer Zufriedenheit ausführen, Herr«, versicherte Herachim und zeigte auf drei Holzprügel und drei Schwerter, die sie bereits bereitliegen hatten, falls sich ein Gauner an ihrer Ware vergreifen wollte.

»Gut, dann werde ich nun zu Orsira auf den Pferdemarkt gehen.« Argael nickte ihnen zu und verschwand in der Menschenmenge. Wenige Augenblicke später waren sie bereits wieder voll und ganz bei der Arbeit. Eine große Schar von Menschen drängte sich um ihren Stand und begutachtete die Ware, welche sie aus Assur mitgebracht hatten.

Die Zeit verging wie im Fluge, und ehe Tori sich's versah, stand die Sonne hoch über ihnen

und die Mittagszeit war herangekommen. Doch das änderte nichts an dem Gedränge auf dem Marktplatz. Es hatte eher noch zugenommen. Tori eilte hin und her. Der Schweiß tropfte ihm von der Stirn, doch er fühlte sich großartig. Er hatte bereits sehr viele Kuchen und fast sein ganzes Wasser verkauft. Bald musste er wieder Nachschub holen. Gerade jetzt um die Mittagszeit, während die Sonne unerbittlich herniederbrannte und fast jeder auf dem Marktplatz eine trockene Kehle hatte, wurde sein Angebot freudig angenommen. Tori schaute sich um zu Herachim und Metora. Auch ihnen rann der Schweiß von der Stirn. Er nahm den letzten Krug, in dem noch Wasser war, und die letzten Kuchen und gab sie ihnen.
»Hier, nehmt und lasst es euch munden! Ich werde gehen und Nachschub holen.«
»Danke, Tori. Ja, geh nur. Wir haben auf alles ein Auge.«
Tori nahm die leeren Krüge und lud sie auf den Wagen. Dann machte er sich auf den Weg und drängte sich durch die Menschenmenge, weshalb er nur schleppend vorwärtskam. Nach einiger Zeit, die ihm in der Hitze wie eine Ewigkeit vorkam, erreichte er den Bäcker. Dieser freute sich, Tori zu sehen, und packte ihm gleich alle seine Kuchen zusammen, die er gerade noch hatte. Auch bei ihm lief das Geschäft um die Mittagszeit hervorragend. Dann ging Tori und füllte das Wasser in den Krügen nach.
Als er sich gerade auf den Weg zurück begeben wollte, fiel sein Blick in eine Seitengasse. Dort saß ein Junge zusammengekauert auf dem Boden. Seine Kleider waren zerrissen und man sah ihm seine Armut schon von weitem an. Tori dachte an den gestrigen Abend zurück und an das Gespräch mit Jesran. Was hatte dieser gesagt? Man sollte armen Menschen helfen. Dankbar sein. Und Dankbarkeit zeige sich im Geben.
Langsam ging er auf den Jungen zu, der ihn noch nicht bemerkt hatte. Nun stand Tori nur noch wenige Schritte von dem Jungen entfernt und betrachtete ihn. Erst jetzt sah er, wie erschöpft der Junge war. Plötzlich drehte dieser sich zu ihm um und schaute ihn mit großen fragenden Augen an, als ob er auf einmal spürte, dass er nicht alleine war. Sein Gesicht war schmutzig und seine Haare zerzaust.
»Hast du Hunger?«, fragte Tori.
Der Junge starrte Tori verschreckt an, ohne zu antworten. Tori war sich nicht sicher, ob der Junge ihn auch verstanden hatte. Er fragte ihn noch einmal: »Hast du Hunger?«
Nun nickte der Junge leicht mit dem Kopf, schaute ihn aber immer noch mit weit aufgerissenen Augen an. Tori reichte ihm zwei Kuchen. In den einen biss er sofort hinein, jedoch ohne den Blick von Tori abzuwenden. Die schwarzen Augen blickten ihn immer noch fragend und doch irgendwie dankbar an. Dann griff Tori noch in seine Tasche und

zog fünf Kupfermünzen heraus. »Hier, für dich. Kauf dir davon etwas Schönes!«
Der Junge öffnete den Mund und konnte nicht weiteressen. Mit großen Augen blickte er auf die Kupfermünzen. Man sah ihm an, dass er noch nie in seinem Leben so viel Geld in der Hand gehalten hatte. Er sagte noch immer kein Wort und starrte Tori nur ungläubig an.
»Ich muss nun weiter«, sagte Tori und drehte sich um.
»Vielen Dank ...«, stammelte der Junge und war noch immer fassungslos über das eben Erlebte.
Als Tori den Marktplatz wieder erreicht hatte, blickte er noch einmal zurück. Der Junge saß noch immer da und schaute ihm nach. In der einen Hand hielt er den Kuchen, in der anderen, die er fest zusammenpresste, die fünf Kupfermünzen.
Tori war glücklich. Mit dieser kleinen Tat hatte er dem Jungen eine so große Freude bereiten können! Und fünf Kupfermünzen, was war das schon? Da fiel ihm ein, dass er noch vor wenigen Tagen selbst nur acht Kupfermünzen besessen hatte. Doch seitdem hatte er so viel dazuverdienen können, dass es gar nichts ausmachte, dass er dem Jungen diese fünf geschenkt hatte. Wenn er nur fünf Kuchen und fünf Becher Wasser verkaufte, so würde er das Geld wieder eingenommen haben.
Er fasste an seinen Lederbeutel, der unter seinem staubigen Gewand an seinem Gürtel befestigt war. Seit dem Beginn der Reise war er viel schwerer geworden. Auf einmal fühlte er sich reich. Er konnte es nicht erklären, wusste er doch, dass er von dem Geld, das er hatte, nur wenige Wochen leben konnte. Aber er fühlte sich trotzdem wie ein reicher Mann.
Jesrans Worte kamen ihm wieder in den Sinn. Reichtum bedeutet Überfluss: Man kann niemals von etwas besessen sein, wenn man anderen davon geben und es auch wieder loslassen kann. Vielleicht hatte es damit zu tun. Er konnte es sich nicht erklären. Aber im Moment war ihm das auch egal. Er freute sich, dass er dem Jungen hatte helfen können, und das machte ihn glücklich. Wenig später erreichte er wieder den Stand, an dem das Gedränge nicht abnehmen wollte. Herachim kam sogleich zu ihm herüber geeilt. »Tori, gib mir bitte einen Becher mit dem köstlichen Wasser! Die Sonne brennt unerbittlich und meine Kehle ist wie ausgetrocknet.«
Tori gab ihm den gewünschten Becher: »Hier, nimm und lass es dir munden!«
Herachim nahm den Becher und leerte ihn mit einem Zug. Tori füllte sofort nach.
»Danke, Tori. Das tut gut. Welch Glück, dass du solch einen guten Einfall hattest mit dem Verkauf von Wasser und Kuchen, sonst müssten wir jetzt immer noch mit trockener Kehle in der Sonne stehen.«
Während sie sich unterhielten, kamen wieder einige Menschen an ihren Stand, die

ebenfalls Hunger und Durst verspürten, und ließen sich von Tori bedienen. Als sie fort waren, schenkte sich Tori selbst einen Becher mit dem kühlen Nass ein. »Darüber bin ich auch froh, Herachim. Wie du siehst, läuft das Geschäft. Jeder verspürt irgendwann Hunger oder Durst, besonders an solch heißen Tagen wie heute.«

»Allerdings. Doch sieh nur, da drüben! Dieser Mann verkauft ebenfalls Kuchen und Wasser!« Herachim deutete auf einen Mann, der sich mit einem Wagen, auf dem sich ein großer Wasserkrug befand, durch die Menschenmenge drängte, immer nach einigen Schritten stehen blieb und lauthals Wasser und Kuchen anpries. Tori hatte das auch schon bemerkt. Nicht nur mehr Händler und mehr Menschen waren auf dem Markt unterwegs, sondern auch immer mehr Händler, die Wasser, Brot, Kuchen, Fleisch und andere Köstlichkeiten feilboten.

»Ja, das ist mir auch bereits aufgefallen.«

»Wenn sich etwas gut verkaufen lässt, so werden es täglich immer mehr Händler, die das Gleiche anbieten und versuchen, damit Geld zu verdienen.«

»Damit muss ich mich wohl abfinden. Vielleicht muss ich mir in einigen Tagen eine andere Möglichkeit des Geldverdienens einfallen lassen.«

»Nun warte einmal ab. Noch kommen die Menschen ja zu dir. Und Essen und Trinken ist nun einmal etwas Lebenswichtiges für den Menschen, darum wirst du immer einen Kunden finden.«

»Das dachte ich mir auch. Und solange sich das Wasser und die Kuchen noch verkaufen lassen, werde ich das machen. Aber ich werde trotzdem jetzt schon meine Augen offen halten.«

»Gut, das hätte ich dir auch geraten. Gib mir aber zuerst noch einen Becher Wasser! Ich werde ihn Metora bringen, dieser verspürt sicherlich auch großen Durst.«

Tori gab ihm den Becher und wendete sich dann einem weiteren hungrigen Mann zu, der einen Kuchen kaufen wollte.

Am Abend vernahmen sie eine bekannte Stimme. »Wie war euer Tag? Habt ihr gute Geschäfte gemacht?« Die drei schauten auf und blickten in das Gesicht Argaels.

»Ja, seht Herr, wir konnten viele der assyrischen Sandalen und Gewänder verkaufen und auch die Goldketten waren sehr begehrt«, antwortete Metora.

»Das ist gut«, sagte Argael und trat noch einen Schritt näher. Sein Blick schweifte über die Ware, die auf dem Stand lag, und die vielen Kisten, in denen sich weitere Ware befand. Zufrieden stellte er fest, dass seine Männer einiges verkauft hatten.

»Konntet ihr auch gute Preise erzielen?«
»O ja. Schaut, für die Sandalen haben wir jeweils acht Kupfermünzen bekommen und auch für die Goldketten konnten wir jedes Mal mehr als ein Silberstück verlangen«, antwortete Herachim freudig.
Argael nickte und ein zufriedenes Lächeln glitt über sein Gesicht. »Weit mehr, als ich dafür erwartete. Leider können wir von derlei Erfolgen nicht berichten. Wir konnten kein einziges Pferd verkaufen. Allen Händlern war unser Preis zu teuer. Selbst für Kiro, unseren prächtigen schwarzen Hengst, wollten sie nicht so viel bezahlen.«
»Welchen Preis wollt Ihr mit dem schwarzen Hengst erzielen?«
»Nun, ich möchte für ihn mindestens zwanzig Goldstücke. Die meisten Händler wollen jedoch nicht mehr als zehn bezahlen. Jedoch werde ich ihn so billig nicht hergeben. Lieber nehme ich ihn wieder mit nach Assur und werde mich über die prächtigen Fohlen erfreuen, die ich dann von ihm erhalten werde.«
»Es ist ja auch noch Zeit. Der Markt hat heute erst begonnen und es werden bis zum Ende noch viele Menschen kommen.«
»Da hast du Recht, Herachim. Wir werden sehen.«
Als sie ihren Stand abgebaut hatten und alle Händler verschwunden waren, setzte sich Tori erschöpft auf eine Stufe direkt unter die mächtige Kriegerstatue und aß sein letztes Stück Kuchen, welches er für sich aufgehoben hatte. Wie gut es doch tat, einfach einmal zu sitzen und die vom vielen Stehen schmerzenden Beine von sich zu strecken! Plötzlich schreckte Tori auf. Er war ganz in Gedanken versunken gewesen und hatte gar nicht den Mann bemerkt, der auf einmal neben ihm stand und ihn musterte.
»Guten Abend, junger Mann. Kommst du aus Babylon?«
»Nein, ich komme aus Assur, der mächtigsten Stadt in Assyrien.«
»Aus Assur? Diese Stadt ist mir wohl bekannt. Auch ich habe sie schon viele Male bereist. Nun, so darf ich daraus schließen, dass du wegen des Marktes hier bist?«
»Jawohl, genau darum bin ich hier.«
»Nun, so sage mir, wo ich eine Unterkunft finde, in welcher ich in den kommenden Tagen die Nächte zubringen kann.«
»Solch eine zu finden, dürfte sehr schwer werden. Wir wohnen in dem prächtigen Gasthaus, welches in der Ferne am Ende des Marktplatzes liegt. Könnt Ihr es sehen?« Tori deutete über den Marktplatz auf Jesrans Gasthaus.
»Ja, meine Augen können es schwach erkennen. Ich dachte mir bereits, dass es schwer

werden würde, noch eine Unterkunft zu finden. Nun, gestattest du mir, dass ich mich einen Augenblick zu dir setze?«
»Setzt Euch«, forderte Tori den Händler auf und rutschte ein wenig zur Seite.
Der Fremde setzte sich neben Tori, nahm einen großen Schluck Wasser aus seinem Lederschlauch und forderte ihn auf: »Sag mir deinen Namen, Junge.«
»Ich heiße Tori. Und wie lautet Euer Name?«
»Mein Name ist Keroja. Bist du alleine aus Assur gekommen?«
»Nein, ich arbeite für meinen Herrn, Argael, und habe mich mit ihm und einigen seiner Diener auf den Weg hierher gemacht.«
»So ist dein Herr ein Kaufmann?«
»Ganz recht, das ist er. Der reichste und mächtigste aus ganz Assur und viele behaupten sogar aus Babylon.«
»Sieh an! Der reichste und mächtigste Kaufmann aus ganz Assur. Nun, so habe ich bestimmt schon von ihm gehört. Behandelt er Euch gut?«
»Es gibt in ganz Assur und Umgebung keinen Herrn, der seine Diener, Sklaven und Arbeiter besser behandelt als er.«
»Hört, hört! Du bist der erste Mann, der zu mir solche Worte über seinen Herrn spricht. Es freut mich, auch einmal solche Worte zu vernehmen. Dank den Göttern und freue dich jeden Tag darüber, dass du mit voller Überzeugung solche Worte über deinen Herrn sprechen kannst!«
»Darüber bin ich auch sehr froh. Nun sagt mir, welchen Beruf übt Ihr aus?«
»Ich bin Sandalenmacher. Ich wollte bereits vor Tagen hier ankommen, doch hatte ich eine schwere Reise, da mein Pferd erkrankte. So verlor ich viel Zeit und kam nur schwerlich voran, da ich oft rasten musste. Mit welchen Gütern handelt dein Herr?«
»Er handelt mit sehr vielen Dingen. Doch hauptsächlich mit Kleidern, Schmuck, Juwelen und Pferden.«
»So, mit Schmuck und Juwelen?«
»Ja. Er hat die schönsten und prächtigsten Goldketten, Armreife und Ringe bei sich, welche große Aufmerksamkeit erregen.«
»Das kann ich mir denken. Auch ich könnte nun hier stehen und am morgigen Tag Schmuckstücke verkaufen, doch die Götter wollten es mir nicht vergönnen«, sagte Keroja mit einem Ton des Bedauerns in der Stimme.
»Wie das? Erzählt mir davon!«

»Nun, auf meiner Reise habe ich in einem kleinen Dorf, etwa eine halbe Tagesreise von hier entfernt, einen jungen Mann kennen gelernt. Er verkaufte auch Schmuckstücke. Es waren wirklich wunderschöne Stücke, wie ich sie noch nie zuvor gesehen hatte; und ich bin in meinem Leben schon sehr weit gereist und habe schon viele Schmuckstücke begutachtet. Er wollte sich ebenfalls zum großen Markt in Babylon aufmachen. Doch die Götter waren ihm nicht wohlgesonnen. Wenige Tage bevor er die Reise antreten wollte, stürzte er schwer und brach sich das Bein. Daher konnte er nicht herkommen und seine wundervollen Schmuckstücke verkaufen. Er bot mir an, mir diese günstig zu überlassen, so dass ich sie hier anbieten könnte. Doch leider reichte mein Geld nicht. So musste ich weiterziehen, ohne den Handel eingehen zu können.«
»Das ist wirklich bedauerlich«, meinte Tori mitfühlend.
»Noch ist der Markt ja nicht vorbei. Vielleicht sind mir die Götter doch noch wohlgesonnen und es ist mir vergönnt, die Schmuckstücke zu verkaufen und mit einem großen Gewinn nach Hause zu kommen.«
»Wie wollt Ihr das bewerkstelligen?«, fragte Tori neugierig.
»Nun, ich werde die nächsten zwei Tage der Erste sein, der bei Morgengrauen den Marktplatz betritt, und der Letzte, der ihn in der Dämmerung wieder verlässt. Dann werde ich so viele Sandalen verkauft haben, dass ich Geld habe, um die Schmuckstücke zu erwerben. In der darauf folgenden Nacht werde ich mich dann auf den Weg in das Dorf machen und dem Mann die Schmuckstücke abkaufen.«
»Und am darauf folgenden Tag werdet Ihr die Schmuckstücke dann auf dem Markt anbieten?«, fragte Tori, der die Absicht des Sandalenmachers erkannte.
»Genau, das werde ich tun. Sag mir, Junge, hast du nicht auch Geld, das du mit mir zusammen in die Schmuckstücke investieren könntest? Somit könnte ich noch mehr davon kaufen und den Gewinn würde ich mit dir teilen.«
Tori überlegte. Das Angebot schien verlockend. Und wenn Keroja die Schmuckstücke, wie er sagte, zu einem günstigen Preis erwerben konnte, so konnten sie sicher einen ordentlichen Gewinn einstreichen. Tori traf eine schnelle Entscheidung. »Einverstanden, ich werde mich an Eurer Investition beteiligen und wir werden uns den Gewinn teilen. Ich werde ebenfalls in den nächsten Tagen versuchen, so viel Geld wie möglich einzunehmen, damit wir viele Schmuckstücke kaufen können.«
»Das freut mich, Tori, wir werden bestimmt große Gewinne damit erzielen«, sagte Keroja und streckte Tori seine Hand entgegen, in welche dieser freudig einschlug.

»Die Nacht wird gleich völlig hereingebrochen sein. Ich werde nun noch Ausschau nach einem Lager für die Nacht halten«, sagte Keroja und stand auf.
Auch Tori erhob sich. »Ja, das solltet Ihr tun. In nur kurzer Zeit wird völlige Dunkelheit herrschen. Treffen wir uns am Abend in zwei Tagen wieder hier, um zu sehen, wie viel Geld wir haben, um es in die Schmuckstücke zu investieren.«
»So soll es geschehen. Ich wünsche dir eine geruhsame Nacht, mein Freund.« Keroja hob die Hand und machte sich dann auf die Suche nach einer Bleibe für die Nacht.
Tori schaute ihm nach, bis ihn die Dunkelheit verschluckte. Er war glücklich. Wie gut es die Götter doch mit ihm meinten! Schon wieder eine neue Gelegenheit, wie er sein Geld vermehren konnte. Argael hatte Recht, wenn man sich erst einmal mit dem Vermehren des Geldes beschäftigte, so kamen auf einmal immer neue Gelegenheiten und Möglichkeiten, um sein Geld zu investieren und dadurch neue Geld-Sklaven zu erhalten, die seinen Wohlstand mehrten. Er machte sich auf den Weg zurück ins Gasthaus. Dort angekommen, legte er sich hin und schlief sofort glücklich und erschöpft ein.
In den nächsten zwei Tagen arbeitete Tori wie besessen. Er lief auf dem Markplatz umher, pries seine Ware an und half nebenher noch Metora und Herachim. Es war sehr hart unter der sengenden Sonne, die wie gewohnt kein Erbarmen kannte und jedem auf dem Marktplatz den Schweiß auf die Stirn trieb. Doch Tori kämpfte tapfer gegen die Erschöpfung an, welche ihm mit der Zeit immer weniger zusetzte. Er war voller Begeisterung und bereit, all seine Kräfte einzusetzen.

Endlich war es soweit. Der Abend des zweiten Tages war angebrochen. Tori lief zu der mächtigen Steinstatue, bei der er erst vor kurzer Zeit geholfen hatte, Argaels Stand abzubauen. Die Mühe der letzten zwei Tage hatte sich gelohnt. Sein Lederbeutel war nun prall gefüllt. Tori war stolz und glücklich.
Keroja stand bereits da und wartete auf ihn. Er erkannte ihn schon von weitem und hob freudig die Hand. Als Tori näherkam, begrüßte er ihn mit den Worten: »Tori, mein Freund, sei gegrüßt! Wie fühlst du dich?«
»Erschöpft, aber hervorragend«, antwortete dieser.
»Haben sich die Geschäfte gelohnt?«
»O ja, das haben sie. Schaut, mein Lederbeutel ist prall gefüllt.«
»Das ist wunderbar! Auch ich kann nicht klagen. Es waren zwei harte Tage, doch ich habe

bereits den größten Teil meiner Sandalen verkauft. Wir werden eine große Investition machen, mein Freund, welche uns reichlich Gewinn einbringen wird.«
»Davon bin ich überzeugt, Keroja.« Tori gab ihm all sein Geld bis auf zwanzig Kupfermünzen, die er als Investition für seinen Kuchenverkauf verwenden wollte.
»Ich werde in der morgigen Nacht wieder hier in Babylon eintreffen. Wir treffen uns am Morgen danach, im Morgengrauen, bevor die Sonne sich erhebt wieder hier.«
»Es soll geschehen, wie Ihr sagt.«
Keroja drückte Tori noch einmal kräftig die Hand, schwang sich dann auf sein Pferd und machte sich unverzüglich auf den Weg. Tori setzte sich und betrachtete die leuchtenden Sterne. Es war eine angenehme Nacht und der milde Wind wehte sanft um sein Gesicht. So saß er da und ließ Gedanken und Bilder einfach an sich vorüberziehen, bis ihm auf einmal wieder der arme Junge in den Sinn kam. Er sah vor seinem geistigen Auge, wie er zusammengekauert in der Seitenstraße saß. Was mochte er wohl alles durchgemacht oder erlebt haben? Wie lange hatte er wohl nichts mehr gegessen? Und dann sah er wieder, wie sich der Gesichtsausdruck des Jungen verändert hatte, wie auf einmal ein Glanz in seine Augen getreten war, als er ihm den Kuchen und die Kupfermünzen gegeben hatte. Ohne dass dieser etwas sagte, hatte er die tiefe Dankbarkeit gespürt, die sein Blick ausdrückte. Was habe ich getan, das diesen Jungen so glücklich machte?, fragte sich Tori. Ich habe ihm nur zwei Kuchen und fünf Kupfermünzen geschenkt. Wie so wenig Geld bei einem anderen Menschen eine solch große Freude auslösen kann!
Auf einmal fühlte sich Tori großartig. Er konnte es sich nicht erklären, doch der Gedanke, dass er diesem Jungen eine so große Freude hatte bereiten können, machte ihn überaus glücklich. Vermutlich war das ein Teil des wahren Glücks, von dem Jesran gesprochen hatte. Anderen Menschen zu mehr Glück und Freude zu verhelfen, damit sich ihr Leben dadurch bereichert. Das musste es sein, was einen selbst zu einem glücklicheren Menschen machte.
Er griff in seinen Lederbeutel, zog fünf Kupfermünzen heraus. Diese Münzen haben einen armen Jungen so glücklich gemacht, dachte er. Was haben diese Münzen wohl bereits für Gefühle in Menschen geweckt? Wer hat sich darüber gefreut, dass er sie erhalten hat? Wer hat sich darüber geärgert, dass er sie hergeben musste? Und wen haben sie dazu gebracht, gewalttätig und ungerecht zu werden?‹ Immer mehr wurde Tori bewusst, dass der richtige Umgang mit Geld und die Werte eines Menschen darüber entschieden, ob das Geld ein Segen im Leben eines Menschen ist oder ein Fluch. Fünf Kupfermünzen konnten

bei einem hungrigen Jungen ein Lächeln hervorzaubern und ihn glücklich machen. Er schaute wieder in seine Hand, in der er immer noch die fünf Kupfermünzen hielt. Fünf Kupfermünzen, dachte er. Keine zehn, keine hundert und auch keine tausend. Schon fünf Kupfermünzen können einen Jungen glücklich machen.
Tori dachte daran, wie er oft arme, kranke und bettelnde Menschen an den Toren Assurs und vor dem Portal des Tempels hatte sitzen sehen. Wie sie ihn bittend anblickten. Ihm kam die alte Frau wieder in den Sinn, der er vor längerer Zeit begegnet war. Von weitem hatte man bereits erkennen können, dass sie schwer krank war. Sie flehte ihn um einen Groschen oder ein Stück Brot an. Er erinnerte sich genau, wie die Hand in seiner Tasche fest die Kupfermünzen umschloss, die er wenige Augenblicke zuvor von Herach als Lohn für seine Arbeit auf dessen Feld erhalten hatte. Wie er dann seinen Blick senkte, auf den Boden starrte und etwas vor sich hinmurmelte, das sich so anhörte wie: »Habe selbst kein Geld und nichts zu essen«, und mit schnellen Schritten an ihr vorüberging. Er konnte sich noch daran erinnern, wie er dachte: Sobald ich mehr Geld habe, werde ich Menschen wie dieser Frau auch etwas geben. Nun war ihm klar, wie dumm solch eine Ausrede war. Mit dieser schwachen Entschuldigung, die ihre Aufgabe, das schlechte Gewissen zu beruhigen, mehr schlecht als recht erfüllte, entzogen sich täglich so viele Menschen ihrer Verantwortung gegenüber ihren Mitmenschen. Es bedurfte nicht viel Geld, um dieser Frau zu helfen. Es bedurfte nur fünf oder vielleicht sogar nur drei Kupfermünzen, um sie glücklich zu machen. Wie hätte sich diese Frau wohl gefühlt, wenn er ihr ein Kupferstück geschenkt hätte?
Auf einmal schämte er sich dafür. Er erkannte, dass er sich viel zu oft selbst bemitleidet hatte und dadurch überhaupt keinen Blick für andere mehr übrig gehabt hatte, obwohl es vielen oft viel schlechter erging als ihm. Wie oft schauen wir nur auf uns selbst und jammern und klagen? Statt dass wir aufstehen, unser Leben in die Hand nehmen und dadurch anderen Menschen ebenfalls helfen können. Tori wurde immer deutlicher bewusst, wie sehr sich das Selbstmitleid in ihm und in so vielen anderen Menschen in seiner Umgebung bereits verankert hatte. Wie normal es doch war, zu jammern und von seinen Problemen zu erzählen. Wie schnell man doch in die Opferrolle schlüpfte, um sich aller Verantwortung zu entziehen, die ein erfülltes Leben nun einmal mit sich brachte. Dabei ist es doch so einfach, diesen Kreislauf zu durchbrechen, dachte er. Wenn ich von nun an in jedem Menschen das Gute suche, nicht mehr auf dessen Fehler schaue und vor allem mich nicht mehr mit anderen Menschen über die Fehler und schlechten

Dinge anderer unterhalte, dann müsste das doch ein großer Anfang sein.
Tori war entschlossen, diesen schlechten Angewohnheiten entgegenzuwirken. Er wollte nicht so werden wie die meisten Menschen, die in seiner Umgebung wohnten. Diese waren gänzlich unzufriedene Menschen. Wenn sie redeten, so jammerten sie über ihr Leben, wie ungerecht die Götter doch zu ihnen waren, oder lästerten über ihre Mitmenschen. Wie unbefriedigend ist doch solch ein Leben! Diese Menschen sind fast schon wieder zu bedauern, dachte er. Und je mehr er über all diese Dinge nachdachte, desto stärker wurde sein Entschluss, sein Leben selbst in die Hand zu nehmen und es zu ändern. Ich werde nur noch das Gute an anderen Menschen suchen und bevor ich über jemanden schlecht rede, werde ich meinen Mund halten und gar nichts sagen. Ich weiß, dass jeder selbst für sein Leben verantwortlich ist, für das, was er tut, und vor allem auch für das, was er nicht tut. Darum werde ich mein Denken und Handeln täglich überprüfen und auch darauf achten, wo ich anderen Menschen helfen kann, die meiner Hilfe bedürfen.
Tori war glücklich. Er hatte von neuem eine Entscheidung getroffen, sein Leben weiter zu verändern und an sich zu arbeiten. Er spürte wieder diese unbeschreibliche Kraft, die solche Entscheidungen mit sich brachten. Wie arm doch nur die Menschen dran waren, die so etwas nie gespürt haben, weil sie nie die Entscheidung getroffen haben, ihr Leben in die Hand zu nehmen und zu verändern, dachte er. Wie viel Lebensfreude ging dadurch verloren, wenn man keine Entscheidungen traf? Wenn die Umgebung und die anderen Menschen die Entscheidungen für einen trafen? Auch für den Fall, dass man einmal eine falsche Entscheidung traf, so gab es doch dem Einzelnen Selbstbewusstsein und ließ ihn wachsen. Es stimmte, was Argael sagte, die Macht der Entscheidung war unglaublich. Derjenige, der das Hintertürchen zumachte und alle Kraft nach vorne richtete, konnte nur gewinnen. Doch wie viele Menschen gab es in Assur und Babylon, die sich immer ein Hintertürchen offenhielten? Tori musste schmunzeln, als ihm der Satz in den Sinn kam, den Argael bei einem Gespräch beiläufig erwähnt hatte: Die meisten werden alt, die wenigsten erwachsen.

Mit nur einer Kupfermünze
kannst du einen armen Jungen glücklich machen!

Zwölftes Kapitel

Der Mann, dem niemand helfen kann

Dein Leben ist nicht umsonst.
Du dienst den anderen immer:
Als Vorbild oder Abschreckung!

Der Schweiß lief Tori von der Stirn und seine Beine schmerzten vom vielen Stehen. Der Mittag brach herein und die Sonne brannte unerbittlich hernieder. Tori wischte sich über die Stirn und betrachtete die vielen Menschen, die sich um all die Stände drängten und wild durcheinanderschrien. Auf einmal sah er Argael, der sich durch die Menschenmenge drängte und zu Herachim hinüberging. Sein Gesichtsausdruck wirkte angespannt.

»Welche Sorge lastet auf Eurem Gemüt, Herr?«, fragte Herachim, der sofort sah, dass etwas seinen Herrn belastete.

»Es ist mir unverständlich, wir konnten bis jetzt noch keines unserer Pferde verkaufen. Nicht einmal den prächtigen schwarzen Hengst, von welchem ich überzeugt war, dass wir ihn gleich am ersten Tag verkaufen würden.«

»Woran mag das liegen, Herr? Die assyrischen Pferde sind doch sonst so begehrt?«

»Diese Ansicht teilte ich auch. Doch es scheint, als hätten die Menschen heute kein Interesse an unseren assyrischen Pferden.«

»Gibt es noch weitere Händler aus Assur?«

»Ja, es gibt noch sehr viele assyrische Pferdehändler, doch auch sie klagen darüber, dass sie bis jetzt sehr wenig verkaufen konnten.«

»Hm, das verstehe ich nicht«, sagte Herachim nachdenklich.

»Es sind einige Pferdehändler aus Ninive gekommen, die wirklich prächtige Tiere dabeihaben. Die Leute sind schon fast verrückt nach diesen Tieren. Es wird behauptet, dass einer dieser Händler ein Pferd mitgebracht hat, welches noch nie in einem Rennen geschlagen wurde. Es soll im ganzen Land kein Pferd geben, welches auch nur annähernd so schnell ist. Darum sind die Menschen so verrückt danach, ein Pferd aus Ninive zu erwerben. Den anderen Pferden aus Babylon und Assur schenken sie hingegen keine Beachtung.«

»Ich verstehe, Herr, aber ich denke, wir sollten dennoch abwarten«, sagte Herachim.

»Du hast Recht. Das werden wir auch tun.« Mit diesen Worten drehte sich Argael um, und verschwand in der Menge. Tori versuchte, ihm nachzuschauen, konnte ihn jedoch wenige Augenblicke später schon nicht mehr sehen. Seltsam, wie die Menschen denken. All die Jahre kauften sie assyrische und babylonische Pferde, da jeder wusste, dass diese Tiere zu den Besten gehörten, und auf einmal haben sie nur noch Augen für die Pferde der Händler aus Ninive, nur weil einer dieser Händler ein besonders gutes Pferd zu haben scheint, dachte Tori.

Der Tag verging nur langsam und es kam Tori wie eine Ewigkeit vor, bis die Sonne endlich unterging. Er war froh, denn die Hitze machte ihm heute besonders schwer zu schaffen. Die anderen Händler begannen bereits, ihre Ware einzupacken und ihre Stände abzuräumen. Auch Tori lief hinüber und half Herachim, alles zu verstauen und abzubauen. Dann lud er seine Krüge auf den Wagen und machte sich auf den Weg Richtung Gasthaus.

»Tori, mein guter Junge, wie geht es dir?« Die freundliche Stimme riss ihn aus seinen Gedanken. Er schaute auf und blickte in das lächelnde Gesicht des Bäckers, von welchem er seine Kuchen kaufte. »Du siehst erschöpft aus, mein Freund.«

»Das bin ich auch«, gestand Tori mit einem müden Lächeln.

»Komm, iss ein Stück köstlichen Kuchen, das wird dich wieder aufmuntern.«

»Da sage ich nicht nein«, antwortete er mit einem dankenden Lächeln.

»Hier, nimm gleich zwei! Du hast bestimmt großen Hunger«, meinte der Bäcker und drückte ihm zwei Kuchen in die Hand. Tori nahm sie dankend an, setzte sich auf eine kleine Mauer und biss herzhaft hinein. Während er so dasaß und seinen Kuchen verzehrte, fiel sein Blick auf zwei Männer, welche nur wenige Schritte von ihm entfernt standen und sich unterhielten. Sie hatten beide einen Becher in der Hand, in welchem köstlicher Wein zu sein schien. Notgedrungen musste Tori die Unterhaltung mit anhören.

»... vor fünf Jahren noch liefen meine Geschäfte viel besser. Es ist ein Jammer! Die Leute wollen einfach nicht mehr so viel kaufen.«

»Du hast Recht, mein Freund. Vor allem seit der neue König an der Macht ist und die Steuern erhöht hat. Die Menschen müssen auf jedes Kupferstück achten und darum können wir nicht mehr so viel verkaufen.«

»Es ist aber auch ein Jammer mit diesen Steuern! Ständig kommen neue hinzu. Wir werden richtig ausgebeutet und können nichts dagegen tun.«
»Außer noch mehr zu arbeiten, um dann noch mehr Steuern zu zahlen. Und die Reichen bereichern sich weiter an unserem Geld.«
»Stimmt. Wir werden ausgebeutet und die Reichen leben in Saus und Braus und lassen es sich gut gehen. Niemand fragt, wie ich meine Kinder ernähren und meiner Frau schöne neue Kleider kaufen kann. Wichtig ist nur, dass wir unser hart verdientes Geld dem König und all den Reichen geben, damit diese noch reicher werden.«
»Du hast Recht, mein Freund. Es ist wahrhaftig ein Jammer! Wer hätte vor einigen Jahren noch gedacht, dass es uns eines Tages so schlecht ergehen würde?«
»Früher war alles noch wunderbar, da hatten wir von allem im Überfluss. Und nun können wir sehen, wo wir die Steuern herbekommen, um nicht in die dunklen Kerker gesperrt zu werden. Wir werden immer ärmer und die Reichen immer reicher.«
»Du sprichst wahre Worte, mein Freund. Da, schau her!« Er deutete auf einen gut gekleideten Mann, der in einiger Entfernung an ihnen vorüberging.
»Schon wieder einer von diesen eingebildeten, reichen Kaufleuten. Alle kommen sie auf den Markt, um noch mehr Silberstücke zu scheffeln und sich zu bereichern. Nach solchen einfachen Arbeitern wie uns fragt niemand. Da gehen sie an uns mit erhobenem Haupte vorüber, ohne uns auch nur eines Blickes zu würdigen.«
»Eine Tracht Prügel gehört diesen Reichen erteilt und ausgeraubt gehören sie! Dann wüssten sie einmal, wie es einem armen Arbeiter ergeht und wie es sich anfühlt, mit leeren Taschen durch die Straßen zu ziehen.«

Wer Verschwendung sät, wird Mangel ernten

Mit grimmigem Blick schauten sie dem Kaufmann nach. Da fiel Toris Blick auf einen Mann, der die beiden wohl zu kennen schien. Er steuerte zielstrebig auf sie zu. Tori bewunderte das schöne Kleid, welches er trug. Das war sicherlich sehr teuer. Komisch, dass dieser Mann diese zwei kannte. Er passte von seinem Äußeren her überhaupt nicht zu ihnen. Er machte einen viel gepflegteren Eindruck als die beiden anderen und schien eher zu den Wohlhabenderen zu gehören, über welche sie sich die ganze Zeit ärgerten, dachte Tori. Nun ja, vielleicht wird er ihnen ja ordentlich die Meinung sagen, sie zurechtweisen und ihnen klarmachen, dass jeder selbst seines Glückes Schmied ist und nur das ernten kann,

was er auch sät, dachte Tori und war gespannt, wie die Unterhaltung weitergehen würde.
»Nefta, welch Freude, dich zu sehen! Wie geht es dir?«, begrüßten sich die Männer.
»Nun ja, wie soll es einem armen Mann schon gehen?«
»Wieso arm? Du hast doch alles, was man benötigt, um ein glücklicher Mann zu sein«, widersprach der andere sofort.
»Ha, weit gefehlt, mein Freund!«, entgegnete Nefta mit einem bitteren Lachen.
»Warum dies? Du hast eine schöne Frau, hast Kinder, welche sich prächtig entwickeln, konntest von deinem Vater eine Schneiderei übernehmen und hast Geld, mit dem du dir und all deinen Lieben schöne Dinge kaufen kannst. Was braucht ein Mann mehr, um ein glückliches Leben führen zu können?«
»Tja, wenn das wirklich glücklich machen würde. Meine Frau tadelt mich täglich. Nichts kann man ihr recht machen. Ständig findet sie neue Dinge, über welche sie sich aufregen und welche sie mir vorhalten kann. Ich bin froh, dass ich für kurze Zeit aus dem Haus bin. Und Geld? Mit dem Genuss des Geldes bin ich schon lange nicht mehr gesegnet. Dies hatte ich vielleicht am Anfang, als ich die Schneiderei übernahm. Damals war auch noch alles anders. Die Steuern waren niedriger, die Leute hatten mehr Geld und kauften mehr. Heute ist es schwer, wie soll man unter solchen Umständen noch etwas erreichen? Ich hoffe nur, dass es unsere Kinder eines Tages besser haben werden.«
»Das hoffe ich auch, doch es sind schwere Zeiten und es ist kein Ende in Sicht.«
»Aber wo ist all dein Geld hin, das dir dein Vater vererbte? Die Schneiderei war doch damals eine Goldgrube, als du sie übernommen hast«, warf der Dritte ein.
»Ha, damals, ja ja. Damals war es eine Goldgrube. Wir kamen mit dem Nähen nicht mehr nach. Die schönsten Kleider von ganz Babylon nähten wir und Geld hatten wir ohne Ende. Wo das Geld hin ist? Das wüsste ich auch gern. Ich habe einige Feste gefeiert und meiner Frau Schmuck und schöne Kleider geschenkt. Und als dann der neue König an die Macht kam, da war das schöne Leben vorbei. Durch die vielen Steuern, die wir zahlen mussten, blieb kaum etwas übrig. Die ganzen Reichen haben sich an unserem Geld bereichert. Nun ist es weg und das Einzige, was mir geblieben ist, sind Schulden, die ständig steigen. Ich weiß nicht mehr, was ich tun soll.«
»So ergeht es uns allen. Auch mich droht die Last der Schulden zu erdrücken.«
»Womit haben wir das nur verdient?«
»Dies frage ich mich jeden Tag auf's Neue. Wir haben regelmäßig unsere Opfer dargebracht und zu den Göttern gebetet. Warum wenden sie sich nun von uns ab?«

»Es ist wahrlich ein Jammer! Doch schaut her, kennt ihr den noch?« Nefta deutete auf einen Mann, welcher in einiger Entfernung vorüberging. Er war einfach gekleidet und schritt erhobenen Hauptes über den Marktplatz. Es lag ein Lächeln auf seinem Gesicht und er strahlte Zufriedenheit aus.
»Das ist ja Eljakim oder irre ich mich?«
»Nein, du irrst dich keineswegs.«
In diesem Augenblick sah Eljakim herüber und erkannte die drei. Er hob freudig die Hand, lächelte ihnen zu und grüßte sie mit freudiger Stimme. Die drei erwiderten den Gruß und schauten ihm nach.
»Hm, seht ihr, er hält sich wohl für etwas Besseres als wir.«
»Du hast Recht. Früher wäre er noch zu uns herübergekommen und hätte einige Worte mit uns gewechselt. Doch nun beachtet er uns nicht einmal mehr.«
»Der Wohlstand ist ihm wohl zu Kopfe gestiegen«, spottete Nefta.
»Früher ging er täglich mit uns in die Wirtsstube und fragte nach uns. Seit er sich in den Kopf gesetzt hat, die größte Schmiede von Babylon zu besitzen, kennt er uns nicht mehr.«
»Ha, Eljakim und die größte Schmiede in Babylon? Niemals wird er das erreichen, sage ich euch, niemals!«
»Daran glaube ich auch nicht. Ich habe es ihm damals schon gesagt, als er noch für den alten Schmied gearbeitet hat, bevor dieser verstorben ist. Wie soll ein Bursche, der in eine arme Familie hineingeboren wurde, eines Tages die größte Schmiede von ganz Babylon besitzen?«
»Er hat früher so oft davon gesprochen, und wenn man ihn reden hörte, konnte man meinen, er hätte sie bereits eröffnet. Ha, welch ein Narr!«
»Er hat es sich in den Kopf gesetzt und davon lässt er sich wohl nicht abbringen.«
»Das mag schon sein. Doch manchmal ist es besser, wenn man sich seine Kräfte spart, vor allem wenn es um etwas so Aussichtsloses geht wie dieses Vorhaben.«
»Für wen arbeitet er nun, seit der alte Schmied gestorben ist?«
»Er hat wohl seine eigene Schmiede eröffnet, hörte ich die Leute reden.«
»Hört hört! Und wie läuft diese? Hat er schon zehn Sklaven, die für ihn arbeiten?«, fragte Nefta mit einem spöttischen Lachen.
»Weit gefehlt! Der wäre froh, wenn er sich einen Sklaven kaufen könnte. Dabei hat er früher immer so groß getan, dass er einst ein reicher Mann sein und die größte Schmiede besitzen würde. Ha, niemals, sage ich euch!«

»Eingebildet ist er geworden und sein Traum ist ihm schon sehr zu Kopf gestiegen. Kaum hat er seine eigene Schmiede, kennt er seine Freunde nicht mehr. Und dabei haben wir in unserer Jugend so viel gemeinsam unternommen und auch ihm so oft geholfen.«
»Du sprichst wahre Worte. Er dachte wohl schon immer, dass er etwas Besseres ist als wir. Und nun, wo er uns nicht mehr braucht, da kehrt er uns den Rücken zu.«
»Aber ich sage euch, der schafft das nie! Und wenn ich ihm einmal wieder auf der Straße begegnen sollte, so werde ich ihm dies auch sagen. Er soll seine Kräfte schonen und seine Zeit für sinnvollere Dinge verwenden. Lieber sollte er seine alten Freundschaften pflegen und mit uns manche Abende in der Wirtsstube genießen!«
»Dann würde er sich auch die Enttäuschung ersparen, wenn er feststellt, dass der Traum von seiner großen Schmiede niemals verwirklicht werden kann, sondern eines Tages wie eine Wasserblase zerplatzen wird.«
Tori konnte nicht glauben, was er eben mit angehört hatte. Wie diese Männer so schlecht über ihren Freund reden konnten! Zumindest hatte es den Anschein, dass dieser Eljakim einst ihr Freund gewesen war. Wenn der wüsste, was sie hinter seinem Rücken über ihn redeten! Offensichtlich hatte dieser Eljakim auch einen Traum, den er verwirklichen wollte. Der Besitzer der größten Schmiede in Babylon zu sein. Und um diesen Traum zu verwirklichen, arbeitete er wohl Tag und Nacht und seine Freunde hatten dafür überhaupt kein Verständnis. Sie sahen nur, dass er wohl nicht mehr so oft mit ihnen das Wirtshaus aufsuchte und sein hart verdientes Geld dem Wirt überließ. Und statt ihn zu ermutigen, zu unterstützen und ihm bei der Verwirklichung seines Traumes zu helfen, redeten sie schlecht über ihn und machten sich über ihn lustig.
Tori konnte es nicht fassen. Was für Freunde waren das? Aber für Eljakim war es wohl das Beste, wenn er diese Männer nicht so oft sah. Sie waren ja nur darauf bedacht, ihn von seinem Traum abzubringen und ihm immer wieder zu sagen, dass er das niemals schaffen würde, da er zu arm und zu schwach sei. Sie hatten wirklich nicht verstanden, was wahre Freundschaft bedeutete. Dass man den Freund unterstützte, ihn in seinen Träumen bestärkte und ihm half, wann immer sich eine Gelegenheit dazu ergab. *Eine Freundschaft muss eine Bereicherung für beide sein.* Beide Menschen müssen durch die Freundschaft wachsen und mehr Kraft erhalten. Wenn einer dem anderen noch Kraft entzieht und diesen durch abwertende Worte nach unten drückt, wer kann es ihm verübeln, dass er demjenigen den Rücken kehrt? Nun konnte Tori verstehen, dass Eljakim wenig Zeit mit diesen Männern verbrachte. Diese Männer raubten ihm ja mehr Kraft,

als sie ihm gaben. Wenn er freudig zu ihnen ging, so machten ihn ihre Worte sicher so mutlos, dass er niedergeschlagen wieder nach Hause ging. Sie waren neidisch auf ihn und missgönnten ihm sein hart verdientes Geld und sie konnten es nicht verstehen, dass er jedes Kupferstück zweimal umdrehte und sparte, um es in seinen Traum zu investieren. Sie machten ihm Vorwürfe, dass er in der Wirtsstube nicht neben ihnen saß, anstatt ihn in seinem Tun zu bestärken und ihm ein paar aufmunternde Worte zu schenken, welche ihm neue Kraft gaben.

Der Irrglaube, den arme über reiche Menschen haben

Diese Gedanken schwirrten durch Toris Kopf. Er war entrüstet darüber, dass diese Männer nur jammern konnten und bei allen und allem anderen die Schuld für ihr Versagen und ihr Unglück suchten, nur nicht bei sich selbst.
Während Tori noch über das eben Gehörte nachdachte, sah er, wie sich die anderen zwei Männer von Nefta verabschiedeten.
»... nach Hause. Es war ein langer Arbeitstag und morgen geht es weiter, bevor die Sonne aufgeht.«
»Ich werde noch ein wenig hierbleiben und mir einen Schluck von dem lieblichen Weine gönnen, bevor ich mich zur Ruhe lege.«
»Hier, Nefta, ich habe noch einen Krug. Ich überlasse ihn dir. Lass ihn dir munden!«
»Danke, mein Freund, das werde ich.«
Wenige Augenblicke später waren die anderen zwei verschwunden. Nefta stand da und schaute auf den Marktplatz. Dann murmelte er etwas vor sich hin und drehte sich um. Er öffnete den Weinkrug und stellte jetzt erst fest, dass sie ihm gar keinen Becher dagelassen hatten. Missmutig sah er sich um. Da entdeckte er Tori, der noch immer auf seiner Mauer saß, vor sich den Wagen mit den leeren Krügen und den Bechern darauf. Er kam auf ihn zu und sprach ihn an: »Guten Abend, Junge. Hast du einen Becher bei dir, den du mir leihen könntest, damit ich von diesem lieblichen Wein trinken kann? Ich will ihn auch mit dir teilen.«
»Ja, ich habe Becher bei mir. Hier, nehmt!«
Nefta nahm den Becher entgegen und schenkte ihn sich voll. Dann reichte er Tori den Krug, dass auch dieser sich davon einschenken konnte. Sein Blick fiel auf den Wagen und die Krüge. »Verkaufst du Wasser auf dem Markt?«

»Ja. Und dazu noch Kuchen.«
»Das ist wirklich eine gute Idee«, sagte Nefta. »Aber du kommst nicht aus Babylon?«
»Das habt Ihr richtig erkannt. Ich komme aus Assur.«
»Sieh an, aus Assur. Dann bist du wie die meisten wegen des Marktes hier?«
»Ja, deswegen bin ich hier.«
»Was arbeitest du sonst noch, wenn du kein Wasser verkaufst?«
»Nun, davor habe ich auf dem Feld gearbeitet. Und nun helfe ich meinem Herrn bei allem, was er tut. Ich kümmere mich um seine Tiere und achte auf seine Ware.«
»Das ist aber auch eine schreckliche Arbeit«, stellte Nefta fest.
»Findet Ihr?«
»Sag nur, dir bereitet diese Arbeit Freude?« Verwundert sah Nefta ihn an.
»Ich kann nicht klagen«, antwortete Tori ehrlich. Nefta wurde nachdenklich.
»Hm, aber du hast ja Recht. In der heutigen Zeit muss man froh sein, wenn man überhaupt eine Arbeit hat. Wenn du Pech hättest, dann müsstest du eine noch viel schlechtere Arbeit verrichten. Es ist nun einmal alles nicht mehr so einfach.«
»Ich arbeite gerne für meinen Herrn.«
»Wie, du arbeitest gerne für deinen Herrn?« Nefta schaute ihn ganz verwundert an. So etwas hatte er ja noch nie gehört!
»Ja, ich arbeite gerne für meinen Herrn. Er ist ein bewundernswerter Mann und ich habe ihm viel zu verdanken. Darum führe ich alle Arbeiten für ihn mit Freude aus.«
»Das verstehe ich nicht. Das muss ja wirklich viel sein, was du ihm zu verdanken hast.« Nefta schüttelte den Kopf.
»Ja, so ist es. Er hat mich die Gesetze des Wohlstands und des Glücks gelehrt.«
»Die Gesetze von Wohlstand und Glück? Diese Gesetze gelten nur für die Reichen, die die Armen ausbeuten und sich an dem Geld anderer bereichern.«
»Ihr sagt, dass Ihr die Armen ausbeutet und Euch an deren Geld bereichert?«
»Wie meinst du das?«, fragte Nefta ganz erstaunt.
»Nun, wenn alle Reichen die Armen ausbeuten und sich auf deren Kosten bereichern, bereichert Ihr Euch ja auch an den Armen, da Ihr zu den Reichen gehört«, sagte Tori bestimmt.
»Wie kommst du darauf, dass ich zu den Reichen gehöre?«, fragte Nefta mit noch größerer Verwunderung.
»Das ist wohl kaum zu übersehen! Ein Mann, der solch ein kostbares Gewand trägt, kann unter keinen Umständen zu den armen Menschen dieser Stadt gehören.«

»Ach, jetzt verstehe ich, was du damit sagen möchtest«, sagte Nefta und ein Lächeln huschte über sein Gesicht. »Tja, mein Junge. Schön wäre es, wenn du Recht hättest mit dem, was du sprichst. Doch leider ist dies nicht der Fall.«
»So wollt Ihr sagen, dass Ihr arm seid? Das glaubt Euch niemand!«
»Arm bin ich sicherlich nicht. Doch reich leider auch nicht. Ich gehöre wohl zu den Menschen, die weder arm noch reich sind und gerade so über die Runden kommen.«
»Wie kommt es dann, dass Ihr solch ein wundervolles Gewand tragt?«
»Nun, ich bin Schneider und habe vor einiger Zeit die Schneiderei meines Vaters übernommen. Daher kann ich mir die schönsten Gewänder auch selbst nähen.«
»Wenn Ihr eine eigene Schneiderei habt, so verdient Ihr doch sicherlich sehr viel Geld?«
»Das war einmal. Früher, als der alte König noch an der Macht war und wir nicht so viele Steuern zahlen mussten. Doch heute bin ich froh, wenn ich überhaupt meine Familie ernähren kann.«
»Verdient Ihr denn wirklich so wenig Geld im Monat?«
»Nun, wenn du es mit den anderen Arbeitern in dieser Stadt vergleichst, so ist es sicher viel mehr, als diese verdienen. Doch habe ich so viele Schulden, dass davon fast nichts mehr übrig bleibt.«
»Warum habt Ihr denn die ganzen Schulden?«
»Das wüsste ich auch gerne«, erwiderte Nefta mit einem Seufzer. »Ich habe früher immer große Feste veranstaltet und all meine Freunde eingeladen. Meiner Frau habe ich kostbaren Schmuck und edle Kleider geschenkt. Doch eines Tages war das viele Geld weg und auch die Geldverleiher wollten mir keines mehr geben. Und nun ist das wundervolle Leben vorbei. Jeden Monat nötigen mich die Geldverleiher und ich habe größte Mühe, ihre Forderungen zurückzubezahlen.«
»Dann müsst Ihr neu anfangen! Fangt an, einen kleinen Teil Eures Geldes zu sparen und zu vermehren. Eines Tages werdet Ihr wieder genug haben und könnt Euer Leben wieder genießen«, sagte Tori überzeugt.
»Sparen?« Ungläubig schaute Nefta Tori an. »Was soll ich denn sparen? Ich sagte dir doch, dass ich kein Kupferstück übrig habe. Somit kann ich auch nicht sparen.«
»Wofür gebt Ihr Euer Geld denn aus, wenn Ihr die Geldverleiher bezahlt habt?«
»Nun, ich kaufe zu essen und zu trinken, damit meine Familie nicht verhungert. Ich gebe meiner Frau ein wenig, damit sie sich wenigstens noch ein paar der schönen Dinge leisten kann, die sie sich früher täglich gekauft hat. Dann bleibt noch ein kleiner Rest, mit

dem ich abends in der Wirtsstube den süßen Wein bezahlen kann, den ich mit meinen Freunden trinke, und mit dem ich ab und zu noch ein paar Wetten abschließen kann.«
»Seht Ihr, und von diesem Betrag könnt Ihr Geld sparen. Gebt Eurer Frau etwas weniger und geht nur noch jeden zweiten Abend in die Wirtsstube. Dieses Geld könnt Ihr dann sparen und investieren.«
»Wo soll ich das Geld investieren? Wenn ich Pech habe, ist es weg. Ich habe noch nie in meinem Leben Geld gespart.«
»Aber es ist doch viel besser, Ihr spart einen Teil Eures Geldes, als dass Ihr weitermacht wie bisher. Wenn Ihr in den nächsten Monaten wieder Euer ganzes Geld ausgebt, so habt Ihr in einem Jahr auch nicht mehr Geld.«
»Das ist wohl wahr. Früher wäre das auch noch gegangen, doch in der heutigen Zeit ist alles anders. Das Leben ist härter und durch die vielen Steuern bleibt einem auch fast nichts mehr übrig. Früher habe ich noch so viel Geld gehabt, da hätte ich richtig viel sparen können. Doch die wenigen Kupferstücke, die ich so einspare, wie du gesagt hast, das lohnt sich doch nicht.«
»Doch, das lohnt sich! *Lieber klein begonnen als ewig gezögert.* Zudem könnt Ihr versuchen, mehr zu verdienen, dann könnt Ihr auch mehr sparen und investieren.«
»Woran soll ich denn mehr verdienen? Heutzutage ist das alles schwerer geworden. Du redest so einfach daher, als ob das jeder machen könnte.«
»Aber es ist doch einfach und jeder kann es machen. Ich bin der Meinung, dass man alles erreichen kann, wenn man nur will.«
»In der heutigen Zeit? Wir haben so viele Arme, Sklaven und Kranke. Niemals kann man das! Wenn das so leicht wäre, dann wäre jeder reich und glücklich.«
»Ich habe nicht gesagt, dass es leicht ist. Mit einfach meinte ich, dass es einfach zu verstehen ist. Es ist nicht leicht, da es Arbeit und Veränderung an sich selbst bedeutet, und diesen Preis sind nur wenige bereit, zu bezahlen. Darum sagte ich, dass jeder alles erreichen kann, wenn er wirklich will. Es liegt am Wollen des einzelnen!«
»Und was ist mit den Kranken und Sklaven?« Nefta schaute Tori herausfordernd an.
»Nun, ich gebe zu, dass es diese Menschen schwerer, manche sogar besonders schwer haben, etwas in ihrem Leben zu verändern«, lenkte Tori ein. »Doch auch diese Menschen können ihr Leben verändern und glücklicher sein.«
»Wie soll ein Sklave sein Leben verändern und glücklich sein?«
»Nun, er könnte versuchen, mehr zu arbeiten, und sich eines Tages freikaufen.«

»Aber das dauerte sehr lange. Wer weiß, vielleicht wird er davor schon getötet.«

»Das mag sein. Doch auch wir können in einigen Tagen schon tot sein, wenn die Götter es so wollen.«

»Siehst du? Du sagst es selbst. Wir können in einigen Tagen schon tot sein, wenn die Götter es so wollen. Was nützt es uns dann? Da wäre es doch besser, wir genießen das wenige, das wir haben.«

»Hm, doch wenn Ihr Pech habt, dann lebt Ihr in einem Jahr auch noch«, entgegnete Tori mit einem Grinsen.

»Woher willst du wissen, dass es mir in einem Jahr so ergeht wie jetzt? Vielleicht sind mir die Götter wohlgesonnen und ich bin wieder ein reicher, glücklicher Mann.«

»Vielleicht. Aber das glaube ich nicht.«

»Warum glaubst du das nicht?«

»Nun, weil Ihr im nächsten Jahr das erhalten werdet, was Ihr heute bestellt.«

»Bestellen? Bei wem?«

»Bei Euch selbst. Das, was Ihr heute bestellt und in Auftrag gebt, werdet Ihr nächstes Jahr erhalten. Und um Eure Bestellung aufzugeben, müsst Ihr das aussäen, was Ihr nächstes Jahr ernten wollt.«

»Und wie soll das deiner Meinung nach gehen?«

»Nun, Eure Samenkörner sind Eure Gedanken und Eure Taten. Wenn Ihr das Gleiche tut, wie Ihr in diesem Jahr getan habt, dann werdet Ihr auch im nächsten Jahr das Gleiche ernten. Um eine andere Ernte zu erhalten, müsst Ihr auch Eure Samenkörner, also Eure Handlungen, in diesem Jahr verändern.«

»Das mag für dein Leben zutreffen, doch für mein Leben und das Leben der Menschen, die ich kenne, trifft das nicht zu. Wenn du Recht hättest, dann gäbe es in ganz Babylon, ja im ganzen Land und in allen Ländern auf unserer Erde, nur reiche und glückliche Menschen. Doch wenn ich mich hier umschaue, dann gibt es immer noch mehr arme und kranke als reiche und glückliche Menschen.«

»Ja, das ist wahr. Aber achtet darauf, was ich gesagt habe. *Jeder, der wirklich von ganzem Herzen will, kann sein Leben verändern.* Leider wollt Ihr nicht, so wie viele andere Menschen auch nicht wollen. Darum sind nicht alle Menschen wohlhabend und glücklich und darum wird es auch immer Menschen geben, die arm, unglücklich und unzufrieden sind. Jeder entscheidet sich selbst dafür, welches Leben er führen möchte. Und all die Ausreden sind Lügen, die sich die Verlierer und Versager jeden Tag selbst erzählen.«

Nefta blickte nachdenklich zu Boden. »Deine Worte hören sich so einfach an, Junge. Wenn ich das nur glauben könnte. Ich denke, wenn ich noch ein paar Jahre jünger wäre, dann würde ich deinen Worten Glauben schenken und es auch einmal versuchen, aber in meinem Alter, da ist das nicht mehr so einfach. Wenn du einmal so alt bist wie ich und erlebt hast, was ich erlebt habe, dann sprichst du bestimmt auch andere Worte. In den Worten der Jugend ist auch oft Torheit und Unerfahrenheit verborgen.«

Nun stand Tori auf. Er merkte, dass es keinen Sinn hatte und er hier nur seine Zeit verschwendete. »Das mag sein, dass in den Worten der Jugend oft die Unerfahrenheit wohnt. Doch dies sind die Gesetze von Wohlstand und Glück, die mein Herr mich gelehrt hat, wofür ich ihm sehr dankbar bin! Dieser weise Mann hat bestimmt das Doppelte an Jahren erlebt als Ihr und in seinen Worten wohnt sicher nicht Unerfahrenheit und Torheit, sondern eher Erfahrung und Weisheit. Aber nun muss ich gehen. Es ist bereits spät und die Nacht bricht herein.«

Tori nahm seinen Wagen und machte sich, ohne Nefta noch eines Blickes zu würdigen, auf den Weg zu Jesrans Gasthaus. Nefta nickte ihm zum Abschied zu.

Welch ein törichter Mann, dachte Tori. Statt sich Gedanken über sein Leben zu machen und etwas zu ändern, verschwendet er seine Zeit mit Jammern und Klagen und mit dem Suchen nach Ausreden. Und was ist mit mir? Habe ich nicht auch meine Zeit vergeudet? So lange habe ich mich mit ihm unterhalten und versucht, ihm zu helfen, und er tut meine Worte als töricht und unerfahren ab. Nie mehr werde ich meine Zeit vergeuden und mit Menschen, die überhaupt nichts von Veränderung wissen wollen und nur Ausreden für ihre schlechte Situation suchen, über solche Dinge reden, schwor er sich. Sollen diese Menschen weiter jammern und klagen! Aber meine Zeit ist zu kostbar, als dass ich sie dafür verschwenden werde.

Tori erreichte das Gasthaus und lud den Wagen ab, welchen er dann in der Scheune verstaute. Als er wieder heraustrat, kam ihm gerade Jesran entgegen.

»O, Tori, wie kommt es, dass du zu solch später Stunde nach Hause kommst?«

»Ich hatte noch ein Gespräch mit einem Schneider.« Tori erzählte, wie es zu dem Gespräch gekommen und wie es verlaufen war. Jesran hörte aufmerksam zu.

»Soso. Die Worte der Jungend sind töricht und unerfahren«, wiederholte Jesran mit einem Schmunzeln, als Tori geendet hatte.

»Versteht Ihr nun, Herr, warum sich in meinem Gemüt der Ärger und die Wut breitmachen? Ich möchte diesem Mann helfen und er tut meine Worte als töricht und unerfahren ab.«

»Ja, Tori, ich verstehe dich nur zu gut. Auch mir erging es nur allzu oft so. Diesen Menschen kannst du aber nicht helfen. *Sie müssen selbst zur Einsicht gelangen und sich selbst auf den Weg machen. Solange sie nicht selbst erkennen, dass die Veränderung in ihnen stattfinden muss und nicht in den äußeren Umständen, solange wird sich in ihrem Leben nichts ändern.*«
»Wie meint Ihr das, die Veränderung muss in ihnen stattfinden, Herr?«
»Komm, Tori, wir setzen uns in die Stube und trinken noch einen Schluck von dem süßen Wein. Da löst sich die Zunge des alten Mannes und es wird leichter, zu erzählen«, sagte Jesran. So gingen sie in die Gaststube und saßen wenige Augenblicke später im Schein des Feuers am Tisch und schenkten sich von dem süßen Wein ein. Jesran trank einen Schluck und lehnte sich dann zufrieden zurück.
»Wie köstlich der Wein doch wieder einmal mundet! Was gibt es Schöneres für einen alten Mann, als einen Krug köstlichen Weines vor sich zu haben und der Jugend aus seinem Leben und von seinen Erfahrungen zu berichten? Nun, wo waren wir stehen geblieben, Tori?«
»Ihr wolltet mir mitteilen, was es mit der Veränderung auf sich hat, die in dem Menschen selbst stattfinden muss.«
»Genau. Nun, schau her! Der Schneider, mit dem du dich heute Abend unterhalten hast, ist das beste Beispiel. Was sagte er dir, sei sein größtes Problem?«
»Er sagte, dass er ein armer Mann sei oder zumindest ein Mann, der kein Geld und viele Schulden habe.«
»Genau. Nun, warum hat er denn diese Schulden?«
»Weil er viele Feste gefeiert, seiner Frau viele kostbare Kleider und teuren Schmuck geschenkt und sein Geld täglich dem Wirt überlassen hat.«
»So ist es, weil er unklug mit seinem Geld umgegangen ist. Und was war sein Wunsch oder was hätte er gerne?«
»Er wäre gerne reich oder hätte gerne mehr Geld.«
»Richtig. Nun schau, wie unschwer zu erkennen ist, kann der Schneider nicht mit Geld umgehen.«
»Nein, das kann er nicht. Sonst hätte er nicht so viele Feste gefeiert und seiner Frau so viele teure Dinge geschenkt.«
»Genau. Nun versteh mich aber nicht falsch, es ist nicht schlecht, ein Fest zu feiern oder seine Frau mit schönen Kleidern und wertvollem Schmuck zu beglücken. Das ist sogar sehr gut, aber nur dann, wenn man das nötige Geld dafür hat. Wenn man das Geld dafür beim Goldverleiher borgen muss, werden dich diese Dinge nur unglücklich machen. Darum hätte

er vorher darauf achten müssen, dass er Geld übrig hat, das er dann dafür hätte verwenden können. Verstehst du, Tori?«

»Ja, Herr, doch was hat das nun mit der Veränderung zu tun?«

»Dazu komme ich nun«, sagte Jesran und trank noch einen Schluck. »Schau, Tori, der Schneider hat kein Geld, möchte aber gerne reich sein. Wenn man nun die äußeren Umstände verändern würde, das heißt, wenn man ihm einen Beutel mit hundert oder gar tausend Goldstücken schenken würde, so wäre er doch ein reicher Mann?«

»Jawohl, das wäre er«, stimmte Tori zu.

»Nun, würde ihn dieses Geld auch glücklich machen?«

»Hm, ich weiß es nicht«, erwiderte Tori nachdenklich.

»Es würde ihn für kurze Zeit glücklich machen. Aber er würde wieder so handeln wie vor einiger Zeit, als es ihm noch gut ging. Er würde wieder große Feste veranstalten, würde viele Wetten abschließen, um Geld spielen und all seine Freunde jeden Abend einladen. Und bald würde der Tag kommen, an dem das Geld wieder verprasst und er wieder ein armer Mann wäre. Vermutlich hätte er noch viel mehr Schulden als zuvor.«

»Aber warum ist das so?«

»Weil dieser Mann keinen Bezug zu Geld hat. Um ein reicher Mann zu werden, müsste der Schneider seine Einstellung zu Geld und sein Verhalten ändern. Er würde sparen, sein Geld klug investieren und er wäre eines Tages ein reicher Mann.«

»Ich verstehe, was Ihr mir sagen wollt, Herr. Ohne sein Denken und sein Handeln grundlegend zu ändern, wird der Schneider immer wieder da ankommen, wo er jetzt ist. Ganz gleich, wie viel Geld er geschenkt bekommt und wie reich er für kurze Zeit ist. Damit sich die äußeren Umstände ändern, muss man zuerst seine inneren Werte, Glaubenssätze und seine Einstellung ändern.«

»Ich hätte es nicht treffender sagen können. Genau das möchte ich damit sagen, Tori. Niemals verändert sich ein Mensch, wenn man die äußeren Umstände ändert. Ob ein Mann in Ninive bei den Armen sitzt oder ob der gleiche Mann einen Augenblick später im babylonischen Palast neben dem König speist, er ist immer noch der Gleiche. Seine Persönlichkeit, seine Glaubenssätze und seine Werte haben sich in keinster Weise weiterentwickelt oder verändert. Darum sind Ziele für uns sehr wichtig. Auf dem Weg dorthin werden wir wachsen und uns weiterentwickeln. Wir werden zu einer ganz anderen Person.«

»Nun verstehe ich, was Ihr damit meint, dass die Veränderung nicht in den äußeren Umständen, sondern zuerst in uns selbst stattfinden muss.«

»Leider gibt es nur zu viele Menschen wie den Schneider. Sie können einfach nicht glücklich sein. Sie sagen immer: ›Wenn ich dies hätte oder das wäre, so wäre auch mir das Glück hold.‹ Doch das stimmt nicht, auch dann würde kein glückliches Lächeln ihre Lippen zieren. *Wer sich nicht an kleinen Dingen erfreuen kann und mit wenig glücklich ist, der wird auch niemals mit viel glücklich sein.*«

»Wohl wahr. Es gibt wirklich viele Menschen, die immer mehr brauchen und nur meinen, glücklich zu sein, wenn sie dies oder das auch noch besitzen.«

»In Wahrheit belügen sie sich selbst. Auch dann werden sie nicht glücklich sein, denn es wird immer Dinge geben, die sie nicht besitzen. Sie machen Ihr Glück von äußeren Umständen abhängig. Die Wahrheit jedoch ist, dass Glück unabhängig von den äußeren Umständen nur von innen kommen kann.«

Tori nickte und schenkte ihnen beiden nach.

»Da fällt mir etwas ein, Tori. Weil wir gerade von der Veränderung des Menschen sprechen. Zu den äußeren Veränderungen gehören ja nicht nur das Geld und der Reichtum. Viele Menschen klagen ja auch ständig über die vielen Probleme und über die schweren Umstände, die sie in ihrem Leben haben. Kennst du das auch?«

»Ja, Herr. Auch davon gibt es heutzutage mehr als genug«, antwortete Tori.

»Nun, die meisten dieser Menschen denken, dass es ihnen besonders schlecht ergeht. Die Götter hätten sich von ihnen abgewandt und allen anderen Menschen gehe es besser als ihnen. Oft verfallen sie dann in Selbstmitleid.« Jesran trank einen Schluck. »Auch mir ging es eines Tages so.«

»Wirklich?« Tori schaute den alten Gastwirt erstaunt an. Dieser immer lächelnde und zufriedene Mann sollte einst in Selbstmitleid verfallen sein?

»Ja, Tori. Auch ich musste lernen und mich auf meinem Lebensweg weiterentwickeln, um zu der Person zu werden, die ich heute bin«, entgegnete dieser mit einem Lächeln. »Ich möchte dir eine kurze Begebenheit aus meinem Leben erzählen.«

Jeder ist seines eigenen Glückes Schmied

»Früher, als ich noch ein junger Mann, ungefähr in deinem Alter, war, arbeitete ich für einen strengen Gutsherrn, der viele Felder in ganz Babylon besaß. Viele Babylonier arbeiteten bei ihm und verdienten sich hart ihr tägliches Brot. Wir bekamen einen sehr geringen Lohn und arbeiteten jeden Tag von Sonnenaufgang bis Sonnenuntergang. Ich war sehr unglücklich. Jeden Tag ging ich missmutig auf das Feld und haderte mit den Göttern über das Schicksal, das sie für mich bestimmt hatten. Ich fühlte mich so machtlos und schwach und sah einfach keinen Ausweg. Meine Familie war sehr arm und darum waren wir auf jedes Kupferstück, das ich verdiente, angewiesen. Es war eine schreckliche Zeit. Ich sah nur noch mich und meine Probleme und war davon überzeugt, dass es niemanden gab, dem es schlechter erging als mir. Tag für Tag fragte ich mich, was ich wohl getan hatte, dass die Götter solch ein Schicksal für mich bestimmt hatten.

Eines Tages hatte einer der Arbeiter abends das Tor der Scheune nicht richtig verschlossen, in welche wir unser Getreide gebracht hatten. Bedauerlicherweise hatte dies jemand bemerkt und einen Teil der Ernte gestohlen. Der Gutsherr war außer sich vor Zorn. Er ließ alle Arbeiter zusammenrufen, um herauszufinden, wer der Verantwortliche war, der das Tor nicht richtig verschlossen hatte. Jeder wusste, wie streng der Gutsherr war und was den Schuldigen erwarten würde. Unglücklicherweise war ich einer der Letzten gewesen, die die Scheune verlassen hatten, und somit wurde die ganze Schuld auf mich geschoben. Ich wusste, dass noch drei andere Arbeiter in der Scheune waren, als ich diese verlassen hatte, doch diese leugneten es und beschuldigten mich. Da ich das Gegenteil nicht beweisen konnte, schenkte keiner meinen Worten Glauben. So kam es, dass ich vor allen anderen ausgepeitscht wurde und danach drei Tage, ohne etwas zu essen oder zu trinken zu bekommen, in einen dunklen Kerker gesperrt wurde. Ich dachte, nun sei mein Schicksal besiegelt und die Götter würden mich zu sich rufen.

Als ich dann nach drei Tagen wieder herausgelassen wurde, war ich völlig geschwächt. Ich taumelte an einen Brunnen, trank und sank dann erschöpft nieder. So lag ich einige Zeit und machte mir Gedanken über die vergangenen Tage. Ich war so unglücklich und verfiel noch tiefer in Selbstmitleid als je zuvor. Warum ging es gerade mir so schlecht? Womit hatte ich das verdient? Als ich mich dann ein wenig erholt hatte, wurde ich wütend auf die Götter. Wie konnten diese mir solch eine Ungerechtigkeit widerfahren lassen? Warum bürdeten sie mir solch ein Schicksal auf? Ich beschloss, in den Tempel zu gehen und ihnen meine Not zu klagen. Vielleicht sahen sie ja gar nicht, wie es mir gerade erging. So ging ich zum Tempel hinauf und warf mich vor den Altar. Ich klagte ihnen all mein Leid. Angefangen von der ungerechten Bestrafung für den Fehler, den ein anderer Arbeiter begangen hatte, über die schlechte, harte und unterbezahlte Arbeit, die ich Tag für Tag auszuführen hatte, bis hin zu meinem Schicksal, dass ich in einer armen Familie ohne jeglichen Besitz geboren wurde. So kniete ich auf dem Boden und merkte gar nicht, dass hinter mir ein alter Mann stand, der mein Klagen zu den Göttern genau mitbekommen hatte. Erst als er mir sanft die Hand auf die Schulter legte und zu mir sprach, zuckte ich zusammen und bemerkte ihn. Er sagte zu mir: ›*Bete nicht um leichtere Last, sondern um einen stärkeren Rücken!*‹ Dann drehte er sich um und verließ den Tempel. Verwundert schaute ich ihm nach. Dann erkannte ich ihn: Es war der weise Sarketes. Ein alter Gelehrter, der sehr weise war und der den König und die mächtigsten Männer Babylons beriet. Auch als er schon lange verschwunden war, hallten seine Worte noch in meinem Ohr: Bete nicht um leichtere Last, sondern um einen stärkeren Rücken!

Nie habe ich diese Worte vergessen. Ich begann zu begreifen, dass das Leben wie ein Silberstück zwei Seiten hat und dass es immer an mir liegt, welche Seite ich betrachte. Von da ab beschloss ich, mein Leben in die Hand zu nehmen und zu ändern. Ich schaute nun nicht mehr auf die schlechten Dinge, die mir widerfuhren, sondern ich sagte mir immer wieder: Ich schaffe das! Ich nahm mir vor, dass ich an jedem Problem und an allem Schlechten, das mir in meinem Leben widerfahren würde, wachsen und reifen wolle. Fortan sagte ich mir stets: Durch diese Begebenheit wird mein Rücken noch stärker! Seit diesem Tag, da ich angefangen hatte so zu denken, bekam mein Leben eine völlig neue Richtung.«

»Das ist sehr interessant«, sagte Tori beeindruckt. »Wie lang dauerte es dann, bis sich Euer Leben veränderte und Ihr der reiche und wohlhabende Mann wurdet, der Ihr heute seid?«, fragte er gespannt.

Über Jesrans Gesicht huschte ein kurzes Lächeln. Dann nahm er seinen Becher und trank, bevor er antwortete. »Nun, am Anfang fiel mir die Veränderung gar nicht auf. Ich war auch noch in meinen alten Gedanken gefangen. So bedauerte ich oft, dass ich nicht als Sohn einer reichen Familie auf die Welt gekommen war. Als ich dann aber anfing, auf reiche und glückliche Menschen zu achten, stellte ich fest, dass die meisten reichen Menschen in arme Familien geboren worden waren und sich ihren Reichtum selbst erarbeitet hatten. Dann bedauerte ich mich dafür, dass ich keine besonderen Talente hatte, mit denen ich viel Geld verdienen konnte. Doch beim Betrachten von erfolgreichen Künstlern stellte ich fest, dass die wenigsten mit besonderen Talenten geboren wurden, sondern dass sie sich im Laufe ihres Lebens durch harte Arbeit alles selbst angeeignet hatten, was sie konnten. Auch diese Menschen hatten nicht von Anfang an viel Geld verdient, sondern oft jahrelang für einen Hungerlohn gearbeitet. Je mehr ich dies alles beobachtete, desto mehr begann ich, mein Denken zu ändern und folglich auch mein Handeln. Am Anfang änderte sich an meinen äußeren Umständen nicht sehr viel. Ich verdiente nicht sonderlich mehr Geld. Ja, als ich anfing, mit Dingen Geld zu verdienen, die mir Freude bereiteten, da verdiente ich sogar eine ganze Zeit lang sehr viel weniger. Ich hatte auch weniger Geld zum Ausgeben, da ich angefangen hatte, zu sparen, um es dann wieder zu investieren. Doch währenddessen entstand in meinem Inneren langsam aber sicher ein Bild von mir, verstehst du?«

»Was für ein Bild ist in Euch entstanden?«

»Nun, ich entwickelte ein Bild von dem Jesran, der ich sein wollte. Ich wollte nicht mein ganzes Leben der arme Mann sein, der sich bemitleidet und tagein tagaus für einen strengen Herrn auf dessen Feld arbeitet. Ich machte mir Gedanken, wie der Jesran sein sollte, der glücklich ist, dessen Leben ich leben wollte und zu dem ich bestimmt war. In dieser Zeit habe ich mich auch mit einem alten Gelehrten unterhalten, von dem ich viele Weisheiten lernen durfte. Er sagte mir, dass jeder Mensch etwas Besonderes sei und etwas erreichen oder erschaffen könne, was kein anderer Mensch konnte. Und dies galt es herauszufinden und zu eben dieser Person zu werden. Und je mehr sich dieses Bild entwickelte, desto mehr passte ich diesem Bild meine Handlungen an. Monatelang schien es, als würde sich nichts ändern. Doch eines Tages merkte ich, dass ich mehr Geld hatte und dass ich von diesem Geld sogar einige Monate leben könnte, ohne weiter arbeiten zu müssen. Ich erhielt auch meine ersten Zinsen und Gewinne, durch die sich dann mein kleines Vermögen wieder vermehrte. Es war nicht viel Geld, nur einige wenige Kupferstücke. Doch ich merkte, dass mein Handeln Früchte trug, auch wenn diese noch ganz klein waren. Das bestärkte mich unbeschreiblich und trieb mich an, weiterzumachen. Dann fing ich an, darauf zu achten, mit welchen Menschen ich meine Zeit verbrachte. Ich suchte immer mehr den Umgang mit Menschen, die glücklich und erfolgreich waren, und mit Menschen, die so waren, wie ich einst sein wollte. Über diese lernte ich wiederum weitere interessante Menschen kennen, von denen ich lernen konnte und durch welche sich auch gute Geschäftsgelegenheiten ergaben. Und plötzlich ging alles ganz schnell, fast wie von selbst. Ich verdiente sehr viel mehr Geld und lebte das Leben, welches ich mir immer erträumt hatte.«

»Das ist wirklich beeindruckend, Herr«, sagte Tori mit ehrlicher Bewunderung. Dann fügte er noch mit einem sehnlichen Ton in der Stimme hinzu: »Hoffentlich schaffe ich dies auch eines Tages.«

»Da bin ich mir ganz sicher, Tori. Du weißt bereits so viel, mit diesem Wissen kannst du eines Tages zu den wohlhabendsten Männern Babylons gehören. Wenn du nur durchhältst und dich von niemandem aufhalten lässt. Erhalte dir deinen Wissensdurst und frage dich bei allem, was dir im Leben begegnet, was du daraus lernen kannst und welchen Nutzen dir diese Erfahrung für die Zukunft bringt!«

»Das werde ich, Herr«, sagte Tori und leerte mit einem Zug seinen Becher. »Wie schade, dass sich solche Menschen wie der Schneider darüber keine Gedanken machen und dadurch solch ein unbefriedigtes Leben führen.«
»Da hast du Recht, Tori. Doch es liegt an jedem selbst. Du hast die Wahl, was du mit den Worten machst, die dir Argael und ich mitgeteilt haben. Du kannst sie als Samenkörner verwenden und sie in deinem Leben aussäen, so wirst du eines Tages ernten und sie werden Früchte tragen. Oder du legst sie in eine dunkle Kammer und schenkst ihnen keine Beachtung. Nach und nach werden sie verkümmern und schließlich verdörren. Es liegt immer an dir. Ebenso liegt es an dem Schneider. Auch er hätte aus deinen Worten Nutzen ziehen und sie in seinem Leben Früchte tragen lassen können.«
»Er sagte, er wäre zu alt, und wenn er noch ein junger Mann wäre, dann würde er versuchen, meine Worte in die Tat umzusetzen.«
Jesran lachte lauthals auf, bevor er antwortete. »Ha, welch dummes Geschwätz! Seit Jahrzehnten reden die Menschen solch einen Schwachsinn. Die Jungen sagen: ›Ich bin zu jung, wenn ich eines Tages alt bin, dann werde ich dies und das tun.‹ Und die Alten sagen: ›Ich bin zu alt, wenn ich noch einmal jung wäre, ja dann würde ich dies und das anders machen oder damit beginnen.‹ Welche Narren! Wann ist denn das richtige Alter? Nein, mein Freund. *Das richtige Alter ist immer jetzt und der richtige Zeitpunkt ist immer heute.* Alles andere ist Selbstbetrug! Das Alter ist niemals ein Grund. Sieh mich an, ich bin ein alter Mann. Doch täglich lerne ich dazu. Selbst bei unseren Gesprächen gewinne ich neue Einsichten und Erkenntnisse. Leben bedeutet wachsen. Und durch das Lernen wachsen wir immer weiter. Sieh die Bäume und Pflanzen an! Auch sie wachsen immer weiter. Hast du schon einmal einen Baum gesehen, der gesagt hätte: ›Nun ist's genug. Ich bin zwei Jahre gewachsen. So möchte ich bleiben.‹? Nein, er wächst immer weiter. Nur wir Menschen verfallen in den Irrglauben, alles zu wissen und nicht mehr wachsen zu müssen. Welch eine Torheit! Was nicht wächst, stirbt oder ist bereits tot.«
Jesran nahm den Weinkrug und schenkte nach. »Weißt du, Tori, zu viele Menschen gebrauchen ihr Alter als Ausrede, so wie der Schneider. Doch stell dir vor, du reitest durch die Wüste, und nachdem du mehrere Tage gereist bist, kommst du an einen Abgrund. Nun reitest du doch auch nicht weiter, sondern erkennst, dass dies ein falscher Weg war, und kehrst um. Doch im Leben entschuldigen wir uns durch Ausreden und laufen weiter auf den Abgrund zu. Anschließend weisen wir jegliche Schuld von uns oder suchen sie bei anderen Menschen oder den Umständen, ohne zu erkennen, dass wir selbst die Umstände

geschaffen haben. Welch eine Torheit! Es ist niemals zu spät, um umzukehren, und vor allem ist es keine Schande, umzukehren. Es ist eine Schande, weiterzulaufen, denn am Ende kann nur das Versagen und der Tod stehen.«

» Und wenn die Menschen, denen ich helfen will, nicht auf mich hören wollen, so wie der Schneider? Wenn sie mich belächeln oder meine Worte als unerfahren abtun?«

»Lass sie stehen und gehe schnell an ihnen vorüber! Du wirst immer Menschen begegnen, die dich auslachen und dir keinen Glauben schenken. Verschwende keine Zeit mit ihnen! Das wären sonst Perlen vor die Säue geworfen. Dafür sind dein Wissen und deine Zeit zu kostbar. Wenn du nicht möchtest, dass du selbst auf der Stelle stehen bleibst, dann hast du keine andere Wahl. Sonst kommst du noch von deinem eigenen Weg ab und kommst an einem Ort an, an den du nie wolltest. Oder endest wie der Schneider, als ein Mann, dem niemand helfen kann.«

Tori blickte Jesran fragend an. So fuhr dieser fort: »Nun, der Schneider gehört zu der Sorte von Menschen, die mit allen über ihre Probleme reden und allen davon erzählen. Doch egal welche Lösung ihnen angeboten wird, immer finden sie Ausreden oder Entschuldigungen. Diesen Menschen kann niemand helfen außer sie sich selbst. Das wollte ich damit sagen.«

»Ich danke Euch, Herr, für Eure Worte. Ich habe wahrhaftig großes Glück, dass ich Euren Worten lauschen darf.«

Ein Lächeln huschte über Jesrans Gesicht. »Es tut auch mir gut, mit dir zu sprechen. Du weißt doch, alte Männer reden gerne und viel. Und dazu sind doch alte Männer da, um der Jugend ihre Erfahrungen und ihr Wissen weiterzugeben. Auch ist es schön, zu sehen, wie sich ein anderer Mensch auf den Weg macht und langsam anfängt, sich zu entwickeln. Dieser Mensch ist wie eine kleine Pflanze, die langsam wächst. Wenn man sie täglich betrachtet, erkennt man kaum einen Unterschied. Doch wenn man sie einige Tage oder gar Wochen nicht gesehen hat, so stellt man fest, was für ein großes Stück sie wieder gewachsen ist. So wird das auch mit dir sein.«

»Mit mir? Wie meint Ihr das?«

»Nun, bald wirst du unsere Stadt wohl wieder verlassen und wir werden uns lange Zeit nicht sehen. Doch eines Tages wirst du wieder nach Babylon reisen und dann wirst du das Gasthaus des alten Jesran aufsuchen und wir werden wie heute am Tisch sitzen und uns den köstlichen Wein munden lassen. Wir werden uns unsere Erlebnisse der letzten Tage und Wochen berichten und ich werde feststellen, wie großartig du dich entwickelt hast und zu welch bewundernswertem Mann du geworden bist. Glaube mir, es gibt für einen alten Mann kaum etwas Schöneres, als so etwas erleben zu dürfen.«

»Auch für mich wird dies ein schöner Tag werden, Herr«, sagte Tori. Er war glücklich, dass

Jesran ihm solche Dinge zutraute. Niemals hatte jemand solche Worte zu ihm gesprochen. Nie hatte jemand in ihm einen großen, mächtigen und wohlhabenden Mann gesehen. Seit seiner Jugend musste er sich anhören, was er alles nicht konnte, schlecht machte und dass aus ihm sowieso nie ein mächtiger Mann würde. Er sei dazu nicht bestimmt. Denn wäre er dazu berufen, so wäre er als Sohn eines reichen Mannes auf die Welt gekommen. Das waren die Worte seines Onkels. Jesran aber sah einen anderen Tori in ihm. Er sah einen Mann in ihm, der einst erfolgreich und zu einer weisen Persönlichkeit werden würde. Wie gut es doch tat, festzustellen, dass es jemanden gab, der an ihn glaubte und der seinen Blick auf das Gold richtete, das sich in ihm und anderen Menschen befand – und nicht auf den Schmutz an der Oberfläche. Tori spürte, welch große Kraft ihm diese Worte schenkten. Kraft, mit der er sich alles zutraute, was er sich je erträumt hatte.

Jesrans Worte rissen ihn aus seinen Gedanken.

»Meine Augen werden schwer, Tori. Lass uns unser Nachtlager aufsuchen!«

»Ja, Herr. Auch ich fühle, dass mein Körper nach Ruhe verlangt. Obwohl ich Euren Worten dennoch mit Freuden die ganze Nacht über lauschen könnte.«

Ein Lächeln glitt über Jesrans Gesicht. »Ich weiß, Tori. Auch mir erging es einst so, als ich so jung war wie du und mich mit den alten Gelehrten unterhielt. Doch das Alter fordert den Preis der frühen Ruhe. Wir werden uns bestimmt noch oft unterhalten.«

Mit diesen Worten erhoben sie sich, um sich zur Ruhe zu begeben. Als Tori in seine Kammer kam, schien der Mond hell zum Fenster herein. Er legte sich hin und streckte die matten Glieder weit von sich. Das tat gut. Doch einschlafen konnte er nicht. Wie so oft in den letzten Tagen kreisten seine Gedanken um die eben geführte Unterhaltung. Ein Gedanke zog den anderen nach sich, bis er irgendwann doch in einen tiefen und ruhigen Schlaf fiel.

Bete nicht um leichtere Last, sondern um einen stärkeren Rücken!
Und wenn du dein Leben ändern willst,
warum nicht heute? Der beste Zeitpunkt,
mit der Veränderung zu beginnen, ist JETZT!

Dreizehntes Kapitel

Die Früchte des Feigenbaums

Träume sind die Vorboten dessen,
was wir im Stande sind, zu leisten!

Tori öffnete die schwere Türe und trat aus dem Gasthaus. Der frische Morgenwind streifte sein Gesicht. Welch ein herrliches Gefühl dies doch war! Er schlenderte langsam über den Marktplatz zu der Kriegerstatue, wo er sich mit Keroja treffen wollte. Dieser würde sicher bald kommen. Tori war gespannt auf die Schmuckstücke, die er mitbringen würde und mit welchen sie solch großen Gewinn erzielen würden. Wie gut es die Götter doch mit mir meinen, dachte Tori. Vor einigen Wochen noch habe ich bei Herach auf dem Feld gearbeitet und war ein armer, mutloser Mann. Und nun habe ich von Argael und Jesran so viele Weisheiten geschenkt bekommen. Es ist doch wahr, dass der wahre Wohlstand aus der Weisheit entsteht und aus den Taten, die der Weisheit folgen.
»Sieh an, du bist früh auf den Beinen, oder hast du dich nicht zur Ruhe gelegt?«
Tori zuckte zusammen und schaute auf. Vor ihm stand Keroja. Er hatte ihn gar nicht bemerkt. »Doch ich legte mich zur Ruhe, aber Ihr sagtet, dass Ihr vor dem Morgengrauen hier sein würdet, also bin ich auch hier«, antwortete Tori. Er erhob sich und schenkte Keroja ein freudiges Lächeln. Keroja war anzusehen, dass er die letzten Tage wohl sehr wenig geschlafen hatte, doch das Strahlen in seinen Augen verriet ihm, dass sich die Reise und das Geschäft gelohnt haben mussten.
»Da hast du Recht, das habe ich gesagt. Und wie jeder ehrenhafte und zuverlässige Mann weißt auch du die Tugend der Pünktlichkeit zu schätzen. Das lobe ich mir sehr. Nun schau her, was ich mitgebracht habe.«
»Hat sich Eure Reise gelohnt?«, fragte Tori, obwohl er die Antwort bereits ahnte.
»Aber sicher, mein Freund, hier, sieh her!« Keroja öffnete seine Ledertasche und zog verschiedene Schmuckstücke heraus, welche er Tori gab. Es waren wirklich wunderschöne

Stücke. Ringe, Ketten und Armreife. Alles funkelte und glitzerte in dem Licht der aufgehenden Sonne. Keroja breitete ein Tuch auf dem Boden aus und legte alle Schmuckstücke sorgfältig nebeneinander. »Sieh nur, Tori, wie sie glänzen! Ist das nicht herrlich?«, sagte er begeistert.
»O ja, das sind ja wahrhaftig prächtige Stücke. Ich habe selten in meinem Leben so schön glänzenden Schmuck gesehen«, antwortete Tori ehrlich überwältigt.
»Sieh nur, diesen Ring, wie reichlich er mit Steinen verziert ist und wie diese funkeln!«, sagte Keroja und reichte ihm vorsichtig den Ring. Tori nahm ihn entgegen und betrachtete ihn genau. Es war wirklich ein wunderschönes Stück.
»Wie werden wir die Schmuckstücke nun am besten verkaufen?«
»Nun, ich denke, wir werden sie an meinem Stand auslegen und verkaufen. Den Gewinn werden wir uns wie vereinbart teilen. Oder möchtest du, dass wir sie gleich aufteilen und jeder seine eigenen Stücke verkauft?«
»Nein, lass es uns so machen, wie du gesagt hast. Du wirst die Schmuckstücke zu einem guten Preis verkaufen und den Gewinn werden wir uns teilen.«
»Abgemacht«, sagte Keroja und packte die Schmuckstücke wieder in seine Tasche. »Weißt du was, Tori, wenn wir all unsere Schmuckstücke verkauft haben, dann lassen wir es uns gut gehen! Wir werden eine Schenke aufsuchen und uns ein wahrhaft festliches Mahl bereiten lassen und unser gutes Geschäft mit einem Krug süßen Weines begießen.«
Tori wollte nein sagen und erklären, dass er seine Gewinne lieber sparen wollte, um sie wieder zu investieren, doch da kamen ihm die Worte Argaels in den Sinn, dass man sich auch einmal für ein erreichtes Ziel belohnen und sich etwas gönnen sollte. Also, warum sollte er sich nicht einmal ein festliches Mahl gönnen? Die letzten Jahre konnte er sich mehr an solche Tage erinnern, an denen er nur zwei Feigen gegessen hatte und hungrig durch die Straßen Assurs gegangen war. Allerdings hatte das seinen Hunger nur noch erhöht, da aus allen Richtungen die Düfte der köstlichsten Speisen zu ihm drangen. Schließlich wusste niemand ein Festessen besser zu schätzen als der, welcher täglich mit hungrigem Magen durch die Straßen zog. Somit hatte er sich auch einmal ein reichliches Mahl verdient und sagte deshalb kurzerhand freudig zu. »Ja, das werden wir tun. Ich werde eine knusprig gebratene Hammelkeule verspeisen und mir dazu ein frisch gebackenes Brot munden lassen.« Bei dem Gedanken an das köstliche Mahl lief Tori das Wasser im Munde zusammen.
»O ja, eine Hammelkeule! Wie lange ist es her, dass ich so etwas Köstliches verspeisen durfte? Und einen Krug mit süßem Wein werden wir trinken und unser gutes Geschäft ordentlich

begießen!«, stimmte Keroja freudig mit ein und klopfte Tori auf die Schulter. Tori fühlte sich großartig. Da sah er, wie in der Ferne bereits die ersten Händler auf den Markplatz strömten.
»Komm, lass uns an die Arbeit gehen! In geraumer Zeit wird es hier von Händlern nur so wimmeln und wir werden kaum Platz zum Gehen haben«, sagte er deshalb zu Keroja.
»Also, mein Freund, ich wünsche dir gute Geschäfte und auf dass wir bald unsere Gewinne feiern können!«, sagte Keroja freudig und reichte ihm die Hand.
»Das wünsche ich dir auch«, entgegnete Tori und machte sich auf zum Gasthaus.
Wenig später stand er wieder auf dem Markplatz. Noch war es verhältnismäßig ruhig um ihren Stand, doch dies würde sich bald ändern. Tori schaute zu Metora und Herachim, die nur wenige Schritte neben ihm standen und sich unterhielten. Karge Wortfetzen drangen zu ihm herüber und er gesellte sich zu ihnen.
»Ich wüßte auch gerne, weshalb diesen prächtigen, schwarzen Hengst niemand kaufen möchte«, meinte Herachim gerade.
»Der Herr ist ja überzeugt davon, dass Kiro auf diesem Markt noch an einen Händler verkauft wird.«
»Nun, ich war bisher ebenso überzeugt davon. Die schlechten Verkäufe derzeit sind in der Tat befremdend.«
»Bald ist auch das große Rennen. Ich bin schon sehr gespannt, ob der Hengst aus Ninive wirklich so ein unschlagbares Pferd ist«, sagte Metora.
»Wann ist denn das große Rennen genau?«, fragte Tori.
»In zwei Tagen ist es und anschließend gibt es ein großes Fest.«
»Ich habe schon viel darüber gehört. Es soll das größte Fest im Lande sein.«
»Das ist es bestimmt auch. Lass dich überraschen, es wird wirklich großartig.«
Während sie sich unterhielten, drängten immer mehr Menschen an ihren Stand und so wurde es bald unmöglich, sich weiter zu unterhalten. Als es für einige Momente etwas ruhiger zu werden schien, machte Tori sich auf, um seine Wasserkrüge und die frisch gebackenen Kuchen vom Bäcker zu holen. Er beschloss, den Stand Kerojas aufzusuchen. Vielleicht hatte dieser ja bereits einige Schmuckstücke verkauft. So drängte er sich durch die Menge und erreichte schließlich den Stand.
»Wie laufen die Geschäfte, Keroja?«
»O Tori, mein Freund. Schön dich zu sehen! Bis jetzt ist es noch ruhig, aber der Markttag hat ja auch eben erst begonnen. Und bei dir?«
»Ich bin auf dem Weg, um mir Wasser und frische Kuchen zu holen, die ich verkaufen

kann, und da dachte ich, ich schaue einmal bei meinem Freund Keroja vorbei.«
»Das ist gut. Ja, komm nur vorbei, ich freue mich immer dich zu sehen. Es tut gut, während des Tages auch einmal Abwechslung zu haben und mit einem lieben Menschen zu reden.«
»Das glaube ich Euch gerne. Auch mir ergeht es nur allzu oft so«, sagte Tori mit einem Seufzer. Sie unterhielten sich noch ein wenig, dann machte sich Tori auf den Weg, um seine Ware zu holen.

Das übliche Marktgeschehen nahm seinen Lauf und unter all der Arbeit verging der Tag wie im Flug. Es war bereits Nachmittag, doch der Andrang auf dem Markt wollte kein Ende nehmen. Das Geschrei der Händler und all der Menschen ebbte nicht ab. Es war ein wildes Durcheinander. Tori überlegte, wie viel Geld an solch einem Tag wohl den Besitzer wechselte. Er beobachtete einen Händler, der wenige Schritte von ihm entfernt seinen Stand hatte und bereits kurz nach Tagesanbruch angefangen hatte, seine Ware lauthals anzupreisen. Seine Stimme war schon heiser, und wenn er so weitermachte, so bekam er bestimmt bald keinen Ton mehr heraus. Doch das schien ihm im Moment egal zu sein. Lauthals verhandelte er mit einem Mann, der Interesse an seinen Tonkrügen zeigte.
Tori beobachtete, wie er um jedes Kupferstück feilschte und versuchte, den Mann von seinen Tonkrügen zu überzeugen. Doch die Krüge schienen diesem zu teuer zu sein, denn er schüttelte den Kopf und antwortete ruhig, so dass Tori es nicht verstehen konnte. Diese Ruhe, die der Mann ausstrahlte und mit welcher er antwortete, faszinierte Tori, weshalb er das Geschehen weiter beobachtete. Doch den Händler schien die Ruhe des Mannes eher aus der Fassung zu bringen. Er wurde immer lauter und redete, wild mit den Armen fuchtelnd, auf ihn ein. Tori musste lächeln, als er sah, dass der Mann weiterhin völlig ruhig und beherrscht blieb. So etwas sah man doch selten. Wo er hinschaute, redeten alle wild durcheinander und der eine versuchte, den anderen zu übertönen und ihn von seiner Meinung, seiner Ware oder seiner Preisvorstellung zu überzeugen. Schließlich hob der Mann die Hand, schüttelte den Kopf, gab eine Antwort und drehte sich um. Der Händler stand wie vor den Kopf gestoßen da, brüllte ihm noch etwas nach, was niemand verstehen konnte, und fluchte vor sich hin. Dann schaute er auf die Tonkrüge und in die Menschenmenge, in welcher der Mann verschwunden war.
Auf einmal schrie er in die Richtung, in welche der Mann davongegangen war, und begann, sich eilig durch die Menschenmenge zu drängen. Anscheinend hatte er es sich anders

überlegt und wollte die Tonkrüge doch noch verkaufen. Wenige Augenblicke später führte er den Mann zu seinem Stand zurück und drückte ihm die Tonkrüge in die Hand. Dann hielt er fordernd seine Hand auf, um das Geld für die Krüge zu erhalten. Der Mann fragte etwas ungläubig, um auch ja sicherzugehen, dass der Händler es auch so meinte. Dieser nickte eifrig. Nun drückte der Mann ihm einige Münzen in die Hand, lächelte zufrieden und verschwand wieder in der Menge.

Der Händler nickte, schaute auf die Münzen und brummte dann missmutig vor sich hin. Er war mit dem Handel wohl doch nicht zufrieden. Es schien, als sagte er sich, lieber diese wenigen Münzen als keine Münzen. Allerdings weckte das Geld gemischte Gefühle in ihm. Sein Blick verriet, dass er sich unschlüssig war, ob er sich über das Geld freuen oder sich einen schlechten Handel eingestehen sollte.

›Was Geld doch alles in Menschen bewirken konnte‹, dachte Tori. Es brachte diesen Mann zum Beispiel völlig aus der Fassung. Und jetzt, da er seine Tonkrüge verkauft hatte, schien er auch nicht glücklich. Tori sah ihm an, dass er sich fragte, ob das Geschäft wirklich so gut war oder ob er nicht auf die wenigen Münzen hätte verzichten sollen, um die Tonkrüge zu einem späteren Zeitpunkt teurer zu verkaufen.

Warum war das wohl so? War Geld vielleicht doch etwas Schlechtes? War nicht das Geld der Auslöser dafür, dass sich der Mann so aufregte und dass er so unzufrieden war? Weckte nicht das Geld den Neid und die Gier in den Menschen, aufgrund derer viele Verbrechen begingen und anderen Menschen Leid zufügten? Wie viele Verbrechen geschahen täglich aufgrund des Geldes? Wie viele unschuldige Menschen wurden Opfer und mussten teilweise sogar ihr Leben lassen, weil sie mehr Geld besessen hatten als andere? War es da nicht vielleicht doch schlecht, nach Reichtum zu streben?

Ein Gedanke jagte den anderen und Tori war zutiefst verunsichert, ob er nicht vielleicht nach dem Falschen trachtete. Aber wie hatte Jesran gesagt? Geld ist doch nur Geld. Es hat nur den Wert, den wir ihm geben. Geld ist tot, es ist ein Stück Metall. Aber warum richtete es dann so viel Unheil an? War das wirklich so? In Toris Kopf war es, als unterhielten sich zwei Männer in ihm. Der eine versuchte, ihm zu zeigen, dass Geld etwas Schlechtes sei und dass es nur Unheil anrichte, und der andere versuchte, ihn davon zu überzeugen, dass diese Stimme ihn anlüge und dass Geld etwas Gutes ist.

Toris Blick fiel wieder auf den Händler mit seinen Tonkrügen, der in der Zwischenzeit zwei Krüge verkauft hatte. Allerdings machte er keinen glücklicheren Eindruck. Wieder sagte ihm die Stimme, dass Geld nur Unheil und Unglück hervorbringe. Doch woher kommt denn das

Unglück? Ist es in dem Geld? Wohl kaum, da es doch nur ein Stück totes Metall ist. Auf einmal fiel es Tori wie Schuppen von den Augen. Geld ist gut oder auch schlecht, es entscheidet jeder Mensch selbst. Der Mensch, der es als etwas Schlechtes ansieht, weil deswegen Menschen getötet werden und viel Unheil angerichtet wird, hat Recht. Und welcher Geld als etwas Gutes ansieht, hat ebenfalls Recht. Nach seiner Überzeugung kann man mit Geld sehr viel Gutes tun. Vor allem, in wem steckten die Gier, der Neid und die Habsucht? Tori wurde auf einmal ganz deutlich bewusst, dass das Geld nichts Schlechtes in sich haben konnte, sondern dass diese schlechten Eigenschaften in den Menschen steckten. Geld ist tot, es trägt keine Gefühle in sich, der Mensch dafür schon. Darum kann die Verantwortung und die Schuld auch nicht auf das Geld geschoben werden. Wir tragen das Böse mit uns herum und in uns steckt es. Wenn wir das Geld dafür verantwortlich machen, dann schieben wir nur die Schuld von uns weg. Schließlich liegt es an uns, wie wir reagieren, und nicht an dem Geld.
Tori fiel der Mann wieder ein, welcher die Tonkrüge gekauft hatte. Wie ruhig er doch war! Er ließ sich nicht aus der Fassung bringen. Tori hatte nicht den Eindruck, dass er besonders wohlhabend war. Er war einfach gekleidet und trug auch keine nennenswerten Schmuckstücke. Doch sein Verhalten war es, das ihn faszinierte. Diese Ruhe, welche dieser Mann ausstrahlte. Er konnte sich vorstellen, dass er sich auch so verhalten würde, wenn er einer der reichsten Männer der Stadt wäre. In diesem Fall ist es doch so, wie Jesran gesagt hatte, dass Geld wie ein Fenster ist. Es zeigt genau, was in uns ist. Wenn die Gier in uns wohnt, so wird diese durch das Geld sichtbar, und wenn der Neid in uns wohnt, so wird dieser ebenso dadurch sichtbar. Wohnen Dankbarkeit und Güte in unserem Herzen, so kommen auch diese durch das Geld zum Vorschein. Es liegt also an uns, wie wir mit Geld umgehen und ob wir diese schlechten Gefühle in uns bekämpfen.
Tori war glücklich über diese Erkenntnis. Doch zeigte sie ihm auch, wie viel er noch an sich arbeiten musste. Wie oft kamen diese schlechten Gefühle, die doch von der Geburt an in uns Menschen steckten, in ihm hoch? Wie oft hatte er schlechte Gedanken und reagierte zu schnell und unüberlegt? Er merkte, dass er noch einen weiten Weg vor sich hatte. Doch das war es, was Jesran meinte. Leben bedeutete wachsen. Und wachsen bedeutete lernen, an sich arbeiten. Und dann machte es auch gar nichts aus, wenn er viel Geld besäße. Denn wenn er mit Geld umgehen konnte und das Geld nicht die Gefühle der Gier und des Neides in ihm weckte, so konnte er auch viel besitzen. So wie Argael oder Jesran. Wenn das Geld bei ihnen ein Fenster wäre, so würde man bestimmt nur gute Eigenschaften und Angewohnheiten bei ihnen finden.

Toris Blick fiel wieder auf den Händler mit den Tonkrügen. Er machte immer noch einen unzufriedenen Eindruck. Bestimmt wäre dieser auch nicht glücklicher, wenn er das Doppelte an Geld besäße. Als Tori wieder Argael und Jesran in den Sinn kamen, wurde ihm bewusst, dass man das Glück schon von weitem sehen konnte. Glück kann nur im Augenblick gelebt werden und darum ist es für jeden Menschen sofort ersichtlich.
»He, Tori, was ist los mit dir?« Tori zuckte zusammen. Er war völlig in Gedanken versunken und hatte alles um sich herum vergessen. Metora gab ihm einen freundschaftlichen Klaps auf die Schulter. »Von welcher schönen Frau träumst du?«, fragte er mit einem Grinsen. Auch Tori musste lächeln. Doch bevor er antworten konnte, redete Metora bereits weiter.
»Die assyrischen Gewänder, welche wir bei uns hatten, sind ausverkauft. Geh doch schnell zum Gasthaus und hole noch welche!«
Tori machte sich unverzüglich auf, um der Anweisung Metoras Folge zu leisten und die Gewänder zu holen. So drängte er sich durch die Menschenmenge und eilte zu Jesrans Gasthaus.

~

Am Abend schob Tori den letzten Wagen mit ihrer Ware zurück zum Gasthaus. Er freute sich bereits auf das gute Abendessen. Schon bei dem Gedanken daran lief ihm das Wasser im Mund zusammen. Ebenso war er gespannt, was Keroja berichten würde. Seit heute Morgen hatte er ihn nicht mehr gesehen. Wie viele von den kostbaren Schmuckstücken hatte er wohl verkauft? Er musste ihn nachher unbedingt aufsuchen. Doch jetzt wollte er erst einmal etwas essen und seinen großen Hunger stillen. Er ging in den Speisesaal, wo sich die anderen bereits eingefunden hatten, und gesellte sich zu ihnen. Auf dem Tisch befanden sich die köstlichsten Speisen, welche nur für sie zubereitet worden waren.
»Tori, setz dich zu uns!«, rief ihm Herachim entgegen und rückte ein wenig zur Seite. Tori bedankte sich und setzte sich neben ihn.
»Hier, nimm einen Schluck von dem lieblichen Weine! Er wird dir wohl munden. Heute ist ein guter Tag.« Mit diesen Worten griff er zum Weinkrug und schenkte Tori einen Becher voll ein.
»Wie kommt's, Herachim, dass du solch guter Laune bist?«
»O, ich bin doch immer gut gelaunt!«, entgegnete dieser mit fröhlicher Stimme.
»Da hast du Recht. Solange der volle Weinkrug auf dem Tische steht, bist du gut gelaunt«, sagte Tori mit einem Lachen und die anderen am Tisch stimmten mit ein.

»Ein voller Weinkrug ist ja auch wahrhaftig ein Grund zur Freude, oder etwa nicht?«
»Selbstverständlich ist er das«, pflichtete ihm Metora bei.
»Also, lasst uns trinken und fröhlich und guter Dinge sein! Wer weiß, welch Schicksal die Götter uns in einem Jahr auferlegen.« Dann nahm er seinen Becher und trank einen großen Schluck, um seinen Worten Nachdruck zu verleihen.
»Ja, du sprichst wahre Worte, Herachim. Wer kennt schon die Wege, welche die Götter für uns vorgesehen haben, lasst uns fröhlich sein!«, pflichtete Orsira ihm bei und schenkte sich noch einmal ein. Dann sah er, dass Argaels Becher bereits leer war. Schnell schenkte er ihm nach. Dieser nickte ihm kurz zu und trank. Es schien, als stimmten alle Herachims Worten zu, denn es fand nun eine angeregte Unterhaltung statt, an welcher sich jeder ausgelassen beteiligte, bis sich Metora an Argael wendete.
»Herr, erzählt uns doch eine Geschichte«, bat er.
»Ja, erzählt uns eine Geschichte«, pflichtete ein anderer sofort bei. Und auf einmal brachen die Gespräche abrupt ab und jeder lauschte, was für eine Geschichte Argael wohl zum Besten geben würde. »Hört, Argael wird eine Geschichte erzählen«, raunte es bis zum anderen Ende des Tisches.
Ein Lächeln glitt über Argaels Lippen. »So, eine Geschichte soll ich euch erzählen?«, sagte Argael und trank einen Schluck aus seinem Becher. Dann hielt er kurz inne. Es schien, als überlegte er, welche Geschichte er zum Besten geben sollte. »Nun, so hört her«, begann er schließlich. Alle rutschten näher zusammen, um ja auch jedes Wort zu hören. Es war totenstill, nur das Knistern des Feuers war zu hören.
»Vor langer Zeit lebte einst ein junger Mann. Er war der Knecht eines reichen Bauern und half ihm Tag für Tag, die Felder zu bestellen, das Vieh zu versorgen und sich um Haus und Hof zu kümmern. Er war ein treuer und zuverlässiger Knecht und der Bauer war sehr zufrieden mit ihm, denn der Knecht war stets bemüht, alle Arbeiten mit größter Sorgfalt zu verrichten, und ließ sich nie etwas zu Schulden kommen. Der Knecht selbst war auch sehr froh über das Leben, das er bei dem Bauern führen durfte. Seinen Vater hatte er nie kennen gelernt und wusste auch nicht, was mit ihm geschehen war. Seine Mutter hatte ihn alleine großgezogen. Es war eine schwere Zeit für sie, denn seine Mutter arbeitete sehr hart, um das Wenige zu verdienen, das sie zum Leben benötigten. Eines Tages wurde sie schwer krank und starb schließlich, obschon sie hart mit der Krankheit gekämpft hatte. Da hatte der Bauer Mitleid mit dem Jungen und nahm ihn bei sich auf. Dafür half der Junge fleißig bei ihm mit und unterstützte ihn, wo er nur konnte. Er war froh, dass er somit etwas zum Essen und ein Dach über dem Kopf hatte.

Der Junge vermisste seine Mutter damals sehr und es schien, als würde der Schmerz nie nachlassen. An vielen Tagen war der Schmerz so groß, dass er selbst nicht mehr weiterleben wollte. Wenn er an sie dachte, so sah er immer ihr stets lächelndes Gesicht vor sich. Doch weil er noch sehr klein gewesen war, als seine Mutter starb, hatte er nicht mehr viele Erinnerungen an sie. Was er aber nie vergessen würde, war ihre Stimme. Sie konnte wunderschön singen. Nie war ihm jemand begegnet, der auch nur annähernd so schön singen konnte. Er erinnerte sich daran, dass sie jeden Tag mit ihm gesungen und ihm gesagt hatte, was für eine schöne Stimme er habe und wie toll er doch singen könnte. Sie lehrte ihn so viele Lieder. Viele davon hatte er bereits wieder vergessen. Doch einige, die kannte er immer noch in- und auswendig. Oft sang er vor sich hin und erinnerte sich an die schöne Zeit. Was würde er darum geben, wenn er noch einmal ihrem Gesang lauschen dürfte! Damals war es sein größter Wunsch gewesen, ein Dichter und Sänger zu werden. Er konnte noch gut das Strahlen in ihren Augen sehen, wenn er ihr das gesagt hatte. Sie hatte ihn dann immer angelächelt und gesagt: ›Du wirst einst der größte Sänger im Land werden und jeder wird andächtig deiner Stimme lauschen‹, und dann sangen sie zusammen ein Lied. Dies waren die schönsten Erinnerungen, die er an seine Mutter hatte. Er vermisste diese Momente sehr. Doch mit der Zeit hatte er gelernt, seine Gefühle mit der Musik zu verarbeiten. So hatte er schon einige Lieder gedichtet und sang diese, wenn der Schmerz in seinem Herzen wieder unerträglich schien.
So auch an diesem Morgen, als er seiner gewohnten Arbeit auf dem Feld nachging. Wieder spürte er den altbekannten Schmerz bei dem Gedanken an seine Mutter. Er fragte sich, was wohl heute wäre, wenn sie nicht gestorben wäre. Bestimmt hätten sie nun ein eigenes Heim und genügend zu essen. Ja, er war sich sicher, dass es ihnen gut gehen würde, denn er hätte alles dafür getan, um gut für sie zu sorgen, damit es ihr an nichts gemangelt hätte. Er fragte sich, ob er nun auch hier, auf dem Feld wäre und für den Bauern arbeiten würde. Oder ob er in der großen Stadt auf dem Marktplatz stehen und seine Lieder zum Besten geben würde. Oft stellte er sich diese Frage, zu oft. Jeden Tag, ja, an vielen Tagen sogar mehrmals. Und je mehr er sich fragte, desto brennender verlangte es ihm nach einer Antwort. Doch wie kam es überhaupt dazu, dass er sich diese Frage täglich stellte? Sie quälte ihn nur so sehr, weil ihn ein Traum nicht losließ. Ein Traum, den er seit seiner Kindheit träumte. Ein Traum, den er jeden Morgen, wenn er in der Früh aufstand, träumte, und der ihn jeden Abend, wenn er sich schlafen legte, wieder erwartete. In seinem Traum stand er auf dem großen Marktplatz, umringt von hunderten von Menschen, die alle seinen Liedern

lauschten. Doch er beachtete sie gar nicht. Während er die Lieder sang, hatte er nur Augen für seine Mutter, die mit einem strahlenden Gesicht in der Menschenmenge stand und zu ihm aufschaute. Für sie sang er diese Lieder. Das war der Traum, der seit seiner Kindheit in ihm brannte. Das war sein Traum. Noch nie hatte er einem Menschen davon erzählt, doch er lief jeden Tag in ihm ab. Manchmal glaubte er sogar, die Menschen zu hören, die ihn umringten und seiner Stimme lauschten.

So vergingen seine Tage scheinbar wie im Flug, Denn der Traum hatte die angenehme Eigenschaft, die Zeit vergessen zu machen. Ebenso an jenem Morgen. Er arbeitete ohne Unterbrechung, bis er, kurz bevor die Sonne ihren höchsten Stand erreichte, aus seinen Gedanken gerissen wurde.

›Junger Mann, habt Ihr einen Schluck Wasser? Mir ist mein Wasser ausgegangen und ich verspüre großen Durst.‹

Der Knecht schaute auf und erblickte einen alten Mann, der einfach gekleidet war. Man sah ihm an, dass er erschöpft war. Der Knecht ging auf ihn zu und antwortete: Ja, ich habe ein wenig Wasser für Euch. Kommt, setzt Euch unter den Baum, wo Ihr ein wenig Schutz vor der sengenden Sonne habt.‹ Der alte Mann folgte den Worten des Knechtes und setzte sich. Dieser reichte ihm seinen Schlauch mit Wasser. Als er ausgiebig getrunken hatte, bot ihm der Knecht auch zu essen an. ›Hier, nehmt ein Stück Fleisch! Ich möchte mein Mahl mit Euch teilen. Es ist nicht viel, doch es wird uns beide stärken.‹

›Habt Dank, junger Mann. Die Götter mögen es Euch vergelten. Ich bin auf dem Weg in die große Stadt. Doch auf meiner Reise sind mir meine Vorräte ausgegangen. Ich habe seit gestern Mittag nichts mehr gegessen. Nun bin ich froh, dass ich euch getroffen habe und dass ihr solch ein großes Herz habt.‹

›Übertreibt nicht, Herr. Es ist selbstverständlich, dass ich mein Mahl mit Euch teile.‹

›So selbstverständlich ist das nicht. Es ist schwer, einen Menschen mit einem guten Herzen zu finden, glaub mir, ich spreche aus der Erfahrung vieler Jahre. Doch sagt mir, wer Ihr seid und woher Ihr kommt.‹

Der Knecht erzählte ihm seine Geschichte und als er geendet hatte, erwiderte der alte Mann lange Zeit gar nichts. Er musterte den Knecht aufmerksam, als ob er seine Gedanken lesen könnte. Nach einiger Zeit brach er auf einmal das Schweigen: ›Sag mir, was bedrückt dich, mein junger Freund?‹

Verdutzt schaute der Knecht auf. ›Was soll mich bedrücken? Mir geht es gut.‹

›Das meinst du vielleicht, doch ich sehe, dass es nicht so ist, wie du sagst. Irgendeine Sorge belastet dein Gemüt, vielleicht schon seit sehr langer Zeit. Erzähle mir, was dich bedrückt, ich möchte versuchen, dir zu helfen.‹

Der Knecht überlegte einen Augenblick. Irgendetwas hatte dieser Mann an sich, das ihn Vertrauen fassen ließ und das ihm sagte, dass er es ernst meinte. Und so begann er, ihm unvermittelt von seinem Traum zu erzählen, von seinem Traum, der so lange sein Geheimnis gewesen war. Und je mehr er erzählte, umso leichter wurde ihm um's Herz. Jahrelang hatte er seinen Traum und seine Gefühle mit sich herumgetragen und nun konnte er endlich sein Herz ausschütten. Es war ein herrliches Gefühl, das ihn überkam, während er seinen Traum mit dem alten Mann teilte. Es sprudelte nur so aus ihm heraus und Begeisterung erfüllte seine Stimme. Der alte Mann hörte aufmerksam zu, ohne ihn ein einziges Mal zu unterbrechen. Als der Knecht geendet hatte, glitt ein warmes Lächeln über das Gesicht des alten Mannes.

›Das ist ein wunderschöner Traum, den du in dir trägst.‹

›Ja, das ist er wahrhaftig. Doch am Ende bringt es alles nichts. Es ist nur ein Traum und nicht die Wirklichkeit‹, sagte der Knecht und seine Stimme war auf einmal von tiefer Traurigkeit erfüllt.

›So, ist es das? Nur ein Traum?‹, fragte der alte Mann forschend.

›Leider ja‹, antwortete der Knecht immer noch mit trübseliger Miene.

›Nun, weißt du eigentlich, was Träume sind?‹ Verwundert schaute der Knecht auf. Was wollte der alte Mann ihm sagen?

›*Träume sind Samenkörner.* Und jeder Traum drängt nach Verwirklichung. So wie jedes Samenkorn danach strebt, zu wachsen und zu leben, so will auch dein Traum in dir leben und sich entfalten.‹

›Noch nie habe ich solche Worte vernommen‹, musste der Knecht gestehen.

›Leider schenken die meisten Menschen ihren Träumen keine Beachtung. Daraufhin stirbt das Samenkorn langsam ab. Und eines Tages ist der Traum begraben.‹

›Sagt mir, was soll ich tun, damit mein Samenkorn nicht stirbt?‹, fragte daraufhin der Knecht neugierig.

›Wie ich dir bereits sagte, jeder Traum drängt nach Verwirklichung. Es liegt an uns, ob wir ihn verwirklichen oder nicht. Macht dich die Arbeit auf dem Feld glücklich?‹

›Hm, ich bin mir nicht sicher. Eigentlich schon‹, antwortete der Knecht nachdenklich.

›Macht sie dich wirklich glücklich oder verrichtest du sie nur aus Dankbarkeit gegenüber dem Bauern, der dich aufgenommen hat?‹

›Nun, sicherlich verrichte ich sie auch aus Dankbarkeit gegenüber dem Bauern. Doch sie

bereitet mir auch Freude. Zudem werde ich vielleicht eines Tages einen Teil des Hofes übernehmen, da der Bauer keine Kinder hat.‹
›Was würde das für dich bedeuten?‹
Fragend schaute der Knecht den alten Mann an. ›Nun, ich werde einige Felder besitzen, die ich bestellen kann. Von den Erträgen werde ich mich ernähren können. Vielleicht werde ich mir eine Frau suchen und eine Familie gründen.‹
›Wirst du dann glücklich sein?‹, forschte der Alte.
›Hm, ich weiß es nicht. Woher soll ich das auch wissen?‹, fragte der Knecht ratlos.
›Das ist eine gute Frage. Ich will dir helfen, ihre Antwort zu finden. Schließe einmal deine Augen!‹
Der Knecht tat, wie ihm geheißen, und schloss seine Augen.
›Gut, nun stell dir einmal vor, es sind einige Jahre verstrichen und du arbeitest wieder auf diesem Feld. Doch es gehört nun dir. Zuhause wartet eine junge Frau und kümmert sich um die Ordnung in eurem trauten Heim. Nun sag mir, was fühlst du, wenn du dies in dir siehst?‹
›Es ist ein gutes Gefühl. Nie in meinem Leben habe ich etwas besessen. Nun habe ich mehr, als ich jemals vom Leben erwartet hätte.‹
Der Alte nickte und sagte ihm, er sollte seine Augen öffnen. Der Knecht schaute ihn fragend an. Er verstand nicht, was der alte Mann ihm damit zeigen wollte.
›So, nun schließe deine Augen erneut!‹ Als der Knecht seine Augen geschlossen hatte, fuhr er fort: ›Und nun stell dir vor, es ist ein herrlicher Abend. Die Sonne leuchtet tiefrot über der mächtigen Stadt. Du stehst auf einer großen Bühne. Vor dieser Bühne ist eine riesige Menschenmenge. Jeder aus der Stadt ist gekommen, ja viele sind sogar aus den benachbarten Dörfern und Städten angereist. Und dies alles nur aus einem Grund, sie wollen deine Stimme hören. Nun schreitest du langsam auf der Bühne nach vorne. Die Menschenmenge ruft und jubelt dir zu. Kannst du die Menschen vor dir sehen?‹
Der Knecht hielt seine Augen geschlossen und nickte nur.
›Dann verstummt die Menge wieder, um dich zu hören. Und als es ganz still ist, fängst du an zu singen. Deine Stimme tönt über die ganze Stadt und alle Menschen schauen dich andächtig an. Du betrachtest die Menschen unter dir und erblickst vorn eine wunderschöne junge Frau, die dich mit strahlenden Augen ansieht. Es ist deine Frau, die dein Glück mit dir teilt und sich mit dir freut, als wäre es ihr eigener Traum.‹
Während der Knecht den Worten des alten Mannes lauschte, bekam er eine Gänsehaut. Es kribbelte ihn am ganzen Körper. Er konnte genau die Bühne vor sich sehen und die

Menschenmenge, von der er sprach. Der Alte hielt einige Augenblicke inne, um seine Worte noch ein wenig wirken zu lassen. Dann befahl er dem Knecht, seine Augen wieder zu öffnen. Auf dessen Gesicht lag auf einmal ein freudiger Glanz und seine Augen strahlten ein tiefes Glücksgefühl aus. Als der Alte das sah, musste er lächeln. ›Ich brauche dich nicht zu fragen. Dein Gesicht sagt mehr als tausend Worte. Was hast du gefühlt?‹

›Es war wundervoll. Ich habe alles vor meinem inneren Auge gesehen, genau, wie Ihr gesagt habt. Sogar die junge Frau, von welcher Ihr sagtet, dass sie meine Frau sei, stand in der ersten Reihe. Sie hatte langes schwarzes Haar und ihre Schönheit leuchtete so hell wie die Sonne‹, schwärmte der Knecht mit freudiger Stimme und voll Begeisterung.

›Und nun sag mir, welcher Gedanke macht dich glücklicher: jener, auf der Bühne zu stehen und die Menschen mit deiner Stimme zu erfreuen, oder jener, auf deinen Feldern zu arbeiten und Haus und Hof zu besitzen?‹

›Natürlich der, auf der Bühne zu stehen und meine Lieder zu singen!‹, antwortete der Knecht entschlossen und ohne zu zögern.

›Siehst du, das ist dein Traum, welchen du in dir trägst. Das ist das, was du tun musst, dann wirst du wahres Glück erfahren.‹

›Ich glaube, Ihr habt Recht. Doch sagt mir, ich werde am Anfang sicher kein oder nur wenig Geld verdienen. Wie soll ich mich ernähren? Wovon soll ich leben?‹

›Das hast du sehr gut erkannt, mein junger Freund. Du wirst vielleicht lange Zeit auf viele angenehme Dinge des Lebens verzichten müssen. Das ist der Preis, den dein Traum verlangt. Doch wenn du durchhältst und unbeirrt auf deinen Traum zugehst, so wirst du später mit Sicherheit mehr Geld und schönere Dinge erhalten, als du dir je erträumt hast.‹

Der Knecht nickte nachdenklich, er konnte den Gedanken des alten Mannes folgen.

›Schau, mein Freund, die meisten Menschen würden anders handeln. Sie würden warten, bis sie den Hof und die Felder erbten. Es wäre bequemer und sicherer. Sie orientieren sich am Geld. Wenn sie auf das Erbe warten, dann wissen sie bereits jetzt schon, was sie einmal besitzen werden. Während sie nicht wüssten, welcher Lohn sie erwartet, wenn sie sich für ihren Traum entscheiden würden. Vielleicht, so sagen sich viele, reise ich monate- oder gar jahrelang durch das Land und niemand möchte meine Lieder hören. Vielleicht verdiene ich damit so wenig Geld, dass ich mir tagelang nichts zum Essen kaufen kann. Dies kann tatsächlich passieren. Es könnte sogar sein, dass du mehrere Jahre als armer Mann durch die Städte ziehst und nicht weißt, wie du dir ein Stück Brot kaufen kannst. Es kann sein, dass dies der Preis ist, den dein Traum verlangt. Große Träume haben oftmals einen hohen Preis.‹ Der alte Mann nahm den Wasserschlauch und trank noch einen kräftigen Schluck. Dann fuhr er fort: ›Diese Menschen, die den bequemen Weg gehen und ihren Traum begraben, haben zwar ein sicheres und bequemes Leben, aber sie werden trotz ihrer Bequemlichkeit gequält. Manchmal sogar Tag und Nacht.‹

›Gequält?‹, fragte der Knecht verwundert, der nicht verstand, was der Alte meinte.

›Ja, sie werden von der Frage gequält, was wäre, wenn sie damals den Mut aufgebracht hätten und ihrem Traum nachgegangen wären. Diese Frage wird sie den Rest ihres Lebens begleiten.‹

›Ihr meint, dass diese Ungewissheit sie nicht mehr loslassen wird?‹

›Ganz bestimmt wird sie das nicht. Vielleicht wird dich die Ungewissheit für eine kurze Zeit loslassen, doch diese Frage wird dich früher oder später immer einholen. Genauso, wie dich diese Frage bereits seit Jahren quält. Merke dir, mein Freund, *das Einzige, das du bereust, wenn du älter wirst, sind die Dinge, die du nicht getan hast, und die Gelegenheiten, die du hast ungenutzt an dir hast vorüberziehen lassen.*‹

Der Knecht nickte. Er verstand, was der alte Mann ihm sagen wollte.

›Schau, wenn du einen ungewissen Weg einschlägst, dann kann es sein, dass du versagst. Davor haben viele Menschen Angst und darum beschreiten sie diesen Weg nicht. Doch selbst wenn du versagen solltest, so lebst du im Alter nicht in dieser Ungewissheit, sondern weißt, dass du dein Möglichstes getan und zudem an Erfahrung und Weisheit dazugewonnen hast. Auch diese zwei Dinge sind kostbare Schätze, welche viel zu oft keine Beachtung finden.‹ Der alte Mann hielt wieder einen Augenblick inne, ehe er fortfuhr: ›Schau, dort drüben, was siehst du?‹, sagte er und deutete nach vorne.

›Einen Feigenbaum‹, antwortete der Knecht.

›Genau. Kann dieser Feigenbaum Weintrauben hervorbringen?‹

›Natürlich nicht. Er kann nur Feigen hervorbringen.‹

›Siehst du, es ist für den Feigenbaum überhaupt nicht anstrengend, Feigen hervorzubringen, weil es seine Bestimmung ist. Ebenso ist es für den Weinstock nicht anstrengend, Weintrauben hervorzubringen. Doch wenn der Feigenbaum nun große, saftige Trauben hervorbringen müsste, dann hätte der Feigenbaum eine Aufgabe vor sich, welcher er nicht gewachsen wäre, und würde scheitern. Ebenso würde es dem Weinstock ergehen, wenn er Feigen hervorbringen müsste. Er könnte es nicht, weil es nicht seine Bestimmung ist. Genauso wirst du nie ein sehr guter Bauer werden. Du wirst deine Arbeit vielleicht gut machen, doch du wirst deine Arbeit nie mit Leidenschaft verrichten. Doch deinen Traum, den wirst du mit Leidenschaft leben, und darum kannst du der beste Sänger im ganzen Land werden.‹

›In Euren Worten ist eine große Weisheit verborgen. Ihr wollt mir damit sagen, dass ich wie der Feigenbaum bin, der versucht, Trauben hervorzubringen, indem ich auf dem Feld arbeite. Doch meine Bestimmung ist eigentlich, Feigen hervorzubringen und somit Lieder zu dichten und zu singen.‹

›Genau das möchte ich dir damit sagen. Die alles entscheidende Frage ist: Was würdest du tun, wenn du nicht scheitern könntest?‹

›Ich würde von einer Stadt zur nächsten ziehen und meine Lieder singen‹, antwortete der Knecht bestimmt und ohne zu zögern.

›Dann musst du das tun. Das sind die Früchte, welche du hervorbringen sollst. Und das sind die Früchte, die nur du hervorbringen kannst, weil nur du dieses Samenkorn in dir trägst. Niemand wird je solche Lieder dichten können, wie du es kannst. Darum musst du es tun. Es ist so einfach!‹

›Wahrhaftig, das ist es, was ich tun muss! Das ist meine Bestimmung!‹

›Nichts wird stärkeren Einfluss auf dich haben als die Arbeit, welche du ausführst.‹

›Wie meint Ihr das?‹, fragte der Knecht, der nicht verstand, was ihm der Alte damit sagen wollte.

›Nun, je nachdem welche Arbeit du ausführst, wirst du ein ganz anderer Mensch sein. Wenn du deine Arbeit auf dem Feld fortsetzen und nichts ändern wirst, dann wirst du das Leben führen, welches du gesehen hast, als du das erste Mal deine Augen geschlossen hast. Es wird ein sicheres, vielleicht auch ein bequemes Leben sein. Aber es wird immer ein mittelmäßiges Leben sein.‹

›Und was für ein Leben führe ich, wenn ich meinen Traum verfolge?‹

›Dann bist du dabei, aus deinem Leben ein Meisterwerk zu machen. Und das ist es, was Leben bedeutet und was tief in jedem Menschen schlummert. Seinen Traum zu leben und dadurch ein Meisterwerk zu erschaffen und die Welt ein wenig mehr zum Leuchten zu bringen.‹

›Jetzt verstehe ich, was Ihr damit meint. Doch sagt mir, wie kann die Arbeit Einfluss darauf nehmen, was für ein Mensch ich bin?‹

›Nun, die meisten Menschen führen ihre Arbeit nur deshalb aus, um sich davon zu ernähren und dafür einige Kupferstücke zu erhalten. Viele tun ihre Arbeit sogar missmutig. Es kann nicht gut für dich sein, wenn du jeden Tag missmutig auf dem Feld deine Arbeit verrichtest. Missmutige Gedanken jeden Tag machen über die Jahre einen verbitterten

Mann aus dir. Wenn du stattdessen deinen Traum verfolgst und dir deine Arbeit Freude bereitet, so wirst du in vielen Jahren ein fröhliches Gesicht haben und jeder wird dein Glück von weitem sehen.‹

›Das heißt, die Arbeit wird dazu beitragen, ob ich glücklich oder unglücklich, fröhlich oder verzagt bin?‹

›Ganz sicher wird sie das. Wenn du mir nicht glaubst, so beobachte andere Menschen bei der Arbeit. Ich hatte viele Jahre Zeit dazu und die wenigsten, die ich gesehen habe, hatten ein fröhliches Gesicht. Darum ist es wichtig, auf dein Inneres zu hören und den Traum, welcher dir in dein Herz gelegt wurde, zu verwirklichen.‹

›Ich erkenne die Wahrheit in Euren Worten. Ich werde meinen Traum verwirklichen und mein Leben zu einem Meisterwerk machen, so wie Ihr gesagt habt.‹

›So gehe hin und handle danach! Merke dir, mein junger Freund, es ist so einfach!‹

›Danke, Herr‹, sagte der Knecht glücklich und stand auf. ›Was kann ich Euch Gutes tun für diesen kostbaren Schatz der Weisheit, welchen Ihr mir geschenkt habt?‹

›Dank dir, mein Freund. Du hast mir von deinem Wasser gegeben und mit mir dein kleines Mahl geteilt. Werde der größte Sänger des Landes und berühmt in aller Welt, so werde ich mich freuen, dass meine Worte gute Samenkörner waren, auf fruchtbaren Boden fielen und in dir Früchte getragen haben. Bestimmt werden wir uns einmal wieder begegnen.‹

›Das würde mich sehr freuen, wenn ich Euch eines Tages wieder begegnen dürfte.‹

›Gewiss, mein Freund. Unsere Wege werden sich eines Tages wieder kreuzen.‹

So verabschiedeten sie sich voneinander und der alte Mann zog seines Weges. Lange schaute der Knecht ihm nach, bis er am Horizont verschwunden war und er ihn nicht mehr sehen konnte.«

Argael machte eine Pause und nahm noch einen Schluck Wein, welcher für seine bereits trockene Kehle eine wahre Wohltat war. Es war immer noch totenstill. Jeder lauschte der Geschichte Argaels. Orsira sprach die Frage aus, welche sich alle stellten: »Sagt, Herr, was ist aus dem Knecht geworden?« Gespannt richteten alle ihre Augen auf Argael.

»Nun, der Knecht verrichtete seine Arbeit und als er fertig war, lief er eilends nach Hause. Er ging zu dem Bauern und erzählte ihm alles. Von dem alten Mann, von dem Feigenbaum, von dem Rat des alten Mannes und von seinem großen Traum. Der Bauer hörte aufmerksam zu und spürte, dass die Worte, welche der alte Mann seinem Knecht gesagt hatte, der

Wahrheit entsprachen. Als der Knecht geendet hatte, herrschte ein langes Schweigen. Der Knecht wusste nicht, wie der Bauer wohl reagieren würde. Er hatte Angst vor diesem Gespräch gehabt und hatte noch lange gezögert, bis er den Bauern aufgesucht hatte. Doch er wusste, dass dies der einzige Weg war, und so hatte er all seinen Mut zusammengenommen. Dann brach der Bauer das Schweigen. ›Leider muss ich eingestehen, dass der alte Mann wahre Worte zu dir gesprochen hat. Weißt du, du lebst nun schon so lange Zeit unter meinem Dach und bist mir stets ein treuer Knecht gewesen. Ja, ich habe dich schon lieb gewonnen wie einen Sohn. Ich war bereits entschlossen, dir eines Tages mein Hab und Gut zu vererben, da ich keine Kinder habe. Doch weil ich dich liebe wie einen Sohn, so muss ich dir auch deinen freien Willen lassen, wie ich ihn einem Sohn in deinem Alter lassen müsste. Sag mir, was verlangst du von mir?‹

›Ich wünsche mir, dass Ihr mir gestattet, in die große weite Welt zu ziehen und ein Sänger zu werden. Ich möchte von einer Stadt zur nächsten reisen und dort meine Lieder singen.‹

Der Bauer hielt einen Augenblick inne, ehe er schweren Herzens antwortete: ›Das habe ich mir schon fast gedacht. Doch so sei es denn. Zieh von dannen und tu das, was dich glücklich macht und wozu du berufen bist.‹

›Habt tausend Dank, Herr! Ihr seid so gütig zu mir‹, rief der Knecht freudestrahlend aus und war überglücklich.

Wenige Tage später nahm der Knecht Abschied und verließ den trauten Hof, um seinen Traum Wirklichkeit werden zu lassen. Der Bauer gab ihm noch reichlich Geld und Proviant mit, so dass es ihm in den kommenden Wochen an nichts mangeln sollte. Nachdem der Knecht versprochen hatte, dass er auf jeden Fall eines Tages zurückkehren würde, machte er sich auf den Weg ins Ungewisse.

Von nun an zog der Knecht umher, von einer Stadt in die nächste. Es war ein sehr hartes Leben, das er nun führte, denn das Geld, welches ihm der Bauer mitgegeben hatte, war nach einigen Wochen, trotz sorgsamen Umgangs, aufgebraucht. So ging es mehrere Jahre. An vielen Tagen wusste er nicht, was er essen sollte und wo er sich zur Ruhe legen konnte, oder er war mit knurrendem Magen auf dem Weg in die nächste Stadt. Oftmals war er auch drauf und dran, aufzugeben und zu dem Bauern zurückzukehren. Doch dann kamen ihm die Worte des alten Mannes in den Sinn, dass dies der Preis sei, den sein Traum verlangte. Und dies machte ihm Mut und er beschloss, weiterzumachen und durchzuhalten. Er stellte fest, dass ihm die Entbehrungen, welche er erleiden musste, immer weniger ausmachten. Ja, oft verzichtete er auf Dinge und fühlte sich sehr gut dabei, denn er wusste, wofür er es tat – für seinen Traum. Seinen Traum, den er täglich träumte und auf den er unbeirrt zuschritt. Und so kam es, dass er nach vielen Jahren in allen umliegenden Städten bekannt war, weil er nicht aufgab und unermüdlich seine Lieder sang.

Dann kam der Tag, an welchem der König ein großes Fest veranstalten ließ und den Auftrag gab, zu diesem Anlass einen Sänger kommen zu lassen. Einer seiner Diener hatte den Knecht schon oft singen gehört und schlug dem König vor, ihn mit dieser Aufgabe zu beauftragen. Der König willigte ein.

Und so kam es, dass der Knecht an dem Abend jenes besagten Tages bei Sonnenuntergang über die große Bühne schritt und auf hunderte von Menschen blickte, die alle darauf warteten, seine Stimme zu hören. Genau wie in seinem Traum. Er bekam eine Gänsehaut und ein tiefes Glücksgefühl durchströmte seinen Körper. Dann begann er, zu singen, schöner, als er je gesungen hatte, und die Menge lauschte mit angehaltenem Atem seiner wunderschönen Stimme. Und während er sang, erblickte er auf einmal einen alten Mann, der mit leuchtenden Augen zu ihm aufblickte. Es war der Alte, dem er damals auf dem Feld das Wasser gereicht hatte und der ihm von der Bedeutung des Traumes erzählte. Dieser hatte ihn sofort erkannt und beide wussten, dass der lang ersehnte Traum nun endlich Wirklichkeit geworden war. Er hatte es geschafft, seinen Traum zu leben und sein Leben zu dem zu machen, zu dem es bestimmt war: ein Meisterwerk.«

Die Bestimmung des Feigenbaumes ist es,
Feigen hervorzubringen.
Was ist deine Bestimmung? – Höre auf dein Herz!

Vierzehntes Kapitel

Die Lehre durch die Investition

Alles, was ich getan habe,
würde ich genauso wieder tun.
Mit einer Ausnahme: Ich würde mir früher
bessere Berater suchen!

Es herrschte immer noch tiefes Schweigen. Jeder ließ die Geschichte auf sich wirken und hing seinen Gedanken nach.

»Herr, was soll ich aber tun, wenn viele Träume in mir sind? Welchem Traum soll ich folgen?«, fragte Metora und unterbrach das Schweigen.

»Nun, wenn viele Träume in dir sind, so musst du eine Entscheidung treffen. Finde heraus, welcher Traum der stärkste ist! Eine Möglichkeit ist, jeden Traum mit einem anderen zu vergleichen. Wenn du die Wahl hättest, welchen würdest du vorziehen? Und den schwächeren Traum verwirfst du dann«, antwortete Argael.

»Dieser Knecht hatte großes Glück, dass er solch einen Traum in sich trug.«

»Ist das wirklich Glück? Ich bin mir sicher, dass jeder genau solche Träume in sich trägt. Und der, welcher behauptet, bei ihm sei das nicht so, der hat nur noch nie richtig nach seinem Traum gesucht oder ihm schon viele Jahre keine Beachtung mehr geschenkt. Deshalb ist der Traum verschollen und das Samenkorn abgestorben.«

»Ihr habt Recht, Herr, doch bin ich der Meinung, dass der Knecht großes Glück hatte, dass er solch einen Traum in sich trug und schließlich reich und berühmt wurde«, widersprach ein anderer Diener.

»Viele Menschen tun solche Ereignisse schnell als Glück ab und meinen damit, dass einem Menschen dieses Glück vergönnt war und einem selbst das Glück eben nicht vergönnt sei. Doch wie viele Menschen sind bereit, den Weg zu gehen, welchen der Knecht gegangen ist? Ihr vergesst bereits, dass er jahrelang umhergezogen ist und oft nichts zu essen und zu trinken hatte. Viele Nächte verbrachte er unter freiem Himmel, hat gefroren und ist völlig durchnässt eingeschlafen. Damals hätte ihm niemand nachgesagt, dass er mit Glück überschüttet sei. Die meisten Menschen sehen immer auf glückliche und erfolgreiche Menschen und sagen über diese dann, sie haben Glück gehabt. Doch wenn sie diese Menschen einige Jahre zuvor gesehen haben würden, bevor sie die Früchte ihrer Arbeit ernteten, nämlich während sie unentwegt auf ihrem steinigen Weg entlangschritten, so würden sie diese bedauert oder vielleicht als vom Pech verfolgte Menschen bezeichnet haben. Darum vergesst niemals, welchen harten und steinigen Weg der Knecht ging, bis er sein lang ersehntes Ziel endlich erreichte. Er hat sich fünf Jahre auf seinen Glückstag vorbereitet. Merkt euch, meine Freunde: *Das Glück liebt die Tatkräftigen! Darum schaut auch auf den Spaten und nicht nur auf die Rosen!*«

»Jawohl, mein Herr. Ich muss Euch zustimmen, denn auch ich durfte lernen, dass Glück, bei näherer Betrachtung, die Kombination aus harter Arbeit und dem geschickten Nutzen von Gelegenheiten ist. Und Gelegenheiten haben viele, doch nur wenige nutzen diese«, sagte ein anderer Diener eifrig.

»Viele Träume erfordern einen hohen Preis und verlangen, dass man einen steinigen Weg geht. Wer jedoch an seinem Traum festhält und den steinigen Weg geht, der wird auch eines Tages die saftigsten Früchte ernten.«

Tori war beeindruckt. Welch harter Wille und welch eine Entschlossenheit gehörte dazu, um solch einen Weg zu gehen, wie ihn der Knecht gegangen war! Hätte ich das auch geschafft? Jahrelang von einer Stadt in die Nächste zu ziehen, ohne ein Dach über dem Kopf, mit knurrendem Magen? An vielen Abenden Lieder zu singen, mit oft wenigen Zuhörern, ohne auch nur ein Kupferstück dafür zu erhalten? Nichts zu besitzen außer meinem Traum, meiner Vision? Tori war sich nicht sicher, ob er diese Entschlossenheit und solch ein Durchhaltevermögen hatte. Doch er prägte sich die Geschichte des Knechts gut ein und nahm sich vor, immer an dessen harten Aufstieg zu denken, wenn er aufgeben wollte. Da kam Tori auf einmal wieder Keroja in den Sinn. Er wartete sicherlich bereits. Tori beschloss, Keroja aufzusuchen, und verließ die Runde. Die Dunkelheit war bereits hereingebrochen und ein kühler, jedoch noch angenehmer Wind wehte ihm entgegen. Schnell schritt er auf die Kriegerstatue in der Mitte des Marktplatzes zu. Von weitem konnte er erkennen, dass dort ein Mann saß.

»Tori, mein Freund, ich hatte Sorge, du würdest nicht kommen«, empfing ihn Keroja.

»Entschuldigt, doch wir haben noch gespeist und der Herr hat noch eine sehr lehrreiche

Geschichte zum Besten gegeben, somit wurde es später als gedacht.«
»Ich bin froh, dass du nun hier bist und ich nicht die ganze Nacht hier sitzen muss«, antwortete Keroja mit einem schwachen Lächeln.
»Nun, habt Ihr alle Schmuckstücke verkauft? Wie viel Geld hast du eingenommen?«, wollte Tori gespannt wissen.
»Leider konnte ich kein einziges Schmuckstück verkaufen, Tori.«
»Wie das?«, fragte dieser erstaunt.
»Das weiß ich leider selbst nicht. Keiner wollte auch nur eines kaufen. Manch einer hat mich sogar als Betrüger beschimpft.«
»Aber wie kann das sein? Habt Ihr die Schmuckstücke zu teuer angeboten?«
»Nein, ich habe mich, als ich sie gekauft habe, mehrmals vergewissert, wie viel wir dafür verlangen können, und daran habe ich mich genau gehalten.«
»Und was machen wir nun?«, fragte Tori ratlos.
»Ich bin dafür, dass wir unser Glück weiter versuchen und die Schmuckstücke noch einmal zum Kauf anbieten. Es kommen bestimmt noch viele Menschen, die sie noch nicht gesehen haben und denen unser Schmuck gefällt.«
Tori kam die Geschichte mit dem Knecht in den Sinn, welche Argael erst kurz vor der Begegnung mit Keroja erzählt hatte. Der Knecht kämpfte jahrelang und gab nicht auf, dachte Tori. Darum sagte er dann auch: »Ja, so sollten wir es machen, Keroja. Wir sollten morgen die Schmuckstücke erneut anbieten. Wir können doch nicht nach einem Tag bereits aufgeben!«
»Du hast Recht. Morgen versuche ich es erneut.«

Am anderen Morgen war Tori wieder vor dem Morgengrauen wach und wie jeden Tag, begann er bereits wenig später, den Stand aufzubauen und ihre Ware auf den Markplatz zu bringen. Er füllte seine Krüge mit Wasser und holte beim Bäcker die Kuchen. Ehe er sich's versah, war das Marktgeschehen in vollem Gange. So verging der Morgen ohne nennenswerte Ereignisse.
Am Mittag beschloss er, bei Keroja vorbeizugehen und zu schauen, ob ihr Schmuck heute das Interesse der Menschen geweckt hatte. So drängte er sich durch die Menschenmenge, um zu Kerojas Stand zu gelangen. Als er ankam, sah er schon an dessen Gesicht, dass die Geschäfte nicht besser liefen. Keroja empfing ihn mit den Worten: »Sei gegrüßt, mein Freund. Du bist an dem heutigen Tage der Erste, bei dessen Anblick sich mein Gemüt erhellt, Tori.«

»Was ist es, das Euer Gemüt so bedrückt, Keroja?«
»Ach Tori, ich weiß nicht, was mit unserem Schmuck ist. Verlangen wir dafür zu viel Geld? Heute ist es nicht besser als gestern. Immer noch konnte ich kein Stück verkaufen. Auch das Verhalten der Marktbesucher hat sich nicht geändert. Viele beschimpfen mich als Betrüger und gehen schnellen Schrittes weiter.«
»Das ist sehr sonderbar. Doch auch ich kenne keine Erklärung dafür«, musste Tori nachdenklich gestehen. Er betrachtete den von Keroja hübsch angeordneten Schmuck. Warum will diese schönen Schmuckstücke niemand kaufen?, fragte er sich. Er unterhielt sich mit Keroja, doch so sehr sie auch suchten, sie konnten die Ursache ihres Misserfolgs nicht finden. Schließlich beschloss Tori, zu Argaels Stand zurückzukehren.
Da drängte sich Argael durch die Menge und kam zu ihrem Stand. »Wie laufen die Geschäfte bei euch?«, fragte er Metora.
»Gut, Herr. Wir haben die letzten Gewänder geholt, welche wir dabeihaben. Die anderen haben wir bereits alle verkauft.«
»Das lobe ich mir. Ihr habt sehr gute Arbeit geleistet«, sagte Argael anerkennend.
»Wie ist es auf dem Pferdemarkt?«, erkundigte sich Herachim.
»Dort laufen die Geschäfte leider nicht so gut. Bis jetzt konnten wir erst ein Pferd verkaufen. Ich ging davon aus, dass wir die anderen Pferde und vor allem unseren schwarzen Hengst verkaufen können. Doch warten wir ab. Wer weiß, was geschieht, bis der Markt zu Ende ist.«
»Ansonsten nehmen wir sie wieder mit zurück nach Assur und erfreuen uns an ihren prächtigen Fohlen, welche sie uns schenken werden«, sagte Herachim.
»Jawohl, das waren auch meine Gedanken«, pflichtete ihm Argael bei. Da kam ein Händler an ihren Stand, der Interesse an ihren assyrischen Schmuckstücken hatte. Argael verhandelte mit ihm, bis sie sich schließlich einig wurden.

Frage den Fachmann um Rat und nicht deinen Nachbarn

Tori betrachtete das Geschehen nachdenklich. Warum wollte niemand ihren Schmuck kaufen? Wo doch der Schmuck immer die Aufmerksamkeit der Menschen erregte, fragte er sich. Argael bemerkte das nachdenkliche Gesicht Toris.
»Tori, was bedrückt dich? Auf deinem Gesicht erkenne ich die Falten der Sorge.«
»In mir sind Fragen, Herr, und ich finde keine Antwort darauf.«

»Teil mir deine Fragen mit, vielleicht kann ich dir helfen«, sagte Argael freundlich.
So berichtete er von Keroja, wie er ihn kennen gelernt hatte und von dem guten Geschäft mit den Schmuckstücken, welche dieser angeboten bekommen hatte.
»Nun, so erinnerte ich mich an Eure Worte, dass ich mein Geld investieren muss, damit es für mich arbeitet und ich dadurch mehr Geld erhalte, welches auch wieder für mich arbeiten kann. Wir beabsichtigten, die Schmuckstücke mit Gewinn zu verkaufen und uns diesen dann zu teilen.«
»Wie viel von deinem Geld hast du in die Schmuckstücke investiert?«
»Alles, bis auf einige Kupfermünzen, mit welchen ich beim Bäcker meine Kuchen bezahle, die ich hier verkaufe.«
»Und was ist nun deine Sorge? Ist dieser Mann seitdem nicht mehr zurückgekehrt?«
»Doch, das ist er. Ich vertraue ihm, er macht einen ehrlichen Eindruck. Es ist nur so, dass niemand diese Schmuckstücke kaufen möchte. Wir fragen uns beide, woran das liegen mag«, sagte Tori ratlos.
»Komm, lass uns ihn aufsuchen! Ich möchte die Schmuckstücke einmal näher betrachten.«
So führte er Argael zu Kerojas Stand.
»Seid gegrüßt, Keroja. Dies ist mein Herr, für den ich arbeite.«
Keroja grüßte Argael freundlich.
»Auch ich grüße Euch. Tori berichtete mir von Eurer Investition in die Schmuckstücke, und dass bis jetzt noch niemand ein Schmuckstück gekauft hat.«
»Ja, das ist leider wahr. Ich weiß nicht, woran es liegen mag, dass unsere Schmuckstücke keinen Käufer finden.«
»Kennt Ihr Euch aus und habt Ihr schon mit Schmuck gehandelt?«, forschte Argael.
»Wie Ihr unschwer erkennen könnt, bin ich Sandalenmacher. Eigentlich handle ich nicht mit Schmuck. Ich habe zwar schon Ringe und Ketten gekauft und auch wieder verkauft, doch es waren immer nur einzelne Stücke. Doch dieses Geschäft wollte ich mir nicht entgehen lassen und so habe ich fast mein ganzes Vermögen investiert.«
»Soso, ich verstehe. Zeigt mir doch einmal all die Schmuckstücke, welche ihr erworben habt«, bat Argael.
Keroja deutete auf die Schmuckstücke, welche vor ihm auslagen. »Seht her, das sind sie.«
Argael nahm einige in die Hand und beäugte sie kritisch: »So wie mir scheint, seid ihr auf einen Betrüger hereingefallen.«
»Einen Betrüger?«, fragte Keroja ungläubig.

»Ja, einen Betrüger. Diese Schmuckstücke sind nicht einmal ein Viertel von dem wert, was ihr in sie investiert habt. Das sind billige Stücke, welche zwar herrlich glänzen, doch nur, um den Menschen zu täuschen.«
»Ihr meint, dass sie wertlos sind und wir betrogen wurden?«, fragte Keroja immer noch ungläubig. »Deshalb beschimpfen mich auch viele der Menschen, welche die Stücke betrachteten, als Betrüger.«
»Sie sehen die wertlosen Stücke und den Preis, den Ihr von ihnen verlangt. Darum sehen sie Euch sofort als einen Betrüger an.«
»Aber was sollen wir jetzt tun?«, fragte Tori völlig ratlos.
»Das ist eine gute Frage«, pflichtete ihm Argael bei.
»Gibt es eine Möglichkeit, dass wir unser Geld zurückerhalten?«, wollte Tori wissen.
»Wohl kaum. Der Mann dürfte längst über alle Berge sein.«
»Und die Schmuckstücke so zu verkaufen? Vielleicht kommt ja doch noch jemand, der nicht erkennt, dass sie wertlos sind«, überlegte Keroja.
»Das würde ich nicht tun. *Geld, welches Ihr durch Betrug oder durch den Schaden anderer erhaltet, wird Euch niemals glücklich machen.*«
»Aber dann gibt es ja gar keine Möglichkeit, dass wir unser Geld zurückerhalten!«
»Ja, das Geld werdet ihr wohl nicht mehr wiedersehen«, stimmte ihm Argael zu.
»Gibt es denn nichts, was wir tun könnten? Was würdet Ihr tun, wenn Ihr an unserer Stelle wärt?«, fragte Keroja.
»Nun, ich würde die Stücke zu einem Viertel des Preises anbieten und den Käufern mitteilen, dass es keine echten Schmuckstücke sind. So erhaltet ihr wenigstens einen kleinen Teil des Geldes wieder. Ihr werdet ruhig schlafen und kein schlechtes Gewissen haben, weil ihr andere Menschen betrogen und übervorteilt habt.«
»Wenn die Leute wissen, dass diese Schmuckstücke wertlos sind, so wird sie doch niemand kaufen«, entgegnete Keroja.
»Das würde ich nicht sagen. Schaut euch um, wie viele arme Menschen in dieser Stadt wohnen. Es gibt sicher viele Männer, die ihren Frauen gerne einmal ein schönes Schmuckstück schenken würden, doch es sich nicht leisten können, da ein echtes Stück viel zu teuer für sie ist. Für diese Menschen sind die Schmuckstücke gut.«
»Hm, da könntet Ihr Recht haben«, stimmte Keroja nach kurzem Überlegen zu.
»Was meinst du, Tori, wollen wir nach den Worten deines Herrn handeln und die Stücke für den vierten Teil des Preises anbieten?«

»Wir haben ja keine Wahl, wenn wir zumindest einen Teil unseres Geldes wiedersehen möchten. Ja, lass uns danach handeln!«, stimmte Tori zu.
»Ich habe mein ganzes Geld, das ich besaß, in diese Schmuckstücke investiert. Wenn ich nach Hause komme, werde ich sehr viel weniger Geld bei mir tragen als damals, als ich von zuhause fortging. Dabei wollte ich meinem Weibe ein schönes Kleid mitbringen«, sagte Keroja mit einem tiefen Bedauern in der Stimme.
»Das ist sehr ärgerlich, doch lasst es Euch eine Lehre sein und achtet in Zukunft genau darauf, in was Ihr Euer Geld investiert«, sagte Argael.
Dann kehrten Argael und Tori zu ihrem Stand zurück. Tori sagte kein Wort. Die Enttäuschung stand ihm ins Gesicht geschrieben. Er hatte sich so sehr gefreut, dass er eine gute Möglichkeit gefunden hatte, sein Geld zu investieren, und nun waren sie solch einem Betrüger zum Opfer gefallen. Das ganze Geld, welches er sich mühsam verdient und zusammengespart hatte, war nun weg. Argael unterbrach das Schweigen. »Kopf hoch, Tori. Trauere dem Geld nicht nach. Das bringt dich nicht weiter. Gestehe dir den Fehler ein und lerne daraus!«
»Das ist leichter gesagt als getan, Herr.«
»Ich weiß«, antwortete Argael mit einem mitfühlenden Blick. »Betrachte diesen Fehler als gut und lerne daraus! Du wirst ihn in Zukunft bestimmt nicht noch einmal machen.«
»Woher sollte man das auch wissen, dass diese Schmuckstücke wertlos sind? Keroja machte einen so ehrlichen Eindruck.«
»Keroja ist ein ehrlicher Mann. Doch die Lehre, die du daraus ziehen musst, ist, dass du dir genau überlegen musst, wem du dein Geld anvertraust.«
»Wie meint Ihr das?«, fragte Tori verwundert.
»Keroja ist ein aufrichtiger Mann, doch er ist ein Sandalenmacher. Möchtest du in Schmuck investieren, dann frag die Schmuck- oder Juwelenhändler um Rat. Diese beschäftigen sich Tag für Tag mit den verschiedensten Schmuckstücken und kennen sich auf diesem Gebiet hervorragend aus. Ebenso der Geldverleiher. Auch er beschäftigt sich täglich mit Geld, Gold und Wertgegenständen. Doch einen Sandalenmacher, einen Bäcker oder einen Bauern darfst du nie um Rat fragen, wenn es um Schmuck geht. Es ist nicht der Bereich, in dem sie ihr Wissen haben.«
»Nun verstehe ich, was Ihr damit sagen möchtet«, sagte Tori, dem es auf einmal wie Schuppen von den Augen fiel.
»Doch verstehe mich richtig. Das hat nichts mit der Person selbst zu tun. Keroja, der Bäcker oder der Waffenschmied mögen ehrliche, aufrichtige und freundliche Männer sein, auf

deren Wort Verlass ist und welche für ihre Taten geradestehen. Doch wenn du Rat über Schmuckstücke benötigst, suche hierfür den Fachmann auf!«

Wer sonst außer dir selbst könnte wirklich daran interessiert sein, dass du reich wirst?

»Sieh es als eine Lehre an und suche das Gute daran!«
»Was soll daran denn gut sein?«, fragte Tori verständnislos.
»Eine ganze Menge. Du wirst in Zukunft nicht mehr leichtsinnig jedem dein Geld geben, sondern du wirst dir genau überlegen, wem du es anvertrauen kannst und wirst. Außerdem ist es relativ wenig Geld, das du verloren hast.«
»So wenig ist es auch wieder nicht«, widersprach Tori.
»Es ist nicht wenig, aber wenn du mehrere Jahre hart gearbeitet, gespart und dieses Geld verloren hättest, so wäre der Verlust bedeutend größer.«
»Ja, da habt Ihr Recht«, pflichtete Tori bei.
»Du wirst das verlorene Geld mit dem Wissen, das du nun hast, schnell wieder verdienen und dann wirst du dein Geld klug investieren. Weißt du, jeder macht derartige Fehler. Auch mein Freund Jesran und ich mussten diese Fehler machen. Sie bleiben niemandem erspart. Darum sage ich dir, sei froh darüber, je früher du diese Fehler machst. Später verlierst du bei den gleichen Fehlern viel mehr Geld.«
»Aber wem soll ich denn mein Geld geben, wenn ich es klug investieren möchte?«
»Halte immer Augen und Ohren offen, aber handle nie leichtsinnig! Schlafe lieber noch eine Nacht darüber, bevor du dein Geld investierst! Und dann prüfe die Menschen, welche dir ein verlockendes Angebot machen! Du wirst merken, dass es sehr viele Menschen gibt, die dir reichliche Gewinne versprechen, wenn du ihnen dein Geld überlässt. An jeder Ecke sind sie zu finden. Darum musst du sehr vorsichtig sein und genau prüfen, wem du dein Geld anvertrauen kannst.«
»Das werde ich in Zukunft tun«, schwor sich Tori.
»Was sollte einem anderen Menschen daran liegen, dass du reich wirst?«
»Wie meint Ihr das?«
»Nun, glaubst du, dass irgendjemand daran interessiert ist, dass du reich wirst?«
»Ich glaube nicht«, antwortete Tori zögerlich nach kurzem Nachdenken.
»Du hast immer noch den größten Bezug zu deinem Geld. Darum musst du diese Sache auch selbst in die Hand nehmen und darauf achten, dass dein Geld klug investiert wird. Ein anderer

Mensch hat kein Interesse daran, dass du reich wirst. Er ist höchstens daran interessiert, dass er durch dein Geld reich wird.«

»Ich soll mich in Bezug auf Geld auf niemanden außer auf mich selbst verlassen?«

»Genau, du hast für dein Geld hart gearbeitet und deine Aufgabe ist es auch, zu schauen, dass sich dein Geld vermehrt und dass du kluge Investitionen tätigst. Diese Aufgabe kann niemand für dich übernehmen. Leider gibt es zu viele Menschen, welche sich nicht mit ihrem Geld beschäftigen. Wenn sie dann eine Geschäftsidee entdecken, so erwacht die Gier in ihnen und sie prüfen nicht nach, ob es auch ein lohnendes Geschäft ist und ob sie dem Mann vertrauen können, welcher ihnen das Geschäft schmackhaft machen will.«

»Somit ist die Gier der größte Feind des Geldes?«, schlussfolgerte Tori.

»Ja, die Gier und die Angst. Beide sind die Feinde des Reichtums und haben die Menschen schon oft ein Vermögen gekostet.«

»Erzählt mir, was es mit der Angst und der Gier auf sich hat«, bat Tori.

»Nun, die Angst und die Gier hindern die Menschen daran, klug und überlegt zu handeln. Viele Menschen, in denen die Angst wohnt, arbeiten und sparen. Sie halten ihr Geld krampfhaft fest, um ja nichts zu verlieren. Doch ihr Geld macht sie auch nicht glücklich, weil sie immerzu in der Angst leben, es wieder zu verlieren. Die Angst hindert sie daran, ihr Geld zu investieren und zu vermehren. Sie vergraben es, um ja sicherzugehen, dass sie es nicht verlieren.«

»Und was hat es mit der Gier auf sich?«

»Nun, die Gier wohnt leider auch in den Herzen zu vieler Menschen. Sie ist bestimmt genauso verbreitet wie die Angst. Das Schlimme ist, dass die meisten Menschen gar nicht wissen, dass sie in ihnen wohnt. Selbst jene, welche sich für bescheiden halten und lauthals verkünden, dass Geld für sie nicht wichtig ist und keinen Stellenwert in ihrem Leben hat. Hüte dich vor diesen Menschen, das sind oftmals die Schlimmsten! Denn wenn es dann einmal wirklich ums Geld geht, so zeigen sie ihr wahres Gesicht und ihre wahren Absichten kommen zum Vorschein.«

»Was passiert, wenn die Gier in einem Menschen wohnt?«

»Sie veranlasst den Menschen dazu, unüberlegt und töricht zu handeln. Oftmals verachten solche Menschen all ihre Prinzipien, wenn es um Geld geht. Darum ist vor der Gier besondere Vorsicht geboten.«

»Was kann ich tun, damit die Gier nicht Besitz von mir ergreift?«

»Prüfe jedes Angebot, welches man dir macht genau! Achte genau darauf, wer dir dieses Angebot macht! Frage dich: Wie viel Geld hat derjenige? Ist er ein reicher Mann? Wenn er nicht wesentlich mehr Geld hat als du, dann schenke diesem Mann kein Vertrauen,

denn er weiß nicht, wie man Geld vermehrt, sonst hätte er mehr davon. Achte auch darauf, was man über diesen Menschen sagt!«
»Ich soll mich danach richten, was andere Menschen über jemanden sagen?«
»In diesem Falle ja. Ich gebe normalerweise auch nichts darauf, was andere Menschen über jemanden sagen, sondern ziehe es vor, meine eigenen Erfahrungen zu machen. Doch ein Körnchen Wahrheit ist an jedem Gerücht. Außerdem sind ehrliche und aufrichtige Geschäftsmänner bekannt. Fachmänner und Meister auf ihrem Gebiet sind oft sehr weit bekannt und ihr Ruf eilt ihnen voraus. Darum achte auf solche Männer und schenke dein Vertrauen nicht jedem! Es ist töricht, zu glauben, jemand, der nicht wesentlich mehr Geld hat als du, könnte dir zeigen, wie man sein Geld klug investiert. Er hat es selbst noch nicht gelernt. Darum schenke solchen Menschen keinen Glauben! Möchtest du noch eine edle Weisheit erfahren, welche der Gier in dir die Macht nimmt?«
»Ja, sicher, Herr. Wie lautet sie?«, fragte Tori neugierig.
»Sei ein fröhlicher Geber!«
»Diese Weisheit hat mir Jesran bereits mitgeteilt.«
»Und, konntest du die Weisheit des Gebens bereits umsetzen?«
»O ja, Herr, das konnte ich«, sagte Tori eifrig. Dann erzählte er von dem armen Jungen, welchem er in der Seitenstraße begegnet war. Er berichtete davon, wie dieser sich über den Kuchen und die wenigen Kupfermünzen gefreut hatte und wie gut er selbst sich dabei gefühlt hatte.
»Das war eine große Tat, die du da vollbracht hast«, lobte Argael.
Tori freute sich riesig über das Lob von seinem Herrn, winkte jedoch schnell ab. »So groß war die Tat doch gar nicht. Es waren doch nur wenige Kupferstücke.«
»Für dich waren es wenige Kupferstücke, doch diese Kupferstücke haben dem Jungen eine große Freude bereitet, was unbezahlbar ist. Darum kannst du durch das Geben auf einfache Weise die Gier bekämpfen. Denn das Geld kann keine Macht über dich haben, wenn du es frohen Herzens wieder loslassen und anderen Menschen damit helfen kannst.«

> Kümmere dich selbst um dein Geld!
> Niemand anders als du kann wirkliches Interesse
> daran haben, dass es sich vermehrt.

Fünfzehntes Kapitel

Babylons grosses Pferderennen

Sieger geben niemals auf.
Aufgeber werden niemals siegen.

Nun war es endlich soweit. Der große Tag, den alle Bewohner in Babylon herbeigesehnt hatten, war endlich angebrochen. Heute würde das große Pferderennen stattfinden. Es herrschte eine noch größere Hektik als an den anderen Tagen. Jung und Alt aus ganz Babylon würden dabeisein, denn dieses Ereignis wollte sich keiner entgehen lassen. Es gab kaum jemanden auf dem ganzen Markt, der von etwas anderem sprach. Auch Metora und Herachim unterhielten sich angeregt darüber. Metora war eben auf dem Pferdemarkt gewesen. Er hatte mit vielen Händlern gesprochen und die Tiere begutachtet.

»Hast du auch den prächtigen Hengst aus Ninive gesehen, der noch nie bei einem Rennen geschlagen wurde?«, fragte Herachim.

»Ja, ich konnte einen Blick auf ihn werfen. Es ist wirklich ein prächtiges Pferd.«

»Ich bin einmal gespannt, ob er das Rennen gewinnen wird. Die meisten Menschen sind sich dessen gewiss.«

»Er wird bestimmt unter den Besten sein, doch es werden auch noch andere Pferde antreten. Einige davon konnte ich begutachten. Auch diese waren prächtige Tiere, welche auf keinen Fall unterschätzt werden dürfen.«

»Nun, heute Abend wissen wir, welches das schnellste Pferd in Babylon ist.«

Während sie sich unterhielten, kam Argael zu ihrem Stand. Er hatte für jeden einen frisch gebackenen und köstlich duftenden Kuchen dabei. »Hier, nehmt und lasst ihn euch munden! Ihr habt gute Arbeit geleistet. Wir konnten fast all unsere Waren verkaufen.«

Dankbar nahmen Tori, Herachim und Metora den Kuchen entgegen und bissen herzhaft hinein.

»Wie ergeht es Orsira auf dem Pferdemarkt, Herr? Konnten wir noch eines unserer Tiere verkaufen?«, erkundigte sich Herachim.

»Nein. Ich denke, wir müssen das große Rennen abwarten. Sollte der Hengst aus Ninive nicht gewinnen, so werden alle anderen Tiere wieder das Aufsehen der Pferdekäufer erregen.«
Herachim nickte zustimmend. Wie würde das Rennen wohl enden? Argael drängte sich wieder durch die Menschenmenge. Er wollte zu Orsira, welcher auf dem Pferdemarkt tapfer die Stellung hielt.
»Wo wird das Rennen ausgetragen?«, fragte Tori.
»Vor den Toren Babylons wurde die Strecke festgelegt. Ich habe sie heute Morgen gesehen«, antwortete Herachim.
»Und wie lang ist sie?«
»Nun, sie ist ungefähr fünftausend Schritte lang. Es wird ein sehr hartes Rennen, denn die Strecke führt durch gebirgiges Gelände, durch die Wüste und am Schluss durch die Steppe. Dort wird sich vermutlich das Rennen entscheiden.«
Tori hörte aufmerksam zu. Bisher hatte ihn das Rennen nicht sonderlich interessiert, doch nun wurde auch er von dem Fieber angesteckt. Wo er hinschaute, überall gab es nur noch ein Gesprächsthema: das große Rennen von Babylon. Auf einmal tauchte Argael wieder auf. Sein Gesicht hatte einen entschlossenen und kampfbereiten Ausdruck angenommen. Metora bemerkte die Anspannung seines Herrn sofort. Fragend sah er ihn an.
»Herachim, wärst du bereit, mit Kiro an dem großen Rennen teilzunehmen?« Verwundert drehte sich Herachim um und starrte Argael an. »Wenn Ihr das wünscht, werde ich selbstverständlich an dem Rennen teilnehmen, Herr«, antwortete Herachim auf das Äußerste verwundert.
»Ja, ich wünsche es. Du bist ein ausgezeichneter Reiter und hast auch schon viele Pferderennen in Assyrien für dich entschieden. Du wirst uns gut vertreten.«
»Herr, darf ich fragen, wie es zu Eurer plötzlichen Entscheidung kommt?«
»Nun, ich war eben auf dem Pferdemarkt und habe den Hengst aus Ninive angesehen. Es ist wirklich ein prächtiges Tier. Doch sein Besitzer ist sehr überheblich durch den ganzen Ruhm, den er genießt, da sein Pferd noch nie geschlagen wurde. Mittlerweile verspottet er alle anderen Pferdebesitzer. Er verhöhnt auch die assyrischen Pferde, belustigt sich über sie und verspottet auch all die anderen Knechte. Orsira musste durch ihn in den letzten Tagen viel Schmach erleiden. Er hat nie ein Wort darüber verloren, sondern treu seinen Dienst getan, doch heute habe ich es zufällig selbst erlebt. Da dachte ich bei mir, einen Sinn muss es doch haben, dass wir Kiro, unseren prächtigen Hengst, noch nicht verkaufen konnten. So werden wir ihn gegen den Hengst aus Ninive antreten lassen.«

»Das ist ein sehr guter Gedanke, Herr«, pflichtete ihm Metora bei.
»So bereite dich vor, Herachim! Du wirst uns bei dem großen Rennen vertreten. Ich habe bereits alles Weitere in die Wege geleitet«, sagte Argael zu Herachim gewandt.
»Ich werde Euch nicht enttäuschen, Herr«, versprach dieser zuversichtlich.
Tori war auf einmal ganz aufgeregt. Herachim würde mit Kiro an dem Rennen teilnehmen! Er konnte es noch gar nicht fassen.
Da ertönten laute, dumpfe Trommelschläge, welche über ganz Babylon schallten, woraufhin alle Menschen wild durcheinanderzulaufen begannen. Die Trommelschläge riefen die Menschen zu dem großen Rennen zusammen. Viele hatten sich schon eingefunden und sich entlang der Rennstrecke aufgestellt. Tori stand mit Argael, Herachim, Orsira und Metora bei dem prächtigen schwarzen Hengst. Viele Leute hatten sich um sie versammelt, als bekannt wurde, dass dieser auch noch an dem großen Rennen teilnehmen würde. Auf einmal teilte sich die Menge und bildete eine schmale Gasse. Sie machten Platz für Jesran, der auf sie zuschritt. Kiro tänzelte. Die Menschenmenge, welche sich um ihn drängte, machte ihn nervös. Herachim hielt ihn fest am Zügel und streichelte behutsam seinen Hals. Das tiefschwarze Fell glänzte im Schein der Sonne.
»Bist du bereit, Herachim?«, fragte Argael.
»Ja, Herr«, antwortete dieser zuversichtlich.
»Gut, so lass uns zur Rennstrecke gehen!« Argael und Herachim liefen voraus und Tori folgte mit den anderen. Die Menschenmenge, welche noch um sie versammelt war, folgte ihnen dicht auf den Fersen.
»Hast du einen Plan?«, wollte Argael wissen.
»Nun, ich habe mir die Rennstrecke genau angesehen und bin sie auch noch einmal abgeritten. Das Rennen wird auf flachem Steppengelände starten. Dann verläuft die Strecke durch gebirgiges Gelände und mündet in die Wüste. Dort macht sie einen Bogen und führt schließlich zurück auf das flache Gelände der Steppe. Nun sieht mein Plan wie folgt aus: Ich werde versuchen, mich von Anfang an hinter den Ersten zu halten, jedoch nicht die Spitze übernehmen. Im gebirgigen Gelände werde ich mich auch ein wenig zurückhalten, ebenso auf dem sandigen Pfad der Wüste. Sobald jedoch die Steppe wieder erreicht wird, werde ich mit Kiro versuchen, die Spitze zu übernehmen und diese bis zum Schluss zu halten und zu verteidigen.«
Argael nickte zustimmend. »Das waren auch meine Gedanken, ein sehr guter Plan.«
Nun erreichten sie die Startlinie. Toris Blicke folgten der Rennstrecke, welche in der

Ferne im Horizont zu verschwinden schien. Entlang der ganzen Strecke hatten sich eine Unmenge von Zuschauern eingefunden, die auf dem sandigen Boden saßen oder standen. Ein wenig von der Startlinie entfernt war eine große Bühne aufgebaut worden, auf welcher der mächtige König von Babylon, die Königin und ihre Berater saßen. Rings um die Bühne befanden sich die bewaffneten Leibwächter des Königs. Herachim führte den Hengst an die Startlinie vor, an welcher sich bereits über fünfzig Pferde befanden. Kiro stampfte auf den Boden. Die vielen durcheinanderschreienden Menschen machten ihn, wie auch die anderen Pferde, nervös. Da ertönte laut eine Trompete und sofort verstummte die Menge und blickte zum König hinauf. Dieser erhob sich und hob kurz seine Hand. »Seid gegrüßt, Bewohner Babylons und Männer von nah und fern! Heute ist der Tag, welchen wir schon so lange herbeigesehnt haben. In wenigen Augenblicken wird das große Rennen beginnen. Ich fordere Irasu auf, das Zeichen des Starts zu geben und das große Rennen beginnen zu lassen.« Damit setzte sich der König und alle Augen richteten sich auf den alten Mann, der aus der Menge hervortrat. Er schaute zum König auf und verneigte sich. Dann drehte er sich zu den Pferden an der Startlinie um. Tori sah, dass Kiro angespannt war. Er wusste, was nun auf den prächtigen Hengst zukam. Da ertönte das Zeichen des Starts, das große Rennen hatte begonnen!
Wie der Blitz schossen alle Pferde, als wären sie ein großer Körper, nach vorne. Die Erde bebte unter den donnernden Hufen. Kopf an Kopf drängten sie nach vorne. Da schob sich langsam der Hengst aus Ninive vor und übernahm die Führung, dicht gefolgt von Kiro und drei weiteren Pferden. Herachim spürte, wie Kiro nach vorne drängte. Mit kräftigen Sprüngen schoss er vor. Doch Herachim hielt die Zügel eisern fest, er wollte ihn noch zurückhalten. Langsam gewannen sie immer mehr Abstand zu den anderen Pferden. Die Menge jubelte und schrie, um die Pferde noch mehr anzutreiben. Doch Herachim achtete gar nicht auf sie. Er fühlte sich, als würde er mit Kiro verschmelzen. Er spürte das Feuer, welches tief in Kiro schwelte und nun wieder erwachte. Zu lange hatte man ihn nicht mehr so gefordert. Schon hatten sie das Gebirgsgelände erreicht. Herachim zügelte Kiro noch mehr und auch die anderen Pferde wurden langsamer. Außer dem Hengst aus Ninive. Er verringerte sein Tempo kaum. Herachim war gespannt, wie lange er das wohl halten konnte. Der Abstand zwischen dem ungeschlagenen Hengst aus Ninive und Herachim vergrößerte sich. Er lag nun schon vier Pferdelängen voraus. Der Reiter drehte sich kurz um und Herachim konnte die Genugtuung spüren, die dieser in diesem Moment empfinden musste. Der Reiter aus Ninive schwang seine Peitsche und trieb den ungeschlagenen

Hengst zu noch mehr Leistung an, um den sicheren Vorsprung noch zu vergrößern. Kiro drängte nach vorne. Es war, als wollte er nicht zulassen, dass sich der Abstand zwischen ihm und dem Hengst aus Ninive vergrößerte. Doch Herachim hielt ihn immer noch zurück. Er schüttelte unwillig den Kopf und schnaubte.

»Ruhig, mein Junge, bald ist es soweit, dann darfst du nach vorne«, redete Herachim auf ihn ein. Hinter ihnen folgten immer noch dicht die drei anderen Pferde, welche auch noch keine Ermüdung spüren ließen. Herachim schaute sich kurz um und stellte beruhigt fest, dass alle übrigen Pferde weit hinter ihnen lagen und sie wohl nicht mehr einholen konnten. Nun erreichten sie die Wüste, durch welche der dritte Teil der Strecke verlief. Die Pferde wirbelten den Sand auf und verschwanden in einer Staubwolke. Nun gab Herachim die Zügel ein wenig frei und Kiro nutzte dies sofort und steigerte seine Geschwindigkeit. Inzwischen lag der Hengst aus Ninive bestimmt fünf Pferdelängen vor ihnen. Doch Herachim war unbesorgt. Er traute es Kiro ohne weiteres zu, diesen Abstand wieder einzuholen, denn er stellte noch kein Anzeichen der Ermüdung bei dem Tier fest. Eher das Gegenteil war der Fall. Kiro genoss die längst fällige Herausforderung merklich und preschte immer weiter nach vorne. Langsam begann sich der Abstand zwischen ihnen und dem ungeschlagenen Hengst aus Ninive zu verringern. Stück für Stück schoben sie sich nach vorne. Kiro schnaubte, er wollte die Führung übernehmen, doch Herachim hielt ihn noch zurück. Sie hatten nun ungefähr die Hälfte der Wüstenstrecke hinter sich gelassen. Herachim schaute sich kurz um und stellte fest, dass die anderen drei Pferde drei Pferdelängen hinter ihnen lagen, während der Abstand zu dem Hengst aus Ninive nur noch zwei Längen betrug. Dessen Reiter sah sich um und bemerkte nun, dass Herachim und Kiro näherkamen. Er nahm die Peitsche und trieb den Hengst weiter an, um seine Führung zu behaupten. Nun konnte Herachim bereits das Ende des Wüstengeländes sehen. Jetzt war die Zeit gekommen, um alles zu geben.

Herachim richtete sich ein wenig im Sattel auf und schrie Kiro ins Ohr: »Los, mein Junge, jetzt ist deine Zeit gekommen. Zeig, was in dir steckt, alles oder nichts!« Dann gab er die Zügel frei und Kiro schien zu verstehen, was sein Reiter von ihm wollte. Mächtig griff er aus, seine Hufe schienen kaum mehr den Boden zu berühren, so flogen sie dahin. Stück für Stück holten sie auf. Der Reiter vor ihnen bemerkte es und trieb den Hengst aus Ninive mit der Peitsche noch mehr an. Trotzdem schoben sich Kiro und Herachim immer weiter nach vorne. Nun hatten sie die Steppe erreicht und galoppierten Kopf an Kopf mit dem ungeschlagenen Hengst.

»Los Kiro, zeig was du kannst!«, schrie Herachim und gab dem prächtigen schwarzen Hengst einige Schläge, um seinen Worten Nachdruck zu verleihen. Doch dies schien gar nicht nötig zu sein. Kiros gewaltige Muskeln zitterten und bebten. Sein Fell war nass geschwitzt, doch noch immer machte sich keine Ermüdung bemerkbar. Ja, Herachim spürte, dass Kiro nun die Spitze übernehmen wollte. Außen, neben der Rennstrecke, ritten einige begeisterte Zuschauer mit und feuerten mit wilden Zurufen die Reiter an. Einige versuchten, die Geschwindigkeit der beiden kämpfenden Pferde zu halten, doch selbst ihre ausgeruhten Pferde waren dazu nicht in der Lage. In der Ferne konnte Herachim bereits Irasus' roten Turban sehen, der sie an der Ziellinie erwartete.

Die beiden Pferde lagen nun gleichauf. Der Reiter neben Herachim trieb den ungeschlagenen Hengst mit der Peitsche an, um wieder die Führung zu übernehmen. Doch es schien ihm nicht zu gelingen. Die beiden Pferde rasten wie von der Sehne geschnellt nebeneinander her, Kopf an Kopf und beide schaumbedeckt. Der Schweiß glänzte auf dem nassen Fell. Herachim gab Kiro noch einmal einen Klaps. Es schien, als habe Kiro verstanden. Langsam schob er sich vor, kaum bemerkbar. Da, auf einmal war seine Schnauze deutlich vorne. Dann lag er eine Kopflänge vorne, eine Halslänge ...

Mit kräftigen, weit ausgreifenden Schritten drängte Kiro vorwärts. Nun waren es nur noch wenige Schritte bis zum Ziel und sie lagen bereits eine Pferdelänge voraus. Der Reiter, welcher den Hengst aus Ninive ritt, schwang die Peitsche und trieb das Tier an. Er kämpfte um die Führung, doch der Abstand zwischen ihnen und Kiro vergrößerte sich zusehends. Und so schossen Kiro und Herachim schließlich mit über zwei Pferdelängen Vorsprung über die Ziellinie. Die Menge jubelte und schrie wild durcheinander. Der unbesiegbare Hengst aus Ninive war geschlagen.

Herachim ließ Kiro auslaufen und brachte ihn schließlich zum Stehen. Sein Körper zitterte und der Schweiß glänzte auf dem schönen, schwarzen Fell. Sie hatten es geschafft. Sie hatten das große babylonische Pferderennen gewonnen.

»Kommt herein, meine Freunde! Lasst uns feiern! Dies ist ein wunderbarer Tag. Ich habe uns ein köstliches Festmahl bereiten lassen.« Jesran stand neben der Türe seines Gasthauses und deutete mit einer Handbewegung seinen Gästen an, dass sie eintreten sollten.

»Lasst uns feiern und fröhlich sein! Kiro, unser prächtiger schwarzer Hengst, hat das große babylonische Pferderennen gewonnen«, sagte Argael und hob zum Zeichen seinen mit süßem Wein gefüllten Becher.

»Ja, trinken wir auf Kiro, den prächtigen Hengst!«, stimmte ihm sofort Metora zu.

»Und auf Herachim, der ihn so meisterhaft geritten hat«, schallte es vom anderen Ende des Tisches. Ein zustimmendes Raunen ging durch den Raum und alle hoben ihre Becher und tranken auf die zwei Helden des Tages, Kiro und Herachim. Dann ließen sie sich das festliche Mahl munden. Alle waren fröhlich und ausgelassen und aßen, bis der Bauch zu platzen drohte. Das Mahl war auch zu köstlich! Nun wurde allen noch einmal reichlich Wein eingeschenkt und eine ausgelassene Unterhaltung begann, bei der es nur ein Gesprächsthema gab, das große Rennen und Herachims Sieg.
»Die Götter waren uns sehr wohlgesonnen! Das hätte in ganz Babylon niemand gedacht, dass der unbesiegte Hengst aus Ninive heute geschlagen werden würde.«
»Da hast du Recht«, wurde ihm sofort beigepflichtet.
»Ha, und mit welch einer Leichtigkeit Kiro an ihm vorbeizog! Wenn Herachim gewollt hätte, so hätte er den Hengst aus Ninive bereits nach dem Startzeichen hinter sich lassen können«, sagte ein anderer großspurig.
»Jetzt übertreibst du aber«, sagte Herachim. »Wir haben zwar das Rennen gewonnen, doch der Hengst aus Ninive ist dennoch ein sehr starkes Pferd, welches nicht einfach zu schlagen ist.«
Argael nickte ihm zustimmend zu.
»Wie auch immer, die Götter waren auf unserer Seite und haben uns den Sieg geschenkt«, lenkte der andere ein.
»Genau, das ist es, was letzten Endes zählt«, pflichtete ihm auch Orsira bei.
»Und was nicht zu vergessen ist, nach dem Rennen wurden uns innerhalb kurzer Zeit all unsere Pferde, die all die Tage niemand kaufen wollte, zu einem viel höheren Preis abgekauft, als wir je erwarteten«, fügte Tori noch hinzu.
»Ja, die Leute rissen sich richtig um die Tiere und einer überbot den anderen. Keiner hatte mehr Augen für die Tiere aus Ninive«, bestätigte Metora lachend.
»Welch ein Glück, dass niemand unseren Kiro zuvor gekauft hatte, sonst hätten wir heute das Rennen nicht gewonnen und hätten auch unsere anderen Pferde niemals so gut verkaufen können«, sagte ein anderer Knecht.
»Wobei wir jetzt den dreifachen Preis für ihn erzielen könnten. Doch ich bin froh Herr, dass Ihr ihn nicht verkauft habt«, sagte Orsira zu Argael gewandt.
Dieser nickte und entgegnete: »Solch einen Sieger verkauft man nicht!«
»Dennoch hatten wir erhebliches Glück, dass Kiro vor dem Rennen niemand kaufen wollte. Sonst hätte vermutlich der Hengst aus Ninive das große Rennen gewonnen.«
»Glück? Oder Unglück? Wer weiß das schon?«, sagte Jesran auf einmal. Alle schauten zu ihm

hinüber. Fragende Blicke zeichneten sich auf den Gesichtern ab, denn keiner wusste, was er damit sagen wollte. Deshalb fuhr er fort: »Die Menschen versuchen immer gleich, alles als Glück oder Unglück zu werten. War etwas gut, hat jemand ein gutes Geschäft gemacht, so war dies Glück. Hat er sich verletzt oder ist ihm etwas zugestoßen, so wird dies sofort als Unglück gewertet, ohne abzuwarten, ob es vielleicht doch einen guten Sinn hatte. Hört meine Geschichte, welche euch verdeutlicht, was ich damit sagen möchte.«

Ein Raunen ging durch den Raum und alle rutschten enger zusammen, um jedes Wort der Geschichte zu verstehen.

»Es war einmal ein alter Mann, der etwas entfernt von dem Dorf auf einem Berg wohnte. Er hatte eine junge, hübsche Tochter und ein kleines, ärmlich eingerichtetes Häuslein. In seinem Stall standen einige wenige Tiere. Aufgrund seines Alters war er schon sehr gebrechlich und der Weg ins Dorf wurde von Tag zu Tag beschwerlicher für ihn. Die Menschen im Dorf sahen das und bedauerten ihn. Sie sagten zu ihm, welch ein Unglück er doch habe, dass er so weit auf dem Berg wohne und in seinem Alter immer solch einen weiten Weg in das Dorf zurücklegen müsse. Der Alte hörte die Worte, lächelte nur und antwortete: ›Glück oder Unglück, wer weiß?‹

Eines Tages brach eine Seuche im Dorf aus und fast alle Tiere verendeten qualvoll. Da sagten die Dorfbewohner zu dem alten Mann, welch ein Glück er doch habe, dass er abseits vom Dorf wohne und seine Tiere somit nicht betroffen seien. Er lächelte wieder und antwortete: ›Glück oder Unglück, wer weiß?‹

Eines seiner Tiere war ein junges, sehr wildes Fohlen. Als seine Tochter in den Stall ging, wurde sie von dem wilden Fohlen so sehr verletzt, dass sie in die weit entfernte Stadt gebracht werden musste, damit ihr Leben überhaupt gerettet werden konnte. Die Dorfbewohner kamen zusammen und beklagten das Schicksal des alten Mannes. Welch ein Unglück der alte Bauer doch habe. Wären seine Tiere doch auch an der Seuche verendet, so hätte er jetzt wenigstens noch seine Tochter, die ihn im Alter pflegen könne. Nun habe er niemanden mehr und sei völlig auf sich allein gestellt. Der Alte schaute in die Runde und antwortete gelassen: ›Glück oder Unglück, wer weiß?‹

Nach vielen Tagen, niemand glaubte mehr daran, dass die Tochter jemals wiederkommen würde und jeder hatte sich bereits mit ihrem Tod abgefunden, kehrte die Tochter gesund und munter zurück. Doch sie kam nicht allein. Sie hatte einen jungen Arzt dabei, den sie während ihrer Krankheit kennen gelernt hatte. Der Arzt war sehr wohlhabend und stammte aus einer angesehenen Familie. Die Leute im Dorf tuschelten und sagten, welch ein Glück der alte Mann doch habe, dass er solch eine bezaubernde Tochter habe und dieser junge Arzt sie zur Frau erwählt hat. Als der Alte diese Worte vernahm, lächelte er wieder und antwortete: ›Glück oder Unglück, wer weiß?‹

Eines Abends während der Dürrezeit vergaß die Tochter, eine Kerze zu löschen. In der Nacht fing das Haus Feuer und brannte mitsamt der Scheune ab. Sie konnten gerade noch sich und einige Tiere retten. Ihr ganzes weniges Hab und Gut verbrannte. Wieder kamen die Dorfbewohner zusammen und bedauerten den armen Bauern, welch ein großes Unglück er doch habe. Nun habe er gar nichts mehr, nicht einmal mehr ein Dach über dem Kopf. Doch sie ernteten wieder nur ein gelassenes Lächeln und die Worte: ›Glück oder Unglück, wer weiß?‹

Da beschloss der junge Arzt, sich, seiner hübschen Frau und ihrem Vater ein neues Haus bauen zu lassen, das viel größer und schöner war als jedes andere Haus, welches im Dorf und in der ganzen Umgebung stand. Staunend standen die Dorfbewohner davor und beglückwünschten den alten Mann zu all dem Glück, das ihm die Götter widerfahren ließen. Da wurde der alte Mann zornig und antwortete: ›Schon wieder sprecht ihr von Glück. Nur der Schöpfer allein weiß, ob dies ein Glück oder Unglück ist. Lernt endlich, Begebenheiten nicht gleich zu werten und zu beurteilen! In fast jeder Begebenheit, die ihr oft voreilig als Unglück bezeichnet, ist ein noch viel größeres Glück verborgen! Ihr müsst es nur finden.‹« Mit diesen Worten schloss Jesran seine Geschichte.

Suche nach dem Glück im Unglück

Jesrans Worte schienen im Raum zu klingen. »Versteht ihr, was ich euch damit sagen möchte?« Ein zustimmendes Raunen ging durch den Raum und alle nickten.

»Vor einigen Tagen habt ihr es noch als Unglück bezeichnet, dass Argael keines seiner Pferde verkaufen konnte. Nun bezeichnet ihr es als Glück. Was ist es nun wirklich? Nur die Zukunft wird zeigen, ob es Glück oder Unglück ist. Oder was sagt mein Freund Argael dazu?«, fragte Jesran und lächelte zu seinem Freund hinüber.

»Das ist eine sehr lehrreiche Geschichte und ich stimme dir zu, mein Freund. *In jeder Begebenheit, die meist voreilig als Unglück verurteilt wird, steckt ein Funke, welcher ein noch viel größeres Glück entzünden kann. Die Aufgabe jedes Einzelnen ist es, in seinem Leben diesen Funken zu finden und zu einem Feuer zu entfachen.*«

»Was ist mit Schicksalsschlägen, von denen viele Menschen hart getroffen werden? Ich

vermag mir fast nicht vorzustellen, dass darin ein Funke des Glücks enthalten sein kann«, warf ein Knecht am Ende des Tisches ungläubig ein.
»Es scheint schwer zu glauben, doch ich habe die Erfahrung gemacht, dass selbst ein Schicksalsschlag ein großes Glück hervorrufen kann, wenn man danach sucht. Jeder Rückschlag eröffnet meistens neue Möglichkeiten, oftmals zu viel größerem Glück. Es liegt immer an dem, der den Rückschlag betrachtet.«
»Wie meint Ihr das, Herr, jeder Rückschlag eröffnet neue Möglichkeiten?«, fragte ein Knecht Jesrans.
»Nun, oftmals ist man an einem Punkt im Leben angelangt, an dem es scheint, als würde es nicht mehr weitergehen. Doch wenn man beharrlich auf sein Ziel schaut, dann wird sich eine neue Türe auftun, und meistens liegt hinter dieser Tür ein viel besserer Weg.«
»Eure Worte hören sich einleuchtend an, doch sie sind schwer zu glauben.«
Ein Lächeln glitt über Argaels Gesicht. »Ich weiß. Das liegt daran, dass viele Menschen anders denken und die Rückschläge nur von der schlechten Seite sehen. Es ist oftmals schwer, an einem Schicksalsschlag etwas Gutes zu sehen. Doch wenn man es wagt, einmal danach zu suchen, so wird man meistens fündig. Nur der, der nicht sucht, der kann auch nicht finden.«
»Das mag wohl sein, dass viele Menschen gar nicht nach dem Funken des Glücks in einem Rückschlag suchen«, stimmte ein anderer Knecht zu. »Doch sagt, Herr, warum müssen manche Menschen mehr Schicksalsschläge als andere erleiden?«
»Das ist eine gute Frage. Doch müssen sie das wirklich? Ich stimme dir zu, dass es viele Menschen gibt, welche eine außerordentlich schwere Last auferlegt bekamen. Doch die meisten Menschen bewerten ihre Last über. Sie bedauern sich selbst und sehen nur das scheinbare Glück und Wohlergehen der anderen. Doch in Wirklichkeit haben fast alle Menschen mit ähnlichen Problemen zu kämpfen und niemand wird bevor- oder benachteiligt.«
»Warum werden uns vom Schicksal solche Lasten auferlegt?«
»Nun, das liegt daran, dass die meisten Menschen die Worte nicht verstehen, welche ihnen das Schicksal dadurch zurufen möchte.«
»Was sind das für Worte, welche wir nicht verstehen?«, fragte der Knecht neugierig.
»Sie lauten: *Wachse an deinen Problemen!*«
»Wachse an deinen Problemen?« Der Knecht blickte fragend drein.
»Nun, jedes Problem, welches in unser Leben tritt, lässt uns am Anfang erst einmal verzagen. Doch wenn wir uns diesem Problem stellen und es lösen, so werden wir dadurch innerlich

größer und selbstsicherer. Unsere Persönlichkeit entwickelt sich weiter und wir wachsen dadurch immer ein Stück weiter zu der Person, die wir sein können und auch sein sollen.«
Ein zustimmendes Raunen ging durch den Saal. Nun hatten alle verstanden, was Argael ihnen sagen wollte. Jesran nickte seinem Freund zu, besser hätte er es seinem Knecht auch nicht erklären können. Tori trank seinen Becher leer und ließ sich noch einmal von dem guten Wein nachschenken. Er dachte immer noch über die Worte Argaels nach. Wachse an deinen Problemen! Tori nahm sich vor, in Zukunft bei Problemen nach dem Funken des Glücks darin zu suchen und fortan nicht mehr gleich verzagt und mutlos zu sein.
»Herr, wir haben alle großes Glück, dass wir Euren weisen Worten lauschen durften. Ich erkenne, dass wir ein viel erfüllteres Leben führen können, wenn wir Eure Worte beherzigen und auch danach handeln. Gestattet mir jedoch, Euch noch eine Frage zu stellen: Was ist es, das den Erfolg in ein Leben kommen lässt?«
»Das ist eine sehr gute Frage«, lobte Argael. »Nun, ich möchte diese Frage weitergeben. Gibt es jemanden am Tisch, der vermeint, diese Frage beantworten zu können?«
»Ich glaube die Antwort zu wissen«, antwortete ein anderer Knecht. »Es ist die Bildung«, sagte er überzeugt.
Argael schaute zu seinem Freund Jesran hinüber, über dessen Gesicht ein Lächeln huschte. Dieser antwortete ihm: »Bildung und Wissen sind sehr wichtig. Doch sie sind nicht der Schlüssel des Erfolgs. Es gibt viel zu viele gebildete, studierte und gelehrte Versager, die viel lernen und trotzdem ein völlig erfolgloses und unbefriedigendes Leben führen.«
»So ist es die Begabung«, warf ein anderer ein.
Jesran antwortete auch ihm: »Es gibt so viele Menschen, die begabt sind und ihre Talente nicht erkennen oder nichts unternehmen, um durch ihre Begabung ein sinnvolles Leben zu leben. Ja, ich behaupte sogar, die meisten Menschen haben Begabungen, welche sie noch nicht gefunden haben. Sie haben sie deshalb noch nicht gefunden, weil sie noch nie danach gesucht haben. Ihre Talente sind ein verschwendetes Geschenk, da sie keine Beachtung finden und nicht zum Nutzen anderer Menschen eingesetzt werden. Auch die Begabung ist nicht der Schlüssel zum Erfolg.«
»Was ist dann der Schlüssel zum Erfolg, Herr?«, fragte ein anderer Knecht ratlos.
»Es ist die Beharrlichkeit!«, antwortete Jesran.
Argael fuhr fort: »Beharrlichkeit ist der wahre Schlüssel zum Erfolg, egal in welchem Bereich. *Noch nie ist jemand gescheitert, der beharrlich auf sein Ziel zugegangen ist und nicht aufgegeben hat.*«

»Das ist der Schlüssel zum Erfolg?«, vergewisserte sich der Knecht ungläubig.
»Ja, das ist er«, antwortete Jesran, der seinem Freund voll und ganz zustimmte.
»Ich kann es fast nicht glauben. Es hört sich zu einfach an.«
»Es ist auch einfach«, antwortete Jesran mit einem Lächeln. »Und das ist das Gerechte daran. Die Beharrlichkeit steckt in jedem Menschen und jeder hat die Möglichkeit, sich ihrer zu bedienen. Keiner hat mehr davon oder weniger. Jeder kann das gleiche Maß an Beharrlichkeit aufbringen. Es liegt wie immer an jedem selbst.«
»Warum entwickeln sie dann so wenig, wenn sie doch jeder in sich trägt und jeder sich ihrer Kraft bedienen kann?«, fragte Metora.
»Nun, weil eine zweite Kraft in jedem Menschen wohnt. Dies ist die Trägheit und Faulheit. Diese gilt es, durch die Beharrlichkeit zu besiegen und zu ersetzen, dann wirst du dein Ziel erreichen, was auch immer es ist.«
»So sagt mir, Herr, wie lässt sich die Trägheit besiegen?«, fragte Metora weiter.
»Durch die Macht der Gewohnheiten«, antwortete Jesran.
»Macht der Gewohnheiten? Welche Macht haben Gewohnheiten?«
»Oh, eine sehr große, mein Freund. Wir alle neigen dazu, diese Macht deutlich zu unterschätzen. Was die wenigsten wissen, jeder von uns nutzt diese Macht, doch nur die wenigsten machen sich Gedanken darüber, ob sie dadurch auch das richtige Ergebnis erhalten. Die Macht der Gewohnheiten ist es, die Menschen zu Gewinnern oder Versagern macht.«
»Wie meint Ihr das, die Macht der Gewohnheit macht Menschen zu Gewinnern oder zu Versagern? Wie kann man ihre Macht begreifen?«, unterbrach sie ein Knecht.
»Nun, wir alle haben Gewohnheiten. Das sind Dinge, welche wir jeden Tag tun. Wenn wir Dinge täglich oder sehr oft tun, so führen sie zu einem Ergebnis. Darum gilt es darauf zu achten, dass die Gewohnheiten, die du hast, auch zu einem guten Ergebnis führen. Viele Menschen haben schlechte Gewohnheiten, welche sie sich über Jahre hinweg angeeignet haben, und wundern sich dann, dass sie ein schlechtes Ergebnis erzielen. *Aus einer schlechten Gewohnheit kann kein gutes Ergebnis entstehen.* Darum gilt es, seine Gewohnheiten in regelmäßigen Abständen zu überprüfen und sie gegebenenfalls durch bessere zu ersetzen.«
»Jetzt verstehe ich«, rief da auf einmal ein anderer.
»Wenn ich die Gewohnheit habe, morgens sehr lange zu schlafen, so kann ich weniger arbeiten und erhalte somit einen geringeren Lohn.«
»Genau, das könnte eine schlechte Angewohnheit sein, welche dir dann auch schlechte

Früchte einbringt. Doch gute Gewohnheiten, vereint mit Beharrlichkeit, sind der Schlüssel zum Erfolg und zu einem erfüllten Leben.«

»Genau so ist es. Gewohnheiten, ob gut oder schlecht, sind Samenkörner, welche du täglich aussäst. Deine Ernte, also deine Ergebnisse, hängen immer von deinen Samenkörnern, mithin von deinen Gewohnheiten, ab. Gute Gewohnheiten lassen dich gute Ergebnisse ernten«, bestätigte Argael.

»*Wir sind, was wir immer wieder tun. Erfolg ist daher keine Handlung, sondern eine Gewohnheit*«, schloss Jesran und seine Worte hallten in der schweigenden Runde.

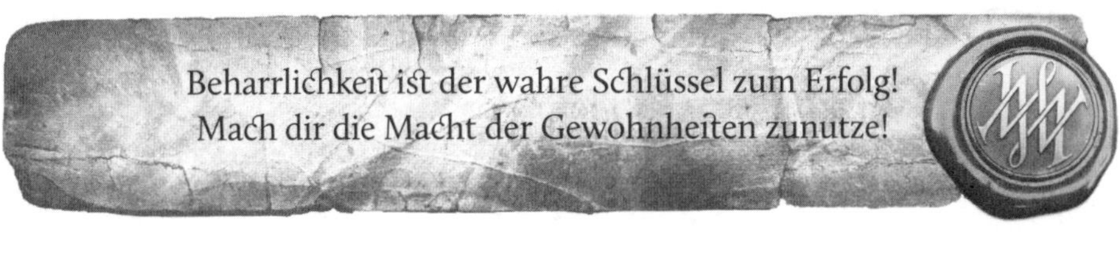

Sechzehntes Kapitel

Von der Tugend der Achtsamkeit

Spiel beim Weintrinken nicht den starken Mann,
der Wein hat schon viele schwach gemacht.
Wie der Glühofen gehärteten Stahl erprobt,
so zeigt der Wein den Charakter überheblicher Menschen.

»Schenkt noch einmal nach, meine Freunde, und dann lasst uns hinausgehen und mit den Menschen aus Babylon feiern! Jung und Alt sind auf den Straßen und lassen es sich in vollen Zügen gut gehen!«, rief Jesran und winkte einem Diener, der sofort mit einem Krug Wein herbeieilte und allen nachschenkte. Es herrschte nun eine ausgelassene Stimmung. Auch auf den Straßen Babylons wurde das Geschrei immer lauter. Nun wurde das große Fest gefeiert, welches immer am Ende des Marktes veranstaltet wurde. Es dauerte drei volle Tage und ganz Babylon feierte mit. Die Menschen sangen, tanzten und feierten ausgelassen. Es herrschte ein großes Gedränge.

»Komm, Tori, lass uns Becher, gefüllt mit gutem Weine, holen und an dem Feste teilhaben!«, rief Herachim, nahm ihn beim Arm und zog ihn durch die Menge. Als sie an einem Stand, an welchem Wein ausgeschenkt wurde, ankamen, machte Herachim Halt. Er bestellte einen Krug, drückte Tori einen Becher in die Hand und schenkte ihm gleich ein. »Hier, mein Freund. Lass uns feiern und fröhlich sein!«

»Nicht so viel, mir liegt der Wein von Jesran noch schwer im Magen.«

»Ach was! Sei froh, dass wir an diesem Fest teilhaben können! Wer weiß, wann wir solch ein Fest wieder erleben werden«, winkte Herachim ausgelassen ab und stürzte sich wieder in die Menge. Tori folgte ihm und sie sangen und tanzten die ganze Nacht hindurch. Er konnte sich nicht daran erinnern, dass in Assyrien jemals solch ein Fest gefeiert worden war. Als der Morgen graute und die ersten Strahlen der Sonne am Horizont zu sehen waren, dachte noch niemand daran, sich zur Ruhe zu legen. Es schien, als käme das Fest gerade erst richtig in Gang. Auch Tori verschwendete keinen Gedanken daran, zu Bett zu gehen. Er trank mit Herachim und feierte ausgelassen mit den Bewohnern Babylons und all den Menschen aus nah und fern.

»Welch ein überwältigendes Fest! Davon können wir in Assur nur träumen«, rief Herachim ausgelassen und gab Tori einen freundschaftlichen Schlag auf die Schulter.

»So ist es, Herachim. Mein Becher ist leer, ich werde uns einen neuen Krug holen.«

»Ja, mach das. Aber beeile dich!«, lallte Herachim, bei dem man schon genau hinhören musste, um ihn zu verstehen.

Tori ging los, um sich einen neuen Krug voll guten Weines zu holen. Dieser war ihm bereits schon sehr zu Kopf gestiegen, so dass auch er Schwierigkeiten hatte, geradeaus zu gehen. Als er zurückkam, sah er sich um. Wo war sein Freund Herachim? Da – nach kurzem Suchen erkannte er ihn. Er hatte immer noch seinen leeren Becher in der Hand und unterhielt sich angeregt mit einem Mann, welchem man ansah, dass es ebenfalls nicht der erste Krug Wein war, welchen er in Händen hielt. Tori ging auf die beiden zu. Plötzlich stieß der andere Herachim weg und schlug ihm mit der Faust ins Gesicht. Herachim taumelte, konnte sich aber noch halten. Sofort holte er zum Gegenschlag aus und landete einen harten Treffer, so dass der andere zu Boden stürzte. Von einem Moment auf den anderen hatten sich alle Umstehenden in eine wilde Rangelei verstrickt. Tori eilte hinzu, um seinem Freund zu helfen, doch dieser war völlig in der prügelnden Meute verschwunden. Er stürzte sich hinein und zwängte sich durch die wild aufeinander einschlagende Menge hindurch, um seinen Freund herauszuziehen. Doch er musste feststellen, dass dies wohl doch keine so gute Idee gewesen war. Kaum war er in dem Tumult, erhielt er auch schon den ersten Schlag auf den Hinterkopf. Er drehte sich um und erhielt sofort einen weiteren Schlag gegen die Schläfe. Ohne nachzudenken, schlug er zurück und versuchte, aus der kämpfenden Menge wieder herauszukommen. Wild um sich schlagend gelang ihm dies schließlich. Rasch entfernte er sich von der aufgebrachten Horde und ließ sich einige Schritte weiter erschöpft auf den Boden fallen. Sein Kopf schmerzte und das warme Blut rann ihm langsam das Gesicht hinunter. Doch Tori beachtete es gar nicht. Er hatte einige harte Schläge einstecken müssen.

Hell schienen die Strahlen der Sonne durch das Fenster und es herrschte eine drückende Hitze, die kaum zu ertragen war. Tori blinzelte verschlafen. Die Sonne schien ihm direkt

ins Gesicht. Er versuchte, die Augen zu öffnen, doch es war zu hell. Er schloss sie sogleich wieder und atmete tief durch. Sein Kopf schmerzte, als ob ihm jemand mit einem schweren Holzstück einen Schlag versetzt hätte. So lag er da und ließ sich die wenigen Geschehnisse, welche ihm noch in Erinnerung geblieben waren, durch den Kopf gehen. Er erinnerte sich daran, wie er Herachim später zufällig wiedergefunden hatte. Auch er hatte schwer einstecken müssen und hatte einige harte Treffer erhalten. Doch Herachim war kein Schwächling. Er hatte starke, kampferprobte Arme und sich tapfer zur Wehr gesetzt. Es gab sicher einige Männer, welche mit Schaudern an ihn und die Schläge zurückdachten, die sie von ihm eingesteckt hatten.
Herachim hatte versucht, ihm zu erklären, wie es zu der Rauferei gekommen war, doch Tori hatte bis jetzt noch nicht den Zusammenhang verstanden. Vermutlich war es so, wie es jedes Mal war. Einer hatte etwas falsch verstanden, sich angegriffen gefühlt und geglaubt, sich verteidigen zu müssen. Und die umstehenden Männer – die meisten von ihnen hatten doch nur auf solch eine Begebenheit gewartet, um ihre Kräfte zu messen. Wie auch immer, Tori war das jetzt im Moment völlig egal. Insgesamt hatten sie drei Tage ununterbrochen gefeiert und getanzt. Einige wenige feierten noch immer und schienen das Ende des Festes noch hinausschieben zu wollen. An Schlaf war während dieser drei Tage kaum zu denken gewesen.
Tori dachte an Herachim. Wie mochte es ihm wohl gerade ergehen? Bestimmt nicht besser als mir, dachte er. Der viele Wein und die harten Schläge auf den Kopf hatten ihm ganz schön zugesetzt und erst jetzt, während er langsam wieder nüchtern wurde, spürte er das Brennen der Wunde an seinem Kopf. Tori versuchte, aufzustehen, ließ sich dann aber sogleich wieder auf seine Decke fallen und schloss die Augen. So döste er vor sich hin. Er versuchte, noch ein wenig zu schlafen, was ihm jedoch, trotz seiner großen Müdigkeit, nicht gelang. Die Hitze war zu drückend und kaum erträglich. So beschloss er schließlich, doch aufzustehen. Mühsam rappelte er sich hoch und machte sich langsam, immer noch ein wenig schwankend, auf, um zum Brunnen zu gehen.
Dort endlich angekommen, tauchte er ein in das kühle Nass, schöpfte sich beide Hände voll Wasser und tauchte sein Gesicht hinein. Das wiederholte er bestimmt sechs Mal. Nun ging es ihm schon ein wenig besser. Plötzlich spürte er, dass jemand neben ihm stand. Er wollte sich umdrehen, um zu sehen, wer es war, doch da vernahm er auch schon Jesrans bekannte Stimme.
»Sei gegrüßt, Tori! Wie geht es dir?«, sagte dieser munter.

»Nachdem ich nun am Brunnen war, etwas besser, Herr«, antwortete Tori ehrlich.
Ein verständnisvolles Lächeln glitt über Jesrans Gesicht. »Ja ja, das große Fest kann sehr anstrengend sein, nicht wahr?«
»Da habt Ihr Recht. Drei Tage feiern und tanzen, ohne den nötigen Schlaf, verlangen dem Körper viel ab.«
»Aber sei beruhigt. So wie dir wird es heute fast ganz Babylon ergehen.«
»Welch schwacher Trost«, antwortete Tori mit einem müden Lächeln, schöpfte mit seinen Händen noch einmal von dem kühlen Nass und tauchte sein immer noch schmerzendes Gesicht hinein. Erst jetzt erblickte Jesran die Wunde an Toris Kopf.
»Hast du dich auf dem Fest mit jemandem geschlagen?«
»Ja, ich wollte Herachim helfen und musste dann selbst harte Schläge einstecken.«
»Herachim?«, fragte Jesran erstaunt.
Tori erzählte, wie er Wein holen wollte und der andere auf Herachim eingeschlagen hatte, als er zurückkam, wie er Herachim helfen wollte, ihn jedoch im Getümmel verlor und erst viel später wieder fand.
»Ja ja, die jungen Männer, die bei jeder Gelegenheit ihre Kräfte unter Beweis stellen müssen«, sagte Jesran mit einem Schmunzeln. »Das war schon immer so und wird wohl auch so bleiben, solange es Männer gibt. Und wenn das nicht so wäre, dann wären die Männer wohl keine Männer.«
»Da könnt Ihr Recht haben, Herr. Vor allem, wenn sie zu viel von dem süßen Wein getrunken haben.«
»Dann sowieso. Da haben sich die wenigsten unter Kontrolle. Für viele wäre es besser, wenn sie an solchen Tagen nur Wasser zu trinken bekämen.«
»Wasser?« Tori schaute überrascht auf.
»Ja, denn sehr viele Männer kennen ihre Grenze nicht und können den Wein nicht in Maßen trinken. Und dann tun sie Dinge, von welchen sie später gar nicht mehr wissen, dass sie sie getan haben.«
Tori nickte Jesran zustimmend zu. Er dachte an die letzten drei Tage zurück. Die meisten hatten sich nicht mehr unter Kontrolle gehabt, wenn sie erst einmal von dem guten Wein gekostet hatten, und auch er musste sich insgeheim eingestehen, dass ihm der Wein zeitweise ganz schön zugesetzt hatte.
»Darum sage ich, für solche wäre es besser, man würde ihnen einen Krug mit Wasser geben. Es liegt wohl auch daran, dass die meisten Männer auf die Tugend der Achtsamkeit

keinen Wert legen«, fuhr Jesran fort.

»Die Tugend der Achtsamkeit?«

»Hat dir mein Freund Argael noch nichts über die Tugend der Achtsamkeit gesagt?«, fragte Jesran verwundert.

»Nein, Herr. Bis jetzt hat er mir davon noch nichts mitgeteilt.«

»Soso. Das überrascht mich nun. Gerade er ist ein Mann, der auf diese Tugend sehr viel Wert legt und sie sehr verinnerlicht hat.«

»Erzählt mir davon, Herr«, bat Tori.

»Du bist sehr neugierig, mein junger Freund. Doch das gefällt mir. Neugier und Wissensdurst sind sehr gute Eigenschaften. Ich habe noch nicht sehr viele Menschen getroffen, die sie in solchem Maße wie du besaßen. Vor allem noch keine, welche in deinem jungen Alter waren. Die meisten lernen erst aus den Folgen ihrer Fehler und bekommen so die harte Schule des Lebens zu spüren. Es ist sehr lobenswert und weise, wenn ein Mensch aus den Fehlern und den Erfahrungen anderer Menschen lernt.«

»So belästige ich Euch nicht durch meine Fragen, die ich Euch täglich stelle?«, vergewisserte sich Tori vorsichtig.

»Aber nein. Frag ruhig, nur durch richtige Fragen kann man schließlich zu richtigen Antworten gelangen. Hab nur acht darauf, dass du all dein Wissen nicht vergräbst. Sonst geht es mit der Zeit verloren.«

»Was meint Ihr damit? Wie kann man sein Wissen vergraben?«

»Nun, es gibt sehr viele Menschen, die lernen und studieren ein Leben lang. Doch ihr Wissen gleicht einem vergrabenen Schatz. Sie wenden das Wissen nicht an. Hast du schon einmal von dem Satz gehört: Wissen ist Macht?«

»Ja, ich habe ihn schon einige Male gehört. Viele Gelehrte haben ihn oft gesagt.«

»Nun, ich bin der Meinung, dass Wissen alleine keine Macht darstellt. Wissen kann ein Goldstück sein. Doch wenn du es vergräbst und nicht investierst, so wirst du keinen Gewinn daraus ziehen können, und es hat somit keine Macht. Darum ist es wichtig, dass du das Wissen, das du hast, auch anwendest und gewinnbringend einsetzt. Ich sage darum: Angewandtes Wissen ist Macht.«

»So habe ich das noch gar nicht gesehen«, musste Tori sich eingestehen.

»Ein Samenkorn, das nicht gesät wird, kann keine Ernte hervorbringen. Es ist wie mit dem Gesetz des Sparens, welches dich Argael lehrte. Es reicht nicht, zu wissen, dass du von all deinen Einnahmen mindestens den zehnten Teil sparen musst, um wohlhabend

zu werden. Wenn du nicht danach handelst und dieses Gesetz nicht anwendest, so wirst du nie wohlhabend werden.«
Tori nickte zustimmend. Er verstand sehr wohl, was Jesran sagte.
»Komm, Tori, lass uns dort drüben die Schenke aufsuchen! Die Mittagszeit ist hereingebrochen und du verspürst sicher denselben Hunger wie ich.«
»O ja, Herr. Das hört sich vortrefflich an.«

So machten sie sich auf in Richtung der besagten Schenke. Als sie dort ankamen, wurden sie höflich gegrüßt. Jesran war ein Mann, den wohl in ganz Babylon jeder kannte. Er deutete auf einen Platz in einer Ecke, in welcher sie sich ungestört unterhalten konnten. Als sie Platz genommen hatten, kam sofort der Wirt hinzugeeilt, um ihren Wünschen nachzukommen.
»Bring uns einen Krug mit kühlem Wasser und jedem von uns eine deiner saftigen Hammelkeulen! Dazu etwas von deinem frischen Brot, denn wir sind sehr hungrig.«
»Jawohl, Herr, ich werde es Euch sogleich bringen«, sagte der Wirt, verneigte sich und eilte davon, um die Wünsche seiner Gäste zu erfüllen. Tori lief bereits bei dem Gedanken an die saftige Hammelkeule das Wasser im Mund zusammen.
»Nun, Tori, was wolltest du noch von mir wissen?«
»Ihr wolltet mir von der Tugend der Achtsamkeit erzählen.«
»Richtig, die Tugend der Achtsamkeit«, nickte Jesran. »Die Tugend der Achtsamkeit ist die Tugend der Weisen.«
Der Wirt kam und brachte ihnen den gewünschten Krug mit dem kühlen Wasser. Tori schenkte Jesran und sich ein und wartete gespannt, was es mit der Tugend der Weisen auf sich hatte.
Jesran fuhr fort: »*Achtsamkeit bedeutet, dass du dir immer bewusst bist, was du tust. Sie beruht auf der Erkenntnis, dass aus Gedanken Worte, aus Worten Taten, aus Taten Gewohnheiten und aus Gewohnheiten schließlich das Schicksal jedes einzelnen Menschen entsteht.* Viele Menschen reden sehr viele Dinge am Tag, ohne sich darüber Gedanken zu machen, welche Auswirkung diese Worte haben können. Wie du bereits weißt, ist jeder Gedanke ein Samenkorn, welches eine Frucht hervorbringen kann. Ganz gleich ob gut oder schlecht. Wenn du einen Gedanken oft genug denkst, dann sprichst du ihn eines Tages aus, und je öfter du ihn aussprichst, desto größer ist die Wahrscheinlichkeit, dass du danach handelst.«

Jesran machte eine kurze Pause und nahm einen großen Schluck Wasser, um seiner trockenen Kehle etwas Gutes zu tun. Dann fuhr er fort: »Weil jeder Gedanke ein Samenkorn ist und nach Verwirklichung drängt, darum ist es so wichtig, die Tugend der Achtsamkeit zu beherzigen. Diese besagt: Achte auf deine Gedanken und wenn diese schlechte Worte hervorbringen, so ersetze sie durch andere, durch gute Gedanken, welche gute Worte hervorbringen!«

»Ist das so einfach? Gedanken kommen doch einfach, wie kann ich mich dagegen wehren? Auf einmal sind sie da.«

»Wenn du einmal genau darauf achtest, so sind es immer wieder die gleichen Gedanken, welche dir in deinem Gemüt erscheinen. Sie wiederholen sich fast immer.«

»Das stimmt, Herr. Aber wie soll ich mich gegen schlechte Gedanken wehren, oder wie verdränge ich diese?«

»Verdrängen lassen sich Gedanken nicht. Wenn du Gedanken verdrängen willst, so richtest du deine Aufmerksamkeit nur noch mehr auf diese Gedanken, und dadurch werden sie noch mehr gefestigt. Du erreichst also genau das Gegenteil.«

Tori schaute Jesran fragend an. Er verstand nicht, was dieser ihm damit sagen wollte. Jesran wusste den fragenden Blick seines jungen Freundes richtig zu deuten.

»Schau, Tori, ich will dir einmal zeigen, wie ich das meine. Schließe einmal deine Augen!«, forderte er ihn deshalb auf. »Gut, und nun denke einmal nicht, ich betone, denke nicht an die köstliche Hammelkeule, welche der Wirt in wenigen Augenblicken bringen wird!«

Tori musste lächeln. Vor seinen Augen sah er den Wirt, wie er ihnen die köstlich duftende Hammelkeule servierte. Ja, bei dem Gedanken lief ihm sogar das Wasser im Munde zusammen. Er öffnete die Augen.

»Und, was hast du gesehen?«, fragte Jesran schmunzelnd.

»Den Wirt, wie er uns die Hammelkeule vorsetzt«, gestand Tori.

»Gut, und nun schließe deine Augen erneut!« Tori tat, wie ihm geheißen. Dann fuhr Jesran fort: »Und nun ersetzen wir die Hammelkeule durch etwas anderes. Denke nun an einen Krug, gefüllt mit köstlichem Wein!« Vor Toris Augen verschwand nun die Hammelkeule und stattdessen sah er den gefüllten Weinkrug vor sich.

»Nun, was hast du gesehen?«

»Den Krug, gefüllt mit köstlichem Wein«, antwortete Tori.

»Siehst du, wir können die Gedanken nicht verdrängen. Aber wir können den unerwünschten Gedanken durch einen anderen ersetzen. So, wie du den Gedanken an die

Hammelkeule durch den an den Weinkrug ersetzt hast.«
»Ja, jetzt verstehe ich Euch. Die Tugend der Achtsamkeit besagt also, dass ich auf meine Gedanken achte, und wenn diese schlecht sind, so tausche ich sie sofort aus.«
»Genau. Die Tugend der Achtsamkeit bedeutet somit auch eine ständige Überprüfung von sich selbst. Und indem du deine Gedanken überprüfst, kannst du schlechte Worte verhindern, bevor du sie aussprichst, und schlechte Taten, bevor du sie tust.«
»Darum meintet Ihr vorhin auch, dass es für viele Männer besser wäre, wenn sie bei solch einem Fest, wie es die letzten Tage war, nur Wasser trinken würden.«
»Ja, darum habe ich das gesagt. Sie haben die Tugend der Achtsamkeit nicht verinnerlicht, darum haben sie sich auch nicht unter Kontrolle. Sie reden und handeln und denken erst anschließend über ihre Worte und ihre Taten nach. Darum ist Nachdenken eigentlich schlecht. Besser wäre Vordenken«, sagte Argael mit einem Schmunzeln.
Auch Tori musste lächeln, als er das Wort Nachdenken aus dieser Sicht einmal betrachtete. Vordenken war wirklich klüger. »Durch die Tugend der Achtsamkeit kontrolliere ich sozusagen täglich mein Denken und mein Handeln«, schlussfolgerte Tori.
»Richtig, und das hilft dir dabei, dich weiterzuentwickeln und zu einem reichen Manne zu werden. *Reich nicht in dem Sinne von Besitz von Gütern, sondern Reichtum im Sinne von Weisheit, von innerem Reichtum. Dadurch wirst du zu einer großen Persönlichkeit.*«
Da kam auf einmal der Wirt und brachte ihnen die herrlich duftenden Hammelkeulen und das Brot. Tori hatte bereits einen mächtigen Hunger und biss herzhaft ein großes Stück von der Hammelkeule ab.
Während sie aßen fuhr Jesran fort: »Indem du dir die Tugend der Achtsamkeit aneignest, übernimmst du Verantwortung. Das ist sehr wichtig. Du lässt nicht mehr zu, dass dir irgendwelche Gedanken, welche eine schlechte Ernte hervorrufen, durch den Kopf gehen. Nein, wenn du dir diese Tugend angeeignet hast und sie Tag für Tag praktizierst, so übernimmst du die volle Verantwortung für dein Leben. Ab diesem Moment wird dein Leben nicht mehr von den Umständen oder von anderen Menschen bestimmt, sondern du bestimmst, was du denkst, was du sagst und wie du handelst. Du hast Macht, dein Leben so zu steuern und zu gestalten, wie du es immer haben wolltest.«
»Ja, diese Tugend möchte ich mir aneignen. Ich möchte nicht zu den Menschen gehören, welche ihr Leben so dahinleben und von den Umständen oder von anderen Menschen in eine Richtung gelenkt werden, in welche sie gar nicht wollen.«
»Ein Glück, denn von diesen Menschen, die ein fremdbestimmtes Leben leben, gibt es in

Babylon und in allen umliegenden Städten mehr als genug«, sagte Jesran mit einem Lächeln. »Achtsamkeit ist eine Tugend, welche einen Mann zum Mann macht. Ein richtiger Mann übernimmt die Verantwortung für sein Denken und sein Handeln, ja, für sein ganzes Leben. Er steht für seine Taten gerade, für die guten genauso wie für die schlechten, und schiebt niemals die Schuld von sich weg.«

»So betrachtet, haben wir noch sehr wenige Männer in unserer Stadt«, sagte Tori.

»Leider hast du Recht. Wie heißt es doch so schön: *Alt werden sie alle, doch die wenigsten werden erwachsen*«, stimmte Jesran zu. Und beide lachten herzlich.

Die Tugend der Achtsamkeit:

Achte auf deine Gedanken, denn sie werden zu deinen Worten.
Achte auf deine Worte, denn sie werden zu deinen Taten. Achte auf
deine Taten, denn sie werden zu deinen Gewohnheiten.
Achte auf deine Gewohnheiten,
denn diese werden zu deinem Schicksal.

Siebzehntes Kapitel

Der sonderbare Sklave

Erfolg hat einen Preis.
Dieser ist niedriger als der,
welchen der Misserfolg fordert.

Wenig später schlenderten sie zurück zu Jesrans Gasthaus. Während sie gingen, hielt Jesran sein Gesicht in die Sonne und genoss sichtlich ihre wärmenden Strahlen. Dann unterbrach er das Schweigen, ohne stehen zu bleiben, sein Gesicht immer noch gen Himmel gerichtet.

»Wie wäre das Leben ohne die Sonne, ohne ihre wunderbare Wärme und ohne das Licht, das sie uns täglich spendet?« Tori schaute zu Jesran hinüber, der nachdenklich fortfuhr: »Ist sie nicht wundervoll? Doch wie oft vergessen wir dies und ärgern uns über die Hitze, die uns bei der Arbeit den Schweiß auf die Stirn treibt? Sollten wir nicht dankbar dafür sein, dass wir uns an jedem neuen Tag ihres Lichtes und ihrer Wärme erfreuen dürfen?« Tori nickte zustimmend und betrachtete Jesran, der sein Gesicht weiter der Sonne entgegenstreckte. Plötzlich blieb er stehen und sah Tori an. »Was meinst du, Tori, wann wissen wir die Sonne wirklich zu schätzen?«

Tori überlegte. Worauf wollte Jesran hinaus? »Nun, ich denke, in der Nacht«, antwortete er schließlich.

»Du hast Recht gesprochen. Wenn wir von der Dunkelheit umgeben sind und sie nicht da ist, dann fehlt sie uns. Tagsüber sind wir oft undankbar wegen der großen Hitze, doch wenn diese weg ist und der kühle Nachtwind uns umweht, dann sehnen wir uns nach ihrem Licht und ihrer Wärme.«

»Ist es nicht bei allem so? *Wenn wir etwas haben, dann wissen wir es oft nicht zu schätzen, und den wahren Wert erkennen wir erst, wenn es nicht mehr da ist.*«

»Ja, Tori, so ist es. Darum ist es wichtig, dass wir uns in Dankbarkeit üben, auch für die

kleinen Dinge, welche wir schon als selbstverständlich hinnehmen. O, schau, dort steht Argael«, sagte Jesran und deutete nach vorne.
In der Ferne sah Tori eine Gestalt, welche auch er als Argael erkannte. Er war überrascht, dass Jesran trotz seines hohen Alters noch solch scharfe Augen hatte. Kurze Zeit später erreichten sie das Gasthaus, vor welchem sie Argael empfing.
»Hast du deinen Arbeiter bereits vermisst? Ich habe mit ihm das Mittagsmahl eingenommen«, sagte Jesran auf den fragenden Blick Argaels hin.
»Nun, dann verwundert es mich nicht, dass keiner von euch beiden im Gasthaus zu finden ist«, entgegnete Argael. Dann wandte er sich zu Tori: »Wir werden morgen früh aufbrechen und zurück nach Assur reisen.«
Tori schluckte. Er wusste, dass er nun bald die Heimat wiedersehen würde, doch dass Argael sich bereits morgen in der Früh auf den Weg machen wollte, damit hatte er wahrlich nicht gerechnet; und Jesran wohl auch nicht.
»Du willst uns morgen schon verlassen?«, fragte dieser erstaunt.
»Ja, denn in unserer Heimat warten einige wichtige Geschäfte auf mich.«
»Ich habe ehrlich gesagt noch nicht so schnell mit eurer Abreise gerechnet. Vielmehr ging ich davon aus, dass ich euch noch einige Tage meine Gäste heißen darf.«
»Ich wäre noch sehr gerne dein Gast, mein Freund. Das musst du mir glauben. Doch in Assur warten einige wichtige Geschäfte, um die ich mich kümmern muss.«
»Möchtest du deine Abreise nicht wenigstens um einen Tag verschieben? Ich weiß, dass du in Assur dringend gebraucht wirst, doch es würde mir viel bedeuten, wenn du noch einen Tag länger mein Gast wärst. Wer weiß, wann wir uns wiedersehen?«
»Hm, du hast Recht, mein Freund. Ich werde unsere Abreise um einen Tag verschieben«, entschied Argael, ohne lange zu überlegen.
»Das freut mich sehr«, erwiderte Jesran mit einem strahlenden Gesicht.
»Ich kann doch meinem treuen Freund, dessen Gegenwart ich so sehr zu schätzen weiß, solch eine Bitte nicht abschlagen! Hab Dank für deine Gastfreundschaft.«
»Aber das ist doch selbstverständlich! Du bist mir der wertvollste und teuerste Gast. Kommt herein«, sagte Jesran und winkte Argael und Tori, einzutreten. Doch Tori blieb stehen und blickte den zwei großartigen Männern nach. Welch bewundernswerte Persönlichkeiten dies doch waren! Sie schienen alle edlen Tugenden und alle Weisheit in sich zu tragen. Ja, vielmehr, sie lebten sie und gingen als großes Vorbild voran. Anders als viele Gelehrte, welche große Reden schwangen und den Menschen sagten, was sie

zu tun hatten, und sich selbst nicht an ihre eigenen Worte hielten.
Tori drehte sich um und schaute auf den großen Marktplatz, auf welchem der Alltag Babylons langsam wieder einkehrte. Viele der Händler waren bereits abgereist oder bereiteten sich darauf vor, die große, prunkvolle Stadt zu verlassen und den Weg, der sie in ihre Heimat führt, anzutreten. Er beschloss, die verbleibende Zeit zu nutzen und sich die mächtigste Stadt, die auf der ganzen Welt in aller Munde war und die jeder nur mit einer gewissen Ehrfurcht in der Stimme erwähnte, noch ein wenig zu besichtigen. So schlenderte er los, über den Marktplatz, bis er die große Straße erreichte. Er beschloss, ihr zu folgen, und bestaunte die schönen und prächtigen Häuser, die dicht nebeneinanderlagen. Eines schien glanzvoller als das andere zu sein. Es war erstaunlich, wie diese große, prächtige Stadt Babylon doch alles in sich vereinte. Der größte Reichtum und die bitterste Armut waren hier zu finden. Er betrachtete die Menschen, welche ihm entgegenkamen. Da waren einerseits die Ärmsten der Armen, welche in zerrissenen und zerfetzten Kleidern ausgehungert am Straßenrand saßen oder an ihm vorbeigingen, und andererseits die Reichsten und Mächtigsten der Stadt, welche in feinen Gewändern hocherhobenen Hauptes die Straße entlangspazierten und erwarteten, dass ihnen jeder aus dem Weg ging.
Als Tori so in Gedanken versunken vor sich hin schlenderte, kam ihm ein kleines Mädchen mit einem abgetragenen Kleid entgegen. Ängstlich wich es ihm schnell aus und versuchte einen Bogen um ihn zu machen. Tori blieb stehen und betrachtete es. Es war unschwer zu erkennen, dass es wohl unter großem Hunger litt. Kurz entschlossen griff Tori in seinen Lederbeutel, holte zwei Kupferstücke hervor und drückte sie dem kleinen Mädchen, das ihn ängstlich anschaute, in die Hand. Das Mädchen warf einen kurzen Blick auf die Kupferstücke, ging dann einige Schritte rückwärts, ihn immer noch mit verstörtem Blick anschauend, drehte sich dann schnell um und rannte davon. Tori blickte ihr nach. Ihm fiel seine kleine Schwester ein, die wohl in etwa genauso alt war. Ein Gefühl der Zufriedenheit stieg in ihm auf. Er war froh, dass er dem Mädchen hatte helfen können. Jesran hatte Recht, dachte er. Dankbarkeit ist eines der wichtigsten Dinge und am besten zeigt man sie durch das Geben. Vor allem habe ich in den letzten Tagen so viel Geld verdient, dachte Tori, mehr, als ich je erwartet habe. Er fasste an seinen prall gefüllten Lederbeutel, in dem sich all die Kupferstücke, die er verdient hatte, befanden. Es fühlte sich großartig an. Noch niemals zuvor war er so prall gefüllt gewesen. Tori dachte an die letzten Tage zurück, an denen er von Sonnenaufgang bis Sonnenuntergang auf dem Marktplatz gestanden und ihm der Schweiß übers Gesicht geronnen war. Er dachte an die Momente, in denen ihm die Beine

geschmerzt hatten und er vor Erschöpfung fast zusammengebrochen wäre. Doch es hatte sich gelohnt, er hatte gelernt, wie man Geld verdient und wie es sich vermehrt. Vor allem hatte er das Geld zu schätzen gelernt. Er war froh, dass es ihm nicht mehr so ging, wie vielen seiner Freunde, welche das Geld nicht zu schätzen wussten, es einerseits mit vollen Händen ausgaben, andererseits immer über Mangel klagten. Welch ein Glück hatte er doch, dass Argael ihm diese Weisheiten hatte zuteilwerden lassen! Von ihm durfte er lernen, was es hieß, das Geld zu schätzen und zu achten, ohne gierig und vom Geld besessen zu sein. Denn wenn das Geld die Macht über den Menschen hatte, so führte sein Weg zum gleichen Ziel wie die Armut; ins Unglück und in die Unzufriedenheit.
Tori empfand eine tiefe Dankbarkeit, für alles, was er lernen durfte. Er konnte sich nicht daran erinnern, dass er jemals so glücklich gewesen war wie in den vergangenen Tagen. Während er so dahinschlenderte, kam er an eine große Baustelle. Tori blieb stehen und betrachtete sie genauer. Er konnte erkennen, dass hier eines Tages ein großer Tempel entstehen würde, größer und schöner als alle Tempel in Assur. Noch nie hatte er einen Tempel gesehen, der auch nur annähernd eine solche Größe hatte. Er betrachtete die Sklaven, die ohne Unterlass arbeiteten, und die Aufseher, welche sie zu Höchstleistungen antrieben. Dann trat er näher, bis er nur noch wenige Schritte entfernt war.
Um Tori herum liefen Sklaven und schleppten schwere Steine und Baumstämme. Andere brannten Ziegelsteine. Die Sonne stach unerbittlich auf sie hernieder und vielen konnte man die Erschöpfung ansehen. Dieser Anblick war für Tori nichts Neues. Auch in Assur gab es Unmengen an Sklaven, welche täglich bis an ihre Leistungsgrenze, und oftmals auch darüber hinaus, getrieben wurden. Auch dass ein Sklave vor Erschöpfung tot zusammenbrach, gehörte zum Alltag. Ihm fiel ein Aufseher auf, der besonders streng zu sein schien. Er schrie laut und schaute mit strengem Blick um sich. Sobald er einen Sklaven sah, der sich etwas zu langsam bewegte, eilte er zu ihm, gab ihm einen Schlag mit der Peitsche und trieb ihn zu noch mehr Leistung an. Dieser Mann scheint seine Arbeit als Aufseher wirklich gründlich zu machen, dachte Tori. Und je mehr er dem Geschehen zuschaute, desto mehr Mitleid empfand er. Einer dieser Männer könnte sein Vater sein, dachte er. Tori wusste, dass viele der Sklaven selbst schuld an ihrem schweren Los waren. Sie hatten über ihre Verhältnisse gelebt, mehr Geld ausgegeben, als sie eingenommen hatten, und nun mussten sie den Preis dafür bezahlen. Vielen blieb auch gar keine andere Wahl, als sich selbst als Sklave zu verkaufen, um ihre Schulden zu bezahlen oder ihre Familie zu retten. Andere wurden von Schicksalsschlägen getroffen, wie sein Vater, dessen Krankheit ihn in die Sklaverei gebracht

hatte. Wieder andere wurden als Kriegsgefangene verschleppt und mussten nun unter fremder Herrschaft ihre Kräfte für deren Wohlergehen opfern.
Plötzlich schrie der strenge Aufseher laut und wütend auf. Tori schaute in seine Richtung und sah, wie ein Sklave unter der Last der Ziegelsteine, welche er zum Tempel tragen sollte, zusammengebrochen war und erschöpft am Boden lag. Der Aufseher eilte sofort hinzu, um den erschöpften Sklaven wieder anzutreiben. Doch dieser konnte nicht mehr. Er war zu ausgehungert und zu erschöpft. Der Aufseher trat ihm in den Magen und schlug mit seiner Peitsche auf ihn ein, doch es half nichts. Der Sklave blieb weiter am Boden liegen. Er zuckte kurz mit dem Arm, versuchte, sich zu erheben, und bewegte seine trockenen, aufgesprungen Lippen, doch er brachte keinen Ton heraus. Dann nahmen seine Augen einen glasigen Ausdruck an und der Arm erschlaffte. Der Aufseher fluchte vor sich hin, dann wendete er sich ab und winkte zwei Sklaven, welche sofort ihre mit Steinen gefüllten Körbe auf den Boden stellten und hinzueilten, um den Toten an den Füßen zu packen und ihn wegzuschleifen.
Tori betrachtete das Geschehen mit gemischten Gefühlen. Er wusste, dass die meisten Sklaven ein solches Schicksal erwartete, dies war allgemein bekannt. Warum gehen aber so viele Menschen so leichtfertig mit ihrem Leben um?, fragte er sich. Jeder wusste, was die meisten Sklaven erwartete, und doch verschuldeten sich so viele Menschen beim Geldverleiher, um einer ausschweifenden Lebensweise zu frönen. Statt dass sie sich davor Gedanken machten, wohin das alles führte und wie viel höher der Preis war, den sie dafür zu zahlen hatten. Die meisten zahlten diese kurzen Augenblicke der Freude mit ihrem Leben. Und diejenigen, welche es schafften, eines Tages zu ihren Familien zurückzukehren, waren durch die Jahre der Sklaverei meist so geschwächt, dass sie nur noch wenige Jahre überlebten. Tori erkannte immer mehr, welche Dummheit es doch war, seinen kurzweiligen Gelüsten nachzugeben und sie mit geliehenem Geld zu befriedigen. Je mehr er diesen Sklaven zuschaute, desto mehr erkannte er, wohin die Spielsucht und die Gier nach Reichtum durch Wetten oder dergleichen führten. Die meisten von ihnen sollten eigentlich als abschreckendes Beispiel dienen. Doch wie viele Männer in all den großen Städten gab es, die sehr wohl um das Schicksal der Sklaverei wussten und dies einfach nicht beachteten? Sie hörten auf die Stimme der Habgier und des Neids und machten sich um den Preis, welchen das Schicksal für die schnelle, kurzfristige Befriedigung einfordern würde, keine Gedanken.
Was würden wohl Argael oder Jesran sagen, wenn einer von ihnen nun neben mir stünde

und wir uns darüber unterhielten?, überlegte Tori. Gab es eine Weisheit, die davor warnte, den bösen Geistern wie der Gier, des Neids und der Eifersucht nachzugeben? Die darauf hinwies, dass der Preis hierfür nur die Sklaverei, das Leid oder gar der Tod sein konnte? Tori grübelte, ob ihm nicht Argael oder Jesran einmal solch eine Weisheit mitgeteilt hatte. Bei so vielen Sklaven, die es allein im babylonischen Reich gab, hatten sich doch bestimmt schon einige Gelehrte oder Propheten über dieses Geschehen Gedanken gemacht, da war sich Tori sicher.

Während er so dastand und vor sich hingrübelte, schoss ihm auf einmal ein Gedanke durch den Kopf. *Überlege dir immer, wohin dich diese Handlung führt, ehe du sie ausführst!* Ja, dies konnte eine Weisheit sein, die Argael oder Jesran ihm in einem Gespräch über die Sklaverei ans Herz gelegt hätten. *Mach dir erst Gedanken über den Preis, den das Schicksal für deine Tat einfordern wird, bevor du sie ausführst.* Nur zu schnell musst du für unüberlegtes Handeln mit der Sklaverei bezahlen. Oder: *Mach dir über den Preis, den deine Reise kostet, Gedanken, bevor du sie antrittst.* Welch eine gute Erkenntnis ihm da doch zuteil wurde! Tori nahm sich vor, in Zukunft vor jeder wichtigen Handlung deren Ergebnis, das Ziel und den Preis zu bedenken. Je mehr er darüber nachdachte, desto mehr Menschen fielen ihm ein, die sich darüber erst Gedanken machten, wenn das Schicksal bereits seinen Preis forderte. Wie viele der Sklaven wären wohl freie Männer, wenn sie diese Weisheit berücksichtigt hätten?

Plötzlich wurde er aus seinen Gedanken gerissen. »Beweg dich schneller, du fauler Hund, oder soll ich dir Beine machen?«, schrie der strenge Aufseher und trat einem Sklaven mittleren Alters, der am Boden kniete und seine Körbe mit Ziegelsteinen füllte, in die Seite, so dass er das Gleichgewicht verlor und umfiel. Aber er erhob sich wieder, legte sich die Stange, an welcher die zwei Körbe befestigt waren, auf die Schulter und schritt mit erhobenem Haupte zum Tempel. Seinen kräftigen Rücken zeichneten die Launen des Aufsehers; er war über und über mit Narben und Peitschenstriemen bedeckt. Der Aufseher schaute ihm mit mürrischem Blick nach, dann wandte er sich um, um sicherzugehen, dass auch ja alle Sklaven bei der Arbeit waren und ihre Höchstleistung erbrachten.

Kurze Zeit später kam der Sklave zurück, um seine leeren Körbe wieder mit gebrannten Ziegelsteinen zu füllen und sie auf das Dach des Tempels zu schleppen, wo sie sofort verbaut wurden. Tori musterte ihn aufmerksam. Irgendetwas war an diesem Sklaven anders als an den anderen Sklaven, die er bisher gesehen hatte, nur, was das war, konnte er nicht sagen. So stand er einige Zeit da und beobachtete ihn. In regelmäßigen Abständen erschien er, füllte seine Körbe mit Ziegelsteinen, legte sich die schwere Stange auf seine Schulter und trat wieder den Weg zum Dach des Tempels an. Jedes Mal folgte ihm der strenge Blick des Aufsehers, der nur auf eine Gelegenheit wartete, seiner Macht Ausdruck zu verleihen und den Sklaven aufs Neue zu demütigen. Tori betrachtete die Sklaven, die emsig auf dem Dach hin- und herliefen und an der mächtigen Kuppel arbeiteten. Von hier unten hatten sie die Größe von Kindern.

Da riss ein Knall Tori aus seinen Gedanken. Gleich darauf folgte noch einer. Es war das Knallen der Peitsche, welche der Aufseher mit voller Wucht auf den Rücken des Sklaven schlug, als dieser am Boden kniete. »Hab ich dir nicht gesagt, dass du dich schneller bewegen sollst, du fauler Hund? Los, beweg dich, sonst wirst du ab morgen die doppelte Menge an Steinen schleppen!«, schrie er ihn an. Der Sklave erhob sich mühsam, taumelte zwei Schritte und setzte dann seinen Weg zum Dach des Tempels fort, gefolgt von dem hämischen Grinsen des Aufsehers.

Plötzlich wusste Tori, was ihm an diesem Sklaven aufgefallen war und was ihn von den anderen Sklaven unterschied. Es war dessen Ausstrahlung. Die meisten Sklaven, die Tori bis jetzt gesehen hatte, verrichteten mit gesenktem Haupt und mit mürrischem, verzweifeltem oder verbittertem Blick ihre Arbeit. Ihre Mutlosigkeit und Verzweiflung standen ihnen ins Gesicht geschrieben. Doch nicht so der besagte Sklave. Sein Körper war genauso zerschunden, mit Narben übersät und geschwächt. Auch ihm konnte man ansehen, dass es schon sehr lange her war, seit er zum letzten Mal eine ordentliche Mahlzeit erhalten hatte. Allerdings ging er seinen Weg mit erhobenem Haupte und trotz der Schläge und Schikanen des Aufsehers schien er nicht verzagt zu sein. Vielmehr lag auf seinem Gesicht ein Ausdruck von Zuversicht und Ruhe. Tori war verwundert, wie ein Mann in seiner Situation solch eine Zuversicht ausstrahlen konnte. So etwas hatte er noch bei keinem Sklaven erlebt. Dies war auch nicht verwunderlich, denn für einen Sklaven hielt das Schicksal meist nur ein Geschenk bereit, und das war der Tod.

Wieder erschien der Sklave und füllte seine Körbe. Tori setzte sich in einiger Entfernung unter einen Baum und betrachtete das Treiben. Er spürte eine tiefe Dankbarkeit in sich aufsteigen. Wie gut es die Götter doch mit ihm meinten! Früher, als er noch bei Herach auf dem Feld gearbeitet hatte, war ihm dies gar nicht bewusst gewesen. Damals hatte er immer nur die schlechten Seiten des Lebens gesehen und wie gut es doch wohl all den anderen ging. Doch Argael und Jesran lebten etwas anderes. Sie schauten auf die guten Seiten, und wenn es etwas Schlechtes in ihrem Leben gab, so suchten sie nicht die Schuld bei anderen

Menschen oder den Umständen, sondern versuchten, eine Lösung zu finden. Und dann begannen sie, diese in die Tat umzusetzen. Wahrlich eine viel bessere Lebenseinstellung! Vor allem eine, welche glücklicher und dankbarer machte. Und das spürte er nun.

Nach geraumer Zeit brach die Dunkelheit herein. Langsam legte sich der dunkle Schleier der Nacht über Babylon. Die Bäume und Häuser warfen ihre Schatten, welche immer länger wurden. Der Aufseher rief laut alle Sklaven zusammen. Diese kamen sogleich hinzugeeilt und stellten sich in einer Reihe hintereinander auf. Allen war die Erschöpfung, doch gleichzeitig auch die Erleichterung ins Gesicht geschrieben. Sie hatten wieder einmal einen harten Tag überlebt. Zwei der Wächter traten hervor und legten jedem der Sklaven schwere Ketten an. Dann setzte sich der Zug langsam in Bewegung. Tori stand auf und folgte ihnen in sicherem Abstand. Nach einiger Zeit erreichten sie das große Gefängnis, in welches die Sklaven geführt wurden. Tori blieb in einiger Entfernung stehen und beobachtete, wie sie hineingeführt wurden.

Mach dir erst Gedanken über den Preis,
den das Schicksal für deine Tat einfordern wird,
bevor du sie ausführst.

Achtzehntes Kapitel

Wer ist dieser fremde, mächtige Gott?

Menschen fürchten ihre Zukunft zu Recht,
wenn dort lediglich die Vergangenheit auf sie wartet.

Tori stand noch immer in einiger Entfernung und beobachtete das Gefängnis. In der Zwischenzeit war die Dunkelheit völlig hereingebrochen. Der Mond stand hell am Himmel und spendete das einzige Licht. Tori überlegte. Sollte er das wirklich tun? Warum überhaupt? Was erhoffte er sich davon? Dann stand er ruckartig auf und steuerte geradewegs auf das Gefängnis zu. Nach wenigen Schritten erreichte er die schwere, aus Eichenholz gefertigte Gefängnistüre und klopfte mit kräftigen Schlägen dagegen. Nichts geschah, aus dem Gefängnis war kein Laut zu hören. Dann, nach geraumer Zeit, vernahm er Schritte und nur wenige Augenblicke später wurde die schwere Holztür geöffnet und ein großer, kräftiger Gefängniswärter stand vor ihm und sah ihn verwundert an.

»Herr, ich würde gerne zu einem der Gefangenen«, brachte Tori sein Anliegen vor.

»So?« Immer noch erstaunt musterte ihn der Wärter von oben bis unten. »Und was willst du so spät bei dem Gefangenen?«, fragte dieser, doch ein wenig misstrauisch.

»Ich würde mich gerne ein wenig mit ihm unterhalten. Er ist mir beim Bau des Tempels aufgefallen und so bin ich den Gefangenen gefolgt«, antwortete Tori ehrlich.

»Soso, unterhalten. Na dann komm einmal herein!«

Der Wärter trat zur Seite, ließ ihn eintreten und schloss dann hinter ihm die schwere Türe wieder zu. Sein Blick verriet große Verwunderung, doch er fragte nicht weiter nach. Es kam wohl nicht allzu oft vor, dass sich jemand spät abends mit einem der Gefangenen unterhalten wollte. Er forderte ihn mit einer Handbewegung auf, ihm zu folgen, und stieg die Steintreppe nach unten, welche zu den einzelnen Zellen führte. Sofort wehte Tori die feuchte und modrige Luft, welche alle Gefängnisse und Verließe kennzeichnete, entgegen. Unten angekommen, standen sie vor einem langen Gang, welcher nur durch den Schein

der Fackeln erhellt wurde. Links und rechts von dem Gang befanden sich die einzelnen Zellen der Sklaven und Sträflinge.
»Nun, welcher ist der Sklave, mit dem du reden möchtest?«
Tori sah sich um, blickte aber nur in fremde Gesichter, welche ihn ausdruckslos anstarrten. Sie schritten den Gang entlang und Tori schaute immer wieder nach links und rechts. Auf einmal blieb er stehen. In der Zelle zu seiner Rechten sah er durch die dicken Eisenstäbe in der Ecke den Sklaven sitzen. Er hatte den Kopf an die Wand gelehnt und hielt die Augen geschlossen. Neben ihm stand eine Schale, in der sich noch ein wenig Wasser befand.
»Hier, das ist der Sklave, mit dem ich reden möchte.«
»Gut, Junge, ich lasse dich zu ihm hinein. Wenn du fertig bist, so rufe mich!« Der Wärter öffnete die Türe und ließ ihn eintreten. Beim Klang der sich öffnenden Türe schlug der Sklave überrascht seine Augen auf und schaute ihn verwundert an. Als Tori eingetreten war, schloss der Gefängniswärter die Türe, verriegelte sie wieder und ging. Langsam trat Tori näher.
»Mein Name ist Tori. Ich habe Euch beim Bau des Tempels beobachtet und würde mich nun gerne ein wenig mit Euch unterhalten«, begann Tori zögernd. Er fragte sich, ob das wirklich so eine gute Idee gewesen war, hierherzukommen. Doch nun gab es kein Zurück mehr. Ein Lächeln huschte über das Gesicht des Sklaven und seine Augen begannen zu strahlen. Es war wohl schon lange her, dass er die Möglichkeit gehabt hatte, sich mit jemandem zu unterhalten.
»Ja, gerne. Setze dich doch. Leider kann ich dir nichts anbieten, denn ich habe außer der Schale mit dem wenigen Wasser nichts«, antwortete der Sklave freundlich. Tori folgte der Aufforderung und setzte sich. »Mein Name ist Scharamo. Wie kommt es, dass du dich mit mir unterhalten möchtest?«
»Als ich durch Babylon lief, fiel mir der große Tempel auf, welchen ihr baut. Ich blieb stehen und schaute dem Treiben zu und beobachtete, wie hart die Sklaven arbeiten mussten. Auch den strengen Aufseher sah ich, wie er die Sklaven anbrüllte und sie schlug.«
»Ja, da hast du Recht. Es ist wirklich ein sehr strenger Aufseher. Ihm entgeht nichts und er lässt nichts durchgehen. Schon die kleinsten Anzeichen der Ermüdung werden bestraft. Täglich sterben Sklaven, weil er sie zu Tode peitscht«, stimmte Scharamo mit Trauer in der Stimme zu.
»Ich habe mit angesehen, wie einer der Sklaven vor Erschöpfung zusammenbrach.«
»So geht es beim Bau des Tempels tagtäglich zu, mein Junge«, sagte Scharamo und

Verbitterung trat für einen kurzen Augenblick in sein Gesicht. »Hast du so etwas zuvor noch nicht gesehen? Mir ist kein Land bekannt, in welchem man anders mit Sklaven umgeht.«
»Doch, das ist mir bekannt. Auch ich weiß, dass die wenigsten Sklaven jemals wieder freikommen. Die meisten beginnen den Bau eines solchen Tempels und erleben das Ende nicht. Doch Ihr seid anders als die andern Sklaven.«
»Ich?« Verwundert schaute Scharamo auf. »Warum soll ich anders sein als all die übrigen Sklaven?«
»Nun, mir fiel auf, dass alle Sklaven matt und erschöpft wirkten. Ihr Gang war gebeugt und vielen sah man an, dass sie kurz davor waren, zusammenzubrechen. Euch sah man die Erschöpfung auch an, doch Ihr seid immer noch mit erhobenem Haupte und aufrechtem Gang die Stufen des Tempels emporgestiegen und habt die schweren Steine hochgetragen. Und der wesentliche Unterschied zwischen Euch und den anderen Sklaven war der, dass all die Sklaven mutlos und verzagt wirkten. Man sah ihnen an, dass sie keine Hoffnung haben, den Bau des Tempels zu überleben. Doch bei Euch konnte ich diese Mutlosigkeit und Verzagtheit nicht erkennen. In Eurem Gesicht stand Zuversicht geschrieben. Selbst als der Aufseher Euch schlug, habt Ihr aufrechten Hauptes die Steine die Stufen des Tempels emporgetragen. Das hat mich sehr verwundert und in mir die Frage geweckt, woher es kommt, dass Ihr trotz Eures schweren Schicksals solch eine Zuversicht ausstrahlen könnt. Diese Frage hat mich nicht mehr losgelassen und mich dazu bewegt, Euch und den anderen Gefangenen zu folgen und mit Euch zu reden.«
Ein Lächeln überflog Scharamos Gesicht, als er antwortete: »Soso. Das ist mir gar nicht bewusst, dass ich solch eine Zuversicht ausstrahle. Aber du hast Recht. In meinem Herzen bin ich nicht verzagt, sondern zuversichtlich, dass ich eines Tages meine Familie wiedersehen werde. Das ist es auch, was mich am Leben hält.«
»Eure Familie? Wollt Ihr mir erzählen, wie es dazu kam, dass Ihr nun das schwere Los der Sklaverei tragen müsst?«, fragte Tori.
»Ich werde dir gerne davon erzählen. Es ist lange her, dass ich mich unbekümmert mit einem Menschen unterhalten habe.«
Scharamo trank einen Schluck aus der Wasserschale und lehnte sich dann zurück an die harte Steinwand. Seine Augen blickten freundlich auf Tori.
»Nun, ich bin vom Volk Israel und meine Heimat ist viele Tagesreisen von hier entfernt im Lande Kanaan. Ich war ein einfacher Bauer und lebte glücklich mit meiner Familie, meiner Frau, meinen zwei Söhnen, drei Töchtern und mit meinen fünf Dienern. Gott meinte es

gut mit uns und hat uns reich gesegnet. Jedes Jahr durften wir eine gute Ernte einfahren und hatten von allem im Überfluss. Auch den anderen Menschen meines Volkes ging es vortrefflich. Keiner hatte Hunger zu leiden oder musste um Wasser flehen. Doch wenn es den Menschen gut geht, dann vergessen sie häufig, wem sie das zu verdanken haben und werden undankbar. So war es auch bei meinem Volk. Sie fragten nicht mehr nach dem Herrn und versündigten sich vor unserem Gott. Sie hielten sich nicht mehr an seine Gebote. Auch die Priester und Propheten konnten unser Volk nicht zur Umkehr bewegen. Viele von ihnen wendeten sich sogar von ihm ab. Unser König ging mit schlechtem Beispiel voran und tat, was unserm Gott missfiel. Er verehrte andere Götter, ließ für diese Tempel bauen und verführte das Volk dazu, ihnen zu dienen. So kam, was die Propheten lange zuvor angekündigt hatten. Die umliegenden Völker zogen gegen uns in den Krieg. Mein Volk setzte sich tapfer zur Wehr und zog in die Schlacht. Auch meine Söhne und ich stellten uns den Feinden und kämpften tapfer Seite an Seite. Doch der Herr, unser Gott, hatte sich von uns abgewendet. Er ließ uns seinen ganzen Zorn spüren und wir wurden vernichtend geschlagen. Als mein Volk merkte, dass es mit uns zu Ende ging und unsere Städte verwüstet und zerstört waren, da besann es sich und rief zum Gott unserer Väter und flehte ihn um Hilfe an. Doch er verschloss seine Ohren vor unserem Schreien und ließ uns unseren Feinden in die Hände fallen. Viele fanden den Tod, unsere Häuser wurden verbrannt und die wenigen, die überlebten, wurden in die Sklaverei verschleppt. Ich war unter denen, welche überlebten und in die Sklaverei geführt wurden. Meine Söhne sind beide im Kampf gefallen. Was mit meiner Frau und meinen Töchtern ist, weiß ich nicht. Ich hoffe, sie sind noch am Leben.«

Visionen geben Zuversicht

»Das ist ja schrecklich«, meinte Tori mitfühlend. Er betrachtete die Narben, welche Scharamos Körper zeichneten. Wie viel Not und Entbehrung hatte er wohl erfahren müssen?
»Ja, Tori, das ist es. Doch ich bin deswegen nicht verbittert wie viele andere aus meinem Volk. Unser Gott ist ein gerechter Gott und wir haben die Strafe verdient. Wir haben uns nicht an seine Gebote gehalten und uns gegen ihn versündigt.«
»Hm. Das ist erstaunlich, dass du das so siehst und deinem Gott überhaupt nicht böse bist. Hast auch du die anderen Götter verehrt?«
»Nein, niemals! Ich habe mich immer an seine Gebote gehalten und ich und mein Haus

haben nur zu Gott gebetet und niemals andere Götter verehrt«, antwortete Scharamo bestimmt.
»So ist es noch erstaunlicher, dass du es deinem Gott nicht übel nimmst, dass er dir deine Söhne genommen hat«, sagte Tori mit ehrlicher Bewunderung.
»Ich war oft versucht, meinen Groll gegen ihn zu richten, doch ich weiß, dass die Schuld bei meinem Volk lag. Er war so gut zu uns, hat uns aus der Sklaverei geführt, uns das Land Kanaan geschenkt und uns alles gegeben, was unser Herz begehrt. Doch wir wussten das nicht zu schätzen.«
»Warum hat euch euer Gott das alles gegeben?«
»Er hat mit unseren Vätern einen Bund geschlossen und uns somit zu seinem Volk auserwählt. Er hat uns zugesichert, dass er immer für uns sorgen wird, wenn wir uns an seine Gebote halten und auf seine Worte hören. Doch er hat uns auch gesagt, dass er uns bestrafen würde, wenn wir uns gegen ihn versündigen und den Bund mit ihm brechen sollten. Leider wollte das niemand hören und es war, als redeten die Propheten gegen eine Wand. Viele verlachten und verspotteten sie sogar und einige ließ der König selbst umbringen.«
»Wird euch euer Gott jemals wieder verzeihen? Oder wird er dein Volk nun für alle Zeiten hassen?«
»Ich glaube, dass er unser Elend sieht und uns eines Tages verzeihen wird, wenn mein Volk seine Fehler einsieht und ihn um Verzeihung bittet. Auch haben uns die Propheten vorhergesagt, dass die Strafe über uns kommen wird. Sie sagten, dass die umliegenden Völker sich gegen uns zum Kampf rüsten würden, weil wir so blind und unsere Herzen so verstockt wären. Deshalb käme die Strafe des Herrn über uns, auf dass wir erkennen, wer der wahre Gott ist. Und sie hatten Recht. All die Götter, welche der König und seine Gefolgsleute verehrten, konnten uns nicht helfen. Ihre Tempel wurden verwüstet und die Götzenbilder wurden verbrannt und eingeschmolzen. Doch die Propheten sagten auch, dass wir uns besinnen würden, und wenn wir am Boden zerstört wären, dann würden wir unsere Augen öffnen und den Herrn suchen und um Vergebung bitten. Und eines Tages würde der Tag kommen, an welchem er uns wieder aus der Gefangenschaft erlösen wird, und wir heimkehren können in unser Land. Und wenn meine Frau und meine Töchter noch leben, dann werde ich sie wiedersehen. Dafür bete ich jeden Tag zum Herrn, dass ich sie doch noch einmal sehen darf.«
»Nun verstehe ich, warum du eine solche Zuversicht ausstrahlst. Du vertraust auf deinen Gott, dass du eines Tages in deine Heimat zurückkehren kannst und deine Familie wiedersehen wirst.«

»Ja, Tori. Daran glaube ich und dafür lebe ich Tag für Tag. Und wie hart die Arbeit auch sein mag und wie schlecht mich der Aufseher auch behandeln mag, ich weiß, dass ich eines Tages heimkehren darf. Und dieser Glaube, ja diese Gewissheit, hält mich am Leben und gibt mir Kraft.«

»Was ist das für ein Gott, den dein Volk anbetet? Wie sieht er aus? Ich habe noch nie von einem solchen Gott gehört«, fragte Tori neugierig.

»Nun, unser Gott ist der Gott Jahwe und er wohnt im Himmel. Er war da, von Anbeginn der Menschheit, und hat alles, was du siehst, erschaffen.«

»Wie sieht dieser Gott aus?«

»Man kann ihn nicht sehen. Er ist überall, aber niemand kann ihn sehen. Es gab nur einen Propheten, den Gott vor langer Zeit beauftragte, mein Volk aus der Sklaverei aus Ägypten in das uns verheißene Land Kanaan zu führen. Er durfte Gott sehen. Danach strahlte sein Angesicht so, dass ihn niemand anschauen konnte. Alle wurden von dem Licht, das ihn umgab, geblendet und er musste sein Gesicht verdecken.«

»Habt ihr kein Bild oder eine Statue von eurem Gott?«, fragte Tori verwundert.

»Nein, so etwas haben wir nicht. Du meinst eine Figur aus Stein oder Holz, wie sie all die anderen Völker haben?«

»Ja genau, das meine ich. So wie wir in Babylon von Ischtar und Marduk.«

»Diese Statuen sind von Menschen gemacht. Sie sind aus Holz oder Stein. Manche vielleicht auch aus Silber oder Gold. Doch wenn sie ins Feuer geworfen werden, so verbrennen sie und schmelzen dahin. Das sind tote Götter. Wie kann ein Gott einem Menschen helfen, wenn er selbst von einem Menschen erschaffen wurde?«

»All unsere Götter sind aus Stein oder Holz. Willst du damit etwa sagen, dass sie alle tote Götter sind?«, fragte Tori herausfordernd.

»Ja, ohne dich beleidigen zu wollen, möchte ich damit sagen, dass es nur einen wahren Gott gibt, und das ist der Gott Jahwe.«

Nicht sehen, aber spüren und dadurch wissen

»Selbst wenn es so wäre, wie du sagst, woher willst du wissen, dass euer Gott lebt? Wenn du nicht einmal ein Bild von ihm hast und niemand ihn sehen kann, woher willst du dann wissen, dass er lebt?«

»Nun, gibt es den Wind?«

»Den Wind?« Verwundert schaute Tori zu Scharamo. Was sollte diese Frage? »Ja, natürlich gibt es den Wind«, antwortete Tori überzeugt.
»Was macht dich so sicher? Du hast ihn noch nie gesehen und dennoch behauptest du, dass es ihn gibt.«
»Den Wind kann man auch nicht sehen. Doch man kann ihn spüren oder hören. Auch kann man seine Wirkung sehen, wenn er über die Wiesen oder Felder weht, wenn er durch die Bäume streicht und sanft ihre Blätter zu Boden trägt.«
»Siehst du, du sagst selbst, dass du den Wind nicht sehen kannst. Aber dennoch glaubst du, dass es ihn gibt. So ist es auch mit Gott. Wir können ihn nicht sehen, doch wir können hören, wenn er mit uns spricht. Wir können seine Taten sehen, wie die des Windes, wenn er über das Feld weht. Leider sind wir Menschen oft versucht, nur die Dinge zu glauben, die wir auch sehen. Allem anderen messen wir keine oder nur wenig Bedeutung zu. Doch es gibt noch so viele Dinge, die wir nicht sehen und die uns dennoch umgeben.«
»Das klingt einleuchtend, Scharamo«, musste Tori zugeben. »Wie redet Gott zu dir? Ich habe noch nie einen Gott reden hören.«
»Nun, das fragen viele Menschen. Auch viele Menschen von anderen Völkern, welche von unserem Gott hören, können nicht verstehen, wie er zu uns spricht. Es gibt viele Wege, wie er zu dir reden kann. Du musst dich nur dafür öffnen und nach ihm fragen. Viele Menschen, auch aus meinem Volk, konnten Gott nicht hören. Sie beklagten sich darüber, dass Gott nicht zu ihnen redete. Doch fragten sie auch nicht nach ihm und seinen Geboten. Verstehst du, was ich dir damit sagen möchte?«
»Nein, das verstehe ich nicht. Du meinst, dass euer Gott nur zu denen redet, welche auch nach ihm fragen?«
»Ja, genau. Viele Menschen beklagen sich einerseits darüber, dass Gott nicht zu ihnen spricht, doch andererseits wollen sie ihn nicht in ihrem Leben haben und wenden sich von ihm ab. Aus welchem Grund sollte Gott dann zu diesen Menschen reden? Das ist doch bei dir genauso. Du würdest auch nicht mit mir reden, wenn ich nichts von dir wissen wollte und dir keine Beachtung schenkte, oder?«
»Hm, da hast du Recht«, musste Tori zugeben.
»Siehst du, und genauso ist es bei Gott. Auch er will nur mit den Menschen etwas zu tun haben, welche nach ihm fragen und sich an seine Gebote halten.«
»Das kann ich verstehen, dass der Gott eures Volkes nur mit den Menschen sprechen möchte, die auch nach ihm fragen«, sagte Tori nachdenklich.

»Ja, es ist einleuchtend. Doch viele Menschen schieben die Verantwortung von sich weg und sagen: ›Wenn es Gott gibt, dann soll er sich mir doch zeigen, ansonsten glaube ich nicht, dass es Gott gibt‹. Doch Sie müssen zu Gott kommen und Ihn suchen, dann werden sie Ihn auch finden. Die alten Propheten haben erzählt, dass die ersten Menschen einmal bei Gott gewohnt haben. Sie waren mit Ihm im Paradies und dort gab es kein Leid, kein Geschrei und keine Tränen.«

»Wie heißt das Land? Paradies? Wo ist es?«, fragte Tori erstaunt und zugleich neugierig.

»Nun, das Paradies ist das Reich Gottes. Es ist im Himmel. Dort ist es herrlich, es gibt alles im Überfluss und niemand kennt dort Leid oder Schmerz.«

»Warum wohnen die Menschen nicht mehr dort?«, erkundigte sich Tori gespannt.

»Weil sie sich gegen Gott versündigt haben. Sie haben sich ihm widersetzt und nicht mehr auf ihn gehört. Darum wurde Gott sehr zornig und hat sie aus seinem Paradies verstoßen. Aber er gab jedem Menschen etwas mit, das es ihm ermöglicht, wieder in das Paradies zurückzukommen.«

»Was war das?«, fragte Tori erwartungsvoll.

»Nun, er gab jedem Menschen den freien Willen«, antwortete Scharamo.

»Den freien Willen?« Tori verstand überhaupt nichts.

»Ja, den freien Willen. Jeder Mensch kann selbst entscheiden. Egal, um was es sich in seinem Leben handelt. Die Macht des freien Willens. Sie ist ein Geschenk Gottes, doch die wenigsten Menschen wissen sie zu nutzen.«

»So sag mir, Scharamo, was hat es mit der Macht des freien Willens auf sich?«

»Der freie Wille gibt dem Menschen die Macht, Entscheidungen zu treffen. Er kann selbst wählen, Tag für Tag. Er kann wählen, was er essen oder trinken möchte, er kann wählen, welchen Menschen er zum Freund haben möchte, er kann wählen, welcher Arbeit er nachgeht, und er kann wählen, welchen Gott er verehren möchte. Dies ist ein sehr großes Geschenk, das wir von Gott erhalten haben. Es gibt uns die Möglichkeit, Macht über unser Leben zu haben. Nur leider erkennen die wenigsten Menschen dieses Geschenk und diese Macht, die sie haben. Viele sehen sich als Opfer, das keine Macht über sein Leben hat. Immer sind andere Menschen oder die Umstände schuld. Niemals sie selbst. Doch wenn sie den Umständen oder anderen Menschen die Schuld geben, dann geben sie auch die Macht an diese ab.«

»Ah, jetzt verstehe ich. Der freie Wille bezieht sich auf Entscheidungen? Davon hat mir Argael, der Mann, für den ich arbeite, bereits erzählt. Er lehrte mich: In dem Moment, in

welchem wir Entscheidungen treffen, bestimmen wir unser Leben.«
Scharamo schaute erstaunt auf. »Da hast du aber einen weisen Herrn. Ja, genau das möchte ich dir sagen. *Die Macht des freien Willens und die Macht der Entscheidung sind die beiden Geschenke, welche Gott uns mit auf den Weg gegeben hat.* Wenn dies ein Mensch erkennt, so kann er das wundervollste Leben führen.«
»Du meinst also, dass der Gott deines Volkes uns den freien Willen schenkte, damit wir selbst entscheiden können, ob wir an ihn glauben und nach seinen Geboten leben möchten oder nicht?«
»Wahrlich so ist es. Doch merke dir, Tori, in dem Wort entscheiden steckt das Wort scheiden – sich von etwas abscheiden oder abwenden. Das bedeutet, dass, wenn du eine Entscheidung triffst, du einen klaren Standpunkt beziehst und dich auch gleichzeitig gegen etwas entscheidest. Zum einen trittst du für etwas ein und zum anderen erklärst du etwas anderem den Kampf oder wendest dich von etwas ab. Darum fällt es so vielen Menschen auch so schwer, Entscheidungen zu treffen. Die Menschen sind faul und schlängeln sich gerne durchs Leben. Am besten ohne große Sorgen und ohne Probleme. Jemand, der solch ein Leben führen möchte, wird jeder Entscheidung aus dem Weg gehen. Denn eine Entscheidung kann Gefahren mit sich bringen. So sind zum Beispiel schon viele in meinem Volk umgebracht worden, weil sie eine Entscheidung getroffen haben.«
»Was war das für eine Entscheidung?«, fragte Tori erstaunt.
»Nun, sie glaubten an den lebendigen Gott und hatten ihm die Treue geschworen. Doch viele unserer Könige waren von Gott abgefallen und verehrten andere Götter; sie hatten für sich und ihr Leben eine andere Entscheidung getroffen. Sie verlangten nun auch von unserem Volk, dass es diese neuen Götter verehrte. Und nun zog die Entscheidung für Gott schwerwiegende Folgen mit sich. Nämlich die Entscheidung zwischen Leben und Tod. Denn wer an seinem Versprechen, welches er Gott gegeben hatte, festhielt, der entschied sich oftmals gleichzeitig für den Tod und wurde umgebracht. Darum gehen viele Menschen Entscheidungen aus dem Weg und versuchen, sie zu vermeiden. Denn wer sich für etwas und damit gegen etwas anderes entschieden hat, stellt sich gleichzeitig dem oder denjenigen, gegen den oder das er sich entschieden hat, zum Kampf. Und da man einen Kampf auch verlieren kann, hält diese Angst vor dem Versagen die meisten Menschen davon ab, eine Entscheidung zu treffen.«
»Das ist sehr interessant, was du mir da sagst, Scharamo. Mein Herr, Argael, hat mir auch schon einige Weisheiten gesagt. Es stimmt, eine Entscheidung kann schwere

Folgen nach sich ziehen, vor denen die meisten Menschen Angst haben. Oder vor den Folgen, die vielleicht eintreten könnten. Oftmals ist es ja gar nicht gesagt, dass ein Kampf verloren geht.«

»Richtig, mein Freund. Der Mensch glaubt sich nur verloren und darum verliert er den Kampf auch. Ebenso steckt in jeder Entscheidung eine neue Möglichkeit, eine Gelegenheit, etwas zu verbessern oder etwas Besseres zu erhalten«, stimmte Scharamo zu.

»Das habe ich auch schon gelernt. Etwas geschieht immer nach deinem Glauben. Wenn du glaubst, dass du etwas kannst, so wirst du Recht behalten, und wenn du glaubst, dass du etwas nicht kannst, wirst du ebenfalls Recht behalten.« Scharamo nickte zustimmend. Dann fuhr Tori nachdenklich fort: »Ich kann nur nicht verstehen, warum sich nicht alle aus deinem Volk für euren Gott entscheiden. Wo er schon so viele Wunder getan hat und euch so viel geschenkt und geholfen hat.«

»Ja, Tori, das kann ich leider auch nicht verstehen. Es liegt wohl an der Angst vor den Folgen der Entscheidung. Wer sich für Gott entscheidet, der entscheidet sich auch für seine Gebote. Und diese Gebote sind gleichzeitig auch Verbote. Sie zeigen Dinge auf, welche man nicht tun soll. Viele Menschen wollen diese Dinge aber trotzdem tun oder sich nicht an seine Gebote halten. Sie hätten gerne beides. Einmal das schöne Leben, in welchem alles erlaubt ist, und einmal die Nähe Gottes. Doch das ist nicht möglich. Entscheide ich mich für Gott, so scheide ich mich gleichzeitig von all den anderen Göttern. Ich kann nicht Gott anbeten und noch drei andere Götter.«

»Gibt es denn Menschen in deinem Volk, welche sich zu Gott bekennen und sich dennoch nicht an seine Gebote halten?«

»Ja, diese gibt es leider auch. Sie denken, Gott möchte sie mit seinen Geboten einschränken und ihnen die Freuden des Lebens nehmen. Doch so ist es nicht. *Die Gebote Gottes sollen das Zusammenleben unter uns Menschen regeln und uns ein friedvolles Zusammenleben ermöglichen.* Viele aus meinem Volk haben auch noch nicht erkannt, dass es einen Menschen selbst viel glücklicher und zufriedener macht, wenn er eine Entscheidung getroffen hat und das, wofür er sich entschieden hat, auch tut, während er das, wogegen er sich entschieden hat, meidet und unterlässt. Dadurch wächst ein Mensch in seiner Persönlichkeit, wird selbstbewusst und selbstsicher. Er ist mit sich im Einklang und zufrieden, denn er muss sich selbst keine Vorwürfe machen, weil er schon wieder etwas getan hat, was nicht mit seinem Glauben und seinen Werten übereinstimmt.«

»Hm, da kannst du Recht haben, Scharamo. Entscheidungen tragen sicher sehr zum

Wachstum der Persönlichkeit bei. Doch sag mir, hat jeder von deinem Volk die Möglichkeit, wenn er stirbt, zu eurem Gott zurückzukommen?«

»Wenn wir sterben, so haben wir die Möglichkeit, zu Gott zurückzukehren und mit ihm im Paradies zu leben. Allerdings möchte er nur mit Menschen im Paradies leben, welche nach ihm gefragt haben, sich an seine Gebote gehalten und sich für ein Leben mit ihm entschieden haben.«

»Und was geschieht mit den anderen Menschen?«

»Nun, diese werden auf ewig von Gott getrennt sein.«

»Das ist aber schrecklich! Darum hat Gott uns also den freien Willen gegeben?«

»Genau. Damit jeder selbst wählen kann, ob er ein Leben mit Gott führen möchte oder nicht. Stell dir vor, du feierst ein großes Fest. Wen lädst du ein? Deine Familie, deine Freunde und jeden, welcher dich freundlich und gut behandelt hat. Du wirst nie auf die Idee kommen, Menschen einzuladen, welche nichts von dir wissen wollen, dich schlecht behandeln und hinter deinem Rücken schlecht über dich reden.«

»Ja, so ist es. Verständlich, dass euer Gott so handelt und nur die in sein Paradies zurück lässt, welche nach ihm fragen und sich an seine Gebote halten. Doch was macht nun jemand wie ich, der nicht zu eurem auserwählten Volk gehört? Der ist auf ewig verloren und hat keine Möglichkeit, jemals in das Paradies zurückzukehren?«

»Eigentlich ja. Gott hatte ursprünglich nur unser Volk zu seinem Volk auserwählt. Doch bereits vor vielen Jahren schon hat er auch anderen Menschen aus anderen Völkern, welche bei uns lebten, die Möglichkeit eingeräumt, das ewige Leben zu erlangen. So wird das Leben nach dem Tod im Paradies genannt. Viele unserer Diener und Sklaven, welche aus anderen Völkern stammten, traten zu unserem Volk über und nahmen die Gesetze und Gebote an. Somit wurden sie auch von Gott angenommen.«

»Das heißt, dass auch ich die Möglichkeit hätte, eines Tages zu eurem Gott in das Paradies zu gelangen und bei ihm zu leben?«, fragte Tori erstaunt.

»Ja, wenn du allen anderen Göttern entsagst und Gott als den einzig wahren Gott anerkennst und ihn verehrst, so gehörst du zu seinem Volk und wirst nach deinem Tod mit ihm im Paradies leben.«

»Das ist aber ein eigenartiger Gott! Er erwählt ein Volk aus, das er zu seinem Volk macht, und dann gibt er den Menschen aus anderen Völkern auch noch die Möglichkeit, zu ihm zu gehören«, stellte Tori verwundert fest.

»Da hast du Recht. Doch schau, ich will es dir erklären. Gott hat alles, was du siehst,

erschaffen. Alle Bäume, alle Tiere, die Sonne, den Mond, die Sterne. Einfach alles. Ebenso hat er auch alle Menschen erschaffen. So gesehen sind alle Menschen seine Kinder. Doch diese Menschen haben sich vor Gott versündigt und ihm den Rücken gekehrt. Weißt du noch, was wir vorhin sagten? Was würdest du tun, wenn dir jemand den Rücken kehrt und über dich schlecht redet? Du würdest dich von ihm abwenden. So war es auch bei Gott. Auch er hat sich von den Menschen abgewandt. Doch es gab auch noch einige wenige Menschen, welche zu ihm hielten. Diese fragten nach ihm und hielten sich an seine Gesetze und Gebote. Das gefiel Gott und er freute sich darüber. Darum wollte er ihnen dafür auch Gutes tun. Also schloss er mit ihnen einen Bund und versprach, sie und ihre Nachkommen und auch all deren Nachkommen zu segnen. Er versprach, dass diese Nachkommen einst ein großes Volk werden sollten und dass er immer für sie sorgen würde. Ja, sie sollten sein auserwähltes Volk sein. Dieses Volk ist mein Volk, das Volk Israel. Doch leider vergaß unser Volk das Versprechen, welches es Gott gegeben hatte, und es versündigte sich gegen ihn. Gott war gnädig und vergab ihm seine Schuld, immer und immer wieder. Leider wusste mein Volk dies nicht zu schätzen. Es fragte nicht mehr nach Gott und seinen Geboten. Da wurde Gott sehr zornig und wendete sich von uns ab. Den Rest der Geschichte kennst du bereits. Darum mussten viele aus meinem Volk sterben und die, welche überlebten, wurden in die Sklaverei verschleppt.«
»Hm, ich verstehe, dass euer Gott böse auf dein Volk wurde, wenn er einen Bund mit deinen Vorfahren geschlossen hat und sich niemand daran gehalten hat.«
»Darum verstehe ich ihn auch und kann ihm für das schwere Los, welches ich nun zu tragen habe, nicht zürnen. Was ich dir damit noch sagen möchte. Dadurch, dass Gott alles auf dieser Welt geschaffen hat, sind alle Menschen seine Kinder. Damit ist es nun auch jedem möglich, zu ihm zu kommen und ihn als seinen Gott und Vater anzuerkennen.«
»Somit ist es jedem Menschen auf dieser Welt gleichermaßen möglich? Nicht nur denen, welche deinem Volk angehören?«, fragte Tori misstrauisch.
»Ja, jedem Menschen ist es gleichermaßen möglich. Und jeder Mensch muss selbst entscheiden. Darum hat jeder Mensch das Geschenk des freien Willens erhalten«, versicherte Scharamo. »Schau, Tori, die Propheten haben sogar gesagt, dass Gott eines Tages seinen Sohn auf diese Erde senden wird.«
»Seinen Sohn?«, fragte Tori ungläubig.
»Ja, seinen Sohn. Er wohnt bei Gott im Himmel, doch eines Tages wird er auf die Erde kommen und allen Menschen den Weg zu Gott zeigen.«

»Das heißt, er kommt nicht nur für euer Volk auf diese Erde?«, vergewisserte sich Tori, immer noch ungläubig.
»Die Propheten haben gesagt, dass er eigentlich nur für unser Volk kommen sollte, um uns zu erlösen. Doch unser Volk wird ihn, den Messias, so heißt er, nicht erkennen, und darum wird er die Rettung für alle Völker und alle Menschen auf dieser Welt sein und jedem den Weg zu Gott zeigen, der bereit ist, ihn zu gehen.«
»Wenn der Sohn eures Gottes wirklich kommt, dann bin ich mir sicher, dass kein Mensch einen anderen Gott mehr verehren wird. Welcher Gott hat schon jemals seinen Sohn auf die Erde geschickt, damit er den Menschen den Weg zu ihm zeigt?«
»Das denke ich auch, Tori. Ich weiß nicht, ob ich das jemals erleben darf, aber das muss eine wunderbare Zeit werden, wenn der Messias, der Sohn Gottes, sich zu uns Menschen herablässt, um uns zu erretten«, stimmte Scharamo freudig zu.

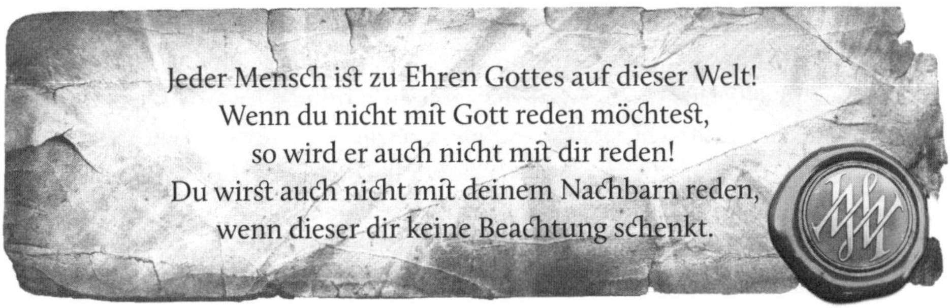

Neunzehntes Kapitel

Die Begegnung mit der Glücksgöttin

Du kannst ein Vermögen machen
oder Entschuldigungen dafür erfinden.
Du kannst nur nicht beides zur gleichen Zeit!

Tori wanderte durch die leeren Straßen Babylons. Es war schon lange dunkel und weit und breit niemand zu sehen. Irgendwo in der Ferne bellte ein Hund. Doch Tori war viel zu sehr in Gedanken versunken, um dem Beachtung zu schenken. Immer wieder ließ er sich das eben geführte Gespräch mit dem Sklaven Scharamo durch den Kopf gehen. Noch nie hatte er von dem fremden und mächtigen Gott der Israeliten gehört. Er fragte sich, ob wohl auch er die Möglichkeit hatte, nach seinem Tod in das mächtige Reich dieses Gottes zu kommen. Paradies hatte Scharamo es genannt. Was Tori überhaupt nicht verstehen konnte, war das Volk, welchem Scharamo angehörte. Wie konnten diese Menschen so einem mächtigen Gott nicht dienen? Wenn dieser Gott alles für sie tat? Er hat sie aus der Sklaverei geführt und ihnen das schönste Land geschenkt, Macht, Wohlstand und alles, was sich ein Mensch wünschen kann, und nun will er sogar seinen einzigen Sohn zu ihnen senden und sie wenden sich immer noch von ihm ab und fragen nicht nach ihm.

Doch das bestätigte ja wieder die Worte Argaels und Jesrans, dass ein Mensch nur aus seinen Fehlern und Problemen lernen und nur daran wachsen konnte. Dieser Gott nahm alle Sorgen und Probleme von seinem Volk und schenkte ihm allen Wohlstand. Doch das wusste es nicht zu schätzen, weshalb es auf schmerzliche Weise lernen musste. In dieser Hinsicht waren wohl alle Menschen gleich, dachte Tori und musste lächeln. Wir Menschen lernen wohl hauptsächlich durch unsere Fehler und Probleme.

Und was hatte es mit dem Sohn dieses Gottes auf sich? Wenn sein Sohn wirklich auf diese Erde kommt, dann werden sie bestimmt erkennen, dass er der mächtigste Gott ist. Tori

war sich sicher, dass dann alle Völker, die davon erfuhren, nur noch diesen einen Gott verehren würden. Wann hatte es jemals in der Geschichte einen Gott gegeben, der seinen Sohn zu den Menschen schickte? Noch nie war so etwas vorgekommen. Zumindest hatte Tori noch nie von einem ähnlichen Gott gehört.
So schlenderte er die Straße entlang, welche nur durch den schwachen Schein des Mondes erhellt wurde, bis er endlich Jesrans Gasthaus erreichte. Tori klopfte gegen die schwere Eichentür. Es dauerte eine Weile, bis er drinnen Geräusche vernahm. Dann kam ein Diener, öffnete die Türe und lugte vorsichtig hinaus. Als er Tori erkannte, trat er zu Seite und ließ ihn eintreten. Tori suchte sofort seine Schlafkammer auf und legte sich zur Ruhe.

Als die Sonne aufging, wurde er von den Stimmen auf dem Marktplatz geweckt. Mühsam setzte er sich auf. Der Tag brach gerade an und auf dem Marktplatz tummelten sich schon die ersten Menschen. Tori beschloss, aufzustehen, obwohl ihm sein Körper nach der kurzen Nacht etwas anderes sagen wollte, und ging nach unten, wo ihm Jesran mit einem strahlenden Gesicht entgegenkam.
»Guten Morgen, Tori. Hast du gut geruht? Sieh nur, welch herrlicher Tag es ist!«
»Ja, Herr, das habe ich«, antwortete Tori.
»Das freut mich. Darf ich dich heute Mittag zu Bernado, meinem guten Freund, zum Mittagsmahl einladen? Ich würde gerne mit dir etwas besprechen.«
Tori schaute überrascht auf. Was hatte Jesran wohl mit ihm zu besprechen? »Ja, selbstverständlich. Es ist mir eine Ehre, Herr.«
»Gut, dann treffen wir uns um die Mittagszeit in seiner Schenke«, antwortete Jesran, lächelte ihm freundlich zu und ließ ihn stehen.
Tori war immer noch ein wenig verwundert und schaute ihm nach. Während er so dastand, kamen Orsira und Metora. Sie beschlossen, zu dem Bäcker von nebenan zu gehen, sich einen seiner guten Kuchen zu kaufen und dann ein wenig durch Babylon zu schlendern. Wie hatte Metora eben gesagt? Wir müssen diesen Tag genießen, denn morgen treten wir schon die Reise in die Heimat an und dann wartet wieder viel Arbeit auf uns. So genossen sie den herrlichen Tag und bewunderten die mächtigste Stadt der Welt und all die Dinge, welche sie zu bieten hatte. Ehe sie sich's versahen, stand die Sonne hoch am Horizont und die Mittagszeit war angebrochen. Tori machte sich auf zu Bernados Schenke, welche er wenig später erreichte. Jesran war bereits da und unterhielt sich mit Bernado. Als er Tori

sah, winkte er ihm zu und deutete ihm an, sich zu ihm zu setzen.
»Bernado, bring uns doch noch eine deiner knusprig gebratenen Hammelkeulen, reichlich Gemüse und alles, was zu einem vortrefflichen Mittagsmahl gehört. Mein junger Freund hier ist bestimmt genauso hungrig wie ich«, sagte Jesran freundlich.
»Das sollt Ihr haben, Jesran. Ich werde Euch die besten Hammelkeulen bringen«, versicherte dieser.
Wenig später brachte er diese auch. Er hatte nicht zu viel versprochen. Sie mundeten vortrefflich und Tori aß, bis er keinen Bissen mehr hinunterbrachte, so sehr schmeckte ihm das köstliche Mahl. Der Wirt kam und brachte einen vollen Krug mit kühlem Wasser.
»Deine Hammelkeulen waren wieder vorzüglich, Bernado. In ganz Babylon gibt es wahrhaftig niemanden, der sie so köstlich zuzubereiten vermag wie du«, lobte Jesran.
»Ja, das stimmt. Sie munden wahrlich vortrefflich«, stimmte auch Tori zu.
Die Miene des Wirts hellte sich auf und ein zufriedenes Lächeln zeichnete sein Gesicht. Er genoss sichtlich die lobenden Worte seiner Gäste. »Das freut mich, Jesran, wenn Euch meine Hammelkeulen geschmeckt haben. Ihr wisst, mir ist alles daran gelegen, dass meine Gäste ein köstliches Mahl erhalten und gut gestärkt und zufrieden von dannen gehen.«
»Ich weiß, mein Freund. Darum komme ich auch immer wieder gerne zu dir, um bei dir zu speisen und mich mit dir zu unterhalten.«
»Ich freue mich immer, wenn ich Euch als meinen Gast willkommen heißen darf. Doch sagt mir, Jesran, darf ich Euch eine Frage stellen?«
»Aber selbstverständlich darfst du das, Bernado. Nur zu, frag mich und ich will dir so gut ich es vermag Antwort geben.«
»Wie Ihr unschwer erkennen könnt, ist es in meiner Schenke gerade sehr ruhig und ich habe wenige Gäste zu bewirten. Daher muss ich diese Gelegenheit ergreifen, um Euch eine Frage zu stellen, welche mich schon seit einigen Tagen quält.« Der Wirt setzte sich zu ihnen und schenkte sich auch einen Becher mit Wasser ein. Dann wandte er sich an Jesran: »Als das große Rennen zu Ende war, habt Ihr mit Argael und Euren Freunden in Eurem Gasthaus euren Sieg gefeiert. Einer Eurer Diener fand sich anschließend in meiner Schenke ein. Während er sich den süßen Wein schmecken ließ, löste sich seine Zunge und ich konnte zufällig dem Gespräche lauschen, welches er mit einigen anderen Gästen führte. Er erzählte, dass er Euch die Frage stellte, welche Eigenschaft eines Menschen ausschlaggebend für ein erfolgreiches Leben sei. Ihr antwortetet ihm, dass es die Beharrlichkeit sei. Darüber machte ich mir während der letzten Tage viele Gedanken und ich bin zu dem Schluss gekommen,

dass ich Euch zustimmen muss. Die wichtigste Eigenschaft des Menschen, welche für Erfolg oder Misserfolg verantwortlich ist, ist die Beharrlichkeit. Ich dachte zurück, an all die Menschen, welche ich schon in meiner Schenke bewirten durfte. So viele suchen sie Tag für Tag auf. Es sind die unterschiedlichsten Menschen darunter. Einige sind reich, andere arm, einige glücklich, andere unglücklich, einige haben große Träume, welche sie verwirklichen wollen, und andere fragen sich täglich, warum sie überhaupt noch leben und was das Leben für einen Sinn habe. Durch meine Arbeit hatte ich das große Glück, so viele verschiedene Menschen kennen zu lernen und zu erfahren, wie und was sie denken. Als ich nun die Worte Eures Dieners vernahm, überlegte ich zurück und stellte fest, dass dem wirklich so ist. *Alle Menschen, die große Träume hatten und beharrlich darauf zugegangen sind, ohne zur Seite zu schauen und aufzugeben, kamen früher oder später an ihrem Ziel an. Wirklich alle.* Einige fielen mir ein, welche große Ziele hatten. Ich war mir sicher, dass in ihnen die Kraft steckte, diese zu erreichen. Doch sie selbst waren anderer Meinung und ließen irgendwann von ihrem Traum ab. Wenn sie die Beharrlichkeit gehabt hätten, so wären sie heute sicherlich auch an ihrem Ziel. Somit musste ich den Worten Eures Dieners zustimmen. Das Maß an Beharrlichkeit ist entscheidend über Erfolg oder Misserfolg. Als ich weiter nachsann, kam ich auch zu dem Ergebnis, dass jeder Mensch das gleiche Maß an Beharrlichkeit entwickeln kann und die Götter somit sehr gerecht sind, da sie jedem die gleichen Voraussetzungen mitgegeben haben. Nun kam aber die große Frage in mir auf: Warum sind einige Menschen glücklicher als andere? Wer entscheidet über das Glück des Menschen und warum scheint es, dass die einen mehr davon bekommen als andere? Könnt Ihr mir darauf eine Antwort geben, Jesran?«

»Deine Folgerungen sind sehr klug. Du hast Recht, die Götter meinten es sehr gut mit uns, denn sie gaben jedem von uns die gleichen Voraussetzungen mit. *Jeder Mensch kann das Maß an Beharrlichkeit entwickeln, welches er für sein Leben und für die Träume, welche in ihn gelegt wurden, braucht.* Jeder kann genauso einen großen Willen entwickeln wie die ganz Erfolgreichen. Leider haben die meisten Menschen aufgehört zu träumen und somit keinen Grund, um diesen Willen zu entwickeln. Wir brauchen einen Grund, damit wir diesen unbändigen Willen entwickeln und dann beharrlich und ohne zur Seite zu schauen auf dieses Ziel zuschreiten und unseren Traum verwirklichen. Der Vater meines Vaters, ein sehr weiser Mann, sagte mir einmal: ›Niemals wird dir ein Wunsch gegeben, ohne dir gleichzeitig auch die Kraft zu verleihen, denselben zu verwirklichen. Es mag allerdings sein, dass du dich dafür anstrengen musst.‹ Diese Worte habe ich seitdem nie vergessen und sie haben mir schon sehr oft geholfen, wenn ich einen Wunsch oder einen Traum hatte und es schien, als sei dieser niemals zu erreichen.« Jesran trank mit einem Zug seinen Becher leer. Dann fuhr er fort: »Nun, um auf deine Frage zurückzukommen. Es ist eine sehr gute Frage und viele Menschen suchen nach der Antwort: Woher kommt das Glück und warum ist es nicht bei jedem von uns? Warum scheint der eine mehr davon zu haben als der andere? Ich möchte dir eine Geschichte erzählen, welche die Antwort auf deine Frage enthält.«

Als die anderen Gäste vernahmen, dass Jesran eine Geschichte erzählen wollte, setzten sie sich zu ihnen, um ebenfalls den Worten Jesrans zu lauschen. Dann begann Jesran mit seiner Erzählung:

»Es war einmal ein junger Wagenbauer, Gedro war sein Name. Tag für Tag arbeitete er sehr hart und fleißig. Morgens, bevor die Sonne aufging, betrat er seine kleine Scheune und abends, nachdem sie untergegangen war, verließ er sie wieder. Er hoffte, dass er dadurch eines Tages ein reicher Mann werden würde, um seiner jungen, hübschen Frau die schönen Kleider zu kaufen, die sie sich doch so sehnlichst wünschte, und wundervollen Schmuck, der ihre Schönheit noch mehr zur Geltung brächte.

Doch so viel er auch arbeitete, es schien, als trete er auf der Stelle. Hatte er dann doch einmal einen großen Wagen repariert und bekam dafür einige Silbermünzen, die seinen Lederbeutel, welcher fast immer leer war, ein wenig füllten, so konnte er sich nie lange an diesen Münzen erfreuen, denn es standen auf einmal wieder die Geldverleiher vor ihm und forderten ihr Geld, das er sich von ihnen geborgt hatte, um sich sein Werkzeug und seine Scheune zu kaufen. Somit war sein Lederbeutel genauso schnell wieder leer und er stand abermals am Anfang.

Er wurde immer unglücklicher und unzufriedener. Wenn Markttag war, lief er durch die Straßen und betrachtete all die schönen Dinge, welche er so gerne besitzen würde. Jedes Mal sagte er sich dann aber: ›Das kann ich mir nicht leisten‹, und ging schnellen Schritts weiter. Dies wiederholte sich an fast allen Ständen und so war Gedro noch unzufriedener, wenn er den Markt wieder verließ. Manchmal, wenn er doch noch einige wenige Kupferstücke bei sich hatte und er sich abermals ärgerte, dass er sich all die schönen Dinge nicht leisten konnte, nahm er seine letzten Kupfermünzen, gab seinen kurzweiligen Gelüsten nach und kaufte sich einige Dinge. Allerdings war das Glück dadurch nur von sehr kurzer Dauer, denn anschließend machte er sich Vorwürfe, dass er nicht hart zu sich gewesen war. Dadurch wurde er wiederum unzufriedener. Dann sagte er sich jedes Mal, dass er es das nächste Mal nicht mehr so machen würde. Ja, das nächste Mal würde er hart bleiben und seinen Wünschen und Gelüsten widerstehen, ganz sicher. Doch auch dieser Vorsatz, der gut gemeint war, verschwamm schon kurze Zeit, nachdem er ihn gefasst hatte. Tag für Tag wurde er unzufriedener und unglücklicher.

Eines Tages, es war ein heißer Mittag, stand er wieder in seiner Scheune. Der Schweiß perlte auf seiner Stirn und der Wagen, den er reparierte, war noch lange nicht fertig. Während der Arbeit hatte er wie so oft über sein schweres Schicksal, welches ihm die Götter auferlegt hatten, nachgedacht.

›Wozu mache ich dies alles? Kann ich mir die Arbeit nicht ersparen? Wenn ich mit allen Kräften arbeite, so werde ich den Wagen in zwei Tagen fertig haben. Doch dann wird schon der Goldverleiher vor meiner Türe stehen und seinen vereinbarten Teil fordern. Somit wird nicht einmal ein Kupferstück für mich übrig bleiben.‹ Gedro stand entschlossen auf, wischte sich über die Stirn und betrachtete den halbfertigen Wagen. ›Ja, warum mache ich das überhaupt? Wäre es nicht besser, ich würde meinem Leben ein Ende setzen? Dann wäre ich all die Sorgen los und müsste mich nicht Tag für Tag aufraffen, um am Abend noch unglücklicher einzuschlafen.‹

Er machte seine Lederschürze los und warf sie auf den Wagen. Dann verließ er die Scheune, warf noch einen letzten Blick auf den halbfertigen Wagen und lief die Straße entlang. In seinem Kopf waren all die Gedanken, welche ihn Tag für Tag quälten. Vorwürfe gegen die Götter, gegen das Leben, welches so ungerecht zu ihm war, und Vorwürfe gegen sich selbst. Gedro passierte das Stadttor und lief auf den nahe gelegenen Berg zu, welcher groß und mächtig vor der Stadt lag. Als er diesen erreicht hatte, rann ihm der Schweiß übers Gesicht. Dann ließ er sich auf den staubigen Boden fallen. Er wollte einfach nicht mehr. Warum ließen ihn die Götter nicht einfach sterben? So saß er da und blickte gen Himmel. Dann rief er nach der Glücksgöttin. ›Warum habt Ihr mich verlassen? Warum seid Ihr im Leben so vieler anderer Menschen, nur in meines kommt Ihr nicht? Was habe ich getan, dass Ihr nicht auch zu mir kommt? Bin ich denn solch ein schlechter Mensch?‹

Auf einmal erschien ihm die Göttin des Glücks und antwortete ihm klar und unmissverständlich: ›Ich liebe die Menschen und komme zu allen, egal ob jung oder alt, arm oder reich, gesund oder krank.‹

›Aber warum seid Ihr dann nicht auch bei mir?‹, fragte Gedro voller Verzweiflung.

›Nun, weil ich gerne zu allen Menschen kommen möchte, aber ich zu vielen nicht kommen darf‹, antwortete diese mit ihrer lieblichen Stimme.

›Aber warum dürft Ihr zu vielen Menschen nicht kommen, wenn Ihr doch die Menschen liebt und sagt, dass Ihr sogar zu den armen und kranken kommt?‹
›Ich darf zu diesen Menschen nicht kommen, weil sie mich nicht wollen! Das ist das Einzige, auf das ich bei den Menschen schauen muss. Nur zu dem, der mich wirklich will, zu dem komme ich. Ich wäre so gerne in dem Leben eines jeden Menschen und würde ihn mit meinem herrlichen Gefühl täglich überschütten, doch leider gibt es viel mehr von solchen Menschen, die mich nicht in ihrem Leben haben wollen, als von solchen, die mich wollen.‹
›Und was ist mit mir? Ich will schon so lange, dass Ihr in mein Leben kommt, doch Ihr schenkt meinem Wunsch überhaupt keine Beachtung‹, sagte Gedro vorwurfsvoll.
›Willst du das wirklich?‹, fragte die Glücksgöttin in einem strengen Ton. Gedro lief bei dem Klang ihrer Stimme ein Schauer über den Rücken. Dann fuhr sie fort: ›Du gehörst auch zu jenen, welche mich nicht haben wollen, sonst wäre ich schon lange in deinem Leben und würde dich mit dem köstlichen Duft des Glücks überschütten.‹
›Warum gehöre ich denn zu jenen? Sagt mir, was mache ich falsch?‹
›Jeden Tag gehst du verbittert an die Arbeit und haderst mit dir und den Göttern.‹
›Ja, weil sie mir solch ein schreckliches Leben geschenkt und mir eine solch schwere Last auferlegt haben, unter der ich täglich zusammenzubrechen drohe‹, bestätigte Gedro die Glücksgöttin.
›Ist dein Leben so schrecklich? Warum ist es das?‹, fragte diese nach.
›Ich bin ein armer Wagenbauer, habe kein Geld, mit dem ich mir und meiner Frau die Dinge leisten könnte, die wir gerne hätten.‹
›Siehst du, das ist der größte Irrglaube, welchem fast alle Menschen erliegen. Das Glück ist nicht von Geld, Reichtum oder materiellen Dingen abhängig. Ich komme nicht nur zu den Reichen, sondern ich komme zu denen, die mich wollen!‹
›Aber wie kann ich glücklich sein, wenn ich doch arm bin?‹
›Es gibt viele arme Menschen, in denen ich wohne. Und es gibt sehr viele reiche Menschen, die alles haben und doch unzufriedener und unglücklicher als diese armen sind. Für sehr viele Menschen ist nämlich der Reichtum der Übergang von der Armut zur Unzufriedenheit.‹
›Wie kann das sein, wenn diese Menschen doch alles haben?‹, fragte Gedro ungläubig, der sich nicht vorstellen konnte, dass ein reicher Mann unglücklich sein konnte.
›Nun, sie sind zwar reich, doch in ihrem Herzen wohnt der Neid oder der Geiz. Deshalb sind diese Menschen nie glücklich, egal wie viel sie besitzen. In manchen Menschen,

welche äußerlich arm sind, wohnt eine Eigenschaft, die mich so stark anzieht, dass ich nicht anders kann, als diese mit dem Duft des Glücks zu überschütten.‹

›Sagt mir, welche Eigenschaft das ist und wo ich sie finde‹, fragte Gedro neugierig.

›Sie ist in jedem Menschen und jeder Mensch kann sie finden, wenn er nur danach sucht. Sie wohnt auch in dir, nur du hast sie begraben und schenkst ihr keine Beachtung. *Es ist die Dankbarkeit.*‹

›Dankbarkeit?‹, fragte Gedro nach kurzem Zögern ungläubig.

›Ja, sei dankbar – für alles, was du hast und bist, für dein Leben! Du sagtest, dass du arm bist und dass die Götter dir ein schreckliches Leben auferlegt haben. Ich sage dir, du bist reich und sie haben dir ein wundervolles Leben geschenkt.‹

›Ich bin reich?‹, fragte Gedro ungläubig.

›Du bist ein junger Mann, kräftig, gesund, hast eine wunderschöne, junge Frau, hast ein Haus und deine eigene Scheune, in welcher du deiner Arbeit nachgehen kannst, die Leute schätzen dich und deine Arbeit und deine Worte werden von allen Menschen geachtet und anerkannt. Ist das nicht auch eine Art von Reichtum?‹

›Hm, Ihr habt Recht. Doch was nützt mir das, wenn mein Lederbeutel leer ist und ich kein einziges Kupferstück besitze?‹

›Du Narr, Geld kommt zu dem, der es wirklich verdient und vor allem der es auch zu schätzen weiß und klug damit umzugehen vermag! Wenn dir heute deine Gesundheit genommen wird, wie willst du dann Geld verdienen? Ist sie also nicht viel mehr wert, da du dich ihrer bedienen musst, um Geld zu verdienen?‹

›Ja, Ihr habt Recht‹, musste Gedro eingestehen.

›So sei jeden Tag für die Dinge dankbar, die du bereits hast! Der Lahme, der täglich vor dem Stadttor sitzt, würde alles dafür geben, um deine Gesundheit zu erhalten.‹

›Hm, so habe ich das noch nie gesehen‹, musste Gedro gestehen.

›Ja, leider übersehen das viele Menschen. Täglich sagen sie sich: Ich muss! Sie müssen dies und sie müssen jenes. Jeden Tag aufs Neue. Welch eine Undankbarkeit!‹ Die Stimme der Glücksgöttin wurde streng und fuhr Gedro durch alle Glieder.

›Wie meint Ihr das mit der Undankbarkeit?‹, fragte Gedro ein wenig kleinlaut.

›So viele Menschen jammern täglich, was sie alles tun müssen. Das ist Undankbarkeit! Überlege dir einmal, wie viele Menschen es gibt, die mit Freuden das tun würden, was du tun musst, wenn sie es nur tun dürften! Sage stattdessen: Ich darf! Und sei dankbar, dass du diese Dinge tun darfst!‹

Gedro wurde bewusst, wie wahr ihre Worte doch waren. Dann fuhr er fort: ›Ihr habt Recht und habt mir die Augen geöffnet. Doch sagt, ist es denn schlecht, nach materiellem Wohlstand zu trachten?‹

›Nein, das ist es nicht. Nur die meisten Menschen trachten nach äußerem Wohlstand und innerlich bleiben sie arm. *Wenn dein Vermögen wächst, dann muss auch dein Geist wachsen und deine Persönlichkeit reifen.* Erinnerst du dich an die Tage, an welchen du über den Marktplatz gegangen bist und unglücklich warst, weil du dir all die schönen Dinge nicht kaufen konntest?‹

›Nur zu gut erinnere ich mich an diese Tage‹, antwortete Gedro.

›Nun, du hast dir immer selbst gesagt: Das kann ich mir nicht leisten. Das ist eine Faulheitsausrede, welche von armen Menschen benutzt wird. Der Reiche sagt: Was muss ich tun, damit ich mir das leisten kann? Und tut es. Denn wenn du dir immer sagst, dass du dir das nicht leisten kannst, nimmst du dir jeglichen Mut, um etwas dafür zu tun. Sei bereit, den Preis zu bezahlen, und dann wirst du den gerechten Lohn empfangen.‹

›So habe ich das noch gar nicht gesehen‹, antwortete Gedro darauf kleinlaut.

›Es liegt immer an jedem selbst, du kannst ein Vermögen machen oder Entschuldigungen dafür erfinden, warum du es nicht tust. Du kannst nur nicht beides zur gleichen Zeit.‹

Gedro merkte, dass die Glücksgöttin Recht hatte. Er beschloss, von nun an für den Rest seines Lebens den Rat der Glücksgöttin zu befolgen. ›Was kann ich tun, damit Ihr auch in mir wohnt und ich glücklich werde?‹

›Schau, Glück ist ein Zustand, den du nur in der Gegenwart leben kannst. Viele Menschen, vor allem die, welche das Glück von materiellen Dingen abhängig machen, jagen dem Glück nach. Tag für Tag. Sie wollen mehr materiellen Besitz, verfallen jedoch dem Irrglauben, dass sie eines Tages glücklich sein werden, wenn sie genug besitzen. Dieser Tag wird aber nie kommen, weil die meisten Menschen von Grund auf gierig sind und niemals genug haben werden. *Richtig ist, dass dir das Glück immer folgen wird, wenn du dankbar bist. Darum lebe im Augenblick!* Du kannst nur im Augenblick leben. Viele Menschen leben ständig für die Zukunft und vergessen dabei, das Jetzt zu genießen. Andere leben ständig in der Vergangenheit und denken an vergangene Ereignisse. Diese Ereignisse sind jedoch tot. Darum beginne, jetzt zu leben! Heute ist ein wunderbarer Tag, welcher nie mehr wiederkommen wird.‹

›Soll ich mich jeden Tag fragen, wofür ich alles dankbar sein kann?‹, fragte Gedro.

›Ja, genau das möchte ich dir sagen. Frage dich immer, für welche Dinge du dankbar sein

kannst! Und dann lebe jetzt, denn du kannst nur im Heute leben.‹
›Aber was ist, wenn ich wieder einmal arm bin und kein Geld habe?‹
›Nun, so überlege dir, wo du welches herbekommst, und dann spare einen Teil davon! Kein Geld zu haben, ist keine Schande. Das wird jedem einmal so ergehen. Doch Armut ist etwas Schlechtes und für jeden, der sie erleidet, eine große Schande. Denn Armut bedeutet, arm sein an Mut. Das heißt, diese Menschen haben nicht einmal den Mut, nach einem Weg für die Veränderung zu suchen. Armut ist ein dauerhafter Zustand, welcher nicht geändert wird. Dies ist wahrlich eine Schande!‹
›So gehöre ich also nicht zu den armen Menschen?‹
›Es liegt immer an dir, ob du zu den armen oder den reichen Menschen gehörst, zu den glücklichen oder den unglücklichen. Jeden Tag kannst du selbst deine Einstellung wählen und somit selbst entscheiden, ob du arm oder reich, glücklich oder unglücklich bist. Du hast vielleicht kein Geld, aber du bist dennoch reich, wenn du den Mut hast, an deiner Situation etwas zu ändern und nach vorne zu blicken, und du anfängst, dein Leben und all die anderen Dinge, die du als selbstverständlich ansiehst, schätzen zu lernen und dafür dankbar zu sein.‹
In Gedro erwachte wieder die Zuversicht. Er merkte, dass ihm die Glücksgöttin mit ihren Worten einen wahren Schatz geschenkt hatte und er, wenn er ihren Rat befolgte, Reichtum und Glück erlangen konnte.
›Hast du dich einmal gefragt, wie der Tag sein soll, an welchem du glücklich bist?‹ Die Worte der Glücksgöttin rissen ihn aus seinen Gedanken.
›Wie meint Ihr das?‹, fragte er verwundert.
›Nun, die meisten Menschen jagen dem Glück nach und finden es nicht. Aber nicht weil sie nicht sehen können, finden sie es nicht, sondern weil sie gar nicht wissen, wonach sie überhaupt suchen.‹
›Ich verstehe nicht, was Ihr mir damit sagen wollt‹, sagte Gedro ehrlich.
›Schau, um etwas zu finden, musst du dir zuerst genau darüber im Klaren sein, wonach du überhaupt suchst. Ebenso ist es mit dem Glück. Die meisten Menschen suchen danach, doch haben sie sich nie klar gemacht, was das Glück für sie überhaupt bedeutet. Darum frage dich: *Wie soll der Tag aussehen, an dem du glücklich bist?* Wenn du dir diese Frage nicht beantwortest, wirst du dem Glück immer nachjagen und es niemals finden.‹
›Darüber habe ich mir wahrlich noch keine Gedanken gemacht‹, musste sich Gedro eingestehen.
›So ist es an der Zeit, dass du dir diese wichtige Frage beantwortest!‹

›Das werde ich heute noch tun‹, versprach Gedro.
›Gut, so habe ich dir nun alle Weisheit über das Glück mitgeteilt. Mit diesem Wissen wirst du ein glückliches und zufriedenes Leben führen und, wenn du dich änderst und von nun an dankbar durchs Leben schreitest, so werde ich bald wieder bei dir sein.‹
Nach diesen Worten verschwand die Glücksgöttin und Gedro war wieder alleine auf dem Berg. Doch er war nun nicht mehr mutlos und verzagt wie am Anfang, als er auf dem Berg angekommen war, vielmehr spürte er eine neue Kraft in sich, die seinen Körper durchströmte. Er hatte neuen Mut gefasst und war bereit, von nun an nach den Worten der Glücksgöttin zu handeln und dankbar durchs Leben zu schreiten. Entschlossen und mit neuer Kraft machte er sich auf den Heimweg und das Gefühl, welches ihn dabei durchströmte, war das Gefühl des Glücks. Er spürte, dass es ihn überflutete, weil er den richtigen Weg eingeschlagen hatte.« Mit diesen Worten schloss Jesran die Geschichte.

Wir sind verantwortlich für unsere Antwort

Der Wirt schenkte sich noch einmal nach und starrte vor sich hin. »Also ist der Schlüssel zum Glück die Dankbarkeit«, sagte er schließlich.
»Ja, so könnte man das sagen«, antwortete Jesran.
»Die Geschichte von dem Wagenbauer und der Glücksgöttin ist sehr einleuchtend. Es ist nur schwer zu glauben, dass es so einfach sein soll.«
»Mein Freund, es ist immer einfach«, entgegnete Jesran mit einem Lächeln. »Die ganze Welt ist einfach. Nur die Menschen neigen dazu, es schwieriger zu machen, als es ist, und dann wundern sie sich, dass alles so mühsam erscheint.«
»Ja, da habt Ihr Recht«, stimmte ihm der Wirt schließlich zu.
»Es gibt so viele Dinge, für welche wir dankbar sein können, denen wir jedoch keine Beachtung schenken, weil sie selbstverständlich geworden sind und zu unserem Leben einfach dazugehören. Sei dankbar, wenn du in ein nahe gelegenes Dorf laufen musst! Dies bedeutet nämlich, dass du gesund bist und laufen kannst. Sei dankbar, wenn du deine Kleider waschen musst, dies bedeutet nämlich, dass du Kleider hast. Sei froh darüber, wenn du deine Tiere füttern musst, dies bedeutet, du hast Tiere, von denen du dich ernähren kannst oder die dir helfen, deine Last in ein anderes Dorf zu bringen.«
»Wahrhaftig! Dies sind Dinge, denen wir kaum noch Beachtung schenken. Ja, noch viel schlimmer, wir zürnen den Göttern, dass wir zum Brunnen gehen müssen, um Wasser

zu holen, statt dafür dankbar zu sein, dass wir in unserer schönen Stadt einen Brunnen haben, an welchem wir täglich sauberes Wasser bekommen«, stimmte ein anderer sofort zu.
»Ein Priester sagte mir einst, er hätte sich solange beklagt, dass er keine Schuhe hatte, bis er jemanden traf, der keine Beine hatte», sagte Jesran nachdenklich.
»Es ist schon verwunderlich, dass wir unser Auge immer auf das richten, was wir nicht haben und was uns fehlt, statt auf das, was wir alles besitzen«, meinte der Wirt.
»Da hast du Recht, mein Freund. Ich bin mir sicher, jeder Sklave, der gerade draußen an der Stadtmauer von Babylon schuftet und gepeitscht wird, würde mit Freuden mit jedem von euch tauschen.«
»Wahrhaftig, Herr. Und wir erkennen gar nicht, was für ein großes Glück wir haben, dass wir freie Männer sind, welche vor niemandem Rechenschaft ablegen müssen.«
»Außer vor uns selbst«, fügte ein anderer mit einem Lächeln hinzu.
»Richtig, die Freiheit ist eines der größten Geschenke, das wir haben. Was wären wir, wenn wir Gefangene wären? Wenn wir in fremden Ländern für fremde Herrscher arbeiten müssten? Was wären wir ohne unseren freien Willen? *Oftmals kommt es mir vor, als ob die Freiheit das höchste Gut ist und wir es dennoch am wenigsten zu schätzen wissen.* Die Freiheit erlaubt uns, unser Leben so zu gestalten, wie wir es uns vorstellen. *Wenn wir frei sind, so kann uns niemand daran hindern, unsere Träume zu leben, außer wir uns selbst.*«
Ein älterer Mann, welcher etwas abseits an einem Tisch saß und die ganze Zeit schweigend zugehört hatte, ergriff schließlich das Wort: »Ihr sprecht wahre Worte. Es gibt so viele Dinge, für die wir dankbar sein können, und oftmals verschwenden wir unsere Zeit mit schlechten Gedanken und ärgern uns über unsere Mitmenschen oder die Umstände. Dabei sind wir selbst diejenigen, die die Umstände erschaffen und entscheiden, wie wir darauf antworten«. Er nickte nun andächtig und füllte seinen Becher nach.
»Wie meint Ihr das, wir erschaffen die Umstände und wir entscheiden, wie wir darauf antworten?«, fragte ein junger Zuhörer interessiert.
»Nun, die Umstände sind meist von uns Menschen selbst verursacht und oftmals, bestimmen wir selbst, wie diese sind. Ob wir nun eine Arbeit haben oder nicht, es liegt an uns. Es gibt viele Menschen in Babylon, die darüber klagen, dass sie keine oder eine schlecht bezahlte Arbeit haben. Die Wahrheit jedoch ist, dass es an jedem selbst liegt. Jeder dieser Menschen kann sich eine andere Arbeit suchen, wenn er mit dieser oder der Bezahlung nicht zufrieden ist. Somit kann jeder Mensch seine Umstände verändern. Viele Menschen in Babylon versäumen dies jedoch. Sie beklagen sich lieber darüber und vergeuden wertvolle

Zeit, in welcher sie schon wieder hätten handeln können.«
»Nun verstehe ich Eure Worte. Auch ich kenne viele Menschen, von denen Ihr eben gesprochen habt. Doch gibt es nicht auch Umstände, welche wir nicht beeinflussen oder verändern können? Wie zum Beispiel den Regen oder den Sonnenschein? Bleibt der Regen aus, so verdörrt die Ernte. Wie kann ich darauf Einfluss nehmen?«
»Nun, das meinte ich gerade, als ich sagte, dass es Dinge gibt, auf welche wir keinen oder wenig Einfluss haben. Dazu gehören zum Beispiel Dinge wie die Natur, das Verhalten anderer Menschen, Befehle des Königs oder Krankheiten. Dennoch haben wir in gewisser Weise auch darauf Einfluss.«
Verwundert schaute der junge Mann auf. Tori vermutete, anhand seiner Kleidung, dass er ein Bauer war. »Wie sind Eure Worte zu deuten? Ihr sagtet doch gerade selbst, dass wir auf diese Dinge keinen Einfluss haben, und kurze Zeit später widersprecht Ihr Euch und behauptet nun, dass das Gegenteil der Fall sei?«
»Nun, ich sagte, dass es Umstände gibt, auf welche wir keinen Einfluss haben. Doch wir haben auf etwas anderes Einfluss, nämlich auf uns und unser Verhalten.«
»Auf uns?« Fragend sah der junge Bauer zu dem alten Mann.
»Ja, es liegt an jedem selbst, wie er auf den ausbleibenden Regen antwortet. Du kannst die Götter verfluchen oder du kannst dankbar sein, dass du dennoch Geld hast, um in den benachbarten Städten für deine Familie etwas zu essen zu kaufen.« Der junge Bauer nickte. Er verstand, was der alte Mann ihm sagen wollte. Dieser fuhr fort: »Der Umstand, der ausbleibende Regen, ist der Gleiche. Er ändert sich nicht. Doch jeder Mensch entscheidet für sich, welche Antwort er darauf gibt. Der eine ist zornig, der andere jammert, der nächste verflucht die Götter und wieder ein anderer sattelt seine Kamele und macht sich auf den Weg, um neues Getreide zu kaufen und für die nächste Ernte zu säen.«
»Ihr sprecht sehr wahre Worte. Genau so ist es«, pflichtete ihm Jesran bei.
Der Wirt stand auf und brachte noch einen Krug mit Wasser. Dann setzte er sich wieder und wandte sich an Jesran. »Nun, um noch einmal auf das Glück zurückzukommen, habe ich Eure Geschichte richtig gedeutet, wenn ich sage, Glück ist für jeden Menschen etwas anderes?«
»Ja, Bernado. *Glück bedeutet für jeden Menschen etwas anderes*. Für den einen ist seine Familie das größte Glück, und wenn es dieser gut geht, so ist er ein glücklicher Mann. Ein anderer liebt seine Pferdezucht oder andere Dinge über alles und sie bedeuten für ihn das größte Glück auf dieser Welt. Du siehst, mein Freund, Glück ist so unterschiedlich, wie

wir Menschen selbst sind. Jeder muss nach seinem Glück und nach dem, womit er Glück verbindet, selbst suchen. Allerdings muss ich euch auch gleich warnen: Ein sehr großer und seit Jahrhunderten weit verbreiteter Irrglaube der Menschen ist, dass Glück in materiellen Dingen wie Gold, Silber und Geld verborgen ist. Sie suchen nach einem sorgenfreien Leben, welches es nicht gibt. Jedes Leben enthält gleichzeitig Sorgen und Probleme. Oftmals werden diese durch Reichtum nur noch verstärkt, wenn die Persönlichkeit dessen, welcher den Reichtum erlangt, nicht mitgewachsen ist. Aber wie unser weiser Freund vorhin schon sagte, wir entscheiden, wie wir auf diese Sorgen und Probleme in unserem Leben reagieren. Darum ist es wichtig, dass wir uns darüber bewusst werden, was uns wirklich glücklich macht, und wir nicht falschen Vorstellungen, welche uns andere Menschen in unserer Umgebung einreden wollen, nachlaufen.«

Ein Lächeln huschte über das Gesicht des alten Mannes, als er das Lob von Jesran vernahm, und er fügte andächtig hinzu: »Ja ja, denn zu viele Menschen sind diesem Irrglauben bereits verfallen und bitter gefallen. Viele davon sind sogar nie wieder aufgestanden.«

Stell dir jeden Morgen die Frage:
Wofür kann ich heute dankbar sein?

Zwanzigstes Kapitel

Ein verlockendes Angebot

Alle Träume können wahr werden,
wenn wir den Mut haben, ihnen zu folgen!

Tori trank seinen Becher mit einem Zug aus. Das kühle Wasser, das ihm die Kehle hinunter rann, tat unglaublich gut, da die Hitze um die Mittagszeit wie immer unerträglich war. Der Staub, der in der Luft lag, tat sein Übriges dazu. Selbst hier, in Bernados Schenke, war die Luft stickig und die Hitze trieb jedem der Gäste den Schweiß auf die Stirn.

»Nun, Tori, zu dem, was ich mit dir bereden wollte«, unterbrach Jesran das Schweigen. Tori schaute gespannt auf. Was wollte Jesran wohl mit ihm besprechen? »Wie du bereits weißt, möchte mein Freund Argael morgen die Heimreise nach Assur antreten. Ich bedaure dies zutiefst, doch ich muss seinen Wunsch respektieren.«

Ein eigenartiges Gefühl überkam Tori, als er die Worte Jesrans vernahm. Stimmt, dachte er. Morgen werden wir bereits die Heimreise antreten. Bald würde er seine Mutter, seine Geschwister und seinen Freund Sargo wiedersehen. Tori konnte sich jedoch noch nicht darüber freuen, denn gleichzeitig hieß das auch, dass er die schönste und mächtigste Stadt der Welt verlassen musste.

Doch da fuhr Jesran auch schon fort: »Gerne hätte ich euch noch länger meine Gäste geheißen. Denn, wer weiß, wann sich nach dem Wunsch der Götter unsere Wege wieder kreuzen werden.« Jesrans Stimme klang schwermütig. »Und auch dich, Tori, habe ich in diesen Tagen schätzen gelernt. Du bist ein schlauer und vor allem wissbegieriger Junge. Das gefällt mir sehr an dir. Ich habe mir immer einen Sohn gewünscht, doch leider wurde mir dies von den Göttern versagt. Meine Frau, welche ich über alles liebte, ist vor vielen Jahren gestorben. Unser größter Wunsch ist es immer gewesen, einen Sohn zu haben.«

»Das tut mir sehr leid«, sagte Tori mitfühlend, denn er spürte, dass dies für Jesran ein großer Schmerz war und dass dieser sehr tief saß.

»Es ist sehr lange her und hat viele Jahre gedauert, bis ich ihren Tod verkraften konnte. Ich habe danach nicht mehr geheiratet«, sagte Jesran und blickte an Tori vorbei, weit in die Ferne. Tori konnte sehen, wie die alten Erinnerungen in ihm hochkamen und wie die längst vergangene Zeit noch einmal vor ihm ablief. Tori fragte sich, warum Jesran ihm das alles erzählte. Doch er unterbrach ihn nicht. Er spürte, dass es ihm guttat, darüber zu reden, auch wenn es schmerzte.

»Ich liebte meine Frau über alles und konnte nach ihrem Tod keiner anderen Frau diese Liebe schenken. Darum habe ich mich damit abgefunden, dass die Götter mir dieses große Glück verwehrten. Bis zu jenem Tag, an welchem mein Freund Argael mit seinen treuen Dienern vor meiner Tür stand und ich euch meine Gäste nennen durfte. Da lernte ich dich kennen, Tori, und während wir unsere Gespräche führten, spürte ich, dass du der Junge bist, welchen ich mir als Sohn immer gewünscht habe.«

Tori schaute verlegen auf. Was sollte er darauf nur sagen? Ein großartiges Gefühl durchzog seinen Körper. Wie gut solche Worte doch taten!

Jesran fuhr fort: »Ich spüre, dass eine große Persönlichkeit in dir ruht, welche dich eines Tages zu einem sehr weisen Mann werden lassen wird. Es liegt nun an dir, diese Persönlichkeit zu entwickeln und zu diesem wundervollen Menschen zu werden. Stell dir einen großen, mächtigen Marmorblock vor, welcher unbeachtet am Wegesrand liegt! Vielleicht sogar schon viele Jahre. Vielleicht ist er von Gras und Unkraut überwuchert. Doch dann, eines Tages, kommt ein Bildhauer des Weges und er sieht diesen Marmorblock. Er bleibt stehen und betrachtet ihn. Sein Blick schweift in die Ferne und er sieht eine große, mächtige Statue vor sich, welche auf dem höchsten Berg in Babylon den Ehrenplatz erhält. Sie ist die größte und mächtigste Statue, welche je in Babylon gestanden hat, und die Menschen eilen von nah und fern herbei, nur um diese Statue zu bewundern. Und während der Bildhauer so in die Ferne schaut und diese Bilder vor seinem geistigen Auge ablaufen, erwacht in ihm eine Gewissheit, dass er diese Statue erschaffen muss. Und so eilt er nach Hause in seine Werkstatt und beauftragt sofort einige Männer, dass sie ihm diesen Marmorblock bringen sollen. Als sie ihm diesen dann in seine Werkstatt gebracht haben, so sieht er bereits die Statue vor sich. Die Arbeiter können nicht erkennen, was der große Meister nun mit dem Marmorblock vorhat, welcher dreckig und unbehauen vor ihnen liegt. Doch der Bildhauer macht sich an die Arbeit. Er fängt an, den Marmorblock zu säubern. Dann nimmt er Hammer und Meißel zur Hand und beginnt, den Block zu bearbeiten. Dies tut er von nun an Tag für Tag, Woche für Woche, Monat für Monat und Jahr für Jahr. In den ersten Monaten sieht er kaum ein Ergebnis. Es scheint, als wolle die Arbeit kein Ende nehmen. Doch er gibt nicht auf. Unerlässlich arbeitet der Bildhauer von morgens früh bis abends spät an seiner Statue, welche er im Geiste vor sich hat. Er entfernt allen Schmutz, alle Unebenheiten und alles Unwesentliche, bis nach vielen Jahren die wundervollste Statue zum Vorschein kommt, welche die Menschen je gesehen haben. Diese Statue ziert nun Babylon und die Menschen eilen von nah und fern herbei, um sie zu bewundern.«

»Ich weiß, was Ihr mir mit dieser Geschichte sagen wollt. Ich bin wie der Marmorblock, der unbehauen am Wegesrand liegt. Nun liegt es an mir, meine Talente zu entdecken und an mir zu arbeiten, um zu einem wundervollen Menschen zu werden.«

»Genau, Tori, ich hätte es nicht besser ausdrücken können. Jeder Mensch ist ein solcher Marmorblock und gleichzeitig ist jeder auch sein eigener Bildhauer. Die Götter haben es so wunderbar eingerichtet, dass sie sogar jedem gleich das entsprechende Werkzeug mit auf den Weg gegeben haben, mit welchem er sich zu einem Meisterwerk machen kann: nämlich seine Talente und Fähigkeiten. Es ist so etwas Wundervolles, denn kein Mensch ist gleich. Es gibt keinen Marmorblock, der einem anderen gleich ist. Jeder ist anders und jeder hat andere, doch für ihn genau passende Werkzeuge mit auf die Reise bekommen.«

»Ihr meint also, dass ich schon alle Werkzeuge, welche ich brauche, in mir trage?«

»Ja, denn dies sind deine Talente und Fähigkeiten. Jeder Mensch trägt sie in sich, doch leider suchen die wenigsten danach und darum finden sie diese auch nicht. Es ist wie ein verborgener Schatz, welcher unter deinem Haus vergraben liegt. Du selbst denkst, dass du arm bist, dabei bist du der reichste Mann. Du musst nur nach diesem Schatz suchen und ihn ausgraben.« Jesran trank seinen Becher mit einem Zug leer und winkte Bernado, damit er ihnen noch einen Krug mit kühlem Wasser brachte.

»Schau, Tori, der Irrglauben vieler Menschen liegt darin, dass sie alles sofort wollen und denken, dann ihr Glück gefunden zu haben. Doch kaum haben sie dies, so trachten sie sofort nach dem Nächsten und suchen darin ihr Glück. Die wichtige Eigenschaft, welche diesen Menschen fehlt, ist Geduld. Es muss alles möglichst schnell und möglichst sofort sein. Sie gönnen der Pflanze keine Zeit, um zu wachsen und sich zu entfalten. Doch wir verändern uns nicht, wenn wir ein Ziel erreicht haben, sondern auf dem Weg dorthin.«

»Wie? Ist das Erreichen des Zieles nicht wichtig?«, fragte Tori verwundert.

»Doch, es ist wichtig, aber es ist zweitrangig. *Das Wichtige an einem Ziel ist, dass wir den Weg dorthin gehen und in unserer Persönlichkeit wachsen, uns entfalten und weiterentwickeln.*«

»Jetzt verstehe ich. Es ist der Weg, welcher uns wachsen und uns verändern lässt.«

»Genau, so wie der Bildhauer, welcher unermüdlich an seiner Statue arbeitet. Am Anfang ist fast keine Veränderung zu erkennen, doch von Monat zu Monat verändert sich die Statue mehr und er kann sich über seine Fortschritte freuen. Wäre die Statue einen Tag später schon fertig, so hätte er dieses tiefe Gefühl der Freude an der sich ständig weiterentwickelnden Statue nicht erfahren dürfen. Doch um dieses Gefühl zu erfahren, ist es wichtig, dass wir Geduld haben und den Dingen und auch uns Menschen Zeit geben, zu wachsen und zu reifen. Mir ist schon oft aufgefallen, dass viele Menschen mit Dingen begeistert begonnen, sie dann aber nach kurzer Zeit wieder aufgegeben haben. Dies ist sehr schade, denn hätten sie dem kleinen Pflänzchen die nötige Zeit gegeben, um zu wachsen, und es täglich gegossen, dann wäre eine wunderschöne Blume daraus geworden, die von jedem bewundert worden wäre. Doch dafür ist es notwendig, eine Eigenschaft zu haben, die leider vielen Menschen fehlt, die Geduld.«

Bernado kam und stellte den gewünschten Krug auf den Tisch. »Lasst euch das kühle Nass munden. Habt ihr sonst noch einen Wunsch?«, fragte er.

»Danke, mein Freund, wir sind wunschlos glücklich«, antwortete Jesran.

»Das freut mich. Wenn ich noch etwas für euch tun kann, dann ruft mich und ich werde euch jeden Wunsch erfüllen.« Mit diesen Worten drehte er sich um und ging zu einem anderen Gast, der nach einem Krug süßen Weines verlangte.

»Nun, Tori, möchte ich dir ein Angebot unterbreiten.«

»Ein Angebot?« Tori schaute verwundert auf.

»Ja, denn ich merke in den letzten Monaten, wie das Alter seinen Preis fordert und ich einfach nicht mehr die Kraft habe, mich um alle meine Geschäfte so zu kümmern, wie ich es tun sollte. Darum halte ich bereits seit längerer Zeit nach einem Mann Ausschau, dem ich vertrauen kann und der einen Teil meiner Geschäfte leitet. Bisher konnte ich noch keinen geeigneten Mann dafür finden. Doch je mehr ich mich die letzten Tage mit dir unterhalten habe, desto mehr gewann ich die Sicherheit, dass du der Mann bist, nach welchem ich die ganze Zeit gesucht habe.«

»Ich?« Ungläubig sah Tori Jesran an.

»Ja. Darum will ich dir anbieten, für mich zu arbeiten und einen Teil meiner Geschäfte zu leiten. Ich will dich gut entlohnen und gut für dich sorgen. Dir soll es an nichts mangeln. Du wirst ein Dach über dem Kopf haben und täglich gut speisen.«

Tori blickte immer noch ungläubig zu Jesran hinüber. Er konnte nicht glauben, was er eben gehört hatte. Jesran hatte ihm angeboten, einen Teil seiner Geschäfte zu leiten?

Er, Tori, der bisher nur die einfachsten Arbeiten auf dem Felde verrichtet hatte, sollte nun für einen der namhaftesten Männer in Babylon einige Geschäfte leiten? »Aber Herr, ich bin dafür bestimmt nicht der Richtige. Zumindest jetzt noch nicht. In einigen Jahren habe ich vielleicht das Wissen und die Erfahrung, um Euch gut zu dienen und für Euch gute Arbeit zu verrichten. Doch jetzt habe ich nicht mehr Wissen als Eure oder Argaels Diener. Ich wäre Euch wohl eher eine Last als eine Hilfe.«

»Tori, wie kannst du so von dir reden? Natürlich hast du die Erfahrung noch nicht. Doch Erfahrung kann man nur bekommen, wenn man etwas tut. Wichtig ist es, zu beginnen. Nur durch das Tun einer Arbeit lernst du dazu und gewinnst an Erfahrung. Und das Wissen, welches du brauchst, kannst du erlernen. Ich werde dich alle wichtigen Dinge lehren, welche du wissen musst, und ich kenne die besten Lehrer in ganz Babylon. Ich werde dir ermöglichen, dass du von ihnen lernen kannst. Merke dir, mein junger Freund: *Es gibt Dinge, die wir lernen müssen, bevor wir sie tun können, und wir lernen sie, indem wir sie tun.*«

»Warum gerade ich?«, fragte Tori, der das alles immer noch nicht glauben konnte.

»Nun, erinnere dich an die Geschichte, welche ich dir vorhin erzählt habe! Ich sehe die wundervolle Statue in dir und die große Persönlichkeit, zu welcher du werden kannst. Dieser Weg kann dich dorthin bringen. Und wie ich bereits sagte, das Alter geht auch an mir nicht vorüber. Ich habe nicht mehr die Kraft dazu, mich um alles so zu kümmern wie noch vor einigen Jahren. Somit haben wir beide etwas davon. Du wirst eine gute und angesehene Arbeit haben, mit welcher du viel Geld verdienen wirst, die dich lernen und wachsen lässt und welche dir helfen wird, eine großartige Persönlichkeit zu werden. Und ich kann etwas zurücktreten und muss mich nicht mehr um so viele Dinge selbst kümmern. Ein weiterer wichtiger Grund ist auch noch die Dankbarkeit. Das Leben hat es so gut mit mir gemeint und ich durfte so viel lernen und solch ein wundervolles Leben führen und nun, da ich alt werde, ist es an der Zeit, etwas zurückzugeben. Darum möchte ich mein Wissen und meine Erfahrungen anderen Menschen zuteilwerden lassen und damit ihr Leben bereichern.«

Tori überlegte. Es war ein sehr gutes Angebot. Wer weiß, ob er ein ähnliches Angebot jemals wieder bekommen würde. Andererseits, würde er das wirklich schaffen? »Hm. Ich weiß nicht, was ich sagen soll. Was wäre denn genau meine Aufgabe?«, erkundigte sich Tori, immer noch unsicher.

»Nun, ich habe sehr viele Weinberge. Diese würde ich dir geben und du würdest sie verwalten. Du würdest dich um alles kümmern, um die Arbeiter, um die Ernte und alles, was dazugehört. Natürlich würde ich dir immer mit Rat und Tat zur Seite stehen. Und wenn du in diesem Bereich genug Erfahrung gesammelt hast, so würde ich dir nach und nach noch andere Bereiche anvertrauen.«

»Das hört sich sehr interessant an. Es kommt nur überraschend für mich. Das würde auch bedeuten, dass ich meine Familie lange Zeit nicht sehen werde.«

»Ja, das würde es. Ich verstehe auch, dass mein Angebot für dich überraschend kommt. Ich möchte dir anbieten, dass du dir im Laufe des Tages in Ruhe Gedanken machst und mir am morgigen Tag, vor Argaels Abreise, eine Antwort gibst.«

»Würdet Ihr mir diese Zeit geben? Dafür wäre ich Euch sehr dankbar«, sagte Tori, erleichtert, dass Jesran nicht sofort eine Entscheidung erwartete.

»Aber natürlich gebe ich dir diese Zeit! Ich weiß, dass das ein großer Schritt für dich ist. Darum nimm dir die Zeit und wäge alle Vor- und Nachteile für dich ab!«

»Vielen Dank, Herr, das werde ich tun.«

»So komm und lass uns zurückgehen«, sagte Jesran und winkte Bernado, um ihn für sein köstliches Mahl zu entlohnen.

Wir verändern uns nicht erst,
wenn wir ein Ziel erreichen,
sondern wenn wir auf ein Ziel hinarbeiten!

Einundzwanzigstes Kapitel

Das schwere Los der Armut

Kredite verzögern lediglich notwendige Entscheidungen,
aber sie können diese nicht verhindern!

Ein warmer Luftzug wehte Tori ins Gesicht. Es war immer noch heiß und die Sonne brannte unerbittlich hernieder. Doch das störte Tori im Augenblick wenig. Er saß im Schatten, in seiner Kammer und grübelte über Jesrans Angebot. Was sollte er tun? Er überlegte hin und her, doch er konnte keine Entscheidung treffen. Ab und zu fragte er sich, was es denn da noch zu überlegen gab. Welcher junge Mann in seinem Alter bekam solch ein überragendes Angebot? Jeder andere wäre außer sich vor Freude und könnte sein Glück kaum fassen. Tori spielte alle Möglichkeiten durch, wägte alle Vor- und Nachteile ab. Wenn er nur auf sein Herz hören könnte, ja, dann wüsste er sofort, was er tun würde: Ohne Zögern würde er das großzügige Angebot annehmen. Er konnte sich kein schöneres Leben vorstellen als das, welches Jesran ihm angeboten hatte. Doch da war auch sein Verstand. Sein Verstand, der dagegen steuerte und ihm seine Pflichten vor Augen hielt, für seine Mutter und seine Geschwister zu sorgen, die nun bestimmt kein Geld mehr hatten und sehnsüchtig auf seine Rückkehr warteten. Er hatte doch die Aufgabe, für sie zu sorgen. Er konnte nicht so lange wegbleiben und sie auf sich allein gestellt lassen. Oder doch? Diese Gedanken quälten ihn, schon seit er mit Jesran die Schenke verlassen hatte. Er beschloss, noch ein wenig über den Marktplatz zu schlendern. Vielleicht würde ihm da die richtige Antwort einfallen. Er hatte nun schon so lange aus dem Fenster gestarrt und das Treiben unter sich beobachtet, ohne dass er auch nur ein Stück weitergekommen wäre oder auch nur annähernd eine Lösung gefunden hätte. Als er nach unten ging, kamen ihm Argael und Metora entgegen.
»Tori, welche Sorgen lasten auf deinem Gemüt?«, fragte Argael, als er ihn erblickte. Seinem scharfen Auge war der bedrückte Gesichtsausdruck Toris nicht entgangen.

»Hm, ich wurde vor eine große Entscheidung gestellt und bin mir nicht sicher, was ich tun soll«, antwortete Tori ehrlich.
»Nun, vielleicht möchtest du mich begleiten und mir von deinem Problem berichten? Vielleicht kann ich dir ja helfen.«
»Wenn ich Euch nicht belästige, würde ich Euer Angebot gerne annehmen.«
»Das tust du nicht. Komm, ich möchte dir etwas zeigen. Es wird dir bestimmt gefallen und dich auf andere Gedanken bringen.«
Argael gab Tori einen Wink, ihm zu folgen, und verließ das Gasthaus. Tori war gespannt, was Argael ihm wohl zeigen wollte. Doch noch mehr interessierte ihn, was Argael wohl zu dem Angebot meinte. So begann Tori zu erzählen, wie Jesran ihn zum Mittagsmahl eingeladen und ihm das großartige Angebot gemacht hatte, welches ihm unglaubliche Möglichkeiten bot. Argael hörte, ohne ihn zu unterbrechen, schweigend zu und schlenderte in eine Gegend Babylons, in welcher Tori noch nie zuvor gewesen war. Als Tori geendet hatte, schwieg er eine geraume Zeit.
»Nun, Tori, das ist wirklich ein großzügiges Angebot, welches dir mein Freund Jesran gemacht hat. Viele Männer in deinem Alter wären stolz darauf, wenn ihnen jemals jemand eine solche Möglichkeit geben würde.«
»Ich weiß, Herr. Wenn es nach meinem Herzen ginge, so gäbe es für mich auch nur eine Antwort: Ich würde mit Freuden ja sagen.«
»So, das spricht dein Herz? Und wer widerspricht deinem Herzen und hindert dich daran, ja zu sagen?«, fragte Argael, aus dessen Stimme die Verwunderung nicht zu überhören war.
»Der Verstand widerspricht meinem Herz.«
»Der Verstand? Und was sagt dein Verstand?«
»Nun, er macht mir die Verantwortung bewusst, welche ich habe, seit mein Vater nicht mehr für unsere Familie sorgen kann. Sie brauchen mich. Sie sind auf das Geld, das ich verdiene, angewiesen und können ohne es kaum überleben. Sie haben sonst niemanden, der sich um sie kümmert.«
»Ich verstehe, Tori. Es ist gut, dass du dir dieser Verantwortung bewusst bist.«
»Und was soll ich nun tun, Herr? Ich sinne schon den ganzen Mittag über die Antwort, doch sie will mir nicht einfallen.«
»Es ist immer gut, Tori, zuerst auf dein Herz zu hören. *Was dein Herz spricht, solltest du tun.*« Argael machte eine Pause und ließ seine Worte nachwirken. Tori wollte bereits etwas einwenden, doch da fuhr er schon fort: »*Der Verstand jedoch darf auch nicht einfach*

übergangen werden, denn er ist des Herzens wichtigster Diener.«
»Wie meint Ihr das? Der wichtigste Diener des Herzens?«, fragte Tori verwundert.
»Höre immer auf dein Herz! Das Herz sollte dich leiten und ihm solltest du folgen. Der Verstand sollte der Diener des Herzens sein. Er steht zwar erst an zweiter Stelle, sollte aber dennoch beachtet werden. Denn wenn Herz und Verstand in eine andere Richtung ziehen, dann kann es niemals gut gehen.«
»Was meint Ihr nun, was ich tun soll? Bei mir ist es so, wie Ihr sagt, mein Herz und mein Verstand ziehen in unterschiedliche Richtungen.«
»Wenn dein Herz dich leiten und führen soll, dann solltest du das tun, wozu dich dein Herz drängt. Du solltest das Angebot Jesrans annehmen. Aber du darfst deinen Verstand nicht übergehen, denn er ruft dir deine Pflichten zu, welche du zu erfüllen hast. *Deine Aufgabe ist es nun, für die Einwände, die dein Verstand hat, Lösungen zu suchen, so dass dein Herz und dein Verstand in eine Richtung ziehen.«*
»Ihr meint also, dass ich eine Lösung finden soll, damit meine Familie in der Zeit, in welcher ich nicht da bin, keinen Hunger leiden muss?«
»So ist es. Wenn du dafür eine Lösung gefunden hast, dann wird dein Verstand deinem Herzen folgen, denn nun gibt es nichts mehr, was ihm im Wege stünde. Wenn du dafür allerdings keine Lösung findest, so wird dein Verstand dich immer blockieren. Er wird dich immer daran erinnern, dass du deiner Pflicht nicht nachgekommen bist, und du wirst täglich von Vorwürfen gequält.«
»Ihr habt Recht, Herr, das ist die Antwort, nach welcher ich den ganzen Mittag gesucht habe. Vielen Dank, ich werde dafür eine Lösung finden«, sagte Tori voller Freude. Ihm war, als fiele ihm ein mächtiger Stein vom Herzen.
Ein Lächeln glitt über Argaels Gesicht. »Schön, wenn ich dir helfen konnte.« Und nach einer kurzen Pause fuhr er fort: »Du bist wirklich ein sehr guter Arbeiter, Tori, und ein wissbegieriger junger Mann. Jeder zählt gerne solche Männer zu seinen Arbeitern. Auch ich hätte dich gerne noch länger bei mir gehabt und hätte noch viele Geschäfte, für welche du der richtige Mann wärst. Doch ich kann deine Entscheidung verstehen und es freut mich auch für dich, dass dir mein Freund Jesran solch ein großes Angebot gemacht hat. Bei ihm bist du wirklich in guten Händen. Er ist mit Sicherheit einer der besten Lehrmeister, den du finden kannst.«
»Ja, dieser Meinung bin ich auch, Herr«, sagte Tori mit einem glücklichen Lächeln. Argaels Worte taten unbeschreiblich gut. Solch ein Lob aus seinem Munde gab ihm unbeschreibliche Kraft, welche seinen ganzen Körper durchströmte.

Befreit konnte Tori sich nun auch umschauen. Wo waren sie und wo wollte Argael hin? Sie hatten die Straßen, welche dicht mit Häusern gesäumt waren, bereits hinter sich gelassen und stiegen nun einen kleinen Hügel hinauf, von welchem aus man, je höher man kam, eine herrliche Aussicht auf die große, mächtige Stadt hatte. Oben angekommen, blieb Argael stehen und atmete tief durch. Vor ihnen lag ein kleiner Tempel. Argael wischte sich den Schweiß von der Stirn, und als sein Blick auf den Tempel fiel, glitt ein zufriedenes Lächeln über sein Gesicht.
»So, Tori, wir sind da. In diesem Tempel treffen sich an bestimmten Tagen die weisesten Männer Babylons. Gelehrte, Propheten, Philosophen und viele andere weise Männer. Sie unterhalten sich und beratschlagen über verschiedene Themen und versuchen auf Fragen, welche den Menschen beschäftigen, eine Antwort zu finden.«
»Und solch ein Treffen findet heute statt?«, fragte Tori neugierig.
»Ja, das tut es. Ich dachte, es würde dich vielleicht interessieren. Möchtest du zuhören, wenn die Alten und Gelehrten Babylons über das Leben philosophieren?«
»O ja, Herr. Das würde ich gerne, wenn es mir gestattet ist.«
»Nun, es ist nicht jedem gestattet, diesen Treffen beizuwohnen. Aus diesem Grunde stehen auch die zwei Wächter vor dem Eingang.« Argael deutete zum Eingang, an dessen linker und rechter Seite je ein Wachmann stand. »Komm, folge mir und lass uns eintreten!«, sagte Argael und gab Tori einen Wink.
Als sie am Eingang angekommen waren, verstellten die Wächter ihnen den Weg. Sie musterten Argael und Tori von oben bis unten. Dann schienen sie Argael zu erkennen und sofort gaben sie ihm den Weg frei und verneigten sich höflich vor ihm. Tori folgte dicht hinter Argael und sie betraten den Innenraum des Tempels. Dort saßen in der Mitte einige Männer in einem Kreis auf weichen Kissen auf dem Boden. Weitere Männer saßen hinter ihnen oder etwas abseits und lauschten ihren Worten.
»Nun, so sagt an, meine Freunde, über was wollen wir heute sprechen?«
Tori blickte zu dem Sprecher. Es war ein alter Mann, mit weißem Haar und einem langen Bart, welcher ebenso weiß war. Er trug ein prächtiges, mit goldenen Stickereien verziertes Gewand aus weißem Stoff. Er schien die Versammlung zu leiten.
Immer noch schwiegen die Männer und schienen sich zu überlegen, worüber sie heute reden wollten. Da unterbrach einer die Stille: »Nun, wenn es mir gestattet ist, so möchte ich den Vorschlag machen, dass wir heute einmal über das schwere Los der Armut sprechen.«
»Über das schwere Los der Armut?«, fragte der alte Mann, schaute in die Runde und blickte

die anderen Männer fragend an. »Wer stimmt dem Vorschlag Terachis zu, über das schwere Los der Armut zu sprechen? Der möge bitte die Hand heben.« Alle Hände der Männer, welche im Kreis saßen, gingen nach oben und so war das Thema der Unterhaltung einstimmig beschlossen. Argael deutete Tori an, sich ein wenig abseits neben ihn zu setzen.

»Gut, so lasst uns über das schwere Los der Armut sprechen. Terachis, berichte uns, wie kommt es, dass du über das Los der Armut reden möchtest?«, forderte der alte Mann ihn auf. Terachis setzte sich ein wenig auf und begann zu erzählen: »Schaut, wenn ich nach Tagesanbruch auf den großen Marktplatz gehe, um meinen Geschäften nachzugehen, so führt mich mein Weg immer an den Häusern vorbei, in welchen die ärmsten Menschen Babylons wohnen. Jeden Tag sehe ich diese Menschen, oftmals immer die gleichen, und das nun bereits seit Monaten. Am Anfang empfand ich oft ein wenig Verachtung und lief eilends weiter. Ich wollte mit ihnen möglichst wenig zu tun haben. Manchmal spürte ich auch, wie mir ihre Blicke folgten. Blicke, von Neid erfüllt, manchmal sogar von Hass. Ich mochte diese Menschen nicht und versuchte, ihre Nähe zu meiden. Manchmal lief ich sogar einen anderen Weg, der fast doppelt so lang ist, nur um nicht in ihre Nähe zu müssen.

Doch eines Tages änderte sich dies alles. Ich lief wieder meinen gewohnten Weg an den schäbigen Häusern dieser ärmsten Menschen Babylons vorbei. Ich hatte beschlossen, nicht nach rechts und links zu schauen und unverzüglich den Marktplatz aufzusuchen und mich um meine Geschäfte zu kümmern. Doch plötzlich musste ich stehen bleiben. Ich schaute zur Seite und ein Schreck fuhr mir durch Mark und Bein. Vor mir saß eine arme alte Frau und hielt ihre Hand auf. Sie schaute mich mit ihren großen, traurigen Augen an, ohne ein Wort zu sagen. Ihre Kleider waren zerrissen und verdreckt. Mir war es jedoch, als schaute ich in das Gesicht meiner Mutter. Meine Mutter ist bereits vor vielen Jahren gestorben, doch diese Frau hatte solch eine Ähnlichkeit mit ihr, dass es ihre Zwillingsschwester hätte sein können. Als ich diese Frau nun so dasitzen sah, zerbrach es mir beinahe das Herz. Ich wusste nicht, wie mir geschah, und starrte sie nur an. Dann griff ich wie im Traum in meinen Lederbeutel und nahm eine Hand voll Kupfermünzen und füllte damit die Hände der Frau, welche sie mir immer noch zitternd entgegenstreckte. Dann lief ich weiter meines Wegs. Es fühlte sich immer noch an wie in einem Traum. Diese Begegnung ließ mich nicht mehr los. Ich hatte, seit ich meinen Reichtum geerbt hatte, nie auch nur ein Kupferstück gespendet oder jemand anderem gegeben. Doch als ich diese Frau sah, konnte ich nicht anders. Von da an bin ich jeden Tag immer dieselbe Straße entlanggelaufen, doch ich sah nun die Menschen mit anderen Augen. Manchmal, wenn mir ihre Blicke folgten, kam ich mir sogar schlecht dabei vor, dass ich solch ein schönes Gewand trug. Ich fühlte mich schlecht dafür, dass ein mit Kupfermünzen gefüllter Lederbeutel an meinem Gürtel hing, versteht Ihr? Seit jenem Tag stelle ich mir die Frage, warum manche Menschen das schwere Los der Armut tragen müssen, und andere, wie ich, werden in eine reiche Familie geboren und bekommen den größten Reichtum vererbt und lernen nie das Gefühl des Hungers kennen.«

»Das ist eine sehr wichtige Frage, mein lieber Freund«, sagte der Alte nachdenklich.

»Nun, die Götter sind den einen wohlgesonnen und den anderen nicht. Viele der armen Menschen haben sie vielleicht verärgert und erzürnt«, vermutete einer.

»Das glaube ich nicht. Wir können doch nicht immer alles von den Göttern abhängig machen! Die Götter gaben uns doch einen freien Willen, der uns selbst befähigt, Entscheidungen zu treffen. Ich bin der Meinung, Armut oder Reichtum entsteht aus der Menge der Entscheidungen, die ein Mensch trifft«, hielt ein anderer dagegen.

Sofort tönte die nächste Frage durch den Raum: »Wie meint Ihr das, Armut und Reichtum entstehen aus Entscheidungen? Welche Entscheidungen sollen das sein?«

»Nun, wenn jemand sich dafür entscheidet, weniger Geld auszugeben, als er einnimmt, so führt ihn diese Entscheidung zu Reichtum, und wenn er sich dazu entscheidet, mehr Geld auszugeben, als er einnimmt, dann führt ihn das zu Armut. Es liegt also nicht an den Göttern, sondern an seinen eigenen Entscheidungen.«

»Eine sehr weise Antwort«, stimmte der Alte zu und nickte bedächtig mit dem Kopf.

»Wohl wahr, auch ich stimme dir zu. Ich möchte jedoch einige Gedanken hinzufügen, denn ich denke, dass unser Zustand, ob arm oder reich, mit unserem Glauben zu tun hat. So wie wir in unserem Herzen denken, ist auch unsere äußere Welt. Denken wir täglich an Mangel, an Krankheit, an Versagen, so werden wir das unweigerlich in unserer Außenwelt anziehen und bekommen. Es wird Teil unseres Lebens.«

»Auch Ihr sprecht wahre Worte. Wir können es mit dem Bau eines Hauses vergleichen. Wenn wir ein neues Haus bauen wollen, so müssen wir das alte zuerst abreißen. Genauso ist es, wenn wir arm sind. Wir müssen zuerst unser gedankliches Gebilde der Armut abreißen, um ein neues Gebilde des Wohlstands errichten zu können«, sagte der alte Mann.

Angewohnheit der Armut

»Könnte es sein, dass Armut auch eine Gewohnheit ist?«, fragte ein noch sehr junger Mann, der bisher schweigend und nachdenklich den Worten gelauscht hatte.

»Eine Gewohnheit? Ich halte Armut eher für einen äußeren oder auch, wie unser Freund bereits gesagt hat, einen inneren Zustand, jedoch nicht für eine Gewohnheit.«
Auch der alte Mann streifte sich über den Bart und schaute fragend zu dem jungen Mann hinüber, dann forderte er ihn auf: »Nun, so sage uns, welche Weisheiten deine Worte enthalten sollen.«
»Ich dachte an Eure Worte, dass Armut durch die Entscheidungen entsteht, welche wir treffen. Da kam mir in den Sinn, dass Entscheidungen von unseren Gewohnheiten abhängen. Es sind oft gleiche oder ähnliche Entscheidungen, die wir treffen.«
»Ja, er hat Recht! Auch ich bin der Meinung, dass Armut von den Angewohnheiten jedes einzelnen Menschen abhängt«, rief ein anderer aufgeregt dazwischen. »Ich schlage vor, dass wir nach den Angewohnheiten, welche zur Armut führen, suchen.«
»Das ist eine sehr gute Idee. Lasst uns nach den schlechten Angewohnheiten, welche für die Armut verantwortlich sind, suchen!«, rief wieder einer zustimmend.
»Gut, an welche denkst du, mein Freund?«, stimmte der alte Mann zu und erteilte dem jungen Mann das Wort.
»Hm, die erste Angewohnheit, welche mir in den Sinn kommt, sind die Ausreden. Viele arme Menschen haben eine ganze Kette davon in ihrem Geist verankert, und je öfter diese aufgesagt wird, desto mehr verfestigt sie sich und drängt nach Verwirklichung.«
»Genau, die Ausreden. Davon gibt es eine ganze Menge«, wurde sofort zugestimmt.
»So nenne uns doch einmal ein paar davon!«
»Nun, da brauch ich nicht lange zu überlegen. Sie begegnen einem ja Tag für Tag. Oftmals bin ich versucht, es diesen Menschen gleichzutun und die gleichen Ausreden zu verwenden. Ja, das Schlimme ist, nur allzu oft übernehme ich dieses Verhalten, ohne es zu merken, und erst im Nachhinein wird mir bewusst, mit welchem Dreck ich mein gedankliches Zuhause verschmutzen ließ. Hier sind einige solcher Ausreden:
Ich habe keine Zeit.
Ich bin zu alt.
Dafür habe ich kein Talent.
Ich bin nicht schlau genug.
Wenn ich doch nur reich wäre!
Ich bin in eine arme Familie geboren worden.
Die Götter, der König oder andere Menschen sind schuld.
Ich habe immer Pech.

Früher war alles besser.
Früher wäre das kein Problem gewesen, aber heute ...
Ich glaube, mir würden noch hunderte solcher Ausreden einfallen.«
»Stimmt, auch mir begegnen diese Ausreden Tag für Tag. *Ich glaube, wenn man Ausreden sucht, dann ist das bereits ein Zeichen von Misserfolg.*«
»Erklärt, wie Ihr das genau meint!«, forderte ein Zuhörer den Sprecher auf.
»Nun, kennst du jemanden, der in irgendeiner Sache Erfolg hatte mit Ausreden?«
»Hm, mir ist niemand bekannt«, antwortete dieser nach kurzem Nachdenken.
»Siehst du? Darum ist das Suchen und das Verwenden einer Ausrede bereits ein Zeichen von Misserfolg, denn jedes Mal, wenn eine Ausrede vorgebracht wird, sucht derjenige einen Grund oder erfindet einen Grund, warum etwas nicht gelingt und er Misserfolg hat.«
»Das ist eine sehr interessante Ansicht, welche du da hast. Aber es stimmt, je mehr Entschuldigungen und Ausreden jemand findet, desto überzeugter wird er von seinem Misserfolg und davon, dass er etwas nicht erreichen kann. Denkt daran, dass ein oft wiederholter Gedanke schließlich zum Glauben und zur Überzeugung wird. Egal, ob es der Gedanke an Erfolg oder an Misserfolg ist, alles drängt nach Verwirklichung«, stimmte der alte Mann zu.
»Aber was ist mit den Menschen, bei welchen diese Ausreden wirklich zutreffen?«, rief ein Mann, der weiter hinten saß.
Ein älterer Mann, welcher auch in der Mitte des Raumes auf dem Boden saß, drehte sich zu dem Sprecher um: »Welche Menschen meint Ihr denn damit?«
»Nun, Menschen, die krank sind, einen Unfall, einen Schicksalsschlag oder Ähnliches erleiden mussten. Menschen, die in arme Familien geboren wurden, solche gibt es haufenweise in Babylon.«
»Nun, wer entscheidet denn, ob diese Entschuldigungen oder Ausreden wirklich zutreffen?«, fragte er ein wenig herausfordernd.
»Wie ist Eure Frage zu verstehen?«, fragte der andere leicht verwirrt.
»Nun, Ihr sagtet, dass auf diese Menschen diese Ausreden wirklich zutreffen. Doch wer entscheidet, ob es sich nur um Ausreden handelt oder ob einer tatsächlich eine triftige Begründung für sein Scheitern vorbringt?«
»Das ist doch nicht zu übersehen! Wenn ein Mensch nicht gehen kann, dann sehe ich das doch bereits von weitem!«, behauptete der andere überzeugt.
»Das stimmt. Doch wer entscheidet nun darüber, ob er Erfolg hat oder nicht?«

»Was gibt es denn da noch zu entscheiden? Wenn er nicht gehen kann, dann kann er das doch nicht.«

»Die Tatsache, dass er nicht gehen kann, entscheidet noch lange nicht darüber, ob dieser Mensch Erfolg oder Misserfolg hat, ob er glücklich oder unglücklich ist. Er kann zwar nicht gehen, aber er kann dennoch ein unglaublich guter Sänger werden, wenn er dafür Talent hat. Er selbst entscheidet, ob er Erfolg oder Misserfolg hat.«

»Er selbst?«, fragte der andere verwundert.

»Ja, er selbst und niemand anders. Es stimmt, es ist ein harter Schicksalsschlag, wenn jemand nicht gehen kann. Doch er entscheidet, ob sein Unfall der Grund für seine Armut und seinen Misserfolg ist oder ob er trotz der Krankheit ein erfolgreiches und glückliches Leben führen will.«

»Wie soll er mit solch einem schweren Los ein glückliches Leben führen?«, behauptete der andere.

»Doch, das ist möglich. Kennt Ihr nicht Furiku, den großen Dichter? Er war Zeit seines Lebens blind und durfte nie die Schönheit dieser Welt erblicken, doch er ist einer der größten Dichter Babylons geworden. Jeder lauscht ehrfürchtig seiner Stimme«, rief ein anderer Mann aus dem Kreis dazwischen.

»Das stimmt. Selbst der König lässt ihn zu sich rufen, um seinen Gedichten zu lauschen«, stimmte ein anderer aufgeregt zu.

»Ja, auch ich kenne einen Mann, der nicht gehen konnte und dennoch die feinsten Kleider nähte. Aus allen Ländern kamen die großen und mächtigen Herrscher und ließen sich von ihm ihre Gewänder fertigen.«

»Ein guter Freund von mir war ein Sklave, der zum Tode verurteilt war. Doch er half dem Gefängniswärter bei seiner täglichen Arbeit und dieser setzte sich für ihn ein, dass er am Leben bleiben durfte. Und nun, viele Jahre später, ist er des Königs treuster Diener«, fügte wieder ein anderer hinzu.

Der ältere Mann drehte sich wieder zu dem anderen Mann um und lächelte ihn an. »Ihr seht, es gibt in Babylon viele Menschen, die genug Gründe hätten, ihre Krankheit und ihr Schicksal als Ausrede zu benutzen. Doch sie haben sich nicht für den Misserfolg, sondern für den Erfolg entschieden, und verschwenden ihre Kraft nicht mit Entschuldigungen und Ausreden.«

»Nun, Ihr habt mich überzeugt. Auch ich kenne einige solcher Menschen, die genug Gründe hätten, ihr Elend als Vorwand zu benutzen. Doch sie leben dennoch ein glückliches Leben,

sind stets freundlich und haben für jeden ein gutes Wort übrig. Ich muss erkennen, dass Ihr Recht hattet. Die Entscheidung über ein glückliches oder unglückliches Leben, über ein Leben in Reichtum oder in Armut liegt bei jedem selbst«.
»Und in diesem Falle ist auch keine Entscheidung eine Entscheidung; allerdings die für den Misserfolg!«, fügte der alte Mann noch hinzu.
»Mir kommt gerade der Gedanke, dass Krankheit, eine weitere Angewohnheit für die Armut ist. Was meint ihr dazu?«, fragte Terachis.
»Krankheit? Das ist doch keine Angewohnheit«, widersprach ein anderer.
»Doch sie ist oft der Grund für Armut. Wir haben doch eben festgestellt, dass Krankheit oft vorgeschoben wird und als Ausrede für Armut und Misserfolg dient. Und bei vielen ist sie auch eine Angewohnheit«, behauptete Terachis.
»So erklärt, was genau Ihr uns damit sagen möchtet!«
»Nun, Krankheit hält uns von der Arbeit ab. Zudem versetzt sie uns in schlechte Stimmung und bringt dadurch die Pläne, welche ursprünglich zu Erfolg und Reichtum führen sollten, durcheinander.«
»Wie bringt sie diese Pläne durcheinander?«
»Sie verbraucht das Geld, welches du für deinen Reichtum und deine Geschäftsidee gespart hast, für den Arzt und die Heilmittel. Es wird von der Krankheit verschlungen. Sie verschwendet deine Zeit und verkürzt dein Leben.«
»Wie kann ich mich aber dann gegen eine Krankheit wehren, wenn sie mich befallen hat? Ich kann sie doch auch nicht einfach nicht beachten!«
»Das stimmt, du musst ihr Beachtung schenken. Aber du musst dein Auge auf die Gesundheit richten. Denn sie ist es, welche du erlangen willst. Außerdem musst du dich immer fragen, was die Ursache für deine Krankheit ist. Ein sehr guter Freund von mir ist ein großer Arzt, der schon viele Menschen geheilt hat. Er hat mir eines Tages gesagt, dass seiner Meinung nach von fünf Krankheiten bei vieren die Ursache im Geist der Kranken zu finden ist.«
»Wie sind die Worte Eures Freundes zu verstehen? Ihre Ursache liegt im Geist?«
»Er ist sich sicher, dass diese Menschen die Krankheit durch schlechte Gedanken anziehen oder die schlechte Wirkung der Krankheit verstärken, indem sie immer wieder über diese nachdenken, anderen Menschen davon erzählen oder sich selbst bemitleiden und dadurch stets ihr Augenmerk auf die Krankheit richten. Er sagt, würden diese Menschen diese Gedanken auf ihre Gesundheit richten, so wären sie niemals krank.«
»Das ist interessant, was dein Freund, der Arzt, über die Krankheiten berichtet. Ich denke,

dass seine Worte, auch wenn es schwer zu glauben scheint, der Wahrheit entsprechen. Denn auch mir sind diese Dinge aufgefallen«, stimmte der alte Mann zu.

»Wir müssen also bei einer Krankheit unser Auge auf die Gesundheit richten und darauf achten, dass wir sie mit unseren Gedanken nicht noch unterstützen.«

»Bei manchen Menschen hat man den Eindruck, dass sie gerne krank sind, denn dann werden sie beachtet und umsorgt«, stellte ein anderer fest.

»Ja, auch von diesen Menschen gibt es mehr als genug. Es liegt auch bei der Krankheit wieder an jedem Menschen selbst. Er bestimmt, in welche Richtung seine Gedanken fließen. Gibt es noch eine Angewohnheit, oder einen Grund, welcher für die Armut verantwortlich ist?«, fragte der alte Mann.

Während er sich umschaute, fiel sein Blick auf Argael und Tori, welche ein wenig abseits saßen und gespannt der Unterhaltung lauschten. Plötzlich erhellte sich sein Gesicht und ein Lächeln huschte über seine Lippen. Doch es schien, als traute er seinen Augen nicht. Sie verengten sich ein wenig und er starrte immer noch zu Argael und Tori hinüber. Es schien, als könne er seinen Augen nach wie vor nicht trauen und als sei er sicher, dass diese ihn täuschten. Dann endlich fand er seine Sprache wieder und mit einem freudigen Ton sprach er zu Argael: »Ja ist's denn möglich, oder täuschen mich meine alten Augen so? Seid Ihr nicht Argael, der reichste Kaufmann von Assur, mein Freund, welchen ich schon viele Jahre nicht mehr gesehen habe, und den eines Tages noch einmal zu sehen, immer mein größter und innigster Wunsch gewesen ist?«

»Eure Augen haben Euch nicht getäuscht, Drimano. Ich bin es. Meine Geschäfte haben mich wieder einmal nach Babylon geführt und nun wollte ich einmal schauen, ob Ihr immer noch die lehrreichen Unterhaltungen im Tempel führt.«

»Ja, natürlich, das tue ich. Du weißt doch, dass es mir das Liebste ist, über das Leben und den Lebenssinn zu philosophieren, und dass es mir am Herzen liegt, dieses Wissen allen Menschen und vor allem der Jugend zuteilwerden zu lassen. Doch sag mir mein Freund, warum hast du dich nicht zu erkennen gegeben und sitzt so weit abseits? Dein Platz ist immer an meiner Seite.«

»Wir sind etwas zu spät gekommen und die Unterhaltung hatte bereits begonnen. Da wollte ich nicht stören und setzte mich auf einen freien Platz weiter hinten, um Euren kostbaren Worten zu lauschen.«

»Was redest du da, mein Freund? Du störst niemals! Komm herbei und setz dich zu uns, du bist mir der liebste Gast und immer willkommen.«

Argael forderte Tori mit einem kleinen Wink auf, ihm zu folgen, und ging nach vorne.

Ehrfürchtig machten die anderen Männer Platz und musterten Argael und Tori von oben bis unten. Wer mochten sie wohl sein, dass der weise Drimano so viel von ihnen hielt? Als sie vorne angekommen waren, stand Drimano auf und schloss Argael freudig in die Arme. Wie lange hatten sie sich wohl nicht gesehen?
»Dieser junge Mann hier ist mein Freund Tori. Er ist mit mir gereist, um mich bei meinen Geschäften zu unterstützen« stellte Argael Tori vor. Dieser verneigte sich höflich vor Drimano. Was hatte Argael gesagt? Dieser junge Mann ist mein Freund? Tori konnte es nicht glauben, dass Argael ihn als Freund ansah. Argael, der große und mächtigste Kaufmann aus Assur. Er war überglücklich.
»So, ein Freund meines Freundes? So sei auch du gegrüßt und herzlich willkommen! Es freut mich sehr, euch heute in unserer Runde willkommen zu heißen.«
Drimano setzte sich und deutete Argael mit einem Wink an, sich neben ihm niederzulassen. Tori blickte in die Runde. Er war mit Abstand der jüngste unter all den Männern, von welchen sie immer noch interessiert gemustert wurden.
»Nun, so lasst uns unser Gespräch fortführen! Argael mein Freund, was hast du uns zu dem schweren Los der Armut zu sagen?«, setzte Drimano die Unterhaltung fort und erteilte Argael das Wort.
»Das ist eine interessante Unterhaltung, die Ihr heute führt, Drimano. Ich stimme euch zu, dass Armut die Folge schlechter Gewohnheiten ist. Eine weitere schlechte Angewohnheit, welche zur Armut führt, ist die Unordnung«, sagte er daraufhin.
Drimano nickte zustimmend. »Ja, die Unordnung ist eine sehr schlechte Angewohnheit, welche unweigerlich zur Armut führt. Was meint ihr dazu?« Auffordernd sah Drimano in die Runde.
»Inwiefern ist die Unordnung für Armut verantwortlich? Bezieht sie sich nicht eher auf das Leben allgemein? Sie hat doch nichts mit Geld oder Reichtum zu tun«, sagte Terachis und schaute Argael fragend an.
»Auf den ersten Blick mag dies so erscheinen. Doch häufig, oder ich behaupte sogar immer, herrscht bei unordentlichen Menschen auch Unordnung in ihren Geldangelegenheiten. Sie wissen nicht genau, wie viel Geld sie verdienen und wie viel sie ausgeben. Auf einmal ist es weg und sie fragen sich, wo es hingegangen ist, und können die Frage nicht beantworten. Kennt ihr nicht auch Menschen, welche immer klagen, sie wüssten nicht, wo ihr Geld geblieben ist?«
»Ja, solche Menschen kenne ich zuhauf«, nickte Terachis zustimmend.

»Siehst du? Jeder von uns hat solche Klagen schon allzu oft gehört. Vielleicht gehört der eine oder andere in diesem Raum selbst zu diesen Menschen, die so über das Geld klagen? Diese Klage ist ein untrügliches Zeichen für Armut. *Denn derjenige, der nicht weiß, wo er sein Geld lässt, ist wie jemand, der verblutet und sich nicht die Mühe macht, nach der Wunde zu suchen und diese zu verbinden.*«

»Ihr meint also, dass derjenige, der Unordnung bei seinem Geld hat, nicht weiß, wo sein Geld hinfließt und darum auch niemals reich werden kann?«

»Genau. Ein wohlhabender Mann weiß immer über sein Geld Bescheid. Er weiß, wie viel er verdient und wie viel er ausgibt. Vor allem aber weiß er, wofür er es ausgibt. Viele Menschen gehen über den großen Marktplatz, schauen nach links und rechts, kaufen sich an dem einen Stand etwas Schönes und an dem anderen ebenfalls. Doch wenn sie auf der anderen Seite des Marktes ankommen, dann stellen sie verwundert fest, dass ihr Lederbeutel leer ist. So etwas würde einem wohlhabenden Menschen niemals passieren. Er überlegt sich bereits, bevor er den Marktplatz betritt, was er kaufen möchte und nach was er Ausschau halten sollte und wie viel Geld er ausgeben möchte. Und dann hat er auch die Disziplin, danach zu handeln.«

»Ich erkenne die tiefe Wahrheit, welche in Euren Worten ruht. Viele von jenen, welche die Angewohnheit der Unordnung haben, pflegen ebenso das Borgen. Sie borgen sich regelmäßig von Freunden und Bekannten Geld, um damit die Löcher der Unordnung in ihren Finanzen zu stopfen.«

»Das habt Ihr richtig erkannt. Und jedes Mal, wenn sie sich wieder einige Kupferstücke borgen, so entzieht sich auch ein kleiner Teil ihres Lebens ihrer Kontrolle und geht in die Hände eines anderen über.«

»Auch ich muss Euren Worten zustimmen«, rief ein anderer Mann aus der Runde.

»Hinzu kommt, dass der Geldverleiher auf diesen Mann, welcher Unordnung bei seinem Geld hat, herabsieht. Vielleicht lächelt er ihm freundlich zu und sagt ihm noch etwas Nettes, doch tief in seinem Herzen verachtet er ihn..«

»Aber was ist, wenn ich mir Geld leihe, um mein Geschäft aufzubauen oder eine wichtige Investition, welche mir eines Tages viel Geld bringen wird, zu tätigen?«, fragte ein anderer.

»Das ist etwas anderes. Eine Investition ist immer etwas Gutes, denn sie wird dir eines Tages satte Gewinne bringen. Um eines Tages ernten zu können, musst du schließlich auch säen. Aber, Geld leihen für das Vergnügen und für Dinge, welche dir keine Gewinne bringen, ist einfach nur Dummheit und Faulheit. Denn derjenige belohnt sich heute schon mit einem schönen Mantel, obwohl er noch gar nicht gearbeitet und ihn sich verdient hat. Darum kaufe dir Dinge für das Vergnügen erst, wenn du sie verdient hast und wenn du sie mit deinem eigenen Geld und nicht mit dem Geld eines anderen bezahlen kannst!«, sagte Argael und einige Männer schauten betreten zu Boden. Er hatte sie offensichtlich an einem wunden Punkt getroffen. Doch Argael machte sich keinen Vorwurf. Er wusste, dass die Wahrheit oft schwer zu ertragen war und dass die Wahrheit sehr wehtun konnte. Aber wenn nur einer dieser Männer durch den Schmerz, den er beim Hören dieser Worte empfand, aufwachte und von nun an sein Leben änderte, so hatten seine Worte schon reichlich Früchte getragen.

»Was kann man tun, damit man Ordnung in seine Finanzen bekommt?«, fragte einer der Männer, welche bei den Worten Argaels betreten zu Boden geschaut hatten.

»Nun, zähle jedes Kupferstück und jedes Silberstück, welches du im Monat verdienst! Und dann überlege dir: Wie viele dieser Stücke brauchst du, um deine Familie zu versorgen? Wie viel gönnst du dir und deiner Familie für die schönen Dinge des Lebens? Und wie viele Kupferstücke planst du ein für Unvorhergesehenes, für Notfälle? Frage dich dabei aber auch, was genau Notfälle sind. Ich meine damit zum Beispiel Krankheiten, welche dich und deine Familie treffen könnten. Ich meine damit nicht den schönen Mantel, welchen du dir schon seit Wochen kaufen möchtest und nun zufällig besonders günstig auf dem Markt findest. Dieses Geld musst du zur Seite legen und nur für Notfälle verwenden. Und einen weiteren Teil deines Geldes musst du sparen, denn nur das Geld, welches du behältst, wird dich reich machen.«

»Die schlechte Angewohnheit der Unordnung muss aber nicht nur bei Geld, sondern kann auch bei Besitztümern herrschen«, sagte Drimano. Als er die fragenden Blicke der Männer sah, fuhr er fort: »Nun, wenn jemand etwas nicht findet, was er gerade braucht, weil Unordnung in seinen Besitztümern herrscht, so besitzt er es nicht. Es ist, wie wenn eine Frau zehn wunderschöne Kleider besitzt, welche sie nur zu besonderen Anlässen anzieht. Wenn nun der Tag anbricht, an welchem solch ein wunderbares Fest stattfindet, und alle ihre zehn Kleider sind schmutzig und sie kann sie deshalb nicht tragen, ist sie eine Frau ohne Kleid. Die schmutzigen Kleider machen ihr Sorgen und verärgern sie. Sie ist arm.«

»Hm, das ist eine interessante Ansicht. Aber es stimmt, es ist leicht, an Dingen seine Freude zu haben, die man besitzt, wenn man auf die Ordnung in seinen Besitztümern achtet. Ein Mann der Unordnung muss seine Zeit auch ständig dieser widmen und

versuchen, die daraus entstehenden Folgen abzuwenden. Er könnte diese Zeit genauso gut dafür verwenden, ordentlich und wohlhabend zu werden.«
»Mir ist eine weitere schlechte Angewohnheit in den Sinn gekommen, welche meines Erachtens sehr eng mit der Unordnung zusammenhängt. Es ist die Verschwendung«, sagte ein Mann, der im Kreise gegenüber von Drimano saß.
»Die Verschwendung; sehr interessant, Armesis. Erzählt uns mehr davon.«
»Nun, als wir uns über die Unordnung unterhielten und über die Folgen, welche sie mit sich bringt, da kam mir in den Sinn, dass viele unordentliche Menschen, die ich kenne, auch sehr verschwenderisch leben. Mir scheint es sogar so, dass ihre Unordnung die Verschwendung noch unterstützt. Diese zwei schlechten Angewohnheiten ergänzen sich sehr gut und bringen denjenigen nur schneller an das Ziel, die Armut.«
»Ihr habt das sehr gut gesagt. Gefallen haben mir auch Eure letzten Worte«, lobte Drimano. »Diese bringen uns an das Ziel der Armut. Viele mögen denken, Armut sei kein Ziel. Doch ein Ziel kann gut oder schlecht sein. Wenn wir nicht all unser Augenmerk auf das Ziel des Reichtums lenken, dann gehen wir folglich dem Ziel der Armut entgegen. Es gibt nur diese beiden Ziele. Ein Mittelweg lässt sich nicht finden.«
»Aber warum leben viele Menschen, die doch bereits arm sind, so verschwenderisch? Eigentlich sollten sie doch aus ihren Fehlern lernen, und wenn sie in ihren Lederbeutel schauen und darin keine Kupferstücke finden, dann sollten sie doch besser nach einem Weg suchen, um welches zu bekommen, damit sie sich ihre Wünsche erfüllen können!«, rief ein Mann, der etwas weiter hinten saß.
»Das ist eine gute Frage. Warum leben arme Menschen, die doch ihre Kraft darauf verwenden sollten, um das schwere Los der Armut von sich abzuwenden, immer noch verschwenderisch?«, stimmte Drimano zu und schaute in die Runde.
»Nun, viele arme Menschen leben ganz offensichtlich verschwenderisch, um sich den Anschein zu geben, reich zu sein. Der Wohlhabende jedoch weiß, dass er wohlhabend ist. Er erfreut sich an seinem Wohlstand, er ist selbstsicher und zufrieden und er hat auch nicht das Verlangen, auf jemanden Eindruck machen zu müssen. Darum verschwendet er auch nichts«, sagte Armesis.
»Aber was ist Verschwendung? Wo fängt sie an und wo hört sie auf? Wenn ich meiner Frau ein schönes Kleid kaufe, ist das Verschwendung? Wenn ich meinem Sohn eine Freude machen möchte und ihm einen glänzenden Dolch schenke, welchen ich vom Waffenschmied eigens für ihn anfertigen ließ? Ist das Verschwendung? Ist es nicht auch

so, dass es gut ist, den Lieben in meinem Leben eine Freude zu bereiten?«, fragte jemand, der etwas abseits saß.

Terachis sah zu ihm hinüber und antwortete: »Ich habe mir diese Frage auch gestellt, als ich begann, mich um mein Geld zu kümmern. Ich fragte mich, wo denn die Grenze zwischen der Verschwendung, dem angemessenen Genuss des Lebens und dem Lebensnotwendigen liegt. Viele Tage grübelte ich darüber nach, doch es wollte mir keine Antwort einfallen. Als ich wieder einmal unter dem Baum vor meinem trauten Heime saß und über diese Frage nachgrübelte, kam ein alter Mann vorbei. Er war früher der beste Freund meines Vaters, ehe dieser gestorben ist. Er grüßte mich freundlich und sah mein nachdenkliches Gesicht.

›Was bedrückt dich, mein Sohn?‹, sprach er mich an. ›Dein sonst so fröhliches Gesicht ist von den Falten der Sorge gezeichnet.‹

›Ja, Ihr seht richtig‹, antwortete ich. ›Eine schwere Frage lastet auf meinem Gemüt und es möchte mir keine Antwort darauf einfallen.‹

›Erlaubst du, dass ich mich zu dir setze? Vielleicht kann ich dir dabei helfen, eine Antwort zu finden?‹ Er setzte sich neben mich und ich erzählte ihm, wie ich begonnen hatte, mich um mein Geld und mein kleines Vermögen zu kümmern,, und beschlossen hatte, wohlhabend zu werden. Ich erzählte ihm, wie mich eben diese Frage quälte, wo denn die Grenze zwischen Verschwendung und Lebensnotwendigem liege.

Er hörte mir zu und sagte dann: ›Schau, diese Grenze muss sich jeder selbst setzen. Du weißt, ich bin ein alter Mann, meine Frau ist seit langem gestorben, meine Kinder sind groß und haben eigene Familien gegründet. Ich habe ein eigenes Haus, einen Stall und einige Tiere. Mein jüngster Sohn wohnt mit seiner Familie bei mir und kümmert sich um Haus und Hof. So brauche ich nicht viel zum Leben, da ich niemanden mehr mitversorgen muss. Doch bei dir sieht es anders aus. Du hast ein Haus, hast eine Frau, Kinder und noch deine Schwiegermutter, für welche du Sorge zu tragen hast. Dein Lebensnotwendiges ist also höher als das meine. Was die Verschwendung angeht, so denke ich, dass dies das unnütze Ausgeben von Geld ist.‹

›Aber was ist nütze und was unnütze, wo ist die Grenze?‹, wollte ich wissen.

›Nun, Verschwendung ist das unnütze Ausgeben von Geld oder Besitz. Es ist keine Verschwendung, 100 Silberstücke für eine Schriftrolle auszugeben, in welcher das Wissen des Gelehrten enthalten ist, vorausgesetzt, du liest diese und ziehst einen Nutzen daraus. Allerdings ist es Verschwendung, wenn du dir für ein Kupferstück ein Stück Kuchen kaufst und dieses nicht isst oder wegwirfst. Verstehst du?‹

›Ihr meint, Verschwendung ist das unnütze Ausgeben von Geld oder Besitz, wenn es mir nicht den gleichen Gegenwert als Nutzen, Information oder Vergnügen bietet?‹

›Genau, das ist meine Ansicht über Verschwendung. Gönne dir ruhig einige der schönen Dinge des Lebens! Doch frage dich zuvor, ob es das Geld wert ist und ob du es dir wirklich leisten möchtest!‹

Und dann sagte er mir etwas, was ich von da an bei all meinen Käufen berücksichtigt habe. Er sagte mir, dass ich jedes Mal, wenn ich mit dem Gedanken spielte, etwas zu kaufen, mir vorstellen sollte, dass das, was ich eben erwerben wollte, bereits schon mein Eigentum sei. Ich hätte es sozusagen schon vor einigen Tagen gekauft. Nun aber würde ein anderer Mann zu mir kommen und mir eben diesen Preis, den ich bereit war zu zahlen, dafür anbieten. Würde ich ihm für dieses Geld den Gegenstand, überlassen? Wenn ja, so wäre es auf jeden Fall besser, wenn ich mir diesen nicht kaufen, sondern mein Geld behalten würde. Diese Weisheit hat mich schon sehr oft vor der Verschwendung bewahrt.«

»Weise Worte, welche der Freund deines Vaters dir gesagt hat, Terachis. Auch ich würde Verschwendung mit dem unnützen Ausgeben von Geld oder materiellen Besitztümern erklären«, stimmte Drimano zu.

»Aber wenn ich einmal ein Kupferstück für einen Kuchen ausgebe und diesen doch nicht esse, so bin ich doch nicht gleich arm. Ist das denn wirklich Verschwendung?«, fragte der andere Mann mit zweifelnder Stimme nach.

Drimano blickte zu ihm hinüber: »Du hast Recht, mein Freund, dieses eine Kupferstück, welches du für den Kuchen ausgegeben hast, den du dann nicht isst, macht dich nicht arm. Doch es ist bei der Verschwendung wie bei allen Gewohnheiten. Bei einem Mal oder bei zwei Mal trägst du keinen Schaden davon. Aber bei hundert oder gar tausend Mal, sind es nicht nur zwei oder fünf Kupferstücke, sondern mehrere hundert oder tausend Kupferstücke. Wenn du nun die schlechte Angewohnheit der Verschwendung abgelegt und stattdessen die tausend Kupferstücke gespart hättest, so wärst du nun auf dem Weg, ein reicher Mann zu werden. Wie immer ist die Wiederholung die Mutter aller Gewohnheiten, auch bei der Verschwendung.«

»Auch ich habe schon oft erlebt, wie die Verschwendungssucht viele reiche Menschen arm gemacht hat. *Sparen bedeutet nicht, geizig zu sein und sich nichts mehr zu gönnen, sondern es bedeutet, auszuwählen*«, stimmte ein anderer zu.

»Welch weise Worte! Sparen bedeutet, auszuwählen und das Geld gezielt auszugeben. Dann muss man auch nicht tags darauf die Frage stellen, wo all das Geld geblieben ist, wenn man in den leeren Lederbeutel schaut. Argael, was kannst du uns noch zu der Verschwendung sagen?«, stimmte Drimano zu und schaute zu Argael.

»Eure Worte sind weise. Allerdings möchte ich euch noch auf etwas anderes aufmerksam machen, was ebenfalls mit der Verschwendung zu tun hat. Man kann nicht nur Geld und Besitz verschwenden, sondern man kann auch seine Zeit verschwenden.« Die Männer blickten überrascht zu ihm hinüber. Damit hatten sie nicht gerechnet. Doch man sah ihren Blicken an, dass sie ihm zustimmten. Argael fuhr fort: »Wenn ein Mann Geld oder Besitztümer verschwendet und diese sinnlos ausgibt, so kann das wiedergewonnen werden. Doch verschwendete Zeit ist für immer verloren. Die Verschwendung von Zeit ist die am weitesten verbreitete Art der Verschwendung.«

»Was hat aber Zeit mit dem Los der Armut zu tun?«, fragte ein Mann mit einem nachdenklichen Gesichtsausdruck.

»Sehr viel mein Freund. Das mag auf den ersten Blick nicht so erscheinen, doch das liegt daran, dass fast alle Menschen den Wert der Zeit unterschätzen. Viele Menschen sagen, Zeit ist Geld. Das ist nicht richtig, denn Zeit ist viel mehr als Geld – Zeit bedeutet Leben! Derjenige, der seine Zeit verschwendet, befindet sich immer auf dem Weg der Armut. Selbst wenn er reich ist, so fehlt seinem Leben doch das Glück, welches man nur empfindet, wenn man zur richtigen Zeit das Richtige tut. Das bedeutet Leben und das ist nur in der Gegenwart möglich.«

»Ich muss Euren Worten zustimmen. Auch ich habe mir schon viele Gedanken über die Zeit gemacht. Es kommt darauf an, dass wir die Zeit, welche uns gegeben wurde, sinnvoll nutzen«, stimmte Armesis zu.

»Wohl wahr. *Sinnvoll genutzte Zeit, sinnvoll genutzte Augenblicke, ergeben ein erfülltes, zufriedenes Leben.* In keinem Bereich sind die Götter und das Leben so gerecht wie beim Verteilen des Kapitals der Zeit. Jeder Mensch hat genau gleich viel und bei jedem dauert ein Tag genau gleich lang. Und wenn du heute deine Zeit, welche dir geschenkt wurde, nicht nutzt, so bekommst du morgen einen neuen Tag geschenkt, an welchem du wieder die Möglichkeit hast, deine Zeit sinnvoll zu investieren und aus deinem Leben ein Meisterwerk zu machen – Ist das nicht wunderbar?«, fragte Drimano mit einem verzückten Strahlen in den Augen.

»Ja, das ist es«, stimmte ein anderer überzeugt zu.

»Wohl wahr, Drimano, mein Freund. Das hast du wirklich schön gesagt. Jeden Tag bekommen wir die Möglichkeit, unsere Zeit, unser wichtigstes Kapital, sinnvoll einzusetzen, und wenn wir heute dieses wundervolle Geschenk nicht annehmen, so lacht uns am morgigen Tag wieder die Sonne entgegen und gibt uns eine neue Gelegenheit, unsere Zeit sinnvoll zu nutzen und sie in uns und andere Menschen zu investieren. Das ist wirklich herrlich!« pflichtete Argael ihm bei.

Den Pfad des Wohlstands gehen

»Das sind wahrlich weise Worte über die Zeit. Auch ich sehe, dass leider viel zu viele Menschen sich dieses wundervollen Kapitals überhaupt nicht bewusst sind und den wahren Wert der Zeit nicht zu schätzen wissen. Zeit ist wirklich das am meisten und vor allem am sinnlosesten verschwendete Kapital«, stimmte Terachis zu.

»Doch nun haben wir uns über all die schlechten Angewohnheiten unterhalten, die zur Armut führen. Lasst uns nun darüber sprechen, welche Lehren wir daraus ziehen, und ob sie uns dazu verhelfen können, Wohlstand aufzubauen. Denn das ist ja das Ziel!«

»Wohl wahr, Terachis. Was können wir aus den schlechten Angewohnheiten der Armen lernen? Für viele Menschen ist es eine schwere Aufgabe, die Armut aufzugeben und den Wohlstand anzustreben. Armutsgedanken und Armutsgewohnheiten sind sehr zählebig. Gewohnheiten, egal ob gute oder schlechte, sind wie eingefahrene Spurrillen auf einem Weg. Wenn wir uns auf ihren Pfad begeben, so ist es leicht und einfach ihnen zu folgen. Oftmals merken wir es gar nicht oder erst nach langer Zeit, dass wir in solchen Spurrillen gefangen sind. Es ist sehr schwer, diese zu verlassen. Zudem wird es immer schwerer, je länger wir ihnen folgen, weil wir uns so daran gewöhnt haben. Doch je stärker der Wunsch nach Wohlstand ist, desto leichter fällt es uns, die alten Wege zu verlassen«, sagte Argael.

»Seid Ihr der Meinung, dass jeder Mensch alle Reichtümer erlangen kann?«, fragte dann ein Zuhörer und blickte Argael forschend an.

»Ja, dieser Meinung bin ich. *Die Reichtümer, die wir Menschen anstreben, sind alle zu erhalten. Sie umgeben uns wie Luft.* Ein Leben, das voll ist von den Gebräuchen der Armut, ist wie ein Raum ohne Fenster, in dem verbrauchte, stickige Luft ist. Nun liegt es an jedem selbst, die Türe zu öffnen, die schlechte Luft der Armut hinaus- und die frische Luft des Wohlstands hineinzulassen. Wir müssen uns für den Wohlstand öffnen und unser Denken und unser Handeln ändern. Wir können nicht weitermachen wie bisher und ein anderes Ergebnis erwarten«, sagte Argael.

»So sagt, Herr, was muss derjenige tun, der den Pfad der Armut verlassen und den Pfad

des Wohlstands gehen möchte?«, fragte der Zuhörer gespannt weiter.
»Es sind die gleichen Dinge, welche ein Mensch tun muss, um ein Ziel zu erreichen. Zuallererst muss derjenige sich darüber klar werden, was er überhaupt möchte. Das heißt, was Wohlstand für ihn überhaupt bedeutet, wie viel Geld und was für Güter er gerne besitzen möchte. Und weil derjenige, der etwas empfangen möchte, auch immer etwas hergeben muss, muss er sich zudem entscheiden, was er im Gegenzug in Form von Gedanken, Bemühungen, Zeit, Einsatz und schöpferischer Tatkraft zu leisten bereit ist. Er muss sich also entscheiden, welchen Preis er für seinen Wohlstand bezahlen möchte, worin auch immer dieser Preis besteht. Das Ganze entspricht dem ewig geltenden Gesetz von Saat und Ernte.«
»Ich stimme dir voll und ganz zu, Argael. Jeder Mensch muss für sich selbst entscheiden, was für ihn Wohlstand bedeutet, und dann muss er bereit sein, den Preis, Zeit, Gedanken und Tatkraft in sein Ziel, in seinen Traum, zu investieren. Er muss zuerst geben, um später empfangen zu können«, bestätigte Drimano.
»Ich möchte etwas hinzufügen, was auch zum Erreichen des Wohlstandes beitragen könnte«, sagte Armesis. »Um von der Armut zum Wohlstand zu gelangen, ist es notwendig, einen anderen Weg einzuschlagen und auch seine Gedanken und seine Taten zu ändern. Ebenso ist es wichtig, die Vergangenheit hinter sich zu lassen.«
»Was meinst du mit den Worten, wir sollen die Vergangenheit hinter uns lassen?«
»Nun, mir ist vor längerer Zeit bereits aufgefallen, dass viele Menschen immer noch in der Vergangenheit leben. Sie erinnern sich immer an die guten alten Zeiten und wie schön und wie herrlich es früher einmal war. Doch die Vergangenheit ist tot.«
»Ja, aber die Vergangenheit ist doch auch wichtig! Wir können uns doch nicht von ihr wegdrehen und sie nicht mehr beachten!«, widersprach der Mann überzeugt.
»Doch, das können wir. Besser gesagt, das können wir nicht nur, das müssen wir sogar. Wenn wir ein neues Leben in Reichtum und Wohlstand haben möchten, dann müssen wir das alte Leben der Armut hinter uns lassen. Doch viele Menschen halten so sehr an ihrem alten Leben der Armut fest, dass sie deshalb das neue Leben in Wohlstand, Glück und Fülle niemals führen können.«
Der Mann schaute immer noch zweifelnd drein. Da ergriff Drimano das Wort. »Es ist wahr, was unser Freund hier sagt. Die Vergangenheit bestimmt die Gegenwart. Die Samenkörner, welche wir in der Vergangenheit gesät haben, unsere Gedanken, Worte und Taten, bestimmen unsere heutige Ernte. Sie bestimmen, welchen Besitz wir haben, welche Freunde

und welche Arbeit wir verrichten. Doch sie ist tot. Sie ist im wahrsten Sinne des Wortes vergangen. Aus und vorbei. Was wir noch mit der Vergangenheit tun können, ist, aus ihr lernen und Erfahrungen für die Zukunft mitnehmen. Leider können viele Menschen die Vergangenheit nicht loslassen und somit auch nicht nach vorne schreiten, denn sie lassen sich von der Vergangenheit festhalten. Allerdings bleibt die Zeit niemals stehen. Während diese Menschen nun ihre Blicke nach hinten auf das Vergangene richten, entwickelt sich alles weiter, aber sie bleiben auf der Stelle, weil sie nach hinten auf die Vergangenheit schauen. Doch eines Tages drehen sie den Kopf und schauen nach vorne und stellen fest, dass sich alles weiterentwickelt hat – nur sie sind auf der Stelle stehengeblieben.«

»Genau, und diese Menschen sind es, die sagen: Sieh nur, wie die Zeit vergeht, ist das nicht schrecklich?, oder Bin ich alt geworden!«, unterbrach ihn Terachis.

»Ja, das liegt daran, dass sie ihr Auge auf das Vergangene gerichtet haben. Hätten sie ihren Blick auf ihre Träume, Visionen und Ziele gerichtet und nach vorne geschaut, so müssten sie nicht eines Tages aufwachen und feststellen, dass sich alles weiterentwickelt hat und sie aber immer noch in der Vergangenheit stehen. Und nun kommen wir zu einer weiteren wichtigen Lehre: *Es gibt nur zwei Möglichkeiten: wachsen oder welken.* Man könnte es auch anders ausdrücken: *Stillstand bedeutet Rückschritt!* Derjenige, der aufgehört hat, zu wachsen und zu lernen, wird unweigerlich auf der Stelle stehen bleiben und schließlich anfangen, zu welken. Darum ist es notwendig, dass wir niemals stehen bleiben. Wir müssen nach vorne schauen und ständig bereit sein zu lernen.«

»Ihr habt gut reden, Drimano! Ihr seid zwar auch schon alt, doch ich bin bestimmt noch zehn Jahre älter als Ihr«, rief ein alter Mann, der sehr weit hinten saß und der Unterhaltung gespannt lauschte. »Wenn Ihr in meinem Alter wärt, dann würdet Ihr anders reden. Was kann ein alter Mann wie ich schon noch tun? Die kraftvollen Jahre meines Lebens sind vorbei. Nun bin ich auf die Hilfe meiner Familie angewiesen und es bleibt mir nichts anderes übrig, als auf den Tod zu warten«, sagte der Alte und in seiner Stimme waren die Trauer und die Verbitterung darüber kaum zu überhören.

»Redet nicht so, alter Freund! Es stimmt, Euer Leben zählt zehn Jahre mehr als das meine. Doch auch ich bin ein alter Mann, welchem die Kräfte schwinden. Allerdings habe ich mir selbst geschworen, niemals aufzugeben, sondern immer nach vorne zu blicken und die Kraft, welche mir verbleibt, sinnvoll einzusetzen.«

»So sagt mir, Drimano, was kann ein Mann meines Alters noch tun? Er ist doch zu nichts mehr nütze.«

»Sprecht nicht solche Worte! Es gibt sehr viele alte Männer, die kurz vor ihrem Lebensende noch Dinge bewegt haben, zu welchem ein junger Mann nicht fähig gewesen wäre. Erinnert Ihr Euch noch an den alten Bildhauer Erinjo?«
»Erinjo? O ja, er ist zwar bereits viele Jahre tot, doch ich werde ihn niemals vergessen«, sagte der alte Mann mit einem Lächeln und seine Gedanken schweiften zurück.
»Erinnert Ihr Euch, wie es um ihn stand? Er war sein Leben lang als Bildhauer tätig gewesen und hatte sich damit sein täglich Brot verdient. Mehr schlecht als recht schlug er sich durchs Leben, ohne großen Reichtum anzuhäufen oder übermäßigen Wohlstand zu erlangen. Als ihn das Alter einholte, wurde er von Tag zu Tag mutloser. Er merkte, dass ihm die Kräfte schwanden. Er konnte die schweren Steine nicht mehr schleppen und die Arbeit bereitete ihm von Tag zu Tag mehr Qualen. Eines Tages packte ihn die Wut über sein Alter, welches ihm die Kraft für seine Arbeit raubte, und die Götter, welche für ihn ein Leben als armer alter Mann vorgesehen hatten. Er ließ den schweren Steinblock, welcher ihm gerade solche Mühe bereitete, liegen, schleuderte seinen Hammer in die Ecke und verließ seine kleine Werkstatt. Von diesem Tag an beschloss er, die letzten Tage, welche ihm noch vergönnt waren, zu genießen und ohne Arbeit zu verbringen. Jeden Tag spazierte er durch die Stadt, ging in die Schenken oder saß einfach vor seinem Haus und beobachtete das Treiben. Doch auch dieses Leben schien ihn nicht glücklich zu machen. Viele Menschen, die an ihm vorbeigingen und ihn so sitzen sahen, beglückwünschten ihn und pflichteten ihm bei, dass ein Mann seines Alters, der ein ganzes Leben lang gearbeitet hatte, es wahrlich verdient habe, die letzten Tage seines Lebens zu genießen. So verstrich Tag für Tag und Woche für Woche. Doch es schien, als würde das neue Leben ohne Arbeit und mit viel Zeit auch seinen Preis kosten, denn Erinjos Gesichtsausdruck war nicht glücklicher. Ja, es schien, als würde sich seine Miene jeden Tag ein klein wenig mehr verdunkeln und seine Kraft mehr und mehr schwinden. Da wurde Erinjo klar, dass das Leben ohne eine Aufgabe einen großen Preis verlangte: Es kostete die Lebensfreude. Wisst Ihr, mein alter Freund, wie das Leben von Erinjo weiterging?«
»Aber natürlich! Er wurde einer der größten Lehrer, welche in Babylon je gelebt haben, und selbst heute, viele Jahre nach seinem Tod, ist sein Name in aller Munde.«
»Richtig. Doch wie kam es dazu? Eines Tages war wieder einmal ein großer Markt in Babylon. Die Menschen kamen von nah und fern, um Geschäfte zu machen. Jeder freute sich auf diesen Tag, außer Erinjo. Er saß mit düsterer Miene vor seinem Haus und dachte über das Leben nach und wie ungerecht es doch war, ihm alle Kraft zu rauben. Er war

mittlerweile so weit, dass er sich über nichts mehr in seinem Leben freuen konnte und sich nur noch nach dem erlösenden Tod sehnte. Am letzten Tag des Marktes raffte er sich dann doch auf, um zumindest einmal die verschiedenen Stände zu betrachten. Als er so über den Markplatz schlenderte, fielen ihm die vielen jungen Bildhauer auf, welche aus weiter Ferne angereist waren, um hier ihre Kunstwerke zu verkaufen. Er betrachtete die Werke dieser jungen Männer und stellte fest, wie viele Fehler deren Arbeiten doch enthielten. Die meisten Menschen würden diese niemals sehen, doch seinem erfahrenen Auge entgingen sie nicht. Nachdenklich ging er nach Hause. Als er wieder auf seiner Bank vor seinem Haus saß und vor sich hin grübelte, wurde ihm auf einmal bewusst, welches große Geschenk die Götter ihm doch mitgegeben hatten: Sie hatten ihm die Erfahrung und das Wissen mitgegeben. Diesen kostbare Schatz, den er da bekommen hatte, konnte kein junger Bildhauer haben. Und nun entstand vor seinem geistigen Auge eine Vision. Er sprang auf, lief eilends zu seiner Werkstatt und riss die Tore auf. Als das Sonnenlicht in die Werkstatt drang, fand er noch alles so vor, wie er es verlassen hatte. Der Steinblock lag noch genauso da und der Hammer lag immer noch unbeachtet in der Ecke. Mittlerweile hatte sich eine Staubschicht auf seine sonst so sorgfältig gepflegten und geputzten Werkzeuge gelegt. Eilends lief er los auf den Marktplatz und suchte nach den jungen Männern Babylons, welche er in den letzten Wochen so oft gesehen hatte. Er machte ihnen den Vorschlag, dass er sie die Kunst der Bildhauerei lehren würde und sie bei ihm arbeiten könnten. Die gefertigten Werke würden sie dann verkaufen und den Gewinn wollte er mit ihnen teilen. Bereits nach kurzer Zeit hatte er vier junge Männer gefunden, welche mit seinem Angebot einverstanden waren, und so machten sie sich sogleich an die Arbeit. Was nun geschah, gleicht einem Wunder. Erinjo arbeitete von morgens bis abends, ja, oft sogar bis spät in die Nacht. Er arbeitete länger und härter als die Jahre davor. Doch was viel wichtiger war, seine Kraft kehrte zurück und nicht nur diese. Mit ihr kam die Lebensfreude, denn er hatte eine neue Vision, eine neue Lebensaufgabe, welche ihn täglich antrieb und ihm neuen Lebensmut verlieh. Nach kurzer Zeit waren aus den vier jungen Männern zehn und dann zwanzig geworden. Ja, und nach nur zwei Jahren führte er die größte Schule für Bildhauer, welche es je in Babylon gegeben hatte. Auch heute, viele Jahre nach seinem Tod, ist sie mit Abstand die größte und beste Stätte in ganz Babylonien«, schloss Drimano. »Menschen wie Erinjo empfinden ihre Arbeit nicht als notwendiges Übel, sondern als sinnvolle Tätigkeit und Aufgabe. Arbeit sollte mehr sein als nur ein Mittel zum Geldverdienen und Broterwerb. Ein Mensch wird etwas durch sein Werk. Durch seine Tätigkeit erkennt

er erst seinen Sinn, seine Einzigartigkeit und seine Aufgabe«, sagte Argael überzeugt und zustimmend.
»Wahrlich, Drimano, auch ich bewundere Erinjo sehr«, stimmte der alte Mann zu.
»Dann tut es ihm gleich! Ihr sagt, Ihr wartet auf den Tod. Das Gleiche sagte Erinjo damals auch. Doch woher wollt Ihr wissen, wann Eure Zeit zu sterben gekommen ist? Ihr wisst es nicht, genauso, wie es auch Erinjo nicht wusste und kein anderer Mensch es jemals wissen wird. Auch Erinjo hatte bereits mit seinem Leben abgeschlossen, doch er lebte danach noch über fünfzehn Jahre. Und diese fünfzehn Jahre verbrachte er als glücklicher und zufriedener Mann.«
»Ja, Drimano. ich sollte mich am Leben Erinjos orientieren, anstatt auf die schlechte Stimme in mir zu hören, welche mir täglich erzählt, dass ich keine Kraft mehr habe.«
»Das solltet Ihr wahrlich tun! Es stimmt, dass wir im Alter weniger Kraft haben, doch wir werden immer genug Kraft haben, um unsere Vision zu verwirklichen. Haben wir die Vision des Alters und der Schwachheit, so werden wir jeden Morgen feststellen, dass uns die Lebenskraft fehlt. Haben wir eine große Vision wie Erinjo, so wird uns immer die dafür nötige Kraft zur Verfügung stehen.
»Danke für Eure weisen Worte, Drimano. Ich werde sie mir zu Herzen nehmen und nun wieder nach vorne schauen und meine Vision für den Rest meines Lebens entwickeln«, sagte der alte Mann dankbar.
»Ich denke, dass das die Aufgabe eines Mannes mit Weisheit und Erfahrung ist. Er muss sein Wissen und seine Erfahrung in andere Menschen investieren und zu deren Wachstum und Reife beitragen. Ein Apfelbaum bringt Apfelbäume hervor, ein Weinstock bringt Trauben und weitere Weinstöcke hervor; und das ist auch die Aufgabe von uns Menschen: Ein erfahrener Bildhauer muss gute Bildhauer hervorbringen, ein Töpfer muss Töpfer hervorbringen und ein weiser Gelehrter muss sein Wissen weitergeben, um weitere Gelehrte hervorzubringen. Sein Wissen und seine Erfahrung müssen dem Wohlergehen anderer Menschen dienen«, sagte Argael.
»Was denkt Ihr, was der wichtigste Schritt ist, den ein Mensch tun muss, um zu Wohlstand und Reichtum zu gelangen?«, fragte ein Zuhörer Drimano.
Drimano blickte in die Runde: »Wer vermag diese Frage zu beantworten?«
»Sparen und sich selbst zuerst zu bezahlen, ist der wichtigste Schritt«, sagte Tori überzeugt. Überrascht schaute Drimano zu seiner Linken, wo Tori neben Argael saß.
»Sehr gut, junger Mann. Du hast richtig gesprochen. Sparen ist der wichtigste Schritt.

Ein Mann, der nicht spart und nicht sparen kann, wird niemals wahren Reichtum erlangen. Ich möchte sogar behaupten, dass derjenige, der das Geld nicht behalten kann, nicht würdig ist, reich zu sein!«
»Wahrlich, so ist es«, stimmte Argael zu und fuhr fort: »Da wir uns über den Wohlstand unterhalten, so frage ich jeden einzelnen von euch, wie wichtig für ihn das Geld ist.« Die Männer sahen ihn ein wenig verwundert an. Worauf wollte Argael hinaus? »Nun, wie wichtig ist Geld für dich? Was würdest du alles für Geld tun? Für viel Geld? Würdest du dafür ein Verbrechen begehen? Anderen Menschen bewusst Schaden zufügen? Würdest du für Geld Dinge tun, die du mit deinem Gewissen nicht vereinbaren kannst?«
»Das sind sehr interessante Fragen«, stimmte Drimano zu.
»Auch diese sollten wir einmal beantworten, wenn wir uns über Reichtum Gedanken machen. Ich möchte noch eine Frage hinzufügen. Würdest du ein Jahr deiner Lebenszeit für 10.000 Silberstücke verkaufen?«
»Ich weiß nicht, ob ich das tun würde«, sagte ein Mann nachdenklich. »Im Moment bin ich ein armer Mann, der nur noch fünf Kupferstücke in seinem Lederbeutel hat. Würde ich ein Jahr meines Lebens verkaufen, so hätte ich von nun an ein angenehmeres Leben und könntev die restlichen Jahre in Freuden verbringen.«
»Dies könnte eintreten«, stimmte Drimano zu. »Doch wenn du nicht gelernt hast mit Geld umzugehen, das Geld auch zu behalten, und somit nicht würdig bist, reich zu sein, dann werden die Jahre des Glücks von kurzer Dauer sein. Du wirst dir, deiner Familie und deinen Freunden zwar zunächst alle Wünsche erfüllen können, doch eines Tages wird das Geld weg sein. Und dann bist du vielleicht noch ärmer dran als jetzt und verbringst die letzten Jahre in großer Armut.«
»Oder vielleicht beträgt deine Lebenszeit nur noch zwei Jahre. Dann hättest du jetzt die Hälfte verkauft und wüsstest es nicht einmal«, warf ein anderer ein.
Der Mann wurde nachdenklich. »Ja, das könnte auch eintreten. Es ist sehr schwer, diese Frage zu beantworten, auch die, was ich für Geld zu tun bereit wäre. Könnte ich wirklich ungerechte Dinge tun? Jemandem ernsthaften Schaden zufügen, oder gar töten?«
»Ich denke, wir tun gut daran, wenn wir in uns hinein hören und diese Fragen einmal ehrlich beantworten. Denn wir müssen uns bewusst sein, dass der Preis, den das Geld von uns fordert, sehr hoch sein könnte. Er könnte uns unsere Selbstachtung oder, wenn wir wegen Mordes verurteilt werden, sogar unser Leben kosten. Die Frage nach dem Preis sollten wir immer stellen, bevor wir eine Entscheidung treffen.«

»Ich stimme dir voll und ganz zu. Es könnte ein sehr hoher Preis sein, den wir für das Geld zu begleichen haben. Viele Menschen haben schon auf die Stimme der Gier in ihrem Herzen gehört und mussten dies teuer bezahlen. Sie erkannten zu spät, dass der Preis viel zu hoch war. Es kostete sie ihren Seelenfrieden, ihre Lebensfreude, Freunde und oftmals sogar das Leben«, stimmte Drimano zu.
»Wahrlich, Drimano, viele Menschen mussten schon schmerzlich erkennen, dass der Preis, den ihr Reichtum von ihnen verlangte, viel zu hoch war und ihnen schließlich das Leben nahm. Sie hatten auf die falsche Stimme in ihrem Herzen gehört.«
Alle nickten nachdenklich. Jeder schien sich seine eigenen Gedanken zu machen und sich zu fragen, was er wohl bereit wäre, für viel Geld zu tun, und wie hoch der Preis war, den das Leben von ihm fordern würde.
Nach kurzem Schweigen sah Drimano wieder in die Runde. »Ich denke, wir haben heute wieder sehr viel gelernt. Wir durften viele neue oder vielleicht auch schon alte Weisheiten erfahren, welche uns mit Sicherheit noch lange beschäftigen werden. Und das ist gut. Denn wenn sie uns beschäftigen und wir deswegen viele Nächte nicht schlafen können, so ist das ein Zeichen dafür, dass wir uns über die Worte von heute und über unser Leben Gedanken machen. Und dann ist die Wahrscheinlichkeit sehr hoch, dass wir den alten Pfad, den wir bisher gegangen sind, überdenken und einen neuen Pfad einschlagen und unser Leben ändern werden.«

Die Gewohnheiten, welche zur Armut führen:
I. Gewohnheit: Ausreden
II. Gewohnheit: Krankheit
III. Gewohnheit: Unordnung
IV. Gewohnheit: Verschwendung

Zweiundzwanzigstes Kapitel

Ursachen für finanziellen Misserfolg

Ein treuer Mann wird mit Vielem gesegnet,
wer aber eilt, reich zu werden,
wird nicht ohne Strafe bleiben!

Tori saß wieder in seiner Kammer und blickte auf den großen Markplatz von Babylon hinunter. Es waren nur noch vereinzelt Menschen zu sehen und die meisten Händler hatten ihre Stände bereits abgebaut. Die Sonne leuchtete hell und rot am Horizont und würde bald verschwunden sein. Er erinnerte sich an Argaels Worte: Der Verstand ist des Herzens wichtigster Diener. Ja, das war es! Das war die Antwort, nach welcher er den ganzen Mittag gesucht hatte. Er musste auf sein Herz hören und eine Lösung finden, damit die Stimme seines Verstandes ihn nicht mehr anklagte und endlich seinem Herzen folgen konnte. Er wusste, er würde eine Lösung finden, damit seine Familie keinen Hunger leiden musste und er seinem Herzen folgen und als Verwalter für Jesran arbeiten konnte. Welch wundervolle Vorstellung!

Auf einmal vernahm er ganz schwach Herachims Stimme. Er rief seinen Namen. Rasch stand er auf und eilte zur Türe.

»Tori, da bist du ja! Komm mit mir, Jesran hat ein köstliches Mahl zubereiten lassen. Es wird dir sicher munden.« Als Tori Herachims Worte vernahm, spürte er seinen hungrigen Magen,und bei dem Gedanken an Jesrans reichlich gedeckte Tafel lief ihm das Wasser im Munde zusammen. Rasch folgte er Herachim.

Wenig später saß er mit all den anderen am Tisch und ehe er sich's versah, wurde sein Teller reichlich gefüllt. Es herrschte eine fröhliche und ausgelassene Stimmung. Alle unterhielten sich, lachten und füllten sich die Becher mit dem köstlichen Wein, welchen die Trauben aus Jesrans großem Weinberg hervorgebracht hatten, und waren fröhlich und guter Dinge. Als sie ausgiebig gespeist hatten, lehnte sich Jesran mit einem zufriedenen Gesichtsausdruck zurück und wandte sich schließlich an Argael: »Wie schade, mein Freund, dass ich euch nicht noch einige Tage meine Gäste heißen darf. Es war mir eine schöne Zeit und ich hätte euch gerne noch einige Tage bewirtet.«

»Ich weiß deine Gastfreundschaft sehr zu schätzen, Jesran. Und auch ich würde am liebsten dein Angebot annehmen und noch einige Tage in Babylon verweilen. Doch die Geschäfte lassen es leider nicht zu.«

»Ja ja, Argael. Die Geschäfte. Doch ich verstehe dich. Du trägst eine große Verantwortung auf deinen Schultern. Vielleicht führen sie dich ja bald wieder nach Babylon. Wer weiß.«

»Das ist gut möglich. Dann werde ich natürlich zuallererst in das Gasthaus meines guten Freundes Jesran einkehren«, antwortete Argael mit einem Lächeln.

»Meine Türe steht dir jederzeit offen und du bist mir immer ein willkommener Gast. Zögere nicht, danach zu handeln und mein Angebot anzunehmen! Du könntest mir keine größere Freude bereiten.«

»Ich weiß, mein Freund. Auch für mich gäbe es keine größere Freude, als bald wieder an deinem Tisch zu sitzen, mit dir zusammen einen Krug von deinem köstlichen Wein zu trinken und über die alten und vor allem die neuen Zeiten zu plaudern.«

Jesran nickte zustimmend. Dann griff er zum Weinkrug und schenkte Argael nach: »So lass uns auf ein baldiges Wiedersehen trinken!«, hob seinen Becher und Argael stieß mit ihm an.

Da wandte sich ein Diener Jesrans an Argael: »Herr, ich habe vernommen, dass Ihr morgen in der Frühe Babylon verlassen wollt. So dachte ich, dass ich nun die Gelegenheit ergreifen muss, um Euch zu bitten, Euch eine Frage stellen zu dürfen.«

Argael schaute auf und deutete dem Diener mit einem Kopfnicken an, zu sprechen.

»Nun, ich mache mir seit längerer Zeit Gedanken um das Geld und den Reichtum, welchen es hervorbringen kann. Auch habe ich bereits von Eurer Weisheit über das Sparen gehört. Diese setze ich seit längerer Zeit entschieden um und lege mindestens den zehnten Teil all meiner Einnahmen zur Seite. Nun suche ich Gelegenheiten, um mein gespartes Geld klug zu investieren, damit es wachsen und sich vermehren kann. Gibt es Weisheiten, die man beachten sollte, um Fehler zu vermeiden?«

Argael lächelte dem Diener zu und nickte andächtig mit dem Kopf. »O ja, diese gibt es. Viele Menschen haben dies schon schmerzlich erfahren und mussten ihre Fehler teuer bezahlen.«

»Wollt Ihr mir diese Weisheiten mitteilen, damit ich diese Fehler vermeiden kann?«

»Meines Erachtens lautet die wichtigste Weisheit: *Trachte nicht nach schnellem Reichtum!* Dies war schon immer eine der häufigsten Ursachen für den finanziellen Misserfolg.«

Jesran nickte zustimmend, als er Argaels Worte vernahm: »Da kann ich dir nur zustimmen, mein Freund. Die Gier war noch nie ein guter Ratgeber. Dies mussten wahrlich viele Menschen lernen und diese Weisheit mit gutem Geld teuer bezahlen.«
»Ihr meint also, dass man nicht nach schnellem Reichtum streben sollte?«
»Ja, denn wer nach schnellem Reichtum trachtet, wird dazu verleitet, drei Fehler zu begehen. Der erste lautet: Dinge angehen, von denen man nichts versteht.«
»Was meint Ihr damit, Herr?«
»Nun, oftmals ist es so, dass man das schnelle Geld auf einem Gebiet verdienen möchte, von dem man nichts versteht. Wenn zum Beispiel ein Bäcker den schnellen Reichtum durch den Verkauf von Schmuckstücken erlangen möchte, so ist es sehr unwahrscheinlich, dass ihm dies gelingen wird, da sein Fachgebiet das Bäckerhandwerk ist. Daher ist es besser, er richtet seine Kräfte auf das, was er kann, und versucht durch kluge Handlungen seine Geschäfte zu verbessern.«
»Aber ich habe schon von Menschen gehört, welche gute Geschäfte mit Dingen gemacht haben, welche nicht zu ihrem Fachgebiet gehörten«, warf ein anderer ein.
»Ja, solche Menschen gibt es. Auch ich habe von solchen gehört. Doch sie sind eher die Ausnahme. Die meisten Menschen, die nach dem schnellen Geld trachteten und dies mit Geschäften außerhalb ihres Fachgebietes erreichen wollten, mussten einen hohen Preis dafür bezahlen. Daher ist es in jedem Fall sinnvoller, entweder Geschäfte innerhalb seines Fachgebietes zu tätigen oder aber sich vorher Wissen über das fremde Fachgebiet anzueignen.«
Tori musste bei diesen Worten an das Geschäft mit den Schmuckstücken denken. Auch er hatte nach dem schnellen Reichtum getrachtet und versucht, mit Dingen Geld zu verdienen, von welchen er nichts verstand, anstatt sich zuerst das Wissen über den Schmuck, die Juwelen und die verschiedenen Edelmetalle anzueignen.
Argael fuhr fort: »Der zweite Fehler lautet, Gelder zu riskieren, welche man auf keinen Fall verlieren darf, oder sich durch Kredite schuldig zu machen.«
»Was meint Ihr mit Geld, welches man nicht verlieren darf?«
»Nun, oftmals legt man über viele Monate Geld zur Seite, um eine große geschäftliche Investition zu tätigen, oder spart sich mühsam Kupferstück um Kupferstück vom Munde ab, um eines Tages den Wohlstand und die Freiheit zu genießen, von denen die meisten Menschen träumen. Dieses Geld, welches über Monate und Jahre wachsen konnte, wird dann für solche Geschäfte verwendet.«

»Wenn es doch eine einmalige Gelegenheit ist«, widersprach der Diener.
»Siehst du, mein treuer Diener, das ist ein weiterer großer Irrtum vieler Menschen. Sie denken, dass solche Gelegenheiten einmalig sind. Das sind sie jedoch nicht. Solche Gelegenheiten kommen immer wieder. Daher ist es töricht, wegen eines solchen Geschäfts zum Geldverleiher zu eilen, sich Geld zu borgen und sich deshalb zu verschulden und von anderen Menschen abhängig zu machen«, pflichtete Jesran bei.
»Ja, das ist wahrlich töricht. Wenn du jemals solch eine Gelegenheit geboten bekommst, so überlege gründlich, ob es eine lohnende Investition ist und dir Gewinn oder dich um dein Vermögen bringen wird! Wenn du dann immer noch der Meinung bist, dass sich dieses Geschäft für dich lohnt, so investiere nur das Geld, das du übrig hast und nicht benötigst! Das heißt, du musst bereit sein, dieses Geld zu verlieren. Das bedeutet nicht, dass du es verlieren wirst, aber du musst dazu bereit sein. Wenn du das jedoch nicht bist und das Geld auch nicht übrig hast, so lass auf jeden Fall die Finger von solchen Geschäften!«, sagte Argael.
»Eure Worte klingen einleuchtend. Und was ist die der dritte Fehler, zu welchem man verleitet wird, wenn man auf schnellen Reichtum aus ist?«
»Nun, man wird dazu verleitet, unüberlegte Entscheidungen zu treffen. Damit meine ich das, was Jesran bereits sagte. Man verfällt dem Glauben, dies sei eine einmalige Gelegenheit, und will sofort handeln. Aus diesem Grunde riskiert man dann sein teures Geld, welches man sich über Jahre erspart hat, oder man geht zum Geldverleiher und verschuldet sich. Dies ist einfach töricht. Das Angebot wird auch am nächsten Tag noch da sein. Daher ist es sinnvoller, eine Nacht darüber zu schlafen, sich genau über die Vor- und Nachteile und über das Risiko bewusst zu werden.«
»Aber ist das nicht schlecht? Viele Menschen überdenken alles so oft und verschlafen es letztendlich, eine Entscheidung zu treffen und zu handeln.«
»Du hast Recht. Solche Menschen gibt es leider auch. Grundsätzlich ist es auch gut, rasche Entscheidungen zu treffen. Auch ich bin ein Freund der schnellen Entscheidungen. Jedoch muss man unterscheiden, wobei man die schnelle Entscheidung trifft. Wenn es darum geht, mein ganzes Vermögen zu investieren oder mich die nächsten Jahre vom Geldverleiher oder einem anderen Menschen abhängig zu machen, so ist es sicherlich sinnvoller, eine Nacht darüber zu schlafen und mir über das Risiko bewusst zu werden. Wenn ich mir dessen dann bewusst bin, so liegt es an mir, auch eine Entscheidung zu treffen. Diese ewig hinauszuzögern, ist sicherlich genauso töricht, und hindert einen

dann daran, neue Wege zu beschreiten oder sich auf seine Arbeit zu konzentrieren.«
»Dann handeln aber sehr viele Menschen in Babylon töricht«, warf ein anderer vom Ende des Tisches ein.
»Wie meinst du das?«, wollte der Diener wissen.
»Nun, es gibt hier in Babylon täglich so viele Angebote. Man muss nur über den großen Markplatz gehen. Ist dir das noch nicht bei vielen Menschen aufgefallen?«
»Was soll mir an ihnen aufgefallen sein? Das mit den vielen Angeboten ist ja nichts Neues. Dafür ist Babylon ja bekannt. Sie ist nicht umsonst die prächtigste und wohlhabendste Stadt der Welt.«
»Ich meine das Verhalten der Menschen in Babylon. Wie viele von ihnen treffen derlei vorschnelle Entscheidungen, von welchen Argael gerade gesprochen hat? Sie sehen ein verlockendes Angebot und eilen sofort zum Geldverleiher und borgen sich das Geld. Eine zu schnelle und falsche Entscheidung.«
»Richtig«, stimmte Jesran seinem anderen Knecht zu. »Genau das ist es, was mein Freund Argael euch sagen wollte. Zu schnelle und vor allem unüberlegte Entscheidungen verleiten den Menschen zu solchen törichten Handlungen, wie sich Geld zu borgen, um auf dem Markt seinen kurzweiligen Gelüsten nachzugeben. Würde sich derjenige erst einmal Gedanken machen und dann zusammenzählen, was es ihn wirklich kostet, bis er die Zinsen an den Geldverleiher bezahlt hat, so würde er schnell feststellen, dass es ihn oftmals sogar doppelt so teuer kommt, als wenn er das Geld aus seinem Lederbeutel bezahlen würde.«
»Wahrlich, es ist sinnvoller, sich davor Zeit zu nehmen und sich darüber Gedanken zu machen«, stimmte der Diener zu.
»So ist es, mein Freund. Aber genau aus diesem Grunde sind leider viel mehr Menschen in Babylon arm und verschuldet als reich und wohlhabend«, sagte Argael.
»Zudem ist es so, dass geliehenes Geld ein falsches Sicherheitsgefühl gibt, welches dazu führen kann, dass aus einer hoffnungslosen Situation ein auswegloses Problem wird«, fügte Jesran hinzu.
»Ich glaube, Ihr habt Recht. Auch ich habe dieses falsche Sicherheitsgefühl bereits kennen gelernt und mich Tage später selbst gefragt, wie ich so töricht sein konnte, mir für ein Fest oder andere Dinge Geld vom Geldverleiher zu borgen, denn nun musste ich hart arbeiten, um es zurückzubezahlen«, sagte der Knecht nachdenklich.
»Es ist gut, wenn ein Mann diese Erfahrung so früh wie möglich macht und daraus

lernt. Denn je mehr Geld er ausleiht, desto mehr versklavt er sich an den Goldverleiher. Darum will uns der Weg zu Wohlstand und Reichtum zuerst die Bescheidenheit lehren. Wir müssen lernen, unsere Schwächen und unsere Gelüste zu zähmen«, sagte Argael. Und Jesran fügte nickend hinzu: *»Solange du deine Gefühle nicht zähmen kannst, kannst du dich nicht einen freien Menschen nennen.«*

Wer nach schnellem Reichtum strebt,
wird dazu verleitet, drei Fehler zu begehen:

I. Dinge anzugehen, von denen er nichts versteht.
II. Gelder zu riskieren, welche er auf keinen Fall
verlieren darf, oder sich durch Kredite
in Abhängigkeit zu begeben.
III. Unüberlegte Entscheidungen zu treffen.

Dreiundzwanzigstes Kapitel

Beziehungen, der kostbare Schatz des Menschen

Barmherzigkeit sollte immer stark ausgeprägt sein.
Aber Barmherzigkeit ohne Gerechtigkeit ist Schwäche
und hat nichts mit Demut zu tun.

Wenig später öffnete Tori die Türe seiner Kammer und trat langsam ein. Der frische Wind wehte ihm durch das Fenster entgegen. Er atmete ihn tief ein und genoss das Gefühl der reinen Luft, welche seinen Körper durchströmte. Obwohl der Mond schon hoch am Himmel stand und die Sterne hell herableuchteten, verspürte er noch keine Müdigkeit. Er ging zum Fenster, stützte das Kinn in seine Hände und sah zu den Sternen empor. In Gedanken ließ er den Tag noch einmal vor seinem geistigen Auge ablaufen. Morgen schon würde Argael die Reise nach Assur antreten. Zurück in die Heimat, wo seine Familie und all seine Freunde lebten. Zurück in die Stadt, in welcher er jeden Winkel kannte. Und er, Tori, er würde hierbleiben. In der Ferne, in der großen mächtigen Stadt Babylon, deren Namen jeder nur mit Ehrfurcht aussprach. Die Stadt, deren Glanz bis ans Ende der Welt reichte.

Plötzlich wurden seine Gedanken unterbrochen. Er sah eine Gestalt mit einem weißen Gewand aus dem Gasthaus treten. Sie blickte gen Himmel, schloss die Augen und atmete die frische Nachtluft tief ein. Tori erkannte sofort, wer es war. Er beobachtete, wie die Gestalt ein Stück Richtung Marktplatz ging und sich dann hinsetzte. Argael wollte wohl auch ein letztes Mal in aller Ruhe die Nacht genießen.

Ob er sich wohl zu ihm gesellen durfte, schoss es Tori durch den Kopf. Wobei, vielleicht wollte Argael ja mit sich und seinen Gedanken allein sein. Andererseits war das nun die letzte Gelegenheit, mit ihm in Ruhe zu sprechen. Morgen war der Tag der Abreise und wer wusste, wann er ihn wiedersehen würde. Kurz entschlossen stand Tori auf und verließ

seine Kammer. Er öffnete die schwere Holztüre und trat nach draußen. Argael saß aufrecht da und sein Blick ruhte auf dem Marktplatz und den dahinterliegenden Häusern.
»Verzeiht, Herr, darf ich mich ein wenig zu Euch setzen?«
Argael schaute auf und ein Lächeln glitt über seine Lippen. »Setz dich, Tori. Es ist eine herrliche Nacht heute. Die Sterne leuchten hell am Himmel und lassen diese wundervolle Stadt in ihrer ganzen Pracht erstrahlen.«
»Ja, Herr. Auch ich habe dies von meiner Kammer aus bewundert.«
»Es ist herrlich, bei solch einer Nacht hier zu sitzen und den Anblick dieser wundervollen Stadt zu genießen. Für mich wird es für eine lange Zeit die letzte Nacht sein.«
»Ich kann es noch gar nicht richtig glauben, dass Ihr morgen früh die Heimreise antreten werdet. Der Abschied wird mir schwer fallen.«
»Hast du deine Entscheidung getroffen, Tori?«
»Ja, Herr, das habe ich. Ich werde auf mein Herz hören und hier bleiben.«
»Und was ist mit deiner Familie?«
»Ich möchte Euch bitten, all mein Geld, welches ich bei mir trage, meiner Familie bringen zu lassen und ihr von mir zu berichten, damit sie wissen, dass ich wohlauf bin und für sie sorgen werde.«
»Ich werde dafür sorgen, dass deine Familie das Geld erhält und dass sie erfahren, wie es dir geht.«
»Danke, Herr, so kann ich beruhigt hier bleiben und mich ganz der Arbeit widmen, welche Jesran für mich vorgesehen hat.«
»Es ist gut, Tori, dass du so an deine Familie denkst und bereit bist, Verantwortung für sie zu übernehmen.«
»Das ist doch selbstverständlich, Herr!«
»O nein, mein Junge, das ist nicht selbstverständlich. Es gibt viel zu viele Menschen, die nur auf ihr eigenes Wohl bedacht sind und sich nicht um ihre Mitmenschen kümmern. Diese Menschen verachten den Schatz der guten Beziehungen und werden eines Tages erwachen und von einer tiefen Einsamkeit gequält werden. Tag für Tag, Nacht für Nacht.«
»Was meint Ihr mit dem Schatz der Beziehungen? Was ist das für ein Schatz?«
»Den meisten Menschen ist es nicht bewusst, doch Beziehungen sind der wahre Schatz, den jeder Mensch hat. Nur wer diesen Schatz einmal verliert, weiß ihn wirklich zu schätzen.«
»Was geschieht mit dem Menschen, der keine Beziehungen mehr hat?«
»Dieser Mensch wird von der Einsamkeit gequält, Tag und Nacht. Es ist kein Freund da,

der seine Zeit mit ihm teilt; kein Bruder, der sich seiner annimmt. Keine Frau, die ihm das Mahl zubereitet, und keine Kinder, welche ihm fröhlich entgegenspringen, wenn er von der Arbeit nach Hause kommt. Die Zeit will nicht vorübergehen und der Tag dehnt sich aus. Es kommt ihm so vor, als hätte er die Länge eines Jahres.«

»Das ist das schwere Los der Einsamkeit?«

»Ja, Tori, das ist das schwere Los der Einsamkeit, welches alle ereilt, die den Schatz der Beziehungen verschmähen und ihn mit Füßen treten.«

»Aber warum ist dieser Schatz so wertvoll?«

»Weil uns alle Güter und Freuden dieser Welt nichts nützen, wenn wir keine Menschen um uns haben, die uns lieben und mit denen wir diese Freude teilen können.«

»So nützt alles Geld der Welt nichts, wenn wir einsam sind?«

»Ja, Tori. *Alles Geld der Welt wird dir keine Freude bereiten, wenn du einsam und alleine bist und keinen Menschen um dich hast, mit dem du diese Freude teilen kannst.* Denn eines Tages werden wir hier alles zurücklassen müssen, was wir besitzen. An diesem Tag spielt es keine Rolle, ob wir einen Lederbeutel mit einem Silberstück besitzen oder ob wir ganze Säcke voller Silberstücke besitzen. Das Einzige, was an diesem Tag zählt, sind unsere Beziehungen.«

»Sagt mir, Herr, gibt es ein Geheimnis, wie ich den kostbaren Schatz pflegen und erhalten kann, so dass er immer glänzt?«

»O ja, natürlich gibt es das. Vielmehr sind es viele kleine Geheimnisse, die diesen Schatz zum Glänzen und diese kostbare Blume zum Blühen bringen. So wie es viele Kleinigkeiten sind, die diesen Schatz langsam zerstören und die Blume langsam zum Verwelken bringen, bis sie schließlich erstirbt.«

»Wollt Ihr mir diese Geheimnisse mitteilen, damit ich dieser Blume zum Blühen verhelfen kann?«

»Ja, ich möchte dir diese Geheimnisse mitteilen. Auch diesmal geht es um das ewig währende Gesetz von Saat und Ernte. Das, was du säst und in andere Menschen investierst, wird zu dir zurückkommen. Egal was es ist. Säst du Liebe, kommt die Liebe zu dir zurück und du wirst Liebe ernten. Säst du Hass, so wirst du Hass ernten und der Hass kommt zu dir zurück. Säst du Verachtung, so wirst du Verachtung ernten und auch diese wird zu dir zurückkommen. Was es auch ist, das du in anderen Menschen säst, es wird immer mit einer kurzen zeitlichen Verzögerung zu dir zurückkommen und in dein Leben treten.«

»Es liegt also an mir, was ich aussäe und wie ich meinen Mitmenschen begegne?«

»Es liegt immer an dir, Tori. Du kannst nicht einen Menschen hassen, aber von ihm erwarten, dass er dich liebt. Du kannst nicht einen Menschen verachten, aber von ihm erwarten, dass er dich respektiert und wertschätzt. Und du kannst nicht über einen Menschen schlecht reden und erwarten, dass er Gutes über dich spricht.«

»Ich verstehe, Herr. Das, was ich in meine Mitmenschen säe, das werde ich auch von ihnen ernten.«

»Ja, genauso ist es. *Wie du anderen Menschen begegnest, so werden sie auch dir begegnen.* Sei freundlich und sie werden freundlich zu dir sein. Zuerst, Tori, achte darauf, wie du mit deinem Mitmenschen redest! Was sagst du zu ihm und vor allem, *wie sagst du es zu ihm?*«

»Ihr meint, ob ich ihn mit meinen Worten beleidige oder verletze?«

»Genau. Merke dir: Was einmal ausgesprochen wurde, kann nie mehr rückgängig gemacht werden, auch wenn du es noch so bereust. Wie viele Dinge wurden schon gesagt, die so viel zerstört haben? Worte können Balsam für die Seele sein, aber sie können auch schärfer sein als ein zweischneidiges Schwert und Menschen über Jahrzehnte hin verletzen, oftmals über den Tod hinaus. Merke dir mein Freund: Tod und Leben liegen in der Macht der Zunge. Wer sie liebevoll gebraucht, wird deren Früchte genießen!«

»Das heißt, ich soll genau überlegen, was ich sage, und mir davor über die Folgen Gedanken machen?«

»Richtig, überlege dir: Wie kommt das bei deinem Mitmenschen an, was du zu ihm sagst, und welche Folgen werden deine Worte haben? Jedes gesprochene Wort hinterlässt seine Spur. Manchmal ist es ein feines Bild im Sand und manchmal ein tiefer Abdruck in der Seele.«

»Das ist mir noch nie bewusst geworden«, musste Tori ehrlich gestehen.

»Achte einmal darauf, Tori, und du wirst die Wahrheit dieser Worte erkennen. Zum Zweiten, nimm aufrichtig Anteil am Schicksal deiner Mitmenschen! Ermutige den anderen, wann immer du kannst! Achte darauf, wie es ihm geht und was er fühlt! Nimm Anteil an seinen Sorgen und Problemen, aber auch an seinen Freuden und allem Gutem, das ihm widerfahren ist!«

»Was meint Ihr mit ermutigen?«

»Lobe den anderen, wann immer du kannst! Lobe seine Erfolge, auch wenn sie noch so klein sind! Lob ist wie Sonnenschein, ohne Lob können wir nicht wachsen. Merke dir, du kannst niemals zu viel loben! Beobachte den anderen aufmerksam, so fällt dir auf, wenn er etwas Gutes tut. Nun lobe ihn dafür, begründe allerdings dein Lob genau, damit es sich nicht wie Schmeichelei anhört.«

»Kann ein Lob solch große Folgen haben?«

»O ja. Oftmals sogar noch viel größere, als du dir jemals ausgemalt hast. Schau dich in unserer Stadt um, wer wird da gelobt? Die Sklaven und Arbeiter werden angeschrien, geschlagen und gedemütigt. Jeder Mensch in dieser Stadt hört fünfzig schlechte Worte und Beleidigungen, bevor er ein Lob erhält. Die Menschen in dieser Stadt sehnen sich geradezu nach Lob, Anerkennung und Ermutigung. Darum ist ein Lob so wertvoll und wird oft über Jahre nicht vergessen. Es kann der Antrieb für große Taten sein und einen Mann dazu bringen, Dinge zu tun, welche ihm niemals jemand zugetraut hätte.«
»Ist es nicht genauso mit schlechten Worten? Schlechte Worte lassen einen Menschen verbittert sein und stimmen ihn über lange Zeit traurig.«
»Das ist richtig. Und leider merken wir Menschen uns die schlechten Worte viel schneller als die guten Worte, die man zu uns sagt. Wir würden gut daran tun, die schlechten Worte schnell zu vergessen und uns an den guten Worten Tag für Tag zu erfreuen. Und genau darum ist es so wichtig, dass du Lob aussprichst und andere Menschen ermutigst. Den meisten Menschen ist gar nicht bewusst, wie viel Gutes sie mit ein paar wenigen netten Worten und einem Lob tun können. Überall werden die Menschen kritisiert und herablassend behandelt, da musst nicht auch du noch zu diesen Menschen gehören. Darum lobe und ermutige andere Menschen, wann immer du kannst! Des Weiteren, junger Freund, rate ich dir, geh mit einem Lächeln auf den Lippen durch die Welt! Lächle, und die Welt lacht zurück. Weine, und du weinst alleine.«
»Was wollt Ihr mir damit sagen, Herr?«
»Nun, ein Lächeln kann einem Menschen so viel Kraft spenden wie ein ernst gemeintes Lob. Menschen sind gerne von fröhlichen Menschen umgeben. Niemand hat gerne Menschen um sich, welche täglich schlecht gelaunt, mürrisch und verbittert sind. Darum lächle und zeige der Welt, dass du nicht zu diesen Menschen gehörst!«
»Aber was ist, wenn es mir einmal schlecht geht? Da kann ich doch nicht lachend durch die Straßen laufen!«
»Das ist richtig. Jedem Menschen geht es einmal schlecht, er ist krank oder wird von einem schweren Schicksalsschlag getroffen. Da ist es auch in Ordnung, wenn du deiner Trauer Ausdruck verleihst und deinen Ärger herauslässt. Ich meine damit Menschen, die jeden Tag nur das Schlechte sehen und immer nur darauf aus sind, an allem und jedem das Schlechte zu finden.«
»Ihr meint, ich soll auf die guten Dinge bedacht sein, die ein Tag mit sich bringt?«
»Genau das meine ich, Tori. *Werde zum Goldgräber in deinem Leben und bei anderen Menschen!*

Suche nach den Goldstücken, den guten Taten deiner Mitmenschen und dem Glück in deinem Leben! Tu es den anderen Menschen nicht gleich, die nur nach dem Dreck Ausschau halten! Darum gehe lächelnd durch die Welt und du kannst dich an diesen Dingen viel einfacher erfreuen. Vor allem geht es dir selbst viel besser, wenn du lächelst. Versuche einmal zu lächeln und gleichzeitig ärgerlich oder verbittert zu sein – es wird dir nicht gelingen. Du wirst immer nur eines sein können, entweder fröhlich und guter Dinge oder ärgerlich und verbittert. Dein Körper wird immer das nach außen tragen, was in dir ist.«

»Aber warum ist es so, dass viele Menschen ihre Aufmerksamkeit auf die schlechten Dinge dieser Welt lenken, anstatt sich an dem Schönen und Guten zu erfreuen, das jeder Tag mit sich bringt?«

»Tja, Tori, diese Frage konnte ich mir auch noch nicht beantworten. Auch mir ist dies unverständlich. Jeder Tag bringt so viel Schönes mit sich. Wenn morgens die Sonne aufgeht und den Tau auf dem Grase schimmern lässt, wenn der frische Wind durch die Bäume bläst und die Wellen am See sanft an das Ufer schlagen – wie viele Menschen haben für diese Schönheit kein Auge mehr?«

»Wenn wir am Fluss entlanglaufen und dies bewundern können. Es gibt viele Menschen, die täglich am Rand der Straße sitzen müssen, weil sie nicht gehen können.«

»Wohl wahr, Tori. Wenn wir gesund und wohlauf sind, so haben wir jeden Tag Grund genug, um glücklich zu sein und mit einem Lächeln auf den Lippen durch die Straßen zu gehen.«

»*Wir müssen wieder mehr unsere Augen öffnen und uns der Schönheit, welche uns umgibt, von Neuem bewusst werden.*«

»Das sollten wir eigentlich jeden Morgen. Darum gewöhne dir an, am Morgen mit lächelnden Lippen den Tag zu beginnen und abends mit einem Lächeln auf den Lippen einzuschlafen. So wirst du das Gefühl tiefer innerer Freude empfinden.«

»Das will ich von nun an tun, Herr. Schade nur um diese Menschen, deren Mund seit Jahren kein Lächeln mehr geziert hat.«

»Ja, Tori. *Niemand braucht ein Lächeln so nötig wie derjenige, der für andere keines mehr übrig hat.*«

Zuhören ist der Schlüssel zum Herzen des Anderen

»Über die nächste Weisheit brauche ich dir nicht viel zu erzählen, Tori, denn du hast sie bereits verinnerlicht«, sagte Argael mit einem Schmunzeln.

»Was meint Ihr, Herr, welche Weisheit ist es?«
»Es ist die Weisheit des Zuhörens.«
»Die Weisheit des Zuhörens?«
»Ja, das Zuhören ist der Schlüssel zum Herzen des anderen. Dadurch erfährst du, was ihn bewegt, wie es ihm geht und was er empfindet.«
»Ist es nicht selbstverständlich, dass man seinem Gegenüber zuhört?«
»Leider nein. Es gibt viele Menschen, die reden viel, aber haben nie gelernt, den Worten anderer zu lauschen. Ich muss sagen, Tori, du bist ein außerordentlich guter Zuhörer. Das ist eine sehr gute Eigenschaft von dir, welche dir viel Wissen und Weisheit einbringen wird.«
»Ihr wollt mir sagen, dass ich durch das Zuhören die Gelegenheit habe, Wissen zu erhalten, welches ich niemals erhalten kann, wenn ich rede?«
»Genau. Wenn du redest, kannst du nicht zuhören und lernst auch nichts dazu. Darum sei immer ein guter Zuhörer! Egal mit wem du dich unterhältst. Jeder Mensch möchte gerne von sich erzählen. Darum gib ihm die Gelegenheit dazu und sprich selbst so wenig wie möglich!«
»Ihr habt Recht, Herr, das war mir bisher nicht bewusst, doch jeder Mensch möchte gerne von sich erzählen und hat es gerne, wenn man seinen Worten lauscht.«
»Jeder Mensch sehnt sich nach Beachtung und diese erhält er, wenn du ihm zuhörst. Achte dabei auch darauf, dass du deine Mitmenschen immer ausreden lässt und ihnen nicht ins Wort fällst! Das ist sehr unhöflich.«
»Das stimmt, Herr. Mir ist es früher schon oft aufgefallen, dass ich manchmal diese schlechte Angewohnheit habe. Aber ich werde daran arbeiten.«
»Das ist gut, Tori. Solange es dir bewusst wird und du daran arbeitest, bist du auf dem richtigen Weg. Doch schau dir manche Obersten und Fürsten an, welche sich, wenn sie sich beratschlagen, ständig ins Wort fallen, einander widersprechen und sich nicht ausreden lassen! Diese Männer haben die grundlegendsten Dinge noch nicht gelernt. Und vor allem zeugt das davon, dass sie ihre Mitmenschen nicht respektieren. Seit einigen Jahren meide ich daher solche Unterhaltungen.«
»Ihr nehmt an solchen großen Besprechungen nicht teil?«, fragte Tori verwundert.
»Nein, seit einigen Jahren meide ich diese, wo ich nur kann.«
»Aber warum? Alle großen Fürsten und führenden Männer sind anwesend. Sogar der König. Was kann es Größeres geben?«, fragte Tori mit großer Verwunderung.
»Das sind auch nur Menschen, Tori. Am Anfang dachte ich wie du und es gab für mich

nichts Größeres, als mit diesen Männern beisammenzusitzen, an den großen Unterhaltungen teilzunehmen und mich mit ihnen zu beratschlagen. Doch dann stellte ich fest, wie oft und wie viel beratschlagt wurde und wie wenig Sinnvolles dabei herauskam, da jeder nur darauf bedacht war, dem anderen seine Meinung aufzuzwingen. Oftmals wurden die Probleme, über welche beratschlagt werden sollte, nicht gelöst, sondern am Ende gab es nur noch mehr Probleme. So beschloss ich, meine Zeit sinnvoller und in andere Dinge zu investieren. Die meisten dieser Männer haben diese wichtige Weisheit des Zuhörens und die, seinen Mitmenschen ausreden zu lassen, nie verstanden und nie verinnerlicht. Darum sei ein guter Zuhörer und erweise deinen Mitmenschen immer den Respekt, dass du sie ausreden lässt! Was dir außerdem bei Unterhaltungen und im Umgang mit Menschen helfen wird, Tori, ist, wenn du versuchst, die Dinge vom Standpunkt des anderen zu sehen. Frage dich immer: Was ist der Grund für sein Handeln? Und alles verstehen bedeutet alles verzeihen, denn sonst hast du manche Handlungen noch nicht verstanden. Frage dich: Was braucht der andere? Wie kann ich ihm einen Vorteil verschaffen? Dadurch lernst du deinen Mitmenschen schneller verstehen und kannst ihm eine Hilfe sein.«

»O, ich glaube, die Dinge vom Standpunkt des anderen aus zu betrachten, ist sehr schwer. Jeder schaut doch immer auf sich und denkt nicht an den anderen.«

»Ja, Tori, da hast du leider Recht. Vor allem, wenn der andere eine völlig andere Meinung vertritt als du. Doch darum gibt es auch nur wenige Menschen, die dies beherrschen. Denn die meisten Menschen sind nur darauf aus, ihre Meinung dem anderen aufzuzwingen. Doch das ist der falsche Weg und führt niemals zum Ziel. Aber nur die wenigsten erkennen dies und ändern ihr Denken.«

»Wollen Fürsten immer den anderen ihre Meinung aufzwingen?«

»Ja, leider ist das so. Die meiste Zeit wird sogar damit vergeudet. Statt dem anderen zuzuhören und ihm dann den eigenen Standpunkt zu erklären, wird der andere bei seiner Rede unterbrochen und versucht, ihn mit noch lauterer Stimme zum Zuhören zu bringen. Wie du dir denken kannst, kann damit nie ein gutes Ergebnis und eine Veränderung bewirkt werden.«

Die edelste Eigenschaft des Menschen: Vergeben

»Nun, Tori, so möchte ich dir noch die letzte und meines Erachtens die edelste Weisheit mitteilen, die dir im Umgang mit anderen Menschen von Nutzen sein wird. Gleichzeitig ist es aber auch die, welche mit Sicherheit am schwersten umzusetzen ist. Viele Menschen scheitern tagtäglich daran und hätten ein wahrhaft einfacheres und schöneres Leben, wenn sie diese Weisheit beherzigen würden.«

»Was ist das für eine Weisheit, Herr?«, fragte Tori gespannt.

»Es ist die Weisheit, welche den Menschen Vergebung lehrt. *Ein Mensch, welcher von Herzen anderen Menschen vergeben kann, ist wahrlich eine bewundernswerte Persönlichkeit.*«

»Ihr meint, weil wir alle Menschen sind, welche täglich Fehler begehen, und wir selbst auch nicht unfehlbar sind, darum sollen wir lernen zu verzeihen?«

»Das hast du richtig erkannt, Tori. Wir sind alle Menschen, welche täglich aufs Neue Fehler begehen. Es gibt keinen Menschen, welcher unfehlbar ist. Doch unsere täglichen Verfehlungen erfordern das Verständnis und die Vergebung unserer Mitmenschen. Um aber das Verständnis und die Vergebung unserer Mitmenschen zu erhalten, müssen wir selbst bereit sein, anderen Menschen zu verzeihen und zu vergeben. Das, was wir von anderen erwarten, müssen wir auch bereit sein, zu geben.«

»Eure Worte sind einleuchtend, Herr. Doch wie Ihr bereits sagtet, es ist die schwierigste Eigenschaft. Wie viele Menschen gibt es, welche verbittert und mit Groll im Herzen gegenüber ihrem Nachbarn durch diese Stadt laufen?«

»Davon gibt es leider mehr als genug. Es ist schwierig, jedem Menschen zu vergeben, doch wer diese Weisheit einmal verinnerlicht hat, wird selbst ein noch viel größeres Glück erfahren. Darum vergebe schnell und sei niemals nachtragend!«

»Aber was ist mit Menschen, die andere Menschen getötet oder andere schreckliche Dinge getan haben? Haben diese Menschen nicht den Tod verdient?«

»Ja, du kennst unser Gesetz, wer mit dem Schwert tötet, soll durch das Schwert getötet werden. Doch sie erhalten von einem Richter das Urteil. Es ist nicht deine Aufgabe zu richten. Wenn ein Mensch seine Tat wirklich bereut und diese nicht mehr tut, so hat er Vergebung verdient, und auch du solltest ihm verzeihen.«

»Es ist schwer, dies so zu sehen, dass jeder Vergebung verdient hat.«

»Das mag sein. Doch wir sind alle fehlbare Menschen und so hat jeder Vergebung verdient. Vor allem, wenn du selbst welche brauchst und sie von anderen erwartest.«

Tori blickte nachdenklich zu Boden. Ihm kamen all die Dinge in den Sinn, welche ihm andere Menschen angetan hatten und die ihn verletzt hatten. Bilder aus seiner Kindheit und seiner Jungend schwirrten blitzschnell durch seinen Kopf. An wie viele Dinge dachte er noch gelegentlich, die ihn immer noch verletzten, auch wenn sie schon Jahre zurücklagen?

Bilder, die Hassgefühle in ihm wachriefen? Lag es daran, dass er diesen Menschen noch nicht vergeben hatte?

Seine Gedanken wurden jäh unterbrochen, als Argael fortfuhr: »Wohl dem, der schnell vergeben kann und gelernt hat, nicht nachtragend zu sein. Er wird ruhig einschlafen können und am Morgen fröhlich und guten Mutes den neuen Tag begrüßen. Er wird ein lachendes Herz haben und sein Gemüt wird unbeschwert sein. Doch achte auf die Zeit, sie ist dein Feind, und ehe du es bedenkst, hat sie dich überlistet.«

»Wie soll ich das verstehen, die Zeit ist mein Feind?«, fragte Tori verwundert.

»Viele Menschen wollten andere Menschen um Vergebung bitten und haben dies aufgeschoben, Tag für Tag. Sie warteten auf den richtigen Augenblick, die richtige Gelegenheit. Doch der Tod kam ihnen zuvor.«

»Meint Ihr, wenn ich selbst Fehler gemacht habe, so soll ich diese Menschen um Vergebung bitten?«

»Ja, Tori. Wenn dir bewusst wird, dass du einen Menschen unrecht behandelt hast oder ein anderer durch dein Handeln Schaden davongetragen hat, so mache dich auf und bitte ihn um Verzeihung! Auch dazu gehört sehr viel Mut. Viele Menschen erkennen eines Tages, wie wichtig es ist, andere Menschen, denen man Unrecht getan hat, um Verzeihung zu bitten. Doch sie schieben es vor sich her und machen sich nicht auf. Und dann kommt ihnen eines Tages der Tod zuvor und der ehemals gute Freund, welchem er Unrecht getan hat, ist auf einmal nicht mehr da. Darum zögere nicht, sondern mache dich unverzüglich auf den Weg! Und auch du wirst dich fühlen, als ob dir eine schwere Last von deinen Schultern genommen würde, und du wirst wieder glücklich und fröhlich der Sonne entgegen schauen. Darum ist es auch wichtig, dass du deine getroffene Entscheidung schnell ausführst, denn jeder Tag, an dem du diese Last noch mit dir trägst, wird dir zur Qual werden.«

»Ich glaube, ich habe verstanden, was Ihr mir sagen wollt, Herr.«

»Dazu gehört auch Großzügigkeit dir selbst gegenüber. Viele Menschen leiden unter Selbstvorwürfen. Sie haben sich selbst nicht vergeben.«

»Ich muss mir Fehler selbst eingestehen, bereuen und sie mir selbst vergeben?«

»Richtig, Tori, das hast du gut gesagt. Du musst dir deinen Fehler eingestehen, ihn bereuen und ihn dir dann selbst auch vergeben. Mach dir keine Selbstvorwürfe, sondern lerne aus deinen Fehlern und vergib dir! Wenn du deinen Fehler ernsthaft bereust, dann wirst du daraus lernen und ihn nicht wieder begehen.«

»Das habe ich noch nie zuvor gehört, dass man sich auch selbst vergeben muss.«

»Es ist genauso wichtig, wie deinen Mitmenschen zu vergeben. Denn wenn du dir selbst nicht vergibst, so bist du mit dir selbst nicht im Reinen und die Last ruht täglich auf deiner Schulter. Darum vergib dir selbst und dann eile unverzüglich zu deinem Mitmenschen und bitte ihn um Verzeihung!«
Tori schaute auf. Die Sterne leuchteten hell über ihnen und der frische, aber dennoch angenehm Wind wehte ihnen sanft ins Gesicht. Argael bemerkte Toris Blick.
»Ja, Tori, ich glaube, es ist Zeit, dass wir uns zur Ruhe legen. Wir wollen morgen früh im Morgengrauen aufbrechen.«
»Hm, gewiss, Herr«, sagte Tori zögernd. Seine schwermütige Stimme war nicht zu überhören. Tori wusste, dass dies wohl für lange Zeit die letzte Unterhaltung mit Argael gewesen war, welche er doch so lieb gewonnen hatte.
»Sei nicht traurig, mein junger Freund. Meine Geschäfte werden mich bald wieder nach Babylon führen und dann werde ich dich und meinen Freund Jesran als Erstes aufsuchen«, sagte Argael aufmunternd und legte Tori die Hand auf die Schulter.

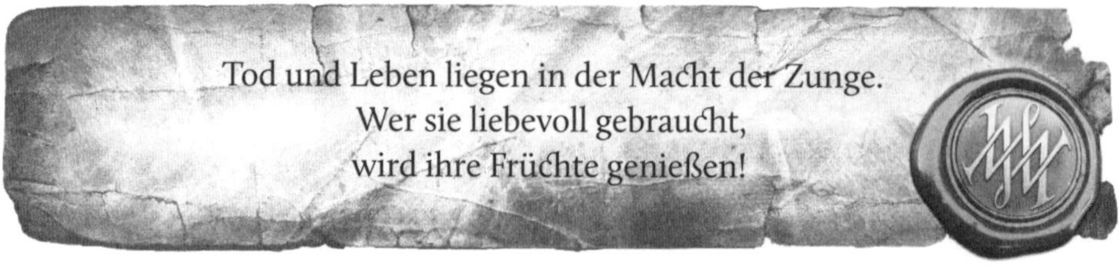

Vierundzwanzigstes Kapitel

Der Tag der Veränderung ist heute!

Mache aus deinem Leben ein Meisterwerk!
Alles, was du dafür benötigst, ist bereits in dir!

Plötzlich schreckte Tori auf. Er konnte nicht sagen, was ihn geweckt hatte. Doch er war auf einmal hellwach. Vielleicht war es auch sein inneres Gespür, welches ihm sagte, dass heute der Tag der Abreise war. Heute ging die Reise los, zurück nach Assur, in die Heimat. Dorthin, wo seine Familie und all seine Freunde lebten. In die Stadt, in welcher er seit seiner Kindheit jeden Winkel kannte. Doch die Reise würde ohne ihn stattfinden.

Er sprang auf. Draußen war es noch dunkel. Ganz schwach konnte er am Horizont das Licht erkennen, welches der aufgehenden Sonne vorausging und einen warmen Tag ankündigte. Vermutlich schliefen all die anderen noch. Doch er konnte nicht mehr schlafen. Er beschloss, ein wenig nach draußen zu gehen. Dort konnte er in Ruhe nachdenken, ohne dass er von irgendjemandem gestört wurde. Er schlenderte über den großen, leeren Marktplatz. In ihm herrschten gemischte Gefühle. Einerseits freute er sich auf sein neues Leben in Babylon, auf die Gelegenheit, ein erfolgreicher und tüchtiger Geschäftsmann zu werden. Andererseits vermisste er seine Familie, seine Mutter, seine Geschwister und auch seine Freunde. Sargo, sein alter Freund, wie erging es ihm wohl?

Doch je mehr er über den Moment nachdachte, an welchem er nun in seinem Leben angekommen war, desto sicherer war er, dass er die richtige Entscheidung getroffen hatte. Auch wenn der Abschied weh tat und die Gedanken an die Heimat schmerzten, so musste er diesen Weg gehen. Argaels Worte kamen ihm wieder in den Sinn: Du kannst niemandem hundert Silberstücke schenken, wenn du selbst keines hast. Wenn er mit zurückreisen würde, so wäre er immer noch arm und ohne eine gute Arbeit. Er könnte seiner Familie und seinen Freunden nicht helfen. Ja, war es nicht sogar so, dass er dann selbst auf Hilfe

angewiesen wäre? Hier hatte er die Gelegenheit, zu wachsen, zu einer weisen Persönlichkeit zu werden. Mit Jesran als Lehrer an seiner Seite konnte er einer der tüchtigsten Geschäftsmänner Babylons werden. In nur wenigen Jahren konnte er zu den reichsten Männern zählen. Und dann konnte er seiner Familie und all seinen Freunden helfen. Er könnte ein Fest veranstalten, jedem einige Silberstücke oder gar Goldstücke geben, damit sie Kapital hatten, um ihre eigenen Träume und Ziele zu verwirklichen. Und er könnte ihnen die Weisheiten erzählen und weitergeben, welche er von Argael und Jesran lernen durfte. Diese Weisheiten waren mehr wert als ein Sack Goldstücke, das wusste er nun.
Tori war ganz in Gedanken versunken. Er dachte an das Fest und stellte sich lebhaft vor, wie es ablaufen könnte, wer alles dabei sein würde und wie sich jeder Einzelne freute, wenn er ihm einen Lederbeutel mit Silberstücken geben würde. Auf einmal überkam ihn ein Gefühl der tiefen inneren Freude. Er wusste, dass das, was er tat, das Richtige war, und er spürte, dass der Weg am Anfang schmerzen würde, doch dass er dieses Ziel erreichen und dann zum Glück seiner Familie und seiner Freunde beitragen würde. Diese Gedanken machten ihn jetzt, im Moment, zum glücklichsten Manne Babylons.
Tori schaute in die Ferne und betrachtete die Sonne, welche sich langsam am Horizont erhob. Wie wunderschön war es, einfach nur dazusitzen und dieses Schauspiel zu betrachten! Es lag eine friedliche Ruhe über der mächtigsten Stadt der Welt. Nun kamen vereinzelt die Händler auf den Marktplatz und begannen, ihre Stände aufzubauen, und das geschäftige Treiben, welches bald seinen Höhepunkt erreicht haben würde, setzte sich langsam in Gang. Tori beschloss, zurückzukehren und machte sich auf, Richtung Gasthaus. In der Ferne konnte er es schon erkennen. Als er näherkam, sah er Metora, Orsira und Herachim, welche schon die Kamele und Pferde beluden und für die Reise vorbereiteten.
»Tori, wo kommst du denn her?«, fragte Metora, als er zu ihnen trat.
»Ich habe mir Gedanken gemacht und bin auf dem Markplatz umhergelaufen.«
»Heute heißt es Abschied nehmen, mein Freund. Wie uns Argael mitteilte, wirst du hierbleiben und in die Dienste Jesrans treten.«
»Ja, er hat mir ein sehr großzügiges Angebot gemacht, welches ich unmöglich ausschlagen konnte.«
»Das ist wirklich ein gutes Angebot. Ich glaube, dies würde niemand ausschlagen, denn die wenigsten bekommen im Laufe ihres Lebens auch nur annähernd solch ein großartiges Angebot«, stimmte Herachim zu.
»Ich weiß. Es macht mich auch unbeschreiblich glücklich, dass ich diese einmalige

Gelegenheit geboten bekomme. Dennoch spüre ich den Schmerz des Abschieds.«
»Das ist normal, mein Freund. Doch der Schmerz des Abschieds wird vorübergehen und eines Tages wirst du als mächtiger Mann heimkehren«, sagte Metora.
»Ja, Tori, Metora hat Recht. Ich freue mich für dich und das Glück, welches dir die Götter zuteilwerden lassen. Hadere nicht mit dem Schicksal, weil es den Schmerz des Abschieds als Preis dafür fordert«, stimmte Herachim zu und legte die Hand auf Toris Schulter.
Da öffnete sich die Türe und Argael trat nach draußen. Er sah die gesattelten Pferde und sein Gesicht nahm einen zufriedenen Ausdruck an. »Wie weit seid ihr mit den Reisevorbereitungen?«, fragte er seine Diener.
»Nun, wir sind fast fertig. Es sind noch zwei Kamele im Stall, welche noch beladen werden müssen, dann können wir die Reise in die Heimat antreten«, sagte Orsira.
Argael nickte zufrieden. Dann wandte er sich zu Tori: »Nun, mein junger Freund. Wie geht es dir heute Morgen?«
»Der Schmerz des Abschieds sitzt in meinem Herzen. Nur zu gerne würde ich mit Euch reisen und meine Familie und Freunde wiedersehen und in die Arme schließen. Doch es ist noch nicht die Zeit dafür. Ich habe hier eine andere Aufgabe.«
»Das hast du gut gesagt, du hast hier eine andere Aufgabe. Achte nicht zu sehr auf den Schmerz des Abschieds, er wird vorübergehen. Bald schon wird der Tag kommen, an welchem du zurück in die Heimat reisen und alle deine Lieben dort besuchen wirst.«
»Ich weiß, Herr. Darum versuche ich, nach vorne zu blicken und die Gelegenheit, welche ich bekommen habe, zu nutzen und das Beste daraus zu machen. Ich spüre, dass ich damit meiner Familie und meinen Freunden am besten helfen kann.«
»Ja, dadurch wirst du ihnen am besten helfen. *Heute ist ein großer Tag in deinem Leben, der Tag der Veränderung. Heute machst du den ersten Schritt, welcher dich zum Ziel deines großen Traumes führt.*«
»Ich spüre, dass Ihr Recht habt, Herr. Und ich weiß auch, dass die Veränderung immer bei mir beginnt. Doch wenn ich nach vorne schaue, so sehe ich so viele Dinge, welche ungewiss sind und welche in mir die Furcht erwachen lassen.«
»Du hast Recht, mein Freund, die Veränderung beginnt immer bei dir. Alles beginnt immer bei dir. Du hast damals, als du die Reise hierher angetreten hast, dein Denken verändert, hast das Gespräch mit mir und Jesran gesucht und wolltest von uns die Weisheiten des Lebens wissen. Wir haben sie dir mitgeteilt und du hast sie aufgesaugt, wie die Sonne den Tau der Nacht aufsaugt, und hast dadurch gelernt, anders zu

denken. Und dieses andere Denken bewirkte andere Ergebnisse. Darum hast du dieses großartige Angebot erhalten, durch welches du ein tüchtiger, reicher und vor allem weiser Geschäftsmann werden wirst. Wie du siehst, beginnt alles immer bei dir, ob gut oder schlecht. Es entspricht immer alles dem ewigen Gesetz von Saat und Ernte. Und heute legst du den Samen für die Ernte, welche dich in wenigen Jahren wohlhabend und weise werden lässt.«

In diesem Moment trat Herachim herbei und sagte: »Herr, wir haben alle Kamele beladen und auch die Pferde sind zum Aufbruch bereit. Wenn Ihr es wünscht, so können wir die Reise in die Heimat antreten.«

»Danke, Herachim, wir werden in wenigen Augenblicken aufbrechen. Lass uns jedoch noch auf meinen Freund Jesran warten, er wollte gleich kommen, damit wir uns von ihm verabschieden können.«

Tori griff in seine Tasche und zog seinen Lederbeutel heraus. »Herr, könnt Ihr diesen meiner Familie zukommen lassen, damit sie sich etwas zu essen für die nächsten Wochen kaufen können?«

»Ja, Tori, wie ich dir sagte, werde ich dafür sorgen, dass sie das Geld und auch Nachricht von dir erhalten, dass es dir gut geht, du wohlauf bist und ein großartiges Angebot angenommen hast. Ich werde ihnen auch mitteilen, dass du, sobald es deine Arbeit hier zulässt, in die Heimat reisen wirst, um sie zu besuchen.«

»Danke, Herr. So kann ich beruhigt meine Arbeit hier angehen.«

Tori übergab Argael seinen Lederbeutel. Dieser nahm ihn an, griff in seine Tasche und zog noch zehn Silberstücke hervor. Dann öffnete er Toris Lederbeutel und ließ sie hineingleiten.

»Damit du dir sicher sein kannst, dass sie keinen Hunger leiden müssen und somit dein Augenmerk vollständig auf deine neue Aufgabe richten kannst.«, sagte er mit einem Lächeln.

Tori war sprachlos. Er wusste nicht, was er darauf antworten sollte. Er stammelte ein völlig fassungsloses »Danke«.

Da öffnete sich die Türe des Gasthauses, Jesran trat heraus und kam auf sie zu. »Argael, du willst dich auf den Weg machen?«

»Ja, mein Freund, es ist Zeit, Abschied zu nehmen. Wir haben noch eine lange Reise vor uns.«

»Mein Herz ist schwer, doch ich weiß, dass ich dich ziehen lassen muss.«

»Mir geht es genauso, doch es gibt viele Aufgaben, welche mich in der Heimat erwarten. Allerdings denke ich, dass ich bereits in einigen Monaten wieder in die mächtigste Stadt der Welt zurückkehren werde. Und dann werde ich selbstverständlich auch das Gasthaus

meines alten Freundes Jesran aufsuchen«, sagte Argael.
»Das hoffe ich doch, mein Freund! Du bist mir jederzeit herzlich willkommen.«
Die zwei alten Freunde verabschiedeten sich mit einer innigen Umarmung. Dann wandte sich Argael noch einmal an Tori.
»Nun, mein junger Freund, es ist Zeit, Abschied zu nehmen. Ich wünsche dir auf deinem neuen Weg alles Gute, viel Glück und vor allem viel Erfolg. *Lass niemals dein Ziel aus den Augen und gehe unbeirrt und entschlossen darauf zu, dann wirst du es auch erreichen.* Sei mutig, kühn und unerschrocken. Ich bin mir sicher, dass du große Dinge bewegen wirst!«
»Danke, Herr. Auch ich wünsche Euch für die Zukunft alles Gute. Vor allem eine gute und glückliche Heimkehr. Ich werde all Eure Weisheiten beherzigen und unbeirrt auf das Ziel zugehen.«
»Dann kann nichts schiefgehen und du wirst eines Tages ankommen.« Argael ging auf Tori zu und umarmte ihn zum Abschied. Welch großartiges Gefühl, von diesem mächtigen und erhabenen Mann als Freund anerkannt und verabschiedet zu werden!
»*Heute ist der Tag der Veränderung und heute ist der beste Tag, um dein neues Leben zu beginnen.* Schau dich um, es gibt keinen schöneren Tag und keine bessere Gelegenheit als heute. Tu es jetzt! Und denke immer daran, mein Freund, es ist so einfach!« Mit diesen Worten schwang er sich auf Kiro, seinen prächtigen, schwarzen Hengst, welcher bereits unruhig tänzelte und ungeduldig darauf wartete, dass die Reise endlich losging. Dann hob er zum Abschied die Hand und die kleine Karawane setzte sich langsam in Bewegung. Tori lief noch ein wenig neben ihr her, über den Marktplatz, durch die Straßen Babylons. Vorbei an all den prächtigen Häusern, welche im Glanz der aufgehenden Sonne dalagen. Fröhlich zwitscherten die Vögel und begrüßten den neuen, wundervollen Tag.
Babylon, die mächtigste und prachtvollste Stadt der Welt, welche die Menschheit je gesehen hatte, lag in ihrer vollen Schönheit da. Das ist mein neues Zuhause, dachte Tori. Ich bin nun ein Teil dieser reichen und mächtigen Stadt und ein Bewohner Babylons, und sein Herz erfüllte sich mit Stolz.
Schließlich erreichten sie das große Stadttor, welches weit geöffnet war und alle Menschen einlud, diese wundervolle Stadt zu bestaunen und ihr Glück darin zu finden. Argael schaute nach unten zu Tori und lächelte.
»Nun Tori, ich wünsche dir nur das Beste. *Ich glaube an dich! Es ist so einfach!* Lebe wohl, mein Freund.«
Dann zog die kleine Karawane an ihm vorbei und alle, Argael, Metora, Orsira und Herachim,

winkten Tori zum Abschied. Tori blieb stehen und schaute ihr nach. Langsam zog sie von dannen und wurde immer kleiner, bis sie nach einiger Zeit in der Ferne nur noch als kleiner Punkt zu sehen war und schließlich ganz vom Horizont verschluckt wurde. Währenddessen hörte er in seinem Kopf immer noch die Stimme Argaels und seine letzten Worte: *Ich glaube an dich – es ist so einfach!*

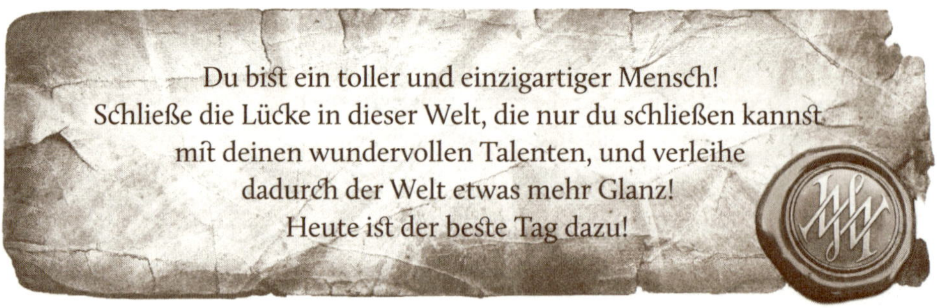

Die geheime Weisheit:

DER SCHLÜSSEL FÜR DAS LETZTE TOR!

Dieser geheime Bereich erschließt sich nur unseren Lesern!
Öffne das letzte Tor der geheimen Weisheit und schließe die Lücke in dieser Welt, dir nur du schließen kannst, und verleihe der Welt dadurch etwas mehr Glanz!

Hier findest du das Tor:
www.geheimeweisheit.de

Hier ist der Schlüssel für das letzte Geheimnis:

(Benutzer) Deine E-Mail-Adresse *(Schlüssel)* Geheimnis

P.S.: Hat dir die Geschichte gefallen? Hat sie dich inspiriert, deinen Traum zu verwirklichen? Hat Sie dir bewusst gemacht, was für ein toller Mensch du bist? Hast du dein Geheimnis entdeckt?

Dann schreibe uns deine Meinung: **info@geheimeweisheit.de**
Wir freuen uns auf dein Feedback und deine Geschichte!

Literaturhinweise

Bücher können eine große Bereicherung sein. Oftmals ist in einem Buch das Wissen, das sich eine Person vielleicht über Jahrzehnte oder länger angeeignet hat, enthalten. Ich betrachte daher das Lesen als ein großes Geschenk und viele Bücher als große Schätze, und ich bin dankbar dafür, dass ich mir so dieses Wissen aneignen darf. Die vielen Bücher, welche ich in den letzten Jahren gelesen habe, haben mein Denken und schließlich mein Handeln maßgeblich beeinflusst und verändert. Dadurch durfte ich mich weiterentwickeln und in vielen Lebensbereichen wachsen.
Aus diesem Grund möchte ich hier einige der Bücher aufführen, die mich besonders bereichert haben und die ich für äußerst lesenswert halte.

Anderson, Neil T.: Der die Ketten sprengt. Sexuelle Versuchung, Gruppendruck, schlechte Gewohnheiten und Ängste überwinden. Logos Verlag, 2. Auflage, 2006

Anderson, Neil T.: Neues Leben – neue Identität. Logos Verlag, 3. Auflage, 2006

Barnhart, Tod: Die fünf Schritte zum Reichtum: So machen Sie mehr aus Ihrem Leben. Econ 1998

Carnegie, Dale: Sorge dich nicht – Lebe. Scherz, 90. Auflage, 1998

Carnegie, Dale: Wie man Freunde gewinnt. Die Kunst, beliebt und einflussreich zu werden. Scherz, 46. Auflage 1986

Christiani, Alexander: Weck den Sieger in dir. Gabler, 2. Auflage, 2000

Clason, George: Der reichste Mann von Babylon. Die Erfolgsgeheimnisse der Antike. Conzett Verlag 1998

Fedrigotti, Antony: Der Power Thinker. Moderne Verlagsgesellschaft 2002

Geffroy, Edgar: Ich will nach oben. Glück ist ein System – brechen Sie zuerst alle Regeln. Verlag Moderne Industrie 2000

Höller, Jürgen: Sprenge Deine Grenzen. Econ 1999

Höller, Jürgen: Und immer wieder aufstehen! Wie ich meine größte Krise bewältige. Pendo 2003

Höller, Jürgen: Sag ja zum Erfolg! Der Weg zu Reichtum und persönlicher Freiheit. Life Learning e. K. 2007

Klöckner, Bernd: Systematisch Reich. Was Sie tun müssen, damit das Geld zu Ihnen kommt. Goldmann 2000

Köhler, Hans-Uwe L.: Verkaufen ist wie Liebe: Nutzen Sie Ihre emotionale Intelligenz. Das Verkäufer-Handbuch. Metropolitan Verlag, 8. Auflage, 2007

Kremer, Alfred: Reich durch Beziehungen: Durch die richtigen Kontakte zum Erfolg. Verlag Moderne Industrie 2000
Kremer, Alfred / Kinshofer, Christa: Fit for Success. Die gemeinsamen Erfolgsprinzipien für Spitzenleistungen in Sport und Management. Verlag Moderne Industrie 2001
Küstenmacher, Werner Tiki: Simplify your life: Einfacher und glücklicher leben. Campus 2001
Löhr, Jörg: Lebe deine Stärken. Wie du schaffst, was du willst. Econ 2003
Münchhausen, Marco von: So zähmen Sie Ihren inneren Schweinehund: Vom ärgsten Feind zum besten Freund. Campus, 6. Auflage, 2005
Pilsl, Karl: Die naturkonforme Strategie. Die Natur ist so erfolgreich – Jahr für Jahr. Was macht sie richtig? Fazit: Es ist so einfach. Verlag Gute Nachricht 2003
Pilsl, Karl: 10 Schritte zu einem erfüllten, erfolgreichen, sinnvollen Leben: Erfolgreich im 3. Jahrtausend. Verlag Gute Nachricht 2006
Pilsl, Karl: ... und er heilte sie alle: Göttliche Heilung empfangen, göttliche Gesundheit behalten. Wort und Geist Verlag 2004
Pilsl, Karl Michael: Den Vater braucht das Land. Oase. Die Botschaft 2006
Pilsl, Karl Michael: Die Mutter formt die Welt. Oase. Die Botschaft 2006
Robbins, Anthony: Grenzenlose Energie: Das Power-Prinzip. Heyne 1991
Schäfer, Bodo: Der Weg zur finanziellen Freiheit: In sieben Jahren die erste Million. Campus 1998
Schäfer, Bodo: Endlich mehr verdienen: 20% mehr Einkommen in einem Jahr. Hoffmann und Campe 2002
Schäfer, Bodo: K(l)eine Rente ...na und? So bauen Sie sicher privaten Wohlstand auf – auch ohne staatliche Rente. FinanzBuch-Verlag 2007
Schäfer, Bodo / Grundl, Boris: Leading Simple. Führen kann so einfach sein. GABAL Management 2007
Stovall, Jim: Das ultimative Geschenk. Verlag Gute Nachricht 2007
Warren, Rick: Leben mit Vision. Wozu um alles in der Welt lebe ich? Projektion J 2003

„Wer andere kennt ist klug. Wer sich selbst kennt ist weise.
Wer andere besiegt hat Kraft. Wer sich selbst besiegt ist stark."
(Chinesisches Sprichwort)

Lernen auch Sie:
› ... wie Sie Ihr Selbstbewusstsein steigern!
› ... Sicherheit in Ausnahmesituationen!
› ... die Tugenden und Werte des Kung Fu kennen!
› ... wie Sie durch erhöhte Konzentrationsfähigkeit Ihre Leistung in Schule und Beruf steigern!
› ... wie Sie Ihre Stärken und Talente fördern!
› ... bereits in jungen Jahren von Experten!
› ... den geheimen Weg kennen und entdecken Sie den Meister der in Ihnen steckt!

Kung Fu
die legendäre Kampfkunst aus dem Herzen Chinas. Seit 1500 Jahren wird sie dort trainiert, unterrichtet und weiterentwickelt. Damals in erster Linie als unterstützende Methode zur Meditation gedacht, führen die intensiven und ganzheitlichen Übungen zu einem enormen Zuwachs an Ausdauer, Kraft, und Koordination und stärken, nebenbei, den Geist, wodurch die mentale Belastbarkeit erheblich zunimmt.

Besonders bei Kindern und Jugendlichen wirkt sich das Training positiv auf die Charakterbildung aus. Werte wie Höflichkeit, Respekt und Selbstbeherrschung fliesen ganz natürlich und schon aus Tradition in den Kung Fu – Unterricht ein.

Sifu Michael Weiss (3. Dan),
ist Experte im Bereich Kung Fu und Fitness. Seit frühester Kindheit befasst er sich mit den Bereichen Kampfkunst, Fitness und den Gesetzen des Erfolgs. Er ist der erste Ausländer, der im Kloster Feng Xue Si (Zweigstelle des Shaolin Klosters / China) aufgenommen wurde. Shaolin-Großmeister Shi Yong An (ehemaliger Chefausbilder des Shaolin-Klosters) hat ihn als persönlichen Schüler angenommen.

www.kungfu-germany.de

„Leben bedeutet wachsen!
Was nicht wächst das stirbt!“

Entdecken auch Sie:
› ... die Schönheit Ihres Körpers!
› ... Ihre Leistungsfähigkeit!
› ... Vitalität und Lebensfreude!
› ... Ihren kräftigen und straffen Körper!
› ... das wohlige Gefühl eines starken Rückens!
› ... Ihre Traumfigur!
› ... wie schön es ist, dass Sie gesund sind und sich bewegen dürfen!

Gehören Sie zu den Menschen, die aktiv etwas für Ihre Gesundheit, für Ihr Wohlbefinden und für Ihren Körper tun möchten, um dadurch eine Lebensqualität zu erhalten, wie sie die meisten Menschen leider nie kennenlernen?
Dann müssen Sie unbedingt unser kleines, familiäres Fitness Studio kennenlernen, wo Gesundheit, Vitalität und Lebensfreude in familiärer Atmosphäre, an erster Stelle steht!

Unser vielfältiges Angebot wird auch Ihren Alltag bereichern:
Fitness- und Ausdauertraining, Kung Fu, Aerobic, Rückentraining, Tanzkurse, Massage, Sauna, Solarium

Wenn wir wachsen wollen, müssen wir uns bewegen und trainieren. Es ist wie in der Natur. Was nicht wächst, das stirbt. „Stillstand bedeutet Rückschritt!“
Gehören auch Sie zu den Menschen, die noch weiter wachsen wollen? Dann freuen wir uns darauf, Sie bei uns zu begrüßen und Sie beim Erreichen Ihrer Ziele zu unterstützen.

www.dynamiksports.de